翰林学士

写的中华历史故事书：蒙求 ㊤

王晓岩——著

辽宁人民出版社

图书在版编目（CIP）数据

翰林学士写的中华历史故事书：蒙求 / 王晓岩著 . — 沈阳：辽宁人民出版社, 2019.7

ISBN 978-7-205-09556-7

Ⅰ . ①翰… Ⅱ . ①王… Ⅲ . ①古汉语－启蒙读物 Ⅳ . ①H194.1

中国版本图书馆 CIP 数据核字 (2019) 第 051333 号

出版发行：辽宁人民出版社

地址：沈阳市和平区十一纬路25号　邮编：110003

电话：024-23284321（邮　购）　024-23284324（发行部）

传真：024-23284191（发行部）　024-23284304（办公室）

http://www.lnpph.com.cn

印　　刷：辽宁新华印务有限公司

幅面尺寸：168 mm × 240 mm

印　　张：29.25

字　　数：400千字

出版时间：2019年7月第1版

印刷时间：2019年7月第1次印刷

责任编辑：赵维宁

装帧设计：鼎籍文化创意　李英辉

责任校对：吴艳杰

书　　号：ISBN 978-7-205-09556-7

定　　价：98.00 元（全二册）

序言

XU YAN

“蒙求”一词，来源于《周易》，在《周易·蒙卦》的卦辞中有“童蒙求我”，大意是说，童蒙求教于我。“蒙求”，就是儿童读物。

《蒙求》又称《李氏蒙求》，唐朝安平李翰撰。饶州刺史李良《荐蒙求表》称：“瀚家儿童三数岁者，皆善讽诵。谈古策事，无减儒鸿（“儒鸿”是“鸿儒”的颠倒）。不素谙知，谓疑神遇。”当今文献学家王重民先生也说：“自中唐至北宋，是书为童蒙课本，最为通行。”（《敦煌古籍叙录·李氏蒙求》）它不仅是童蒙读物，而且在其之后，《宋史·艺文志》记载有丘延翰《唐蒙求》三卷、王殷范《续蒙求》三卷、王先生《十七史蒙求》十六卷、郑氏《历代蒙求》一卷、刘珏《两汉蒙求》十卷、吴逢道《六言蒙求》六卷、徐子光《补注蒙求》四卷、胡宏《叙古蒙求》一卷等，“蒙求”已成一种书系，可见其影响之大。

《蒙求》的作者与成书时代，众说纷纭。一说作者为后晋李瀚，一说李良《荐蒙求表》称“李瀚”撰；一说作者为唐朝李翰（《敦煌古籍叙录》）。“翰”“瀚”可能是传写之误。成书时代，更值得讨论。《四库全书总目》称“晋李瀚撰”，李华《蒙求序》称“唐李瀚著《蒙求》三卷”。《蒙求》究竟成书于唐代，还是成书于后晋呢？全书所载均为隋唐以前的故事，唐代仅有一个故事，即“王果石崖”。隋唐时代大约三百多年，隋统一天下，唐有贞观之治、开元盛世，其中明君贤相，大有人在，轰轰烈烈的故事层出不穷。假如《蒙求》成书于后晋李瀚之手，隋唐三百年间，仅有王果一个故事被收入，那简直是不可思议的。《旧唐书·文苑传》载：“李华宗人翰亦以进士知名。”《新唐书·艺文志》载：李“华宗子翰，从子观，皆有名，翰擢进士第”。两《唐书》均认为李翰是李华的宗人，而且是进士。《新唐书·文艺传下》记载：李翰“累迁左补阙、翰林学士”。李良《荐蒙求表》明确说天宝五年（746 年）八月一日上表，可见《蒙求》成书于唐代，而且在天宝五年以前，是毫无疑问的。王果“垂拱（685—688 年）初，官至广州都督，安西大都护”。（《旧唐书·王雄诞传》）王果的故事出于《神怪志》，孔慎言“唐玄宗时人，著有《神怪志》”。（福建师范大学中文系《唐宋传奇集·稗编小缀·注》）由此可知，王果是唐玄宗以前人，他的事迹可以记入《神怪志》。《神怪志》成书于“唐玄宗时”，其所载的内容收入《蒙求》内，也是顺理成章的。另外，杨守敬说：“序文王子渊《洞箫赋》及《马融铜柱》注，‘渊’字并作‘泉’，此足为唐抄之证。”（《日本访书志》）唐在后晋之前。既然抄本是“唐抄”，那么原本《蒙求》当然不会是后晋之书了。

《蒙求》的内容，以介绍历史掌故为主，也包括一些传说故事，甚至是神话故事，对于开阔儿童知识视野，大有裨益。其中讲述的孝道故事，大多都被后代的“二十四孝”所收录。还有讲忠君爱国，讲公正执法，讲刚直不阿，讲敬老尊贤，讲道德、善良、感恩、节操、励志、勤学、廉洁、诚信、敬业，等等，知识面宽，故事经典。正如李华所说：“不出卷而知天下，其《蒙求》哉！”

《蒙求》的形式，细心阅读，不难发现，它像是由一首首八句四言诗组成的，共七十五首（最后一首是四句结尾诗），正合李华《蒙求序》所云“凡五百九十六句”之数。每首由四联组成，每联中，出句与对句对偶，如“鲁褒钱神，崔烈铜臭”，“鲁褒”“崔烈”，人名对人名；“钱”“铜”名词对名词；“神”“臭”形容词对形容词。每首的二、四、六、八句押韵，这也与李华《蒙求序》所云“每韵四字”相符。有的在今天读来并不押韵，如第九首中的韵脚字是“车”“鱼”“裾”“书”，在现代汉语中不押韵，但在古代汉语中是押韵的，这四个字押“鱼”字韵。“车”读音为“居”，“书”读音为“虚”。难怪清人把《蒙求》收录入《全唐诗》。足见前人也把《蒙求》原文当作唐诗来读，只是不同于五、七言诗罢了。但是《蒙求》中的每一首讲了好几个故事，难用一个诗题概括。原来只是为了便于儿童诵读，才每首押一个韵。所以本书在每首前加上所押的韵作标题。

《蒙求》虽有李翰原注、宋徐子光补注等，但那都是征引原文及标注出处。在今天，不要说儿童阅读有困难，就是普通成年人，也不易理解。因而它不如《千字文》《三字经》《百家姓》那么普及，也是有道理的。这就更有必要加以解读。

解读分为“人物简介”，简要介绍人物的姓名、字号、所处朝代、所从事的职业等，达到知人论世的目的。“校勘”，正文以清代康熙四十六年（1707 年）成书的《御制全唐诗》收录的《蒙求》（以下称《唐诗本》）为底本，与通行的诸版本相校勘、注文。“掌故解读”先解释标题中词义，再录入古籍原文，便于有需要的读者查找核对，然后加以解读，给普通读者提供方便。“点赞”“点评”提示一些该说的问题，点到为止，以供参考。

由于本人水平所限，错漏之处，一定不少，切望读者指正！

目录

MU LU

蒙求

原文

MENG QIU

王戎简要，裴楷清通。
孔明卧龙，吕望非熊。
杨震关西，丁宽易东。
谢安高洁，王导公忠。
匡衡凿壁，孙敬闭户。
郅都苍鹰，宁成乳虎。
周嵩狼抗，梁冀跋扈。
郗超髯参，王珣短簿。
伏波标柱，博望寻河。
李陵初诗，田横感歌。
武仲不休，士衡患多。
桓谭非谶，王商止讹。
嵇吕命驾，程孔倾盖。

剧孟一敌，周处三害。
胡广补阙，袁安倚赖。
黄霸政殊，梁习治最。
墨子悲丝，杨朱泣岐。
朱博乌集，萧芝雉随。
杜后生齿，灵王出髭。
贾谊忌鹏，庄周畏牺。
燕昭筑台，郑庄置驿。
瓘靖二妙，岳湛连璧。
郄诜一枝，戴凭重席。
邹阳长裾，王符逢掖。
鸣鹤日下，士龙云间。
晋宣狼顾，汉祖龙颜。

鲍靓记井，羊祜识环。不疑诬金，卞和泣玉。
仲容青云，叔夜玉山。檀卿沐猴，谢尚鸲鹆。
毛义奉檄，子路负米。太初日月，季野阳秋。
江革忠孝，王览友弟。荀陈德星，李郭仙舟。
萧何定律，叔孙制礼。王忳绣被，张氏铜钩。
葛丰刺举，息躬历诋。丁公遽戮，雍齿先侯。
管宁割席，和峤专车。陈雷胶漆，范张鸡黍。
时苗留犊，羊续悬鱼。周侯山嶷，会稽霞举。
樊哙排闼，辛毗引裾。季布一诺，阮瞻三语。
孙楚漱石，郝隆晒书。郭文游山，袁宏泊渚。
枚皋诣阙，充国自赞。黄琬对日，秦宓论天。
王衍风鉴，许劭月旦。孟轲养素，扬雄草玄。
贺循儒宗，孙绰才冠。向秀闻笛，伯牙绝弦。
太叔辨给，挚仲辞翰。郭槐自屈，南郡犹怜。
山涛识量，毛玠公方。鲁恭驯雉，宋均去兽。
袁盎却座，卫瓘抚床。广客蛇影，殷师牛斗。
于公高门，曹参趣装。元礼模楷，季彦领袖。
庶女振风，邹衍降霜。鲁褒钱神，崔烈铜臭。
范冉生尘，晏婴脱粟。梁竦庙食，赵温雄飞。
诘汾兴魏，鳖令王蜀。枚乘蒲轮，郑均白衣。

陵母伏剑，轲亲断机。龚胜不屈，孙宝自劾。
齐后破环，谢女解围。吕安题凤，子猷访戴。
凿齿尺牍，荀勖音律。董宣强项，翟璜直言。
胡威推缣，陆绩怀橘。纪昌贯虱，养由号猨。
罗含吞鸟，江淹梦笔。冯衍归里，张昭塞门。
李廞清贞，刘驎高率。苏韶鬼灵，卢充幽婚。
蒋诩三径，许由一瓢。震畏四知，秉去三惑。
杨仆移关，杜预建桥。柳下直道，叔敖阴德。
寿王议鼎，杜林驳尧。张汤巧诋，杜周深刻。
西施捧心，孙寿折腰。三王尹京，二鲍纠慝。
灵辄扶轮，魏颗结草。孙康映雪，车胤聚萤。
逸少倾写，平子绝倒。李充四部，井春五经。
澹台毁璧，子罕辞宝。谷永笔札，顾恺丹青。
东平为善，司马称好。戴逵破琴，谢敷应星。
公超雾市，鲁般云梯。阮宣杖头，毕卓瓮下。
田单火牛，江逌爇鸡。文伯羞鳖，孟宗寄鲊。
蔡裔陨盗，张辽止啼。史丹青蒲，张湛白马。
陈平多辙，李广成蹊。隐之感邻，王修辍社。
陈遵投辖，山简倒载。阮放八隽，江泉四凶。
渊客泣珠，交甫解佩。华歆忤旨，陈群𢢼容。

王濬悬刀，丁固生松。　贾琮褰帷，郭贺露冕。
姜维胆斗，卢植音钟。　冯媛当熊，班女辞辇。
桓温奇骨，邓艾大志。　王充阅市，董生下帷。
杨脩捷对，罗友默记。　平叔傅粉，弘治凝脂。
杜康造酒，仓颉制字。　杨生黄雀，毛子白龟。
樗里智囊，边韶经笥。　宿瘤采桑，漆室忧葵。
滕公佳城，王果石崖。　韦贤满籯，夏侯拾芥。
买妻耻醮，泽室犯斋。　阮简旷达，袁耽俊迈。
马后大练，孟光荆钗。　苏武持节，郑众不拜。
颜叔秉烛，宋弘不谐。　郭巨将坑，董永自卖。
邓通铜山，郭况金穴。　仲连蹈海，范蠡泛湖。
秦彭攀辕，侯霸卧辙。　文宝缉柳，温舒截蒲。
淳于炙輠，彦国吐屑。　伯道无儿，嵇绍不孤。
太真玉台，武子金埒。　绿珠坠楼，文君当垆。
巫马戴星，宓贱弹琴。　伊尹负鼎，宁戚叩角。
郝廉留钱，雷义送金。　赵壹坎坛，颜驷蹇剥。
逢萌挂冠，胡昭投簪。　龚遂劝农，文翁兴学。
王乔双凫，华佗五禽。　晏御扬扬，五鹿岳岳。
程邈隶书，史籀大篆。　萧朱结绶，王贡弹冠。
王承鱼盗，丙吉牛喘。　庞统展骥，仇览栖鸾。

葛亮顾庐，韩信升坛。郭解借交，朱家脱急。
王裒柏惨，闵损衣单。虞延克期，盛吉垂泣。
蒙恬制笔，蔡伦造纸。豫让吞炭，钼麑触槐。
孔伋缊袍，祭遵布被。阮孚蜡屐，祖约好财。
周公握发，蔡邕倒屣。初平起石，左慈掷杯。
王敦倾室，纪瞻出伎。武陵桃源，刘阮天台。
暴胜持斧，张纲埋轮。王俭坠车，褚渊落水。
灵运曲笠，林宗折巾。季伦锦障，春申珠履。
屈原泽畔，渔父江滨。甄后出拜，刘桢平视。
魏勃扫门，潘岳望尘。胡嫔争摴，晋武伤指。
京房推律，翼奉观性。石庆数马，孔光温树。
甘宁奢侈，陆凯贵盛。翟汤隐操，许询胜具。
干木富义，于陵辞聘。优旃滑稽，落下历数。
元凯传癖，伯英草圣。曼容自免，子平毕娶。
冯异大树，千秋小车。师旷清耳，离楼明目。
漂母进食，孙钟设瓜。仲文照镜，临江折轴。
壶公谪天，蓟训历家。栾巴噀酒，偃师舞木。
刘玄刮席，晋惠闻蟇。德润佣书，君平卖卜。
伊籍一拜，郦生长揖。叔宝玉润，彦辅冰清。
马安四至，应璩三入。卫后发鬒，飞燕体轻。

玄石深湎，刘伶解酲。　　管仲随马，仓舒称象。
赵胜谢躄，楚庄绝缨。　　丁兰刻木，伯瑜泣杖。
恶来多力，飞廉善走。　　陈逵豪爽，田方简傲。
赵孟疵面，田骈天口。　　黄向访主，陈寔遗盗。
张凭理窟，裘颜谈薮。　　庞俭凿井，阴方祀灶。
重宣独步，子建八斗。　　韩寿窃香，王濛市帽。
广汉钩距，弘羊心计。　　句践投醪，陆抗尝药。
卫青拜幕，去病辞第。　　孔愉放龟，张颢坠鹊。
郦寄卖友，纪信诈帝。　　田豫俭素，李恂清约。
济叔不痴，周兄无慧。　　义纵攻剽，周阳暴虐。
虞卿担簦，苏章负笈。　　孟阳掷瓦，贾氏如皋。
南风掷孕，商受斮涉。　　颜回箪瓢，仲蔚蓬蒿。
广德从桥，君章拒猎。　　糜竺收资，桓景登高。
应奉五行，安世三箧。　　雷焕送剑，吕虔佩刀。
相如题柱，终军弃𦈡。　　老莱斑衣，黄香扇枕。
孙晨稾席，原宪桑枢。　　王祥守柰，蔡顺分葚。
端木辞金，钟离委珠。　　淮南食时，左思十稔。
季札挂剑，徐稚致刍。　　刘惔倾酿，孝伯痛饮。
朱云折槛，申屠断鞅。　　女娲补天，长房缩地。
卫介羊车，王恭鹤氅。　　季珪士首，长孺国器。

陆玩无人，贾诩非次。
何晏神伏，郭奕心醉。
常林带经，高凤漂麦。
孟嘉落帽，庾凯坠帻。
龙逢板出，张华台坼。
董奉活燮，扁鹊起虢。
寇恂借一，何武去思。
韩子孤愤，梁鸿五噫。
蔡琰辨琴，王粲覆棊。
西门投巫，何谦焚祠。
孟尝还珠，刘昆反火。
姜肱共被，孔融让果。
端康相代，亮陟隔坐。
赵伦鹠怪，梁孝牛祸。
桓典避马，王尊叱驭。
晁错峭直，赵禹廉倨。
亮遗巾帼，备失匕箸。
张翰适意，陶谦归去。
魏储南馆，汉相东阁。
楚元置醴，陈蕃下榻。

广利泉涌，王霸冰合。
孔融坐满，郑崇门杂。
张堪折辕，周镇漏船。
郭伋竹马，刘宽蒲鞭。
许史侯盛，韦平相延。
雍伯种玉，黄寻飞钱。
王允千里，黄宪万顷。
虞骈才望，戴渊峰颖。
史鱼黜殡，子囊城郢。
戴封积薪，耿恭拜井。
汲黯开仓，冯驩折券。
齐景驷千，何曾食万。
顾荣锡炙，田文比饭。
稚珪蛙鸣，彦伦鹤怨。
廉颇负荆，须贾擢发。
孔翊绝书，申嘉私谒。
渊明把菊，真长望月。
子房取履，释之结袜。
郭丹约关，祖逖誓江。
贾逵问事，许慎无双。

娄敬和亲，白起坑降。

萧史凤台，宋宗鸡窗。

王阳囊衣，马援薏苡。

刘整交质，五伦十起。

张敞画眉，谢鲲折齿。

盛彦感螬，姜诗跃鲤。

宗资主诺，成瑨坐啸。

伯成辞耕，严陵去钓。

董遇三余，谯周独笑。

将闾仰天，王凌呼庙。

二疏散金，陆贾分橐。

慈明八龙，祢衡一鹗。

不占殒车，子云投阁。

魏舒堂堂，周舍鄂鄂。

无盐如漆，姑射若冰。

郗子投火，王思怒蝇。

苻朗皂白，易牙淄渑。

周勃织薄，灌婴贩缯。

马良白眉，阮籍青眼。

黥布开关，张良烧栈。

陈遗饭感，陶侃酒限。

楚昭萍实，束皙竹简。

曼倩三冬，陈思七步。

刘宠一钱，廉范五袴。

氾毓字孤，郗鉴吐哺。

荀弟转酷，严母扫墓。

洪乔掷水，陈泰挂壁。

王述忿狷，荀粲惑溺。

宋女愈谨，敬姜犹绩。

鲍照篇翰，陈琳书檄。

浩浩万古，不可备甄。

芟烦摭华，尔曹勉旃。

东字韵

王戎简要，裴楷清通。

孔明卧龙，吕望非熊。

杨震关西，丁宽易东。

谢安高洁，王导公忠。

王戎简要，裴楷清通。

校勘

裴楷清通，裴，《唐诗本》作裵。裵，是裴的异体字。清嘉庆甲子（1804年）张海鹏编《学津讨原丛书》内之徐子光《补注蒙求》（以下简称“学津本”）作裴。

人物简介

王戎，字濬冲，西晋琅琊临沂（今山东临沂）人。他参与伐吴，官至中书令、光禄大夫、尚书左仆射、司徒。他与阮籍、嵇康、山涛、刘伶、阮咸、向秀并称为“竹林七贤”。在“八王之乱”中，死于奔逃途中。

裴楷，字叔则，河东闻喜（今山西闻喜）人，西晋官吏。司马炎任抚军时，以裴楷为参军事。司马炎建立西晋王朝，裴楷任散骑侍郎，后升任侍中。裴楷仪表俊朗，当时人说：“见裴叔则，如玉山上行，光映人目。”

掌故解读

简要：简明切要，指王戎为人办事不拖泥带水。清通：清正通达。

有一天，吏部缺员，晋武帝司马炎问钟会说：“谁可以胜任吏部要职？”钟会说：“裴楷清通，王戎简要，皆其选也。”（《世说新语 · 赏誉》）意思是说裴楷清正通达，王戎简明切要，办事干练，他们都是合适的人选。于是委任裴楷为吏部郎官。

点　赞

从钟会对王、裴二人的评价，可见其知人善任，难怪晋武帝向他咨询。

孔明卧龙，吕望非熊。

人物简介

诸葛亮，字孔明，琅琊阳都（今山东沂南县）人。三国时期的政治家、军事家，蜀汉的丞相。在隆中躬耕读书，隐居十余年，好为《梁父吟》，常自比管仲、乐毅，徐庶称他为“卧龙先生”。刘备“三顾茅庐”，登门请教。他给刘备指陈天下形势，出山辅佐刘备，联吴抗曹，取得赤壁大捷，又占领荆、益二州，建立蜀汉政权，官拜丞相之职。从此天下形成三国鼎立的局面。刘备死后，他又辅佐刘禅，在率兵北征时，病死于五丈原，真正做到了“鞠躬尽瘁，死而后已”。

吕望，姜姓部落的首领姜尚，姜姓，吕氏，名望，字子牙，商周之际军事家。辅佐周文王、周武王推翻商朝的统治，建立了周王朝，史称西周。他被尊称为师尚父，俗称姜太公。周成王时，把齐地封给他，建都于营丘（今山东淄博东），地位在各封国之上。

掌故解读

卧龙，比喻隐居之士。《三国志 · 诸葛亮传》记载：刘备驻兵在新野，徐庶去见刘备，刘备很器重他。他向刘备推荐说："诸葛孔明者，卧龙也。将军岂愿见之乎？"刘备当然愿意了，于是便有了"三顾茅庐"的故事，也有了未出茅庐便知三分天下的千古名篇《隆中对》。卧龙，也称伏龙。《襄阳记》记载："刘备访世事于司马德操。德操曰：'儒生俗士，岂识时务？识时务者在乎俊杰。此间自有伏龙、凤雏。'备问为谁，曰：'诸葛孔明、庞士元也。'"（《三国志 · 诸葛亮传》注引）这段对话是说，刘备向司马徽（字德操）请教天下形势，司马徽回答说："世俗的读书人士，哪里知道当今形势？识时务者在俊杰。这里有伏龙、凤雏二人。"刘备问这二人是谁，他回答说："是诸葛亮（字孔明）、庞统（字士元）。"

非熊，比喻隐士出山被重用，指吕尚。《宋书 · 符瑞志》记载周文王"将畋，史编卜之，曰：'将大获，非熊非罴，天遣汝师以佐昌。'果得吕尚于渭水之阳"。这是说，周文王将要去打猎，名叫编的史官进行占卜，占卜的结果说："将有大的收获，收获的不是熊，也不是罴，上天将派你的军师辅佐姬昌。"果然在渭水北岸获得了吕望，即姜太公。后来就以非熊指姜太公。

点　赞

姜太公、诸葛亮既能治军又能治国，像这样的奇才，不是轻易能发现的，即使发现了，也未必能聘请到。这是用人者不可不知的。

杨震关西，丁宽易东。

人物简介

杨震，字伯起，弘农华阴（今陕西华阴）人，东汉大臣。曾任荆州刺史、东莱太守、太仆、太常、司徒、太尉等职。他从小好学，博览群书，被誉为“关西孔子”。五十岁方出仕，淡泊名利，为官清廉，颇受好评。

丁宽，字子襄，梁（今河南开封）人，西汉学者。

掌故解读

关西：函谷关以西地区。关西孔子，指杨震是关西儒家学说的代表人物。“震少好学，受欧阳《尚书》于太常桓郁，明经博览，无不通究。诸儒为之语曰：‘关西孔子杨伯起。’”（《后汉书·杨震传》）意思是说，杨震从小就好学，跟随太常桓郁学习欧阳氏传授的《尚书》，明白《尚书》的传授源流，博览群书，没有不研究的。儒家学者说：“关西的孔夫子就是杨伯起。”

易东：《易经》向东发展了。《汉书·儒林传》记载：“初，梁项生从田何受《易》，时宽为项生从者，读《易》精敏，才过项生，遂事何。学成，何谢宽。宽东归，何谓门人曰：‘《易》以东矣。’”故事是说，起初，梁地姓项的学生跟经学家田何学习《易经》。当时，丁宽是姓项的学生的陪读。丁宽读《易经》，精通义理，思维敏锐，素质超过了姓项的学生，于是就当了田何的弟子。学成以后，田何告诉他说：“你的学业已成，可以离开我这里了。”丁宽东归梁地去了，因为梁地在长安以东，所以田何对他的弟子说：“丁宽学成走了，《易经》已经向东发展了。”

点　　赞

丁宽，是一个陪读的书童，成为经学家，说明不论出身贵贱、家庭贫富，只要虚心求教，努力学习，谁都可以成才。

谢安高洁，王导公忠。

人物简介

谢安，字安石，东晋政治家、书法家，官至司徒，即宰相。陈郡阳夏（今河南太康）人。寓居会稽（今浙江绍兴），与王羲之、许询、支遁等游处。其谋略过人，处乱不惊，但一直“高卧东山”，不出世做官。当时人们说“安石不肯出，将如苍生何？”他到不惑之年，“东山再起”，指挥“淝水之战”，大败前秦苻坚的百万大军，名垂青史。

王导，字茂弘，东晋大臣。他为司马睿出谋划策，建立东晋政权，位居宰相之职，总揽元、明、成三朝国政，时有“王与马，共天下”之说。

掌故解读

高洁：指谢安有官不做，“高卧东山”的高风亮节。《晋书·谢安传》记载：“有司奏安被召，历年不至，禁锢终身，遂栖迟东土。”这是说，主管官员上奏疏说谢安被官府招聘，历年以来也不赴任，把自己终身禁锢，隐遁在东土。即“高卧东山”。

公忠，执政不顾个人恩怨，出以公心，指王导尽忠朝廷。镇东大将军王敦是王导的堂兄，由于对朝廷不满，起兵叛乱。在平叛之战中，王导也有不小的贡献。叛乱被平定后，王导脱下朝服，率王氏子侄等二十余人每天到朝廷等待处罚。“帝以导忠节有素，特还朝服，召见之。”（《晋书·王导传》）晋元帝认为王导一向忠于朝廷，送还他的朝服，召见他予以抚慰。

点　赞

谢安为保持高尚节操，在平时不出世，高卧东山，一旦外敌入侵，便东山再起，与国家共命运，奋起抗敌。王导辅佐司马睿建立东晋，在堂兄王敦叛乱后，他也参与平叛之战，叛乱平定后，因与王敦的亲属关系而向朝廷请罪，得到皇帝的谅解，称他“忠节有素”。这两位宰相的高风亮节，名垂青史。

麌字韵

匡衡凿壁，孙敬闭户。

郅都苍鹰，宁成乳虎。

周嵩狼抗，梁冀跋扈。

郗超髯参，王珣短簿。

匡衡凿壁，孙敬闭户。

人物简介

匡衡，字稚圭，西汉经学家。祖籍东海郡承（今山东枣庄）人。曾任太常掌故、平原郡文学等职，后官至丞相，封安乐侯。

孙敬，字文宝，汉朝信都（今河北衡水市冀州区）人。

掌故解读

凿壁，指凿开墙壁，借邻家的灯光读书。

《西京杂记》记载："匡衡，字稚圭，勤学而无烛，临舍有烛而不逮。衡乃穿壁引其光，以书映光而读之。"故事是说，匡衡，字稚圭，爱学习可是家贫买不起灯油，邻居家有烛光，自己却又够不着。匡衡就把墙壁凿开个洞，把书对着烛光阅读。

闭户：关上窗户，此指孙敬关门闭户、专精苦读的故事。《楚国先贤传》记载："孙敬入学，闭户牖，精力过人，太学谓曰'闭户生'。入市，市人相语：'闭户生来，不忍欺也。'"（《文选 · 天监三年策秀才文》李善注引）故事是说，孙敬进入太学，关闭门窗读书，精力超过别人。太学里称他为"闭户生"。有一天，他到市场上去，市场上的人都说："'闭户生'来了，不忍心欺骗他。"

点　赞

凿壁偷光、孙敬闭户，是古代著名的勤学故事。

郅都苍鹰，宁成乳虎。

人物简介

郅都，河东大阳（今山西平陆）人。西汉文帝时任郎官，景帝时为中郎将。当时，济南强宗大族瞯氏家族有个三百余家，横行乡里，欺压良善，地方官都不敢惩治。朝廷派郅都为济南郡太守，他一到任就处死这个强宗大族的首恶分子，其余的族人都吓得大腿发抖，不敢为非作歹。一年有余，济南郡路不拾遗，夜不闭户。《汉书 · 酷吏传》记载："都为人，勇有气，公廉，不发私书，问遗无所受，请寄无所听。"郅都的为人，性格勇敢，刚正耿直，公正廉洁。从来不拆看别人给他的私人信件，别人给他的礼品，他从来不接受，别人求他办的事，他从来不办。

宁成，西汉的官吏，南阳穰县（今河南邓州）人。他当小吏，一定要欺凌上级。他当了上级官吏，像捆湿草一样把手下的小吏管得顺顺溜溜。逐渐升至济南郡都尉，当时郅都任太守，两人相处很好。

掌故解读

苍鹰：颜师古称：“言其鸷击之甚也。”是说它击杀猎物很凶猛。指郅都惩治坏人像苍鹰一样凶猛无情。《汉书·酷吏传》记载：“是时民朴，畏罪自重，而都独先严酷，致行法不避贵戚，列侯宗室见都侧目而视，号曰‘苍鹰’。”这段话是说，当时民风淳朴，怕犯罪，很自重，而郅都使用严刑酷法，达到不避皇亲国戚的程度，那些王侯宗室都不敢正眼看郅都，只是“侧目而视”，给他起个绰号叫“苍鹰”。

乳虎：哺乳期的老虎。颜师古说：“猛兽产乳，养护其子，则搏噬过常，故以喻也。”意思是说，哺乳期的猛兽，养护它的幼崽，搏击撕咬凶猛，因此用它来比喻宁成。《汉书·酷吏传》记载：“上欲以为郡守，御史大夫弘曰：‘臣居山东为小吏时，宁成为济南都尉，其治如狼牧羊。成不可令治民。’上乃拜成为关都尉。岁余，关吏税肄郡国出入关者，号曰：‘宁见乳虎，无值宁成之怒。’其暴如此。”故事是说，汉武帝要用宁成为太守，御史大夫公孙弘说：“我在山东当小吏的时候，宁成任济南郡都尉，他治理民众，如同狼放羊一样。宁成这样的人不可以让他去治理民众。”汉武帝任命宁成为关都尉，即函谷关都尉，掌守卫关隘，稽查行人，征收关税。一年多，关吏、检查税收的人员、各郡国出入关口的人员，都说：“宁可碰上哺乳期的老虎，也不要碰上宁成发怒的时候。”他的暴烈性格就是这样。

点　赞

郅都、宁成，是汉代著名的酷吏。他们虽被称为“苍鹰”“乳虎”，但是他们严格执法，对皇亲国戚贪赃枉法的行为予以无情的打击，在这一点上，还是值得称赞的。

周嵩狼抗，梁冀跋扈。

人物简介

周嵩，字仲智，东晋官吏。为人果敢刚直，恃才自傲。他们兄弟三人，老大周𫖮，字伯仁，官至尚书左仆射；老二，周嵩，官至御史中丞；老三，周谟，小字阿奴，官至侍书、中护军，封平西侯。

梁冀，字伯卓，安定乌氏（今甘肃平凉）人，东汉大臣。他的两个妹妹分别是汉顺帝、汉桓帝的皇后。他任大将军，录尚书事，执政二十多年，权倾朝野。

掌故解读

狼抗：形容狼后脚站立，上身前倾，张扬凶狠的样子。比喻人桀骜不驯。此指周嵩孤傲不群的性格。《世说新语 · 识鉴》记载：周氏三兄弟的母亲，在冬至那一天，举酒为三个儿子祝贺，对他们说："吾本谓度江托足无所，尔家有相，尔等并罗列吾前，复何忧？"老太太是说，我本来认为渡江以后没有落脚之地，你们周家有丞相，你们又都在我面前，我还有什么可忧虑的呢？周嵩起身，长跪而哭说："不如阿母言。伯仁为人志大而才短，名重而识暗，好乘人之弊，此非自全之道；嵩性狼抗，亦不容于世；唯阿奴碌碌，当在阿母目下耳。"周嵩的意思是说，并不像母亲说的那样。大哥的为人志大才疏，名声很大，可是见识不远，又好抓住别人的错误不放，不是自我保全的办法。我的性格桀骜不驯，不被世人所容。只有小弟阿奴，碌碌无为，能陪在母亲的眼前罢了。

跋扈：指梁冀为人骄横强暴。《后汉书 · 梁冀传》记载："冀立质帝。帝少而聪慧，知冀骄横，尝朝群臣，目冀曰：'此跋扈将军也。'冀闻，深恶之，遂令左右进鸩加煮饼，帝即日崩。"这段话是说，汉质帝是在梁冀拥立下登基的。质帝虽然年幼但却聪明，知道梁冀骄横，在一次接受大臣朝拜的朝会上，看着梁冀说：“这是个跋扈将军。”梁冀听到这话，特别厌恶汉质帝，于是就命令侍从给汉质帝送上带毒药的汤饼。汉质帝当天就驾崩了。

点　评

周家兄弟三人，大哥“好乘人之弊，此非自全之道”；二哥桀骜不驯，不被社会所容。亲人难以托付给他们，只能托付给“碌碌无为”的三弟。

郗超髯参，王珣短簿。

人物简介

郗超，字景兴，一字嘉宾，高平金乡（今山东金乡县）人，东晋官吏。曾任散骑侍郎、中书侍郎、司徒左长史等职。他善于谈论，义礼精微。

王珣，字元琳，幼时小字法护，琅琊临沂（今山东临沂）人，东晋官吏。曾任尚书右仆射、领吏部、累官散骑常侍，封东亭侯。

王珣、郗超都有奇才，受到大司马桓温的赏识，都被征辟到大司马府，王珣为主簿，郗超为记室参军。

掌故解读

髯：脸颊上长的胡须。髯参：长髯须的参军官，指郗超。短：身材矮小，短簿：身材矮小的主簿官，指王珣。征西大将军桓温很器重王珣、郗超，王珣身材矮小，郗超两颊髯须，所以“府中语曰：‘髯参军，短主簿，能令公喜，能令公怒。’”（《晋书 · 郗超传》）桓府中的人说：“长着髯须的参军，个子矮小的主簿，能使桓公欢喜，能使桓公发怒。”可见桓温对这二人赏识和倚重的程度。

点　评

这是讲两个形象不同的人物，身上所发生的有趣故事。

歌字韵

伏波标柱，博望寻河。

李陵初诗，田横感歌。

武仲不休，士衡患多。

桓谭非谶，王商止讹。

伏波标柱，博望寻河。

人物简介

马援，字文渊，右扶风茂陵（今陕西兴平东北）人，东汉将领。少有大志，两汉相交之际，隗嚣占据陇西，刘秀前去征讨，马援“聚米为山”，即以米做沙盘，指画山川形势，帮助刘秀打败隗嚣。东汉建武年间，官拜伏波将军，一生屡立战功。他曾说：“丈夫为志，穷当益坚，老当益壮。”意思是大丈夫立志，在不得意的时候，要更加坚定，年老的时候，更加斗志旺盛。他还说：“男儿要当死于边野，以马革裹尸还葬耳。”（《后汉书·马援传》）他说男子汉应当死在边疆，用马革裹着尸体埋回到家乡。“马革裹尸还”的典故就出于此。

张骞，汉中城固（今陕西城固东）人，以郎官的身份应招出使大月氏，途经匈奴，被扣留十余年。后逃离匈奴，到达大月氏，回到汉朝，被任命为太中大夫。他出使西域，开辟了丝绸之路，功高盖世，成为西汉著名的外交家。在反击匈奴的战争中，张骞跟随大将军卫青出征，被封为博望侯。

掌故解读

伏波：即伏波将军，指马援。标柱：立铜柱作为边界标志。东汉建武十六年（40年），交阯女子征侧及其妹征贰起兵，占领城邑。东汉拜马援为伏波将军，出征交阯。《广州记》记载：“援到交阯，立铜柱，为汉之极界也。”（《后汉书·马援传》注引）意思是说，马援到达交阯，树立铜柱，作为汉朝边界的标志。

博望：博望侯，指汉朝的使者。从张骞被封为博望侯以后，博望侯就成为汉朝的使者的通称。

寻河：探寻黄河的源头。《史记·大宛列传》记载：“汉使穷河源，河源出于阗，其山多玉石，采来，天子案古图书，名河所出山曰昆仑。”意思是说，汉朝的使者探寻黄河的源头，黄河的源头出于于阗，那里的山盛产玉石，汉朝使者采来玉石，送到朝廷。汉朝天子研究古代的图书，给黄河发源的山脉命名为昆仑山。

点　　赞

伏波将军马援平定叛乱，立铜柱标志国界，是一种爱国主义精神；汉朝使者借出使之机，探索黄河源头，进行科学考察，也是一种爱国主义精神。

李陵初诗，田横感歌。

人物简介

李陵，字少卿，飞将军李广的孙子。他善于骑射，汉武帝时，他官拜骑都尉，率领五千步兵出居延千余里击匈奴，遇敌军十万骑兵，连战九天，终因矢尽粮绝，寡不敌众而降。苏武，字子卿，西汉大臣。汉武帝时，为郎官，奉命出使匈奴，被扣十九年，持节不屈，后获释回国，官至典属国。为表彰其民族气节，在他死后，绘其像于麒麟阁。

田横，战国末年齐国国君的族人，韩信俘虏了齐王田广后，田横自立为王。刘邦称帝后，田横与其属下五百人逃到海岛中。刘邦派人去召他入朝，他就与两名部下前往洛阳，在离洛阳还有三十里的地方，他不愿对刘邦称臣而自杀。刘邦拜田横的两名部下为都尉，以诸侯的礼仪安葬田横。田横下葬后，他的两名部下也自杀了。其余的五百人听说田横自杀的消息，也都在海岛中自杀了。

掌故解读

初诗：指李陵写给苏武的诀别诗是五言诗的初始之作。原来李陵与苏武都任侍中，苏武出使匈奴，次年李陵兵败，投降匈奴。两人在匈奴相见，他乡遇故人，各有感慨。后汉昭帝立，与匈奴和亲，苏武得以归汉，李陵以诗赠别：

携手上河梁，游子暮何之？徘徊蹊路侧，悢悢不得辞。（出自《李陵录别诗 · 其二》）

这两句诗的大意是，咱们手拉着手，来到河梁上道别，在外的游子傍晚到哪里去呢？我们在小路旁徘徊，深感遗憾，不忍心辞别。

晨风鸣北林，熠燿东南飞。浮云日千里，安知我心悲？（出自《李陵录别诗 · 其十一》）

明天晨风吹响北国的森林，你已像鸿雁一样向东南飞翔。浮云每日飞翔千里，怎么知道我身留北国，心中的悲伤呢？

田横感歌：因田横之死而感慨悲歌。晋朝崔豹《古今注》：“《薤露》《蒿里》，送哀歌也，出田横门人。横自杀，门人伤之而作悲歌，言人命如薤上露，易晞灭。至李延年乃分为二曲，《薤露》送王公贵人，《蒿里》送士大夫、

庶人，使挽逝者歌之，俗呼为挽歌。”（《史记 · 田儋列传》注引《史记正义》）崔豹说，《薤露》《蒿里》，是送葬的哀歌。出自田横的部下。田横自杀，部下为他悲伤而作悲歌，内容是说人的生命如同薤草上的露水，容易晒干。到了李延年时才分为两支曲子，《薤露》为王公贵人送葬用，《蒿里》为士大夫、平民送葬用，在哀挽死人时歌唱它，俗称挽歌。

点　　评

关于五言诗创始于何时，历来众说纷纭。徐子光在介绍李陵与苏武诗，提到苏武答李陵诗之后说：“五言诗盖自此始。”（见学津本）在文学史上也可备一说。

田横不要刘邦给的王位而自杀，他部下的五百壮士在海岛上也集体自杀，反映出他们不肯屈服的崇高气节。古代的挽歌《薤露》《蒿里》，就来源于田横部下五百壮士的慷慨悲歌。

武仲不休，士衡患多。

人物简介

傅毅，字武仲，扶风茂陵（今陕西兴平东北）人。东汉文学家，年轻时即学问渊博。汉章帝时为兰台令史，拜郎中，与班固、贾逵等共同主持校雠典籍工作。著有诗、赋、诔、颂、祝文等二十八篇，文雅显于朝廷。窦宪聘请他为主记室，窦宪当了大将军后，聘他为大将军府司马。

陆机，字士衡，华亭（今上海松江）人，西晋文学家。他的祖父陆逊，是三国时期吴国的名将，任丞相。吴国灭亡后，陆机与其弟陆云来到洛阳。曾任相国参军、中书郎、后将军等职。后在“八王之乱”中，被成都王司马颖处死。

掌故解读

不休：指写文章的控制能力不强，即文章写得拖拖拉拉，没完没了。曹丕批评文人相轻的毛病，在《典论 · 论文》中说："傅毅之于班固，伯仲之间耳，而固小之，与弟超书曰：'武仲以能属文，为兰台令史，下笔不能自休。'"曹丕说，傅毅与班固相比，不相上下，可是班固看不起傅毅，在给他弟弟的信中说："傅武仲因为能写文章，担任兰台令史，他写起文章来，没完没了，控制不住。"

患多：指担心文才多，这是夸人有文才。《晋书 · 陆机传》记载："机天才秀逸，辞藻宏丽，张华尝谓之曰：'人之为文，常恨才少，而子更患其多。'"陆机天才优秀超群，辞藻宏伟壮丽。张华曾对他说："别人写文章，常常恨自己的文才少，可是您更担心自己的文才多。"

点　评

这是关于文章优劣的故事，陆机有文才，辞藻宏丽；傅毅的控制力不强，文章拖拉。

桓谭非谶，王商止讹。

人物简介

桓谭，字君山，沛国相（今安徽淮北市）人，两汉之际哲学家。通晓音律，善于鼓琴，遍习五经，犹好古学，喜欢抨击宿儒。西汉末年，位不过郎官，东汉初任议郎给事中。后因反对谶纬之说而得罪了皇帝，被贬为六安郡丞，死于赴任途中。著有《新论》二十九篇。

王商，字子威，涿郡蠡吾（今河北博野西南）人，是乐昌侯（汉宣帝舅父）王武之子。王武死后，王商继承乐昌侯的爵位。元帝时因拥立太子，在太子即位后，被任命为丞相。

掌故解读

非谶：反对谶纬学说。谶纬，谶书和纬书。谶，是预言吉凶祸福的文字

图记。纬，伪托孔子的口气，根据统治的需要对儒家经典加以曲解，以经义附会人事的治乱兴衰。《后汉书·桓谭传》记载：为讨论灵台的位置问题，皇帝对桓谭说："我要用谶纬来决定，怎么样？"桓谭沉默好长时间，说："臣不读谶纬之书。"皇帝又问他不读谶纬之书的原因。桓谭极力论说谶纬之书不是经书。皇帝被顶撞后，大怒，说："桓谭反对皇帝，无法无天，拉下去斩首！"桓谭叩头流血，过了好长时间，皇帝怒气才消解。

止讹：平息谣言。《汉书·王商传》记载："建始三年秋，京师民无故相惊，言大水至，百姓奔走相蹂躏，老弱号呼，长安中大乱。天子亲御前殿，召公卿议。大将军凤以为太后与上及后宫可御船，令吏民上长安城以避水。群臣皆从凤议。左将军商独曰：'自古无道之国，水犹不冒城郭。今政治和平，世无兵革，上下相安，何因当有大水一日暴至？此必讹言也，不宜令上城，重惊百姓。'上乃止。有顷，长安中稍定，问之，果讹言。上于是美壮商之固守，数称其议。而凤大惭，自恨失言。"故事是说，建始三年（前 30 年）秋天，京城里的老百姓无故惊惶骚乱，传言大水将至。老百姓奔逃，互相踩踏，老人小孩哭喊，长安城中一片大乱。汉成帝亲临前殿，召集公卿商议此事。大将军王凤认为太后和皇上以及后宫的人可以坐船，命令长安城的官吏、百姓登上长安的城墙躲避大水。群臣都听从王凤的建议。只有左将军王商说："自古以来，最无道的国家，大水也没有漫过城郭的。现今政治和平，没有战争，朝野上下一片安定。为什么会有大水一日突然到来的事呢？这一定是谣言，不应该让官民登上城墙，使百姓再受惊吓。"汉成帝才因此作罢。不久，长安城中渐渐安定下来，经查证，果然是谣言。汉成帝大为赞赏王商处事镇定，多次称赞他的建议。王凤更加感到惭愧，悔恨自己的失言。

点　赞

桓谭不顾触怒皇帝而反对谶纬学说，其捍卫真理的科学精神，是值得学习的；王商粉碎谣言，安定君臣、官民之心，也是令人敬佩的。

泰字韵

嵇吕命驾，程孔倾盖。
剧孟一敌，周处三害。
胡广补阙，袁安倚赖。
黄霸政殊，梁习治最。

嵇吕命驾，程孔倾盖。

人物简介

嵇康，字叔夜，谯国铚县（今安徽宿州）人，魏晋时期的文学家，“竹林七贤”之一。官至中散大夫。在政治上不愿投靠掌权的司马氏，因钟会向司马昭进谗言而被杀。

吕安，字仲悌，东平（今山东东平）人。他与嵇康是好朋友。其兄长吕巽诬蔑他不孝，嵇康为他辩诬，钟会劝司马昭借机除掉此二人，导致二人被杀。

程子，春秋时人，生平事迹不详。据《孔子家语》传说，他与孔子有一面之缘，可能是位贤人。

孔子，姓孔名丘，字仲尼，春秋时期鲁国（今山东曲阜）人。他是我国古代的思想家、教育家，儒家学派的创始人。他由中都宰升任鲁国司寇，参与国政。终因政见不合，愤而辞去官职，周游列国。他删《诗》《书》，定《礼》《乐》，赞《周易》，修《春秋》，传播先王之道。他首创私人办学，有三千余弟子，其中身通六艺者就有七十二人。

掌故解读

命驾，命车夫驾车，指自远方去造访。《晋书·嵇康传》记载："东平吕安服康高致，每一相思，辄千里命驾，康友而善之。"是说，东平郡吕安佩服嵇康的高尚情致，每一想念，便从千里以外驾车前去造访，嵇康友善地接待他。

倾盖：驻车，即把车停下来。《孔子家语·致思》载"孔子之郯（tán），遭程子于涂，倾盖而语终日，甚相亲。顾谓子路曰：'取束帛以赠先生。'子路屑然对曰：'由闻之士不中间见，女嫁无媒，君子不以交，礼也。'有间，又顾谓子路，子路又对如初。孔子曰：'由，诗不云乎：有美一人，清扬宛兮，邂逅相遇，适我愿兮。今程子天下贤士也，于斯不赠，则终身弗能见也'"。故事是说，孔子到郯国去，在路上与程子相遇了。停下车以后，交谈了一整天，特别亲近。回头对子路说："取来一捆白布赠送给程先生。"子路轻慢地回答说："我听说士人不经人介绍就与人相见，女子无媒而嫁人，君子不与这样的人交往，是合乎礼仪的。"过了一会儿，孔子又回头对子路说了一遍，子路又像起初一样回答。孔子说："仲由啊，《诗经》不是说过吗：'有一个美人，水汪汪的一双大眼，不期而遇，正和我的心愿。'今天见到的程先生，是天下的贤才，在这里不赠送给他礼品，就终身也不能相见了。"

点　赞

此联的两个故事，说明交友不在时间长短，可以是长期交游，如吕安、嵇康；也可以是偶尔路遇，如孔子、程子。

剧孟一敌，周处三害。

人物简介

剧孟，洛阳人，汉代的游侠。七国之乱时，周亚夫为太尉，乘传车来到河南，得到剧孟的帮助，三个月平定了叛乱。

周处，字子隐，义兴郡阳羡（今江苏宜兴）人。三国时期任吴国的东观左丞，归晋以后，任御史中丞。齐万年反，周处随军西征，伏波将军孙秀对他说："你有老母，可以以此为理由不上前线。"周处说："忠孝之道，安得两全！既辞亲事君，父母复安得而有子乎？今日是我死所也。"（《晋书 · 周处传》）周处说，忠孝之道哪有两全的，既已辞别了父母，为君王办事，父母又怎能把我当儿子呢？今天就是我为国尽忠效命的时候。后来，周处果然在这次战争中力战而阵亡。朝廷追赠他为平西将军。

掌故解读

一敌：一个敌国，指剧孟相当于一个敌国的力量。《史记 · 游侠列传》记载："吴楚反时，条侯为太尉，乘传车将至河南，得剧孟，喜曰：'吴楚举大事而不求孟，吾知其无能为已矣。'天下骚动，宰相得之若得一敌国云。"在吴楚等七国叛乱时，条侯周亚夫，乘坐传车到了河南，得到了剧孟的帮助，高兴地说："吴楚等国发动叛乱，却不找剧孟这样的游侠，我知道他们是没有作为的了。"天下动乱，宰相得到他如同得到一个敌国的力量。

三害：为害当地的三种祸患。周处少年时凶狠有侠气，为害乡里。有一天，周处对乡里父老说："现在是和平时代，年成丰足，为什么还不高兴呢？"父老说："三害未除，有什么可高兴的。"周处问："三害都是什么？"父老回答说："南山白额猛虎，长桥下的蛟龙，再加上你，就是三害了。"（《晋书 · 周处传》）于是周处就到南山射死猛虎，跳到水里与蛟龙搏斗，最后杀死蛟龙。百姓以为周处死了，就开始庆祝。周处回家，听到乡里百姓庆祝声，才知道自己给乡里造成的祸患之大，深自悔恨，后到吴郡，造访二陆（陆机、陆云），修身苦学，终成晋朝名臣。

点　　赞

周处折节改过，为民除害，终成晋朝名臣；游侠剧孟，得到太尉周亚夫的引导，参与平定七国之乱，为汉朝立下了不朽的功勋。

胡广补阙，袁安倚赖。

人物简介

胡广，字伯始，南郡华容（今湖北监利北）人，东汉名相。为安、顺、冲、质、桓、灵六朝元老，曾任司空、司徒、太尉、太傅等职。居官三十余载，为官清廉，谦恭谨慎，一心匡扶东汉时局。

袁安，字邵公，汝南（今河南商水西南）人，东汉大臣。曾任楚郡太守、河南尹、太仆、司空、司徒等职，政令严明，断狱公平，不避权贵，多次弹劾专横跋扈的窦氏家族。

掌故解读

补阙：匡正君王的缺失。《后汉书 · 胡广传》记载：“达练事体，明解朝章。虽无謇（jiǎn）直之风，屡有补阙之益。”胡广阅历广又通晓人情世故，对朝廷的典章制度了如指掌。虽然没有咄咄逼人的作风，却有很多匡正君王缺失的益处。所以，京师的谚语说：“万事不理，问伯始；天下中庸，有胡公。”

倚赖：依靠，指朝廷上下都依靠袁安这个人。《后汉书 · 袁安传》记载：“安以天子幼弱，外戚擅权，每朝会进见，及与公卿言国家事，未尝不噫呜流涕，自天子及大臣皆恃赖之。”故事是说，袁安因为天子年幼，外戚专权，每到朝会觐见天子，以及与公卿大臣谈论国家大事时，都呜咽流泪，从天子到大臣都很依赖他。

点　赞

胡广"达练事体，明解朝章"，能为君主拾遗补阙；袁安在"天子幼弱，外戚擅权"的形势下，受到朝廷上下的依赖。二人实在是难得的治国良才。

黄霸政殊，梁习治最。

人物简介

黄霸，字次公，是淮阳阳夏（今河南太康）人，汉朝大臣。他少习律令，明察秋毫，心思敏捷，通晓文法，性情温良谦让，有智慧，善于组织调度下属。宣帝时先后任扬州刺史、颍川太守。其为政外宽内明，力劝耕桑，推行教化，政绩为当时第一。后为御史大夫、丞相，封为建成侯。后世将他与龚遂作为"循吏（奉法循理之吏）"之代表，合称为"龚黄"。

梁习，字子虞，陈郡柘（今河南柘城）人，三国时期的魏国官吏。起初任郡主簿，后任海西、下邳县令，因有政绩升为司空西曹令史、并州刺史，封关内侯。太和二年（228 年），出任大司农。在任二十余年，推行曹操的屯田制，使得当时出现了"边境肃清，百姓布野，勤劝农桑，令行禁止"的局面。

掌故解读

政殊：施政方法特殊，指与别人不同。汉昭帝即位，年龄幼小，大将军霍光辅政，大臣争权，霍光采用汉武帝末期的深文苛法，用刑罚统治下属。"繇是俗吏上严酷以为能，而霸独用宽和为名。"（《汉书 · 黄霸传》）这句话是说，从此天下的普通官吏都崇尚严酷刑罚将其看成是有能力，可是只有黄霸因为用法宽和而成名。

治最：政绩被评为上等。古代考核军功、政绩的评语，上等为最，下等为殿。《三国志 · 梁习传》："文帝践阼，复置并州，复为刺史，进封申

门亭侯，邑百户，政治常为天下最。”这段话是说，魏文帝即位，收回并州，梁习又任刺史，晋封申门亭侯，封邑有百户人家，在政绩考核时经常是天下州郡中的上等。

点　评

本联是讲官吏的政绩，黄霸的风格宽和，梁习的政绩第一，都被称为“循吏”。本首的韵脚四字是盖、害、赖、最，在现代汉语中不押韵，但在古代汉语中是押韵的，押泰字韵。

支字韵

墨子悲丝，杨朱泣歧。

朱博乌集，萧芝雉随。

杜后生齿，灵王出髭。

贾谊忌鹏，庄周畏牺。

墨子悲丝，杨朱泣歧。

校　勘

杨朱泣歧，歧，《全唐诗》本作“岐”。《列子 · 说符》记载的“歧路亡羊”故事中作“歧”。学津本作“歧”。

人物简介

墨翟，鲁国人，春秋、战国之际的思想家，墨家学派的创始人，后代尊称为墨子。

杨朱，魏国人。战国时期的思想家，他主张“不拔一毛以利天下。”

掌故解读

悲丝：为丝不能保持其本色而感到悲哀。因为丝本是白色的，可以染成各种颜色，所以墨子感到悲哀。《淮南子 · 说林训》：“墨子见练丝而泣之，为其可以黄，可以黑。”这里是说，墨子看见素丝就哭了，因为它可以染成黄色，也可以染成黑色，保持不了本色。

泣歧：见岔路而哭。《淮南子 · 说林训》：“杨子见逵路而哭之，为其可以南，可以北。”杨朱看见四通八达的道路就哭，因为可以向南走，也可以向北走，没有一定的方向。另《列子 · 说符》：“杨子之邻人亡羊，既率其党，又请杨子之竖追之。杨子曰：‘嘻，亡一羊何追者之众？’邻人曰：‘多歧路。’既反，问：‘获羊乎？’曰：‘亡之矣。’曰：‘奚亡之？’曰：‘歧路之中又有歧焉，吾不知所之，所以反也。’杨子戚然变容，不言者移时，不笑者竟日。”故事是说，杨子的邻居丢了一只羊，邻居率领家里人追羊，又求杨子家的仆人帮助去追羊。杨子说：“丢了一只羊，为什么追羊的人这么多？”邻人说：“岔路口多。”追羊的人回来后，杨子问：“逮住羊没有？”回答说：“羊已经跑丢了。”杨子问：“为什么跑丢了？”回答说：“岔路之中又有岔路，我们不知道它往哪里跑了，所以只好返回来。”杨子伤心，有好几个时辰不说话，整天没有笑容。

点　评

这是有关古代学者哲学命题的故事，故事简练而道理深刻。

朱博乌集，萧芝雉随。

人物简介

朱博，字子元，杜陵（今陕西西安市东南）人，汉朝大臣。曾任亭长、县令、刺史、廷尉、后将军等职。

萧芝，字英髦，东海兰陵（今山东兰陵）人，萧何的十五世孙。

掌故解读

乌集：乌鸦落于树上。《汉书 · 朱博传》记载：当时御史府的官吏宿舍百余处，井水都枯竭了；再加上御史府中的柏树成行，常有数千只野乌鸦栖宿在柏树上，清晨飞去，晚间归来，号称“朝夕乌”。乌鸦飞去不来，已几个月了。年老长者都感到奇怪。过后两年多，朱博为大司空，奏言“臣愚以为大司空官可罢，复置御史大夫，遵奉旧制。臣愿尽力，以御史大夫为百僚率。”他说：臣认为大司空的官职可以罢免，再设御史大夫，遵守旧的制度。臣愿意竭尽全力，任御史大夫，为百官做表率。汉哀帝听从了他的建议，任命其为御史大夫。

雉随：野鸡跟随。萧广济《孝子传》记载：“萧芝至孝，除尚书郎，有雉数十头，饮啄宿止。当上直，送至歧路；下直入门，飞鸣车侧。”故事是说，萧芝最孝顺，被任命为尚书郎，有几十只野鸡，在他周围饮水啄食。当萧芝上朝值班时，野鸡送他到岔路口，当他下班回家，进入家门时，野鸡在车旁飞叫。

点　评

起初，汉承秦制，设置丞相、御史大夫、太尉。到汉成帝时，御史大夫何武建议改革官制，取消现行官制，重新设置“三公”，即太师、太傅、太保等官。围绕是否改革官制，朝廷展开了争论。“乌集”不过是借掌故说事，未必科学，反映出民心所向罢了。

杜后生齿，灵王出髭。

人物简介

杜陵阳，镇南将军杜预的曾孙女，晋成帝的皇后。晋成帝因为杜陵阳出身世代德高望重的贵族之家，在咸康二年（336 年）备礼拜她为皇后。

灵王：周灵王姬泄心，是周定王的孙子，在位二十七年，死后谥号为灵。

掌故解读

生齿：长出牙齿。《晋书·后妃传下》记载："后少有姿色，然长犹无齿，有来求婚者辄中止。及帝纳采之日，一夜齿尽生。"杜皇后年少时姿色漂亮，然而长大了，牙齿还没长出来，有来求婚的人得知此事，就停止了求婚。等到皇帝与她订婚之日，一夜之间，牙齿都长出来。

出髭：出生时就长出胡须。《春秋左传·昭公二十六年》记载："在定王六年，秦人降妖，曰：'周其有髭王，亦克能修其职。诸侯服享。二世共职。王室其有间王位，诸侯不图，而受其乱灾。'至于灵王，生而有髭。王甚神圣，无恶于诸侯。灵王、景王，克终其世。"大意是说，在周定王六年时，秦国降下一个妖人说："周朝会有一个长胡子的天子，也能够完成其职守，使诸侯国顺服而享有国家，两代谨守自己的职分，王室中有人觊觎王位，诸侯不为王室图谋，受到了动乱的灾祸。"到了周灵王，他降生时就长出了胡子。他十分神奇聪明，对诸侯没有做什么不好的事情，灵王、景王，都能善始善终。

点　评

生理的奇特现象，除了影响人的健康，并无其他意义。

贾谊忌鹏，庄周畏牺。

人物简介

贾谊，洛阳（今河南洛阳东北）人，汉初杰出的政论家、文学家。贾谊从小聪明，有文才。文帝时被荐为博士，年方二十余岁，官至太中大夫。他主张政治改革，因遭毁忌，被贬为长沙王太傅。后又任文帝幼子梁怀王太傅，梁怀王不幸坠马身死，贾谊自伤没有尽到太傅之责，郁郁而终，年仅三十三岁。其政论有《过秦论》《陈政事疏》《论积贮疏》，赋有《吊屈原赋》《鹏鸟赋》。

庄周，战国时思想家，宋国蒙（今河南商丘）人。他曾做过漆园吏。楚庄王以厚礼聘他为相，他坚决不干。他著有《庄子》，发展了老子的学说，所以后人把他与老子合称为"老庄"。

掌故解读

忌鹏：忌讳鹏鸟给自己带来的不祥之兆。"谊为长沙王傅。三年，有鹏鸟飞入谊舍，止于坐隅。鹏似鸮，不祥鸟也。谊既已谪居长沙，长沙卑湿，谊自伤悼，以为寿不得长，乃为赋以自广也。"（《文选 · 鹏鸟赋序》）贾谊说，我当了长沙王太傅。过了三年，有只鹏鸟飞入我住的房屋，落在座位的边上。鹏鸟的样子像猫头鹰，是不吉祥的鸟。我已经被贬到长沙，长沙地势低洼潮湿，我自己伤心悲哀，认为寿命不长，就作这篇赋来宽慰自己。

畏牺：惧怕被当作祭祀时牺牲品的牛，指庄周不想当官。《史记 · 老子韩非列传》记载："楚威王闻庄周贤，使使厚币迎之，许以为相。庄周笑谓楚使者曰：'千金，重利；卿相，尊位也。子独不见郊祭之牺牛乎？养食之数岁，衣以文绣，以入大庙。当是之时，虽欲为孤豚，其可得乎？子亟去，无污我。我宁游戏污渎之中自快，无为有国者所羁，终身不仕，以快吾志焉。'"故事是说，楚威王听说庄周有才能，派遣使者带着厚重的礼物，去聘请他，许诺让他当国相。庄周笑着对使者说："千斤黄金，是重大的利益；卿相，是尊贵的地位。难道您没看到祭祀时用作供品的牛吗？饲养了多年，给它穿上带花纹的衣服，牵入太庙中杀了，作为祭祀的牺牲。当此之时，即使想当被豢养的小猪，能办得到吗？您赶快离开我吧，不要弄脏了我！我宁

可游戏在污秽的环境中自寻快乐，也不愿被国君所束缚，我将终身不当官，以实现我的志向为快乐。”

点　　评

贾谊才奇寿短，并非鹏鸟带来的不幸，是他“志大而量小，才有余而识不足”（苏轼《贾谊论》），苏轼的评论是说到点子上了。庄子傲视王侯，为保高洁，有官而不做，历来受到隐士的推崇。

陌字韵

燕昭筑台，郑庄置驿。
璀靖二妙，岳湛连璧。
郄诜一枝，戴凭重席。
邹阳长裾，王符逢掖。

燕昭筑台，郑庄置驿。

人物简介

燕昭，燕昭王姬职，是战国时燕王姬哙的庶子，姬哙晚年把王位禅让给国相子之，引起内讧和齐国的干涉。当时姬职流亡在国外，赵武灵王把他召来，立他为燕王，派兵把他护送回国，他就是燕昭王。燕昭王广招贤才，国势复振，三十年后得以破齐雪耻。

郑庄，郑当时，字庄，陈郡人，西汉官吏。汉景帝时，他任太子舍人，汉武帝朝，他任大司农。他为人侠义，肴山以东广大地区的士人和知名学者都众口一词称赞他的美德。

掌故解读

筑台：筑黄金台，招引天下贤才。《史记 · 燕召公世家》记载：“（燕昭王）卑身厚币以招贤者。谓郭隗曰：‘齐因孤之国乱而袭破燕，孤极知燕小力少，不足以报。然诚得贤士以共国，以雪先王之耻，孤之愿也。先生视可者，得身事之。’郭隗曰：‘王必欲致士，先从隗始。况贤于隗者，岂远千里哉！’于是昭王为隗改筑宫而师事之。乐毅自魏往，邹衍自齐往，剧辛自赵往，士争趋燕。”另有记载：“黄金台，易水东南十八里，燕昭王置千金于台上，以延天下之士。”（《文选》·鲍照《放歌行》李善注引《上谷郡图经》）

故事是说，燕昭王降低身份，以厚礼招聘有才能的人。他对郭隗说：“齐国趁我们国家动乱，袭击攻破我国。我深知燕国的国家小、国力弱，没有力量报仇。假若真能得到有才能的人，我把国家和他共享，来洗雪先王的耻辱，这是我的愿望。先生看到可以担当此任的，我亲自侍奉他。”郭隗说：‘大王一定要招到贤才，先从我郭隗开始。那些比我更优秀的人才，自然会从千里之外慕名而来。’于是燕昭王为郭隗改造了房舍，拜郭隗为老师，表示对贤才的尊敬。乐毅从魏国来，邹衍从齐国来，剧辛从赵国来，士人争先恐后到燕国来。另有记载：“黄金台，在易水东南十八里，燕昭王放千金于台上，来招揽天下贤士。”

置驿：指把马放在驿站，以备接待宾客用，形容好客。《史记·汲郑列传》记载：郑当时“孝景时，为太子舍人。每五日洗沐，常置驿马长安诸郊，存诸故人，请谢宾客，夜以继日，至其明旦，常恐不遍。庄好黄老之言，其慕长者如恐不见。年少官薄，然其游知交皆其大父行，天下有名之士也”。故事是说，汉景帝的时候，郑当时任太子舍人。汉朝制度，官吏每五天一休沐，即五天放假一次。放假的时候，他常在长安四郊放置驿马，用来宴请、答谢宾客，夜以继日，直到次日天明，还常常怕不能把宾客全部宴请到。郑当时喜好“黄老”学说，他仰慕有德长者，恐怕见不到。虽然他年龄小、官位低，然而与他结交的都是他爷爷一辈的人，是天下有名的人士。

点　评

燕昭王筑黄金台，郑当时置驿马，都是古代招贤纳士的典故。《史记·燕召公世家》载“昭王为隗改筑宫而师事之”，孔融《论盛孝章书》载“昭王筑台以尊郭隗”。鲍照《放歌行》：“岂伊白璧赐，将起黄金台。”李白《古风》有“燕昭延郭隗，遂筑黄金台”的诗句。可见燕昭王招贤纳士的故事，经历了由“改筑宫”到“黄金台”的演变。

瓘靖二妙，岳湛连璧。

人物简介

卫瓘，字伯玉，河东安邑（今山西省夏县）人，西晋书法家。他曾任魏侍中、廷尉卿，西晋初拜尚书令，迁司空。

索靖，字幼安，敦煌龙勒（今甘肃敦煌）人，西晋书法家，与卫瓘齐名。举贤良方正，对策得高第，晋武帝提拔他为尚书郎，惠帝初赐爵关内侯，因讨孙秀有功升任后将军。

潘岳，字安仁，荥阳中牟（今河南中牟）人，西晋文学家。曾任河阳令、著作郎、给事黄门侍郎等职。文名与陆机相当，世称“潘陆”，今传《潘黄门集》。

夏侯湛，字孝若，谯国（今安徽亳州）人。晋朝官吏。泰始年间，举贤良对策中第，拜郎中，惠帝时任散骑常侍，一生著论三十余篇。

掌故解读

二妙：即一台二妙，指同一官署中两位有名气的人。《晋书·卫瓘传》记载：“咸宁初，征拜尚书令，加侍中。性严整，以法御下，视尚书若参佐，尚书郎若掾属。瓘学问深博，明习文艺，与尚书郎敦煌索靖俱善草书，时人号为一台二妙。”这是说，咸宁初年，任命卫瓘为尚书令，加官侍中。

他性格严谨，按法规统御下属，把尚书官员看成参军佐将，把尚书郎看成手下的属官。他的学问渊深广博，熟悉文艺，与尚书郎敦煌人索靖都善于写草书，当时人称为“一台二妙”，即同一官署中的两位名人。

连璧：两玉并联，比喻并美的人或事。《世说新语 · 容止》记载：“潘安仁、夏侯湛，并有美容，喜同行，时人谓之连璧。”潘岳和夏侯湛，都长得很漂亮，二人又喜欢一起行走，当时的人把他们称为连璧。

点　评

两人并肩媲美，可称为“连璧”；二人技艺同高，可称为“二妙”。

郄诜一枝，戴凭重席。

校　勘

戴凭重席，凭，《全唐诗》本作“冯”。凭、冯，古为通假字。学津本即为“戴凭重席”。

人物简介

郄诜，字广基，济阴单父（今山东单县南）人，西晋官吏。博学多才，不拘小节。泰始年间，朝廷诏命天下举“贤良直言”之士，他回答皇帝的策问获得第一名，官拜议郎之职，后来提升为雍州刺史。任职期间，威严明断，口碑很好。

戴凭，字次仲，汝南平舆（今河南信阳）人，东汉官吏。十六岁时，汝南郡举明经，朝廷征聘他为博士，官拜郎中，后升任为侍中。

掌故解读

一枝：即“桂林一枝”，比喻出类拔萃。《晋书 · 郄诜传》记载：“（晋武帝）问诜曰：‘卿自以为何如？’诜对曰：‘臣举贤良对策，为天下第一，犹桂林之一枝，昆山之片玉。’帝笑。侍中奏免诜官，帝曰：‘吾与之戏耳，不足怪也。’”这段话是说，晋武帝问郄诜说：“爱卿你自己感觉如何？”郄诜回答说：“我被举参加贤良对策，获取天下第一的成绩，犹如桂树琼林中的一枝仙花，昆仑山上的一片美玉。”晋武帝笑了。侍中官奏报要罢免郄诜的官职，晋武帝说：“我与他开玩笑罢了，不要大惊小怪。”

重（chóng）席：重复的坐垫，指数量很多的坐垫。《后汉书·儒林传》记载：“正旦朝贺，百僚毕会，帝令群臣能说经者更相难诘，义有不通，辄夺其席以益通者，凭遂重坐五十余席。故京师为之语曰‘解经不穷戴侍中’。”意思是，有一年的大年初一，群臣上朝贺年，百官全都到齐。光武帝命令群臣能讲解经书的互相提问辩难，有经义讲得不通的，就夺下他的坐垫，给讲得通畅的。于是戴凭重重叠叠地坐了五十多张坐垫。因此京师人说：“解释经义滔滔不绝的是戴侍中。”

点　评

侍中官要罢免郄诜的官，是把“桂林之一枝，昆山之片玉”视为自夸之辞，晋武帝则告诉侍中官不要大惊小怪，允许天下第一的举子有自信心。

邹阳长裾，王符逢掖。

人物简介

邹阳，临淄（今山东淄博东）人，西汉文学家。汉景帝时，他与枚乘、严忌等在吴国当官，他上书劝阻吴王谋反，未被采纳，于是离开吴国。到了梁国，当梁孝王的门客，因被人谗害入狱。他上书梁王，进行辩解，言辞委婉动人。梁孝王释放了他，并待为上宾。他的文章存于今的有《上书吴王》《狱中上书自明》等。

王符，字节信，安定临泾（今甘肃镇源东南）人，东汉学者。与马融、张衡、崔瑗等友善。他从小好学，有志向节操，不苟同于世俗，隐居著书，有《潜夫论》流传至今。

掌故解读

长裾：长大的衣襟。邹阳《上书吴王》：“臣今尽智毕议，易精极虑，则无国而不可奸，饰固陋之心，则何王之门不可曳长裾乎？”邹阳说：“我现在用尽智慧，该议论的全都议论，改换思路，极尽思虑，那么没有哪一个王国里，我是不可以求得重用的；改进见识浅陋的思想，那么哪一个王国的门庭，我不可以拖着长大的衣襟自由出入呢？”言外之意，如果吴王不听劝，非谋反不可，那么我将离开吴国而到其他王国去了。

逢掖：大袖单衣，指书生。《后汉书·王符传》记载：“度辽将军皇甫规解官归安定，乡人有以货得雁门太守者，亦去职还家，书刺谒规。规卧不迎，既入而问：‘卿前在郡食雁美乎？’有顷，又白王符在门。规素闻符名，乃惊遽而起，衣不及带，屣履出迎，援符手而还，与同坐，极欢。时人为之语曰：‘徒见二千石，不如一逢掖。’言书生道义之为贵也。”故事是说，度辽将军皇甫规卸任后回到安定郡，他的同乡用贿赂得任雁门郡太守的人，也离职回乡了。这个太守带着写好的名片，去拜见皇甫规。皇甫规躺在床上，不去迎接。来客已经入门了，皇甫规问道：“您以前在郡内吃的雁的味道好吗？”不大一会儿，仆人又报告王符在门口求见。皇甫规平时就听说过王符的大名，于是连忙起身，衣服来不及系带，穿上鞋来不及提上鞋跟，就迎接出来，拉着王符的手回到屋里来，与他坐在一起，特别高兴。当时人针对这件事说：“白做到二千石的太守的高位，还不如一个穿大袖单衣的书生。”这话是说书生道义的可贵。

点　赞

皇甫规慢待因行贿得官的同乡，却看重王符的书生道义，说明因行贿而得官自古以来就是很受鄙视的。

删字韵

鸣鹤日下，士龙云间。
晋宣狼顾，汉祖龙颜。
鲍靓记井，羊祜识环。
仲容青云，叔夜玉山。

鸣鹤日下，士龙云间。

人物简介

荀隐，字鸣鹤，洛阳人，晋朝官吏，曾任太子舍人，廷尉等官，早卒。

陆云，字士龙，吴郡华亭（今上海）人，晋代文学家。六岁能做文章，性格清正，有才能，与其兄陆机齐名，号称“二陆”。

掌故解读

日下：封建社会里把帝王比作日，皇帝建都之地称日下，此指西晋都城洛阳。也可以用谜语来解释，日下，太阳落下，就是洛阳。以谜语说出地名，也很幽默有趣。

华亭，古称云间。《易经 · 乾卦》有“云从龙”的话，把表字中的“龙”

字，和“云”联系起来，说龙是从云间来的，引经据典，出言不俗。

《世说新语·排调》：“荀隐、陆云二人未相识，俱会张茂先（张华字茂先）坐。张令共语，以其并有大才，可勿作常语。陆举手曰：‘云间陆士龙。’荀答曰：‘日下荀鸣鹤。’”这段记载是说，荀隐与陆云二人互不相识，都到张华家去，在那里相遇了。张华让他们谈谈，因为他们都是怀有大才的名士，不可说平常的话语。陆云举手说：“我是云间的陆士龙。”荀隐回答：“我是日下的荀鸣鹤。”

点评

“云间陆士龙，日下荀鸣鹤”，成为一副工整的对联，“云间”“日下”，用谜语的形式报出各自家乡的地名，文人雅趣，相得益彰。

晋宣狼顾，汉祖龙颜。

人物简介

司马懿，字仲达，河内温县（今河南温县西）人，三国时期魏国大臣。为人足智多谋，善于权变。曾任大将军，多次与诸葛亮对垒。后杀曹爽，代为丞相，执掌国政。他的孙子司马炎代魏称帝，追尊他为宣帝。

刘邦，字季，沛县人（今江苏沛县），秦末农民起义领袖，西汉的建立者。陈胜、吴广起义，刘邦起兵响应，称沛公。后率兵攻入咸阳，灭亡秦朝。又经过“楚汉战争”，击败项羽，建立了西汉王朝。

掌故解读

狼顾：头往后看，其形似狼，形容人的相貌异常。此指司马懿猜忌变诈。《晋书·宣帝纪》记载：“帝内忌而外宽，猜忌多权变。魏武察帝有雄豪志，闻有狼顾相，欲验之。乃召使前行，令反顾，面正向后而身不动。又尝梦三马同食一槽，甚恶焉。因谓太子丕曰：‘司马懿非人臣也，必预汝家事。’”这是说，司马懿内心猜忌而外表宽厚，为人猜忌又多权术变诈。曹操观察到司马懿有雄心壮志，听说他有“狼顾”的相貌，想要验证一下。就让他向前走，又让他回过头来往后看，他的脸面向正后方，可是他的身体却不动。曹操又曾梦见三匹马共同在一个槽内吃草，感到特别厌恶。就对太子曹丕说：“司马懿不是做臣属的人，一定会干预到你家的政事。”

龙颜：面貌长得像龙。《史记·高祖本纪》记载：“高祖为人，隆准而龙颜。”文颖说：“高祖感龙而生，故其颜貌似龙，长颈而高鼻。”（《史记索隐》）

点　评

这里概括出司马懿、刘邦两人的相貌特点。文颖所云“高祖感龙而生，故其貌似龙”，纯属无稽之谈。

鲍靓记井，羊祜识环。

人物简介

鲍靓，字太玄，东海（今江苏镇江）人，晋朝官吏，曾任南阳中部都尉、南海太守等职。

羊祜，字叔子，泰山南城（今山东费县西南）人，魏晋官吏。在魏任相国从事中郎，晋朝建立后，任散骑常侍、卫将军、尚书左仆射、都督荆州诸军事等职，抚恤士卒，垦田积粮，为灭吴打下基础。

掌故解读

记井：指鲍靓记得前世淹死自己的井。《晋书·鲍靓传》记载：“年五岁，语父母云：‘本是曲阳李家儿，九岁坠井死。’其父母寻访得李氏，推问皆符验。”故事是说，鲍靓五岁时，对父母说：“我本是曲阳李家的孩子，九岁时掉井淹死了。”父母寻访到李家，审察问询，都得到了验证。

识环：知道金环在哪里。《晋书·羊祜传》记载：“祜年五岁时，令乳母取所弄金环。乳母曰：‘汝先无此物。’祜即诣邻人李氏东垣桑树中探得之。主人惊曰：‘此吾亡儿所失物也，云何持去！’乳母具言之，李氏悲惋。时人异之，谓李氏子则祜之前身也。”这个故事是说，羊祜五岁的时候，让奶妈取来玩的金环。奶妈说：“你以前没有这个东西。”羊祜就到邻家东墙边的桑树中将金环掏出来。李家的主人惊讶道：“这是我死去的儿子所丢失的，为什么要拿走！”奶妈把这件事经过说了，李氏感到悲哀惋惜。当时的人却觉得这件事很稀奇，说羊祜的前世是李家的儿子。

点　评

记井、识环的故事虽然生动，但是宣扬迷信怪异，不足相信。

仲容青云，叔夜玉山。

人物简介

阮咸，字仲容，陈留尉氏（今河南省开封附近）人，晋朝官吏，曾任散骑侍郎、始平郡太守。“竹林七贤”之一。阮咸与其叔阮籍居住在道南，同家族的其他人居住道北。居住在道北的阮家富有，居住在道南的阮家贫困。七月七日，居住在道北的阮家大量晾晒衣服，都是绫罗绸缎，灿烂夺目。阮咸用竹竿挂着粗布牛鼻裤晾晒在庭院里。有人感到奇怪，阮咸回答道：“未能免俗，聊且也晾晒一下衣服罢了。”

嵇康，字叔夜，谯国铚县（今安徽宿州）人，魏晋时期的文学家，“竹林七贤”之一。官至中散大夫。他在政治上不愿投靠掌权的司马氏，遭谗害而被杀。著有《嵇中散集》。

掌故解读

青云：志向高远。颜延年的《五君咏》中有：“仲容青云器，实禀生民秀。达音何用深，识微在金奏。郭奕已心醉，山公非虚觏。屡荐不入官，一麾乃出首。”诗的大意是，阮仲容志向高远入青云，实际上拥有平民的美好秉性。美好的音乐何必深奥，认识其中的微妙就可以击钟奏乐。郭奕对阮咸已经心醉了，山涛推荐他也不是虚构的。屡次推荐他，他也不当官，被荀勖一激才出任太守之职。

玉山：形容人长得高大漂亮。嵇康身长七尺八寸，风采姿态特别潇洒。《世说新语 · 容止》记载，山公曰：“嵇叔夜之为人也，岩岩若孤松之独立；其醉也，傀俄若玉山之将崩。”山涛说：“嵇叔夜这个人，像挺拔的孤松傲然独立；他喝醉了的时候，颓唐得如同玉山将要崩塌一样。”

点　　赞

这是“竹林七贤”中的两位，阮咸虽然家贫但是志向高远，受人称道。嵇康被司马氏所杀，被当时人称赞，不仅称赞他潇洒的风度，甚至连其醉倒的形象也被称赞为“玉山之将崩”。

荠字韵

毛义奉檄，子路负米。
江革忠孝，王览友弟。
萧何定律，叔孙制礼。
葛丰刺举，息躬历诋。

毛义奉檄，子路负米。

校　勘

毛义奉檄，奉，《全唐诗》本作“捧”，学津本作“奉”，是。《后汉书》本传“义奉檄而入。”

人物简介

毛义，字少节，庐江（今安徽合肥）人，东汉的孝子，建中年间皇帝曾下诏表彰。

仲由，字子路，春秋时鲁国卞（今山东泗水东）人，是孔子的得意弟子，曾任季氏家宰、卫国大夫孔悝的家宰。

掌故解读

檄：古代征召或征讨的文书。捧檄，指毛义捧着上级发来任命他为县令的文书。《后汉书 · 刘赵淳于江刘周赵传序》记载："中兴，庐江毛义少节，家贫，以孝行称。南阳人张奉慕其名，往候之。坐定而府檄适至，以义守令，义奉檄而入，喜动颜色。奉者，志尚士也，心贱之，自恨来，固辞而去。及义母死，去官行服。……后举贤良，公车征，遂不至。张奉叹曰：'贤者固不可测。往日之喜，乃为亲屈也。斯盖所谓"家贫亲老，不择官而仕"者也。'"故事是说，东汉建立的时候，庐江人毛义，字少节，家庭贫困，因为行孝而受人称道。南阳人张奉羡慕他的孝顺美名，前来拜访他。坐下以后，府里的征召文书送到，征聘毛义为县令，毛义双手捧着征聘文书进入内室，表现出喜形于色的样子。张奉是个心志高尚的人士，从心里很看不起他，自己也为前来拜访毛义而感到遗憾，坚决告辞离开了毛家。等到毛义母亲死了，他就辞掉官职，为母亲守孝。后来他被举荐为贤良，官府的专车来接他，他也不去。张奉感叹说："有志节的贤士，本来是不可预测的。以前毛义见到征聘的文书就高兴，是为博得母亲的欢喜而委屈了自己。这就是所谓'家庭贫困，亲人年老，不选择职位而做官'的那种人。"

负米：背着粮米，指子路从百里以外为父母背粮米。《孔子家语 · 致思》："子路见于孔子曰：'负重涉远，不择地而休，家贫亲老，不择禄而仕。昔者由也事二亲之时，常食藜藿之实，为亲负米百里之外。亲殁之后，南游于楚，从车百乘，积粟万钟，累茵而坐，列鼎而食，愿欲食藜藿，为亲负米，不可复得也。"故事是说，子路去见孔子说："背着沉重的东西，远道跋涉，不必选择地方而休息；家庭贫困，亲人年老，不必选择俸禄的高低而做官。从前我侍奉父母的时候，常常吃野菜的果实来充饥，为父母从百里以外背粮米。亲人死后，我向南到楚国去游历，跟随的车辆上百辆，积累的粮食有上万钟（六石四斗为一钟），坐着多层的垫褥，列鼎而食。想要吃野菜，为亲人背米，不可能再有了。”

点　赞

毛义因家贫亲老，“不择官而仕”，虽被人误解，也不申辩。子路为亲人背米，自己吃粗粮野菜，亲人死后，自己富贵了，即使想吃粗粮野菜，为亲人背米，也办不到了。告诫人们要及时尽孝，莫等“子欲养而亲不待”（《韩诗外传》卷九第三章），否则将成永久遗憾。

江革忠孝，王览友弟。

校　勘

王览友弟，弟同悌，兄弟友爱之义。金三俊辑《李氏蒙求》（以下称“金辑本”）作“王览友悌”。

人物简介

江革，字休映，南朝考城（今河南兰考县）人，南朝梁的官吏。他九岁丧父，十六岁丧母，因为孝顺，远近闻名。曾任御史中丞、广陵郡太守、将军、度支尚书等职。

王览，字玄通，琅琊临沂（今山东临沂）人。晋朝官吏，曾任清河太守、宗正卿等职。

掌故解读

忠孝：指江革是忠孝双全的人。《梁书·江革传》记载：江革跟随豫章王镇守彭城，在梁魏交战中，彭城失守。“革素不便马，乃泛舟而还，途经下邳，遂为魏人所执。魏徐州刺史元延明闻革才名，厚加接待。革称患脚不拜，延明将加害焉，见革辞色严正，更加敬重。”又载：元延明“令革作丈八寺碑文并祭彭祖文。革辞以囚执既久，无复心思。延明逼之逾苦，

将加棰扑。革厉色而言曰：‘江革行年六十，不能杀身报主，今日得死为幸，誓不为人执笔。’延明知不可屈，乃止。”故事是说，江革一向不习惯骑马，彭城失守后，就乘船返回，途经下邳时被北魏人给抓住了。北魏的徐州刺史元延明听说过江革的才气名望，厚礼接待。江革称自己的脚有病而不肯下拜。元延明想要加害于他，见到江革的面色语气很严肃正经，反而对他更加敬重。后来，元延明命令江革作丈八寺的碑文和祭祀彭祖的祭文。江革以关押时间长，没有心思作文为理由推辞。元延明催逼得更加厉害，将要加以鞭打。江革面色严肃地说：“江革今年已经六十，不能够舍身报答君王，今天有了死的机会就算万幸了，发誓绝不为别人代笔！”元延明知道他是不可屈服的，也就停止了催逼。

友悌，兄弟相关爱。此指王览关爱同父异母之兄王祥。《晋书 · 王览传》记载：“母朱，遇祥无道。览年数岁，见祥被楚挞，辄涕泣抱持。至于成童，每谏其母，其母少止凶虐。朱屡以非理使祥，览辄与祥俱。又虐使祥妻，览妻亦趋而共之。朱患之，乃止。祥丧父之后，渐有时誉。朱深疾之，密使鸩祥。览知之，径起取酒。祥疑其有毒，争而不与。朱遽夺反之。自后朱赐祥馔，览辄先尝。朱惧览致毙，遂止。”故事是说，王祥的母亲早就去世了，继母朱氏虐待王祥，王祥不但不恨她，反而很孝顺她，成为远近闻名的孝子。这个朱氏正是王览的母亲，朱氏对待王祥，很不人道。王览几岁时，看见哥哥王祥被母亲毒打，就哭啼着抱住他，用幼小的身体护着哥哥。王览少年时，经常劝谏他的母亲，他的母亲减少了对王祥凶狠的虐待。朱氏多次不合理地驱使王祥干活，王览就与王祥一起去干活。后来朱氏又虐待驱使王祥的妻子，王览的妻子也去与嫂子一起去承受，朱氏很担心两个媳妇共同对付自己，就停止了这种做法。王祥的父亲去世之后，王祥的声誉逐渐高了起来。朱氏深深的嫉恨，暗中派人给王祥下毒。王览知道酒里有毒，他要直接把毒酒拿过来，王祥疑心酒里有毒，害怕毒死弟弟而不给他，朱氏立即夺过酒杯来把它倒了。从此以后朱氏给王祥吃的东西，王览都要先尝尝，朱氏害怕把王览毒死就停止了谋害王祥的事情。

点　赞

王览关爱同父异母之兄王祥的故事，生动感人；江革从小孝顺，远近闻名，他的忠君爱国之举，赢得敌国将领的敬重。由此可见传统美德感人之深。

萧何定律，叔孙制礼。

人物简介

萧何，沛县（今江苏沛县）人，西汉大臣。起初他为沛县小吏，后随刘邦起义军进入关中，灭亡了秦朝。他把韩信推荐给刘邦，在楚汉战争中，他在关中筹集粮饷，使汉军不乏粮草，功居第一。刘邦建立汉朝，拜萧何为相国。

叔孙通，薛县（今山东枣庄薛城区）人，西汉大臣。在秦朝时他曾为博士，先为项羽的属下，后归刘邦，汉朝建立后，他任太常、太子太傅。

掌故解读

定律：制定法律条文。《汉书 · 刑法志》记载：“汉兴，高祖初入关，约法三章曰：‘杀人者死，伤人及盗抵罪。’蠲削烦苛，兆民大说。其后四夷未附，兵革未息，三章之法不足以御奸，于是相国萧何捃摭秦法，取其宜于时者，作律九章。”这是说，汉朝兴起，汉高祖刚进入关内的时候，与老百姓订立“约法三章”：“杀人的人要判死刑；伤害他人以及盗窃的人判罪抵偿。”蠲除苛捐杂税，亿万人民特别高兴。那以后，四周少数民族没有归服，战争没有停止，“约法三章”不足以防范犯罪，于是相国萧何参照秦朝的法律，选取适宜于当时情况的条文，制定汉朝法律九章。

制礼：制定礼乐制度。《汉书 · 叔孙通列传》记载：“高帝悉去秦仪法，为简易。群臣饮争功，醉或妄呼，拔剑击柱，上患之。通知上益厌之也，说上曰：‘夫儒者难与进取，可与守成。臣愿征鲁诸生，与臣弟子共起朝仪。’高帝曰：‘得无难乎？’通曰：‘五帝异乐，三王不同礼。礼者，因时世人情为之节文者也。故夏、殷、周礼所因损益可知者，谓不相复也。臣愿颇采古礼与秦仪杂就之。’上曰：‘可试为之，令易知，度吾所能行为之。’……汉七年，长乐宫成，诸侯群臣皆朝十月。仪：先平明，谒者治礼，引以次入殿门，廷中陈车骑戍卒卫官，设兵，张旗志。传曰‘趋’。殿下郎中侠陛，陛数百人。功臣列侯诸将军军吏以次陈西方，东乡；文官丞相以下陈东方，西乡。大行设九宾，胪句传。于是皇帝辇出房，百官执戟传警，引诸侯王以下至吏六百石以次奉贺。自诸侯王以下莫不震恐肃敬。至礼毕，尽伏，置法酒。诸侍坐殿上皆伏抑首，以尊卑次起上寿。觞九行，谒者言‘罢酒’。御史执法举不如仪者辄引去。竟朝置酒，无敢讙哗失礼者。于是高帝曰：‘吾乃今日知为皇帝之贵也。’拜通为奉常，赐金五百斤。”这段是说，汉高祖刘邦废去秦朝的礼法仪式，仪式变简单了。群臣在酒宴上争论功劳的大小，喝醉了有的人狂呼乱叫，拔剑击砍廷柱。皇帝对这种情况很担心。叔孙通知道皇帝越来越讨厌这种情形，就说服皇帝说：“读书的人难于在战争中立功，但可以帮助皇帝守住天下。臣愿意征聘鲁国的儒生，与臣的弟子共同制定朝见的仪式。”汉高祖说：“该不会很难吧？”叔孙通说：“五帝时代的音乐各不相同，三王时代的礼仪也不相同。礼仪，是根据当时的社会情况而制定的条文。因此从夏朝、殷朝、周朝礼仪的沿革增减，可以知道都是不重复的。臣愿意采用古代礼仪和秦朝的礼仪掺杂一起来制定。”汉高祖说：“可以尝试制定，要让人们容易知晓，要考虑到我所能做的。”到汉朝七年，长乐宫建成，诸侯、群臣于十月朝见天子。仪式规定：天亮以前，朝见的人按照仪式的要求列队，引领他们按次序进入宫殿的大门，宫廷中设置车骑、兵卒、卫官，排列兵器，张设旗帜。传令官对朝见的人说：

“快走。”宫殿下面郎中站在殿阶的两边，每边殿阶数百人。功臣、列侯、将军、军官按次序陈列在西方，面向东方；文官丞相以下的人陈列在东方，面向西方。由公、侯、伯、子、男、孤、卿、大夫、士九宾组成传话队伍。于是皇帝的御辇从房中出来，百官执着戟传呼警戒，引领诸侯王以下到六百石的官吏按照次序朝见祝贺天子。诸侯王以下的人，没有不震惊恐惧肃然起敬的。到礼毕，全都低头俯首，设“法酒”（颜师古说‘谓不饮之至醉。’）各位侍坐殿上的都俯身低头，按照尊卑次序起身给天子敬酒祝贺，祝酒九次，近侍说：“罢酒。”御史执行法纪，把不按仪式行事的人领出去处理。整个朝会摆酒祝贺的过程，没有敢于喧哗失礼的。这时汉高祖说：“我竟然在今日才知道当皇帝的高贵呀。”任命叔孙通为奉常，赏赐给他黄金五百斤。

点　评

萧何订立汉法九章，如同宪法；叔孙通制定礼仪，演练时庄严肃穆，相当于汉朝的开国大典。“诸侯群臣皆朝十月”，汉朝规定十月为岁首，十月初一，相当于大年初一。在这一天，诸侯群臣朝见皇帝，祝贺新年。

葛丰刺举，息躬历诋。

人物简介

诸葛丰，字少季，琅琊（今山东临沂）人，西汉官吏。被举荐明经科，受聘为郡的文学官，御史大夫贡禹征聘他为御史大夫的属官，举荐他为侍御史，汉元帝提拔他为司隶校尉，即管理京城治安的官员。

息夫躬，字子微，河内河阳（今河南孟州）人，西汉官吏。年轻时为博士子弟，曾任南阳郡太守，汉哀帝时，任光禄大夫，封为宜陵侯。多次觐见皇帝言事，众官怕他进谗言，遇见他都不敢正眼相看。后来有人告发他怀怨诅咒，被逮入狱，死于狱中。

掌故解读

刺举：侦视揭发。《汉书·诸葛丰传》："元帝擢为司隶校尉，刺举无所避，京师为之语曰：'间何阔，逢诸葛。'故事是说，汉元帝提拔诸葛丰为司隶校尉，他检举揭发，对谁都不回避。京师的人谈论到他的时候说："某人为什么好长时间没露面？可能是遇到诸葛丰的检举揭发了吧。"

历诋：挨个诋毁。《汉书·息夫躬传》："躬既亲近，数进见言事，论议亡所避。众畏其口，见之仄目。躬上疏历诋公卿大臣，曰：'方今丞相王嘉健而蓄缩，不可用。御史大夫贾延堕弱不任职。左将军公孙禄、司隶鲍宣皆外有直项之名，内实骙不晓政事。诸曹以下仆遬不足数。'"故事是说，息夫躬既已有机会亲近皇帝，多次向皇帝奏事，议论的人和事谁也不回避。众大臣畏惧他的嘴，遇见他都不敢正眼看他。息夫躬上奏疏挨个诋毁公卿大臣，说："当今的丞相王嘉身体健康却很少管事，不可重用；御史大夫贾延落后软弱，不称职；左将军公孙禄、司隶校尉鲍宣都外有耿直的名声，内部实在是愚昧不懂政事；各个曹司以下的平庸之辈更不值得一提。"

点　评

息夫躬在奏疏内把朝臣挨个诋毁，连正直敢谏的名臣鲍宣也不放过，可见其心术不正，正是孔子所厌恶的"利口之覆邦家（嘴尖舌快颠覆国家）"一类的小人。

鱼字韵

管宁割席，和峤专车。

时苗留犊，羊续悬鱼。

樊哙排闼，辛毗引裾。

孙楚漱石，郝隆晒书。

管宁割席，和峤专车。

人物简介

管宁，字幼安，北海朱虚（山东临朐东南）人，三国时学者。他是春秋时期著名政治家管仲的后代，东汉末年，黄巾军起义，他避乱居于辽东三十余年。后还乡入魏，魏文帝、魏明帝征召他入朝做官，他固辞不就，以布衣终老。

和峤，字长舆，汝南西平（今河南西平）人，晋朝大臣。曾任太子舍人、黄门侍郎、中书令等职。为政清简，甚得民心。

掌故解读

割席：把所坐的席子割成两半，表示朋友断交。《世说新语 · 德行》记载："管宁华歆共园中锄菜，见地有片金，管挥锄与瓦石不异，华捉而掷去之。又尝同席读书，有乘轩冕过门者，宁读如故，歆废书出看。宁割席分坐，曰：'非吾友也。'"故事是说，管宁、华歆共同在园中锄菜，见到地下有一片黄金。管宁照样挥动锄头锄菜，把黄金看得与瓦片没有什么不同。华歆把黄金片捡起来，又扔掉了。他们又曾经坐在同一张席子上读书，有乘轩车戴礼帽的官员从门前路过，管宁照样读书不误，华歆放下书，出去观看。管宁把他们共坐的席子割开，与华歆分开坐，说："你不是我的朋友。"

专车：专供一个人坐的车。《晋书·和峤传》记载："帝深器遇之。旧监令共车入朝，时荀勖为监，峤鄙勖为人，以意气加之，每同乘，高抗专车而坐。乃使监令异车，自峤始也。"故事是说，晋武帝很器重他。以前旧制中书监、中书令坐同一辆车入朝，当时荀勖任中书监，和峤瞧不起荀勖的为人，气势凌加在荀勖之上，每逢官车来接他们上朝时，他一上车就独占位子。中书监、中书令各自坐一辆车，这一制度就是从和峤开始的。

点　评

车、鱼、裾、书，在现代汉语中是不押韵的，但在古代汉语中却是押韵的，押鱼韵，车读音为居（jū），书读音为虚（xū）。

时苗留犊，羊续悬鱼。

人物简介

时苗，字德胄，巨鹿（今河北平乡西南）人。汉末、三国时官吏。曾任寿春令、典农中郎将等职。任职多年，政令虽不严苛，但境内治理得很好。

羊续，字兴祖，平阳（今山东邹城）人，东汉官吏。曾任郎中、庐江与南阳太守等职。为官清廉，生活俭朴。

掌故解读

留犊：把牛犊留下，指时苗在离职时连新生下的牛犊都不带走。《魏略》记载："巨鹿时苗，为寿春令。始之官，乘黄牸牛，岁余，牛生一犊。及去，留其犊，谓主簿曰：'令来时本无此犊，是淮南所生也。'吏曰：'六畜不识父，自当随其母。'苗不听。"（《艺文类聚》卷九十四引）故事是说，巨鹿的时苗，任寿春县令。开始上任的时候，是骑着一头黄色母牛来的。过了一年多，母牛生下一头牛犊。到了任满离职的时候，时苗把牛犊留在了寿春县里，骑着来时骑的黄色母牛离开，而且对县里的主簿说："我来时本来没有这头牛犊，这头牛犊是在淮南郡寿春县所生的。"官吏们说："六畜只认母不认父，本应当跟随它的母亲走。"时苗不听官吏们的请求。

悬鱼：把鱼悬挂起来不吃，说明羊续不接受贿赂。《后汉书·羊续传》记载："府丞尝献其生鱼，续受而悬于庭；丞后又进之，续乃出前所悬者以杜其意。"故事是说，羊续的副手府丞曾经送给他活鱼，羊续接受下来，把鱼悬挂在庭院里；府丞看他接受了就又送鱼给他，羊续就把以前所悬挂的鱼拿出来，杜绝府丞继续行贿的想法。

点　赞

羊续悬鱼，是为了拒绝下级行贿；时苗不带走任官期内自家牛生的牛犊，更可谓一尘不染，两袖清风。

樊哙排闼，辛毗引裾。

校　勘

辛毗引裾，《唐诗本》作"辛毘引裾"，毘是毗的异体字。《三国志·

辛毗传》作“辛毗”。学津本作“辛毗引裾”。

人物简介

樊哙，西汉初将领，沛（今江苏沛县）人。年轻时以屠狗为职业。起初随刘邦起兵反秦，为刘邦的部将。一向以勇武著称，屡次首先登城，建立军功，赐爵舞阳侯，官至左丞相。

辛毗，字佐治，颍川阳翟（今河南禹州）人，东汉末、三国时官吏。起初随袁绍，曹操推荐他为议郎、丞相府长史。曹丕建魏，辛毗任侍中。后封颍乡侯，任卫尉。为人正直，敢于直谏。

掌故解读

排闼：推开皇宫的小门。《汉书 · 樊哙传》记载：“先黥布反时，高祖尝病，恶见人，卧禁中，诏户者无得入群臣。群臣绛、灌等莫敢入。十余日，哙乃排闼直入，大臣随之。上独枕一宦者卧。哙等见上，流涕曰：‘始陛下与臣等起丰沛，定天下，何其壮也！今天下已定，又何惫也！且陛下病甚，大臣震恐，不见臣等计事，顾独与一宦者绝乎？且陛下独不见赵高之事乎？’高帝笑而起。”故事是说，在黥布反叛以前的时候，汉高祖刘邦曾经得了病，讨厌见人，在宫禁中躺着，命令看宫门的人不要让群臣进来。群臣中绛侯周勃、颍阴侯灌婴等人都不敢进去。十多天后，樊哙推开皇宫的小门，直接进入宫内，大臣们也跟随进去。只见皇上独自头枕一个太监躺着。樊哙等大臣见到皇帝这样，就流着眼泪说：“当初陛下与臣等从丰沛地区起义，平定天下，那是多么宏伟强大！现在天下已经平定了，您又是何等的疲惫不堪啊！而且陛下得病很重，大臣们震惊恐惧。陛下不见臣等研究国事，难道您只想与一个太监诀别吗？陛下难道没见过赵高干的坏事吗？”汉高祖刘邦听到这里，笑着起身。

引裾：拉衣服的大襟，指辛毗在皇帝转身要回内宫时拉住皇帝的衣服大襟，极力加以劝谏。《三国志 · 魏书 · 辛毗传》：“帝欲徙冀州士家十万户实河南。时连蝗民饥，群司以为不可，而帝意甚盛。毗与朝臣俱求见，帝知其欲谏，作色以见之，皆莫敢言。毗曰：‘陛下欲徙士家，其计安出？’帝曰：‘卿谓我徙之非邪？’毗曰：‘诚以为非也。’帝曰：‘吾不与卿共议也。’毗曰：‘陛下不以臣不肖，置之左右，厕之谋议之官，安得不与臣议邪！臣所言非私也，乃社稷之虑也，安得怒臣！’帝不答，起入内；毗随而引其裾，帝遂奋衣不还，良久乃出，曰：‘佐治，卿持我何太急邪？’毗曰：‘今徙，既失民心，又无以食也。’帝遂徙其半。”故事是说，魏文帝曹丕想要把冀州士民几十万户人家迁走，充实黄河以南地区。当时连年发生蝗灾，民众饥荒，各部门都认为不可以，魏文帝的兴头正盛。辛毗与大臣都求见皇上，魏文帝知道他们要劝阻，怒气冲冲地接见他们，众人都不敢说话了。辛毗说：“陛下要迁移士人之家，这个计划是怎么想出来的？”魏文帝说：“你说我迁移他们是不对的吗？”辛毗说：“臣确实认为是不对的。”魏文帝说：“我不与你们共同讨论。”辛毗说：“陛下不认为臣不称职，把臣安置在身边，任职为谋议的官员（指议郎），怎能不与臣讨论呢！臣所议论的不是私事，是考虑国家社稷的安危，怎么能对臣发怒呢！”魏文帝不回答，起身进入内宫，辛毗跟随上去拉住魏文帝的衣服，魏文帝于是就拽起衣服入内宫不回。过了好久才从内宫出来，说：“佐治，你拉我为什么那么急呢？”辛毗说：“现在把他们迁移了既失去民心，又没有什么粮食给他们吃。”魏文帝于是迁移了士人的一半。

点　赞

樊哙、辛毗，出以公心，不怕得罪皇帝，说出群臣想说而不敢说的话。大臣直言敢谏，就应如此。

孙楚漱石，郝隆晒书。

人物简介

孙楚，字子荆，太原中都（今山西平遥）人，晋朝文学家。他才华突出，辞藻卓绝。为人豪迈不群。曾任佐著作郎、梁县令、冯翊太守等职。

郝隆，字仕治，汲郡（今河南卫辉）人，曾任吴国征西将军府参军，晋朝时，任南蛮将军府参军。

掌故解读

漱石：用石头漱口。《世说新语 · 排调》记载：“孙子荆少欲隐，语王武子当枕石漱流。误曰漱石枕流。王曰：‘流可枕，石可漱乎？’孙曰：‘所以枕流欲清其耳，所以漱石欲砺其齿。’”故事是说，孙楚年轻时想要隐居，对王济说：“我要枕着石头睡觉，用流水漱口。”由于口误说成：“用石头漱口，枕着流水睡觉。”王济说：“流水可以枕着睡觉，石头可以漱口吗？”孙楚说：“之所以枕着流水睡觉，是想要清洗耳朵；之所以用石头漱口，是想要磨砺牙齿。”

晒书：指把腹中的书放在太阳下晾晒。

《世说新语 · 排调》记载：“郝隆七月七日出，日中仰卧，人问其故，答曰：‘我晒书’。”故事是说，郝隆在七月七日这一天从家里出来，在太阳底下仰面朝天躺着。有人问他这样做的原因，他回答说：“我要晒晒腹中的书。”

点　赞

孙楚能言善辩，虽然说错了话，也能自圆其说，可见其才思敏捷。郝隆晒书，暗示读书多，学问大，幽默风趣。

翰字韵

枚皋诣阙，充国自赞。
王衍风鉴，许劭月旦。
贺循儒宗，孙绰才冠。
太叔辨给，挚仲辞翰。

枚皋诣阙，充国自赞。

人物简介

枚皋，字少孺，淮阴（今江苏淮安）人，辞赋家枚乘的庶子，也善于辞赋，西汉的文学家。扬雄对枚皋与司马相如进行比较，评价说：“军旅之际，戎马之间，飞书驰檄用枚皋；廊庙之下，朝廷之中，高文典册用相如。”足见枚皋文思敏捷，司马相如文笔典雅。

赵充国，字翁孙，西汉上邽（今甘肃天水）人，知名将领。为人有大略，沉着勇敢，善于骑射，通晓边疆事务。曾任郎中、水衡都尉、后将军，封营平侯。

掌故解读

诣阙：到皇帝的殿廷。此指枚皋到宫廷上书陈情。《汉书 · 枚皋传》记载：“乘在梁时，取皋母为小妻。乘之东归也，皋母不肯随乘，乘怒，分皋数千钱，留与母居。年十七，上书梁共王，得召为郎。三年，为王使，与冗从争，见谗恶遇罪，家室没入。皋亡至长安，会赦。上书北阙，自陈枚乘之子，上得之大喜，诏入见待诏，皋因赋殿中。诏使赋平乐馆，善之，拜为郎。”故事是说，枚乘在梁国时，娶枚皋的母亲为小老婆。枚乘回东部的家乡去时，枚皋的母亲不肯跟随东去。枚乘很生气，分给枚皋几千钱，留下他和母亲一起居住。枚皋十七岁时，上书给梁共王，梁国把他招为郎官。三年后，成为梁王的使者，因为与梁王身边的人员有争执，遭受陷害犯了罪，家产被没收。枚皋逃亡到长安，正赶上大赦。枚皋到皇宫上书陈情，自己陈说是枚乘的儿子，汉武帝得到这一消息很高兴。召见他在宫中待命，枚皋就在宫殿内作赋。汉武帝命他为平乐馆作赋，认为《平乐馆赋》作得很好，任命他为郎官。

自赞：自己称赞自己，指赵充国称赞自己最适合完成此项艰巨任务，反映他遇事敢于担当、当仁不让的精神。《汉书 · 赵充国传》记载：“时充国年七十余，上老之，使御史大夫丙吉问谁可将者，充国对曰：‘亡踰于老臣者矣。’上遣问焉，曰：‘将军度羌虏何如，当用几人？’充国曰：‘百闻不如一见。兵难隃度，臣愿驰至金城，图上方略。然羌戎小夷，逆天背畔，灭亡不久，愿陛下以属老臣，勿以为忧。’上笑曰：‘诺。’”故事是说，当时赵充国已七十多岁，皇上认为他老了，派御史大夫丙吉问赵充国，谁可以当将领去征讨金城。赵充国回答说：“没有超过老臣我的了。”皇上又派人问道：“将军估计羌虏怎么样，应当派多少人去征讨？”赵充国说：“百闻不如一见，军事难以在远处考虑，老臣我愿意骑马到金城，观察形势，画出图形，送上破敌方略。羌戎是小股异族，逆天而行，背叛天朝，不久

就会灭亡。希望陛下把此事交给老臣，不要担心。”皇帝笑着说：“好吧。”

点　　赞

当羌人叛乱，朝廷需将领带兵出征，正是考验将领爱国情操的关键时刻。赵充国已经七十多岁，连皇帝都嫌他年老，他却称赞自己是最适合的人选。这种老当益壮、敢于担当的精神，可歌可泣！

王衍风鉴，许劭月旦。

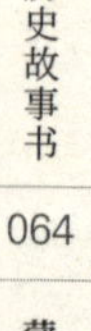

人物简介

王衍，字夷甫，琅琊（今山东临沂）人，西晋大臣。曾任元城县令、中书令、尚书令、太尉等职。他喜好老庄玄言，善于清谈。在“八王之乱”中，他身居三公的高位，不以国事为念，专谋自保。后来晋军被石勒打败，王衍被俘。

许劭，字子将，汝南平舆（今属河南）人。东汉末年的官吏，曾任汝南郡功曹。许劭善于品评人物。曹操在没出名的时候，请他给个评价，许劭说：“君清平之奸贼，乱世之英雄。”曹操听后，高兴地离开。

掌故解读

风鉴：以风貌品人，即相面。《晋书·石勒载记》记载：石勒“年十四，随邑人行贩洛阳，倚啸上东门，王衍见而异之，顾谓左右曰：‘向者胡雏，吾观其声视有奇志，恐将为天下之患。”这是说，石勒在十四岁的时候，跟随乡人到洛阳去贩卖东西。他倚靠在上东门呼啸。王衍看到后感到很奇怪，回头对身边的人说：“刚才那个胡人小孩，我观察他的声音、眼神有奇志，恐怕将来要成为天下的祸患。”说着就派人骑马去逮捕他，正赶上石勒已经离开了。

月旦：即月旦评，在每月初一品评人物。《后汉书 · 许劭传》记载：“初，劭与靖俱有高名，好共核论乡党人物，每月辄更其品题，故汝南俗有‘月旦评’焉。”故事是说，起初，许劭与他的从兄许靖都很有名气，他们喜欢共同讨论同乡的人物，每个月都更改对人物的评语，因此汝南郡有了“月旦评”，即每月初一品评人物的风俗。

点　评

通过相面来推断人的吉凶祸福，是不科学的，不足为信。汝南郡的‘月旦评’，倒不失为一种良风美俗。

贺循儒宗，孙绰才冠。

人物简介

贺循，字彦先，会稽山阴（今浙江绍兴）人，晋朝官吏，曾任阳羡令、武康令、军谘祭酒、太常等职。皇帝因为贺循清贫，下令说：“循冰清玉洁，行为俗表，位处上卿，而居身服物盖周形而已，屋室才庇风雨。孤近造其庐，以为慨然。其赐六尺床荐席褥，并钱二十万，以表至德，畅孤意焉。”皇帝下令说：贺循的品德冰清玉洁，行为成为社会的表率，他身居上卿的高位，可是身穿的衣服仅能遮体而已，房屋仅能避风雨罢了。我近来到他的房屋看了，很有感慨。赏赐给他六尺的床、垫、席、褥和钱二十万，来表彰他的至高美德，使我的心情舒畅。贺循推辞不掉，只好留下，可见朝廷对他的礼遇之高。

孙绰，字兴公，晋朝文学家，著有《遂初赋》《天台山赋》。在《天台山赋》刚刚作成时，他感觉文辞工致，拿给朋友范荣期看，得意地说：“卿试掷地，当做金石声。”曾任著作佐郎、太学博士、尚书郎等职。

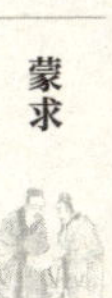

掌故解读

儒宗：儒家的宗师，指贺循的儒学修养很高。《晋书·贺循传》记载：“其先庆普，汉世传《礼》，世所谓庆氏学。族高祖纯，博学有重名，汉安帝时为侍中，避安帝父讳，改为贺氏。……朝廷疑滞皆谘之于循，循辄依经礼而对，为当世儒宗。”故事是说，贺循的先人叫庆普，在汉朝传授《礼经》，社会上称为庆氏学。他的高祖庆纯，博学多闻，名气很大，汉安帝时任侍中，为避汉安帝父亲的名讳，改庆氏为贺氏。东晋朝廷在典章制度方面有疑问不通的地方，都向贺循咨询，贺循就用《礼经》来回答，他成为当代儒学的宗师。

才冠：才华方面的冠军。《晋书·孙绰传》：“绰少以文才垂称，于时文士，绰为其冠。温、王、郗、庾诸公之薨，必须绰为碑文，然后刊石焉。”故事是说，孙绰年轻时期因为文才而出名，在当时的文人中，孙绰是他们中的冠军。桓温、王导、郗鉴、庾翼等诸位公卿死后，必须由孙绰撰写碑文，然后刻石立碑。

点　赞

贺循、孙绰是晋朝的经学、文学方面的杰出代表。

太叔辨给，挚仲辞翰。

校　勘

太叔辨给，辨应为辩，即辩论之义。给，《全唐诗》本作“洽”。学津本亦作“洽”。给、洽二字形近而误。给：丰富。《世说新语·文学》记载：“太叔广甚辩给”。

人物简介

太叔广，字季思，晋朝东平（今山东东平）人，为人健谈善辩。

挚虞，字仲洽，京兆长安（今陕西西安）人，晋朝文学家。曾任闻喜令、秘书监、卫尉卿、太常卿等职。撰《文章志》四卷，注解《三辅决录》，又撰古文章，为类聚编为三十卷，名为《流别集》。

掌故解读

辩给：辩论的词汇丰富。《晋书 · 挚虞传》记载：“东平太叔广枢机清辩，广谈，虞不能对；虞笔，广不能答；更相嗤笑，纷然于世云。”故事是说，东平人太叔广能抓住关键，善于辩论。太叔广谈论时，挚虞不能回答；挚虞用笔写文章，太叔广不能回答；他们互相耻笑，社会上传说纷纭。

辞翰：辞藻，文笔。《晋书 · 挚虞传》记载：“又撰古文章，类聚区分为三十卷，名曰《流别集》，各为之论，辞理惬当，为世所重。”这是说，他撰作《流别集》三十卷，分门别类，各做论述，辞理恰当，受到社会上的重视。

点　　评

太叔广与挚虞二人，前者“长口才”，即善于辩论；后者“长笔才”，即善于写文章。他们各有所长，不能替代。但他们各以己长，攻人之短，互相耻笑，让社会议论纷纷，这就没有必要了。

阳字韵

山涛识量，毛玠公方。
袁盎却座，卫瓘抚床。
于公高门，曹参趣装。
庶女振风，邹衍降霜。

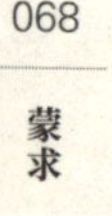

山涛识量，毛玠公方。

人物简介

山涛，字巨源，河内怀县（今河南武陟西南）人，西晋名士，“竹林七贤”之一，曾任冀州刺史、吏部尚书、侍中等职。

毛玠，字孝先，陈留平丘（今河南封丘）人，三国时魏国官吏，曾任丞相府东曹掾、右军师、尚书仆射等职。

掌故解读

识量：见识与度量。《晋书 · 山涛传》记载：“与石鉴共宿，涛夜起蹴鉴曰：‘今为何等时而眠邪！知太傅卧何意？’鉴曰：‘宰相三不朝，与尺一令归第，卿何虑也！’涛曰：‘咄！石生无事马蹄间邪！’投传而去。

末二年，果有曹爽之事，遂隐身不交世务。”这个故事说的是山涛有先见之明，他与石鉴在一处睡觉，山涛夜间起来踢踢石鉴说：“现在是什么时候了，还能睡觉！知道司马懿太傅不上朝是什么意思？”石鉴说：“宰相三天不上朝，带着诏命回到相府，你还担心什么！”山涛说：“嘟！石生不要被变乱的马蹄踩死！”山涛于是就投奔驿站的传车离开了京城。不到二年，果然发生了曹爽被杀的事情。山涛就隐居起来，不参与社会事务。《晋书 · 山涛传》还记载：“涛再居选职十有余年，每一官缺，辄启拟数人，诏旨有所向，然后显奏，随帝意所欲为先。故帝之所用，或非举首，众情不察，以山涛轻重任意。或谮之于帝，故帝手诏戒涛曰：‘夫用人惟才，不遗疏远单贱，天下便化矣。’而涛行之自若，一年之后众情乃寝。”故事是说，山涛两次官居选拔官员的职位，十余年间，每一官位缺额，他就先拟好几个人选，报告上去，根据皇帝的中意倾向，然后正式奏报，以皇帝所要用的人为先。因此皇帝所用的人选，有时并不是拟选的人。众人不知道内情，认为山涛用人轻重随意，有人向皇帝告发山涛。所以皇帝亲笔写诏书告诫山涛说：“用人要唯才是用，不遗漏关系疏远的、无家族势力的、地位低下的，天下便太平了。”可是山涛在选人方面镇定自如，一年以后，众人的舆论也消声匿迹了。这个故事说明他有度量，不为舆论所左右。

公方：公平清正。《先贤行状》记载：“玠雅量公正，在官清恪。其典选举，拔贞实，斥华伪，进逊行，抑阿党。诸宰官治民功绩不著而私财丰足者，皆免黜停废，久不选用。于时四海翕然，至乃长吏还者，垢面羸衣，常乘柴车。军吏入府，朝服徒行。人拟壶飧之絜，家象濯缨之操，贵者无秽欲之累，贱者绝奸货之求，吏絜于上，俗移乎下，民到今称之。”（《三国志 · 毛玠传》裴松之注引）意思是说，毛玠气度不凡，公正无私，居官清廉，恪守职责。他掌管选举人才之职，提拔言行一致、有实际能力的人，斥退华而不实、虚伪欺诈的人，引进行为谦逊的人，抑制结党营私的人。

那些主宰官府治理民众功绩不显著，可是私家财产很充足的人，都要罢免停职，永久不再选用。这时天下人都有所收敛，以至于高官还乡，破衣脏脸，常坐简陋没有装饰的车。军官进入官府，穿朝服徒步行走。人人都准备以水泡饭来体现节俭的美德；家家都以洗涤冠缨来表现高尚的操守。地位高贵的人没有污秽贪欲之累；地位低下的人都杜绝了用钱物来求人。在上官吏廉洁，在下民众也能移风易俗，人民到现在还在称赞他。

点　赞

山涛和毛玠都掌用人之权。山涛的办法是一官缺员，先拟数人，以“启”的文体呈给皇帝，等“诏旨”有所指向，然后再正式报奏上去。其办法圆滑，成功率很高。毛玠的办法是“治民功绩不著而私财丰足者，皆免黜停废，永不选用。于时四海翕然，莫不厉行”。两相比较，山涛稳妥老练，毛介清廉公正。

袁盎却座，卫瓘抚床。

校　勘

袁盎却座，敦煌残卷本《李氏蒙求》作“爰盎却坐”。（中华书局《敦煌古籍序录》207页）学津本也作“爰盎却坐”。《史记 · 袁盎晁错列传》记载这个掌故：“袁盎引却慎夫人坐。”《汉书 · 爰盎晁错列传》记载此掌故：“盎引却慎夫人坐”。《史记》《汉书》中“袁盎”“爰盎”通用，敦煌残卷本和学津本均以《汉书》为底本。《全唐诗》本以《史记》为底本，改“座”为“坐”，亦可。

人物简介

袁盎，字丝，楚国人，后徙安陵（今陕西咸阳东北），西汉大臣。历任中郎将、陇西都尉、吴相等职。吴楚等七国叛乱时，他劝说汉景帝“斩错以谢吴”，即杀了晁错来向吴国道歉。吴楚等七国叛乱失败后，他被梁孝王派人杀死。

卫瓘，字伯玉，河东安邑（今山西夏县西北）人，西晋大臣。曹魏时，他任侍中、廷尉卿，入晋后任尚书令、司空等职。

掌故解读

却座：推辞座位，指袁盎让慎夫人推辞座位。《汉书·袁盎传》记载：“上幸上林，皇后、慎夫人从。其在禁中，常同坐。及坐，郎署长布席，袁盎引却慎夫人坐。慎夫人怒，不肯坐。上亦怒，起。盎因前说曰：‘臣闻尊卑有序则上下和。今陛下既以立后，慎夫人乃妾，妾主岂可与同坐哉！且陛下幸之，则厚赐之。陛下所以为慎夫人，适所以祸之。陛下独不见‘人豕’乎？’于是上乃说，召语慎夫人。慎夫人赐盎金五十斤。”故事是说，汉文帝到上林苑去，皇后、慎夫人陪同去了。在皇宫中，她们的座位经常是没有高低之分的。在上林苑中，到入座的时候，郎署长布置座席，袁盎引领着慎夫人推辞座位，即把尊位让给皇后。慎夫人生气了，不肯坐下位。汉文帝也发怒了，站起来了。袁盎就前去劝说：“臣听说尊卑有序，才会上下和谐。现在陛下既然已经确立了皇后，慎夫人就是妾了，妾和主人难道可以坐在同等的座位吗！况且陛下宠幸她，就厚厚地赏赐她。陛下为慎夫人考虑，让她坐尊位，正是用来害她。难道不记得戚夫人被吕太后砍去手足做‘人豕’的事件吗！”这时汉文帝高兴了，对慎夫人说了袁盎的好意，慎夫人赏赐给袁盎黄金五十斤。

抚床：用手抚摸床头，此指卫瓘用手抚摸床头有话要对皇帝说。《晋书·卫瓘传》记载：“惠帝之为太子也，朝臣咸谓纯质，不能亲政事。瓘每欲陈启废之，而未敢发。后会宴陵云台，瓘托醉，因跪帝床前曰：‘臣欲有所启。’帝曰：‘公所言何耶？’瓘欲言而止者三，因以手抚床曰：‘此座可惜！’帝意乃悟，因谬曰：‘公真大醉耶？’瓘于此不复有言。贾后由是怨瓘。”

故事是说，晋惠帝当太子的时候，朝臣都说他单纯质朴，不能担当朝政大事。卫瓘常要启奏废弃太子，却没敢发动。后来正赶上晋武帝在陵云台摆宴，卫瓘假托喝醉了，就跪在晋武帝的坐床前说：“臣有所启奏。”皇帝说：“爱卿你要说什么？”卫瓘多次欲说又止，就用手抚着晋武帝的坐床说：“这个宝座真可惜了！”晋武帝心里明白了卫瓘的意思，就假装说：“爱卿真是大醉了吗？”卫瓘这时不再说话了。贾皇后因此怨恨卫瓘。

点　评

这是两个劝谏的故事，袁盎引导慎夫人到低于皇后等级的座位上，虽遭到拒绝，但经陈说利害，慎夫人还是接受了袁盎的善意安排，并赏给他五十斤黄金。卫瓘“欲言而止者三”，以手抚床说：“此座可惜！”动作暧昧，语言委婉。即便如此，还引来贾皇后的不满。

于公高门，曹参趣装。

人物简介

于公，是于定国的父亲，曾任狱吏，其子于定国，字曼倩，东海郯（今山东郯城西）人，西汉大臣。年轻时跟他父亲学习法律，后来当狱吏。汉宣帝时升为廷尉。他执法审慎，可怜鳏寡孤独，务在平雪冤案。当事人说：“张释之为廷尉，天下无冤民；于定国为廷尉，民自以不冤。”后任丞相，封平西侯。

曹参，沛（今江苏沛县）人，西汉大臣。他随刘邦起义，身先士卒，屡立战功，后代萧何为丞相，悉遵萧何旧制，无所变更，故有“萧规曹随”之说。

掌故解读

高门：把闾里的大门盖得高大一些。《汉书 · 于定国传》记载：“始定国父于公，其闾门坏，父老方共治之。于公谓曰：‘少高大闾门，令容驷马高盖车。我治狱多阴德，未尝有所冤，子孙必有兴者。’至定国为丞相，永为御史大夫，封侯传世云。”故事是说，当初于定国的父亲于公在世时，闾里的大门坏了，乡里的父老正要共同修建。于公对大家说：“把闾里的大门盖得高大一些，使它能容得下四匹马拉的高盖的车子进出。我治理监狱积下不少阴德，不曾有冤案，子孙们一定有当大官的。”到了于定国为丞相，于永为御史大夫，封侯世代相传。故事说明于公对自己执法公正充满信心。

趣装：赶紧打理行装，形容迫不及待的心情。《汉书·曹参传》记载：“萧何薨，参闻之，告舍人趣治行，‘吾且入相’。居无何，使者果召参。”故事是说，萧何死亡，曹参听到了消息，告诉管家说：“赶紧打点行装，我要到朝廷当宰相去了。”过了不久，使者果然来召曹参。又载：“参为相国三年，薨，谥曰懿侯。百姓歌之曰：‘萧何为法，讲若画一，曹参代之，守而勿失，载其清靖，民以宁壹。’”曹参任汉朝相国三年，死了，谥号为懿侯。老百姓歌唱道：“萧何制定法律，整齐划一，曹参代替他为相，遵守而不丢失，清正严肃，民众因此安宁一心。”

点　　赞

于公高门，说明于公对自己执法公正充满信心；曹参趣装，说明曹参对自己继任宰相充满信心。他们的预见都很准确。

庶女振风，邹衍降霜。

人物简介

庶女，庶贱之女，传说是春秋时期齐国的寡妇。寡妇没有儿子，也不改嫁，恭敬谨慎地侍奉婆婆。婆婆没有儿子，有个女儿。女儿贪图母亲的财产，让母亲把寡妇嫁出去，寡妇不肯改嫁。女儿杀死母亲，诬陷是寡妇杀的。寡妇不能自己辩白冤案，向上天喊冤，上天发动雷电下击，齐景公的高台倒塌，齐景公的身体受伤，海水从海里向外溢出。（《淮南子 · 览冥训》注）

邹衍，齐国人，战国时期思想家。他学究天人，口才雄辩。为齐国出使赵国，当面辩倒公孙龙，名重一时。

掌故解读

振风：发动狂风。江淹在《诣建平王上书》中说：“庶女告天，振风袭于齐台。”（《文选》卷三十九）江淹是说，齐国的贫贱寡妇被冤枉，向上天喊冤，上天发怒，发动狂风袭击齐景公的高台。这里也用了《淮南子》中的同一故事。

降霜：此指夏天降霜，表示不正常。《淮南子》记载：“邹衍事燕惠王尽忠，左右谮之，王系之，仰天而哭，夏五月，为之下霜。”故事是说，邹衍侍奉燕惠王很忠心。燕惠王身边的人陷害他，燕惠王把他抓起来，他仰天大哭，夏季五月，上天因为他的冤案降下了霜。

点　评

这是两起冤案，当事人向天喊冤，老天向当权者示警，大风吹垮齐台，五月降下霜来，反映了当时有冤无处诉的社会现实。

沃字韵

范冉生尘，晏婴脱粟。
诘汾兴魏，鳖令王蜀。
不疑诬金，卞和泣玉。
檀卿沐猴，谢尚鸲鹆。

范冉生尘，晏婴脱粟。

校　勘

范冉生尘，冉，《全唐诗》本作“丹”，学津本作“丹”。冉、丹，二字形近而误。《后汉书 · 独行传》作“范冉”。

人物简介

范冉（也作范丹），字史云，陈留外黄（今河南民权西北）人，东汉官吏。汉桓帝时，任命他为莱芜县长，因为母亲死，他没有到任。后来征召他到太尉府任属员，因为性格偏激，在上朝时佩戴皮带告诫自己不要急躁。

晏婴，字平仲，夷维（今山东高密）人，春秋时期齐国正卿，即宰相。执政五十余年，以厉行节俭、谦恭下士著称。有人收集他的言行编辑成《晏子春秋》行于世。

掌故解读

生尘：甑中生尘，瓦锅中生尘。瓦锅好长时间没有用了，所以生了尘土，指生活贫困。《后汉书·独行传》记载：“议者欲以为侍御史，因遁身逃命于梁沛之间，徒行敝服，卖卜于市。遭党人禁锢，遂推鹿车，载妻子，捃拾自资，或寓息客庐，或依宿树荫。如此十余年，乃结草室而居焉。所止单陋，有时粮粒尽，穷居自若，言貌无改，闾里歌之曰：‘甑中生尘范史云，釜中生鱼范莱芜。’故事是说，议论朝政的人要让范冉任侍御史，他就逃到梁国、沛郡之间隐居起来。身穿破旧衣服，徒步行走，在市场上卖卦为生。遭到“党锢”之禁，就推着柴草车，载着妻子、孩子，以捡拾为生。有时在客舍休息，有时倚在树荫下休息过夜。这样过了十余年，才搭成草屋居住。所住之处，简陋孤单，有时粮米断绝，他穷居自如，言语面貌不改。闾里歌唱他道：“瓦锅中生尘的，是范史云；铁锅中生鱼的，是范莱芜。”

脱粟：仅脱去粟的外壳，指粗糙的粮食。《晏子春秋·内篇·杂下》记载：“晏子相景公，食脱粟之食。炙三弋、五卵、苔菜耳矣。公闻之，往燕焉。睹晏子之食也，公曰：‘嘻！夫子之家，如此其贫乎！而寡人不知，寡人之罪也。’”故事是说，晏子给齐景公当相国，吃的是仅脱了壳的米饭，烤三只鸟、五个鸡蛋和苔菜。齐景公听说这种情况，前去到晏子家参观，看见晏子的伙食，说：“嘻！先生的家，这样贫困啊！可是寡人不知道，是寡人的罪过。”

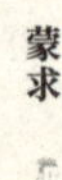

点赞

范冉遭“党锢”之禁，受到政治迫害，穷得“甑中生尘”，令人同情；晏子身为国相，“食脱粟之食”，为官俭朴，更令人崇敬。

诘汾兴魏，鳖令王蜀。

校　勘

鳖令王蜀，《全唐诗》本作“鼈灵王蜀”，学津本作“鼈令王蜀”。鼈是鳖的繁体字。灵，张衡《思玄赋》《蜀王本纪》均作令，据此改作“鳖令王蜀”。

人物简介

拓跋诘汾，北朝魏圣武皇帝，是神元皇帝拓跋力微的父亲。

鳖令，传说中的古蜀国王。

掌故解读

兴魏：使魏朝兴盛起来。《北史 · 魏本纪一》记载：“圣武皇帝讳诘汾。尝田于山泽，欻见辎軿（辎车和軿车的并称，后泛指有屏蔽的车子）自天而下。既至，见美妇人自称天女，受命相偶。旦日请还，期年周时复会于此，言终而别。及期，帝至先田处，果见天女，以所生男授帝，曰：‘此君之子也，当世为帝王。’语讫而去。即始祖神元皇帝也。故时人谚曰：‘诘汾皇帝无妇家，力微皇帝无舅家。’帝崩，神元皇帝立。”故事是说，圣武皇帝名叫诘汾。他曾经到山泽打猎，忽然看见一辆有棚的车子从天而降。车到身前，拓跋诘汾看见一位美女自称是天女，受命与他结为夫妻。天亮以后，请求回归天宫，约定一周年时再次相会于此，说完话就走了。到了约定的日期，果然看见天女来到，她把所生的男孩交给圣武皇帝，说：“这是你的儿子，将来会成为帝王。”说完就离开了。孩子就是魏始祖神元皇帝。所以当时的人说：“拓跋诘汾皇帝没有媳妇，拓跋力微皇帝没有舅舅家。”圣武皇帝死了，神元皇帝即位。

王蜀：做古蜀国国王。《蜀王本纪》记载：“望帝治文山下邑曰郫，积百余岁。荆地有一死人，名鳖令，其随江水上至郫。与望帝相见，望帝以鳖令为相。以德薄，不及鳖令，乃委国授之而去。”（《文选 · 思玄赋》注引）古蜀王望帝的治所在文山下的郫邑，积累的时间有一百多年了。荆楚地面有一个死人，名叫鳖令，他从长江水逆流而上，到了郫邑复活了。与望帝相见后，望帝命鳖令为蜀相。望帝自己认为德望不高，赶不上鳖令，他把王位委托给鳖令，自己就离开了。

点　评

这是两个帝王开国的故事，生动有趣，极富神话色彩。

不疑诬金，卞和泣玉。

人物简介

直不疑，南阳（今河南南阳）人，汉朝官吏。汉文帝时他任郎官，汉景帝时他任御史大夫，因功封为塞侯。

卞和，春秋时期的楚国人，因献玉成功，被封为陵阳侯，他却没有接受。

掌故解读

诬金：被诬蔑为偷盗黄金的盗窃犯。《汉书 · 直不疑传》记载：“直不疑，南阳人也。为郎，事文帝。其同舍有告归，误持其同舍郎金去。已而同舍郎觉，亡意不疑，不疑谢有之，买金偿。后告归者至而归金，亡金郎大惭，以此称为长者。稍迁至太中大夫入朝。廷见，人或毁不疑曰：‘不疑状貌甚美，然特毋奈其善盗嫂何也！’不疑闻，曰：‘我乃无兄。’然终不自明也。”故事是说，直不疑是南阳人。做郎官，侍奉汉文帝。与他住同一寝室的郎官中，有个人请假回家，误拿了同寝室郎官的黄金离开了。过后同一寝室的郎官发觉丢了黄金，他猜想是直不疑偷的。直不疑道歉说：“有这么一回事。”

直不疑就买了黄金偿还给了他。后来请假回家的郎官归来，把误拿的黄金还给了失主。丢黄金的郎官非常惭愧，因此称赞直不疑是位德高的长者。直不疑逐渐升为太中大夫。上朝，在朝廷与人相见。有人怀疑直不疑说："直不疑的相貌特别漂亮，怎么会与嫂子私通？"直不疑听到这话，说道："我没有兄长。"然而最终也没有自我辩白。

泣玉：为玉璞不被人认知而哭泣。《韩非子 · 和氏》记载："楚人和氏得玉璞楚山中，奉而献之厉王。厉王使玉人相之，玉人曰：'石也。'王以和为诳，而刖其左足。及厉王薨，武王即位，和又奉其璞而献之武王。武王使玉人相之，又曰'石也'，王又以和为诳，而刖其右足。武王薨，文王即位，和乃抱其璞而哭于楚山之下，三日三夜，泣尽而继之以血。王闻之，使人问其故，曰：'天下之刖者多矣，子奚哭之悲也？'和曰：'吾非悲刖也，悲夫宝玉而题之以石，贞士而名之以诳，此吾所以悲也。'王乃使玉人理其璞而得宝焉，遂命曰：'和氏之璧。'"故事是说，楚国人卞和在楚山中得到一块玉璞（即含在石中未经加工修琢的玉），他把玉璞奉献给楚厉王，楚厉王让玉工鉴定，玉工说："这是块石头。"楚厉王认为卞和欺骗君王，判他刖刑，砍掉他的左脚。等到楚厉王死了，楚武王即位，卞和又捧着他的玉璞，献给楚武王。楚武王让玉工鉴定玉璞，玉工又说："这是一块石头。"楚武王也认为他欺骗君王，就砍掉了他的右脚。楚武王死了，楚文王即位。卞和抱着他的玉璞在楚山下痛哭，哭了三天三夜，眼泪流尽了眼里接着流下血来。楚文王听到这件事，派人去问他哭的原因，说："天下被砍脚的多了，你为什么哭得这么悲哀？"卞和说："我不是悲痛因犯刖刑而被砍脚，悲痛的是宝玉被认作石头，忠贞之士却被认作骗子，这是我悲痛的原因。"楚文王就让玉工对玉璞进行雕琢加工，得到了宝贵的美玉，于是将其命名为"和氏之璧"。

点　评

直不疑被诬蔑盗金，他主动道歉，并买金偿还人家，真相大白后，被称为“长者”。不错，直不疑是位德高长者，时至今日仍很感人。但是这样的做法并不可取，它会助成冤假错案，不值得提倡。

檀卿沐猴，谢尚鸲鹆。

人物简介

檀长卿，西汉官吏，曾任长信少府之职。

谢尚，字仁祖，晋朝大臣。官至都督豫、冀、幽、并四州诸军事。

掌故解读

沐猴：猕猴，指人扮作猕猴。《汉书 · 盖宽饶传》：“平恩侯许伯入第，丞相、御史、将军、中二千石皆贺，宽饶不行。许伯请之，乃往。从西阶上，东向特座。许伯自酌曰：‘盖君后至。’宽饶曰：‘无多酌我，我乃酒狂。’丞相魏侯笑曰：‘次公醒而狂，何必酒也？’坐者皆矚目卑下之。酒酣乐作，长信少府檀长卿起舞，为沐猴与狗斗，坐皆大笑。宽饶不说，仰视屋而叹曰：‘美哉！然富贵无常，忽则易人，此如传舍，所阅多矣。唯谨慎为得久，君侯可不戒哉！’因起趋出，劾奏长信少府以列卿而沐猴舞，失礼不敬。上欲罪少府，许伯为谢，良久，上乃解。”故事是说，平恩侯许伯（皇太子的外祖父）住进新盖好的府第，丞相、御史、将军、中二千石等官员都去祝贺，盖宽饶没有去。许伯邀请他，他才前往。从西阶上来，坐到朝东的特殊座位。许伯给自己斟上酒说：“盖先生后到。”盖宽饶说：“不要多给我斟酒，我是酒疯子。”丞相魏侯笑着说：“次公（盖宽饶的表字）

清醒时就是疯子，何必饮酒才疯呢？”在座的人都看着盖宽饶，有点瞧不起他。宴会上酒意正浓，乐声响起，长信宫少府檀长卿起身跳舞，表演猕猴与狗搏斗，在座的人都大笑。盖宽饶很不高兴，仰头望着房屋而感叹，说：“漂亮啊！然而富贵无常，突然改换主人，此屋如同旅馆，所见到的类似情况多了。唯独谨慎的能长久，君侯能不警惕吗！”说完就起身快步走出去，弹劾长信宫少府身为公卿却扮演猕猴跳舞，失礼不敬。皇帝要对少府治罪，许伯替他道歉，过了好久，皇帝才消了气。

鸲鹆：鸟名，即八哥，此指扮作八哥。《晋书·谢尚传》记载：“司徒王导深器之，比之王戎，常呼为‘小安丰’，辟为掾。袭父爵咸亭侯。始到府通谒，导以其有胜会，谓曰：‘闻君能作鸲鹆舞，一坐倾想，宁有此理不？’尚曰：‘佳。’便着衣帻而舞。导令坐者抚掌击节，尚俯仰在中，傍若无人，其率诣如此。”故事是说，司徒王导很器重谢尚，把他比作王戎，经常称呼他为“小安丰”（王戎的爵位为安丰县侯），征聘他为相府属官。继承他父亲谢鲲的爵位为咸亭侯。起初到相府去拜见时，王导以为他遇到了盛大的集会，对他说：“听说你能扮演鸲鹆舞，满座的人都想欣赏，能否满足大家的要求？”谢尚说：“好！”他连衣服、头巾都没来得及换，就开始舞蹈起来。王导让在座的人拍掌击节，谢尚在大家中间，翩翩起舞，旁若无人。他一直如此放达。

点　评

沐猴而冠，是对楚人的谩骂语。当年韩生看到项羽东归，就骂他说：人们都说楚人“沐猴而冠”，果然如此。檀长卿为了巴结许伯，不顾羞耻，在大庭广众之下，扮作“沐猴”，与狗搏斗，难怪受到正直大臣盖宽饶的唾骂。

尤字韵

太初日月，季野阳秋。
荀陈德星，李郭仙舟。
王忳绣被，张氏铜钩。
丁公遽戮，雍齿先侯。

太初日月，季野阳秋。

校　勘

太初日月，太，《全唐诗》本作“泰”。古代泰、太二字通用，但是《三国志》本传记载：夏侯“玄，字太初”。学津本、金辑本均作“太初日月”。

人物简介

夏侯玄，字太初，曹魏沛国谯县（今安徽亳州）人。魏征西将军夏侯渊从孙。曾任散骑黄门侍郎、征西将军、大鸿胪等职。从小知名，后熟悉朝廷规矩格局，深孚众望。

褚裒，字季野，河南阳翟（今河南禹州）人，东晋外戚。他是晋康帝皇后的父亲，因为是外戚，他坚决辞去中书令之职，转任左将军、兖州刺史。

穆帝即位，其女以皇太后临朝，他又固辞执政大权，深受朝野称赞。

掌故解读

日月：比喻光明，此指夏侯玄像日月一样光明。《世说新语 · 容止》记载："世人目夏侯太初，朗朗如日月之入怀。"故事是说，社会上的人士，看夏侯太初，如同光明的日月入怀。

阳秋：晋朝简文帝母郑太后名阿春，为避讳"春"字，称《春秋》为《阳秋》。《春秋》是鲁国的史书名，孔子曾修订过，后人把它奉为评论是非、褒贬善恶的范本。《晋书 · 外戚传 · 褚裒》记载："裒少有简贵之风，与京兆杜乂俱有盛名，冠于中兴。谯国桓彝见而目之曰：'季野有皮里阳秋。'言其外无臧否，而内有所褒贬也。"故事是说，褚裒年轻时就有简练高贵的风格，与京兆的杜乂都盛名在外，东晋时期英名居首。谯国的桓彝看着他说："褚季野有皮里阳秋。"言外之意，外表上不评论人物优劣，内心里却对人物有所褒贬。

点　评

季野阳秋，是说褚季野虽然口头不评论别人的好坏，肚里却有一部《春秋》，对别人还是有所褒贬的。

荀陈德星，李郭仙舟。

人物简介

荀淑，字季和，东汉颍阴（今河南许昌）人。博学而不好章句，当时的名贤李固、李膺等都以他为师，举贤良方正科，在对策中指斥权贵，受到梁冀的忌恨排挤，出京任朗陵侯相，人们称他为荀朗陵。不久，弃官归家，闲居养志。他有八个儿子，都很有名，被称为"八龙"。

陈寔，字仲弓，颍川许县（今河南许昌东）人，东汉名士。曾任太丘县长，被人称为陈太丘。在党锢之祸中，人多出逃求免，他主动入狱，后被赦免。

李膺，字元礼，东汉襄城（今河南襄城）人。桓帝时，官至司隶校尉，因事杀死张让的弟弟。从此经常出入宫门的黄门侍郎，放假休沐也不敢出宫门。他与太学生首领郭泰等结交，反对宦官专权，被称为“天下楷模”。

郭泰，字林宗，太原介休（今山西介休）人，东汉名士。博通典籍，在家教授学生，弟子有三千多人。

掌故解读

德星：指景星，《史记·天官书》记载：“景星者，德星也。其状无常，常出于有道之国。”意思是说，德星出没无常，经常出现在太平盛世的国度。也以德星比喻贤士。《世说新语·德行》记载：“陈太丘诣荀朗陵，贫俭无仆役。乃使元方将车，季方持杖后从。长文尚小，载著车中。既至，荀使叔慈应门，慈明行酒，余六龙下食。文若亦小，坐著膝前。于时太史奏：真人东行。”故事是说，陈寔到荀淑家去。因为家贫没有仆人使唤，就命陈元方赶车，陈季方提着手杖在后面跟随。陈长文还小，把他载在车中。到了荀家，荀淑派荀叔慈出门迎接，让荀慈明劝酒，其余的六龙（荀家的六个孩子）摆放饭菜。荀文若也小，放在膝前。这时太史官向朝廷奏报：“贤人向东去了。”对这件事，《续晋阳秋》记载：“陈仲弓从诸子侄造荀父子，于时德星聚，太史奏：‘五百里贤人聚。’”（《世说新语·德行》注引）意思是说，陈寔带领儿子辈去拜访荀淑父子，这时德星汇聚，太史官向朝廷奏报：“五百里内贤人聚会。”

仙舟：仙人的船只。《郭林宗别传》记载：“林宗游洛阳，始见河南尹李膺。膺大奇之，遂相友善。后归乡曲，衣冠诸儒送至河上，车数千辆，林宗与李膺同舟而济。众宾望之，以为神仙焉。”（《艺文类聚》卷七一引）故事是说，郭泰到洛阳游学，开始时见到河南尹李膺。李膺认为郭泰很奇特，于是两人成了好朋友。后来，郭泰回家乡去，读书的士人送他到河上，送行的车有几千辆。郭泰与李膺同船渡河，众宾客望着他们，认为他们像神仙一般。

点　赞

郭李仙舟，反映人们对反对宦官专权带头人的崇敬。当时人也追星，曾经遇雨，郭泰的头巾一角折叠了，人们争相效仿，称为“林宗巾”。

王忳绣被，张氏铜钩。

校　勘

张氏铜钩，铜钩，《搜神记》卷九《张氏钩》篇作“金钩”。《全唐诗》本作“铜钩”，学津本作“铜钩”，并引《三辅决录》佐证。今从《全唐诗》本与学津本。

人物简介

王忳，字少林，广汉新都（今四川成都新都区）人，东汉官吏。曾任大度亭长、郿县令等职。

张氏，晋代京兆长安（今陕西西安）人，传说中的人物。

掌故解读

绣被：绣花被。《后汉书 · 独行传 · 王忳》记载：“忳尝诣京师，于空舍中见一书生疾困，愍而视之。书生谓忳曰：‘我当到洛阳，而被病，命在须臾，腰下有金十斤，愿以相赠，死后乞藏骸骨。’未及问姓名而绝。忳即鬻金一斤，营其殡葬，余金悉置棺下，人无知者。后归数年，县署忳大度亭长。初到之日，有马驰入亭中而止。其日，大风飘一绣被，复堕忳前，即言之于县，县以归忳。忳后乘马到雒县，马遂奔走，牵忳入它舍。主人见之喜曰：‘今禽盗矣。’问忳所由得马，忳具说其状，并及绣被。主人

怅然良久，乃曰：‘被随旋风与马俱亡，卿何阴德而致此二物？’忳自念有葬书生事，因说之，并道书生形貌及埋金处。主人大惊号曰：‘是我子也。姓金名彦。前往京师，不知所在，何意卿乃葬之。大恩久不报，天以此章卿德耳。’忳悉以被马还之，彦父不取，又厚遗忳，忳辞让而去。时彦父为州从事，因告新都令，假忳休，自与俱迎彦丧，余金俱存。忳由是显名。”故事是说，王忳曾经到京师去，路过一处空屋子中，见到一个病困的书生，他以怜悯的目光看着书生，书生对王忳说：“我要到洛阳去，可是却在途中病倒，眼看就要死了。我的腰下有黄金十斤，自愿赠送给你。我死以后，请你把我的尸骨埋葬了。”还没来得及问姓名，书生就死了。王忳就卖了一斤黄金，办理了书生的殡葬之事，剩余的黄金全都放在棺材下面，这件事没有人知道。回家多年以后，县里任命王忳任大度亭长之职。刚上任那天，有一匹马奔跑到亭中就停止了。那天，一阵大风飘来一床绣花被，又落到王忳跟前。他把这事报告给了县官，县官把马和被子给了王忳。后来，王忳骑马到雒县，马就奔跑起来，把王忳牵到另一处住所。宅院的主人看见后，高兴地说：“今天逮到盗贼了。”主人问王忳从哪里得到的马。王忳把得马的情况说了，并且说到了得绣花被的经过。主人思考了好久后才说：“绣花被随着旋风和马一起丢的，你有什么阴德能得到这两件东西？”王忳想起埋葬书生的事，就说出来了，并且说出了书生的形体相貌及埋藏黄金的地点。主人大惊，号哭着说：“那是我儿子啊，姓金名彦。从前上京师去，至今不知在哪里。怎么能想到先生安葬了他。大恩久不得报，上天用这种办法来表彰先生的功德了。”王忳把马和被子还给金彦的父亲，金彦的父亲不收，又给了王忳很多馈赠，王忳推辞了谢礼就离开了。当时金彦的父亲是州里的从事官，就把此事报告给了新都县令，县令给王忳放了假，从事官亲自与王忳一起去迎金彦的遗骸，剩余的黄金还都在棺材里。王忳因此事而彰显名声。

铜钩：《三辅决录》记载：“扶风张氏之先，为郡功曹。晨起当朝，有鸠从承尘上飞下凡几。功曹曰：‘鸠何来？为祸飞上承尘；为福飞入我怀。’开怀承之，鸠乃飞入怀中。探得铜钩带之，官至数郡太守、九卿。有蜀客至长安，私赂张氏婢。婢卖钩与蜀客。客家丧祸，惧而还张氏。张氏得钩，复为二千石，后失钩，张氏遂衰。”故事是说，扶风姓张的先人，担任郡的功曹。早晨起来，要去上朝。有一只斑鸠从帐子上飞下来几次。张功曹说：“斑鸠从哪里来的，要祸害我，就飞到座位旁的帐子上；要给我送福，就飞入我的怀里。”他就张开怀抱，斑鸠飞入他的怀里，他用手一摸，就得到一只铜钩，带在身上。他先后做过几个郡的太守，又当了九卿。有个蜀郡的商人来到长安，听说了这件事就用很多的财物贿赂张家的丫鬟。丫鬟把铜钩偷出来，卖给蜀郡的客人。蜀郡的客人家中遭到死人的祸患，商人因为害怕，就把铜钩还给了张家。张家得到了铜钩，又当上了二千石的官职，后来丢失了铜钩，张家又衰落了。

点赞

王忳绣被，表扬王忳不贪不义之财，受人之托，忠人之事的高尚品格，值得人们学习。

丁公遽戮，雍齿先侯。

人物简介

丁固，薛县（今山东滕州南）人，项羽的部将，史称丁公。

雍齿，沛县（今江苏沛县）人，起初跟随刘邦起义，很快背叛刘邦。不久又投降刘邦，参战立功，被封为什邡侯。

掌故解读

遽戮：立即杀死，指丁公很快被处死。《汉书 · 季布传》记载：“布母弟丁公，为项羽将，逐窘高祖彭城西。短兵接，汉王急，顾谓丁公曰：‘两贤岂相厄哉！’丁公引兵而还。及项王灭，丁公谒见高祖。高祖以丁公徇军中，曰：‘丁公为项王臣不忠，使项王失天下者也。’遂斩之，曰：‘使后为人臣无效丁公也！’”故事是说，季布的舅舅丁公，是项羽的将领，把已经很狼狈的刘邦追击到彭城西。两军短兵相接，刘邦很着急，回头对丁公说：“我们两个有才能的人怎么能互相难为对方呢！”丁公就领兵回去了。等到项羽被消灭，丁公去拜见汉高祖刘邦。刘邦把丁公捆起来，在军中游行示众。刘邦说：“丁公作为项王的臣属不忠，是使项王失天下的人。”于是就斩了丁公，刘邦说：“这是为了使以后为人臣的不要效仿丁公！”

先侯：首先封侯，指首先封雍齿的侯爵。《汉书 · 张良传》记载：“上已封大功臣二十余人，其余日夜争功而不决，未得行封。上居雒阳南宫，从复道望见诸将往往数人偶语。上曰：‘此何语？’良曰：‘陛下不知乎？此谋反耳。’上曰：‘天下属安定，何故而反？’良曰：‘陛下起布衣，与此属取天下，今陛下已为天子，而所封皆萧、曹故人所亲爱，而所诛者皆平生仇怨。今军吏计功，天下不足以徧封，此属畏陛下不能尽封，又恐见疑过失及诛，故相聚而谋反耳。’上乃忧曰：‘为将奈何？’良曰：‘上平生所憎，群臣所共知，谁最甚者？’上曰：‘雍齿与我有故怨，数窘辱我。我欲杀之，为功多，不忍。’良曰：‘今急先封雍齿，以示群臣，群臣见雍齿先封，则人人自坚矣。’于是上置酒，封雍齿为什方侯，而急趣丞相、御史定功行封。群臣罢酒，皆喜曰：‘雍齿且侯，我属无患矣。’”故事是说，刘邦已经封了二十多个大功臣的官爵，其余的人日夜争功而决定不下来，没有进行封官爵。刘邦居住在雒阳南宫，从连接房屋的廊道上看见一些将领常常聚在一起说话。刘邦说：“这是说什么呢？”张良说：“陛下不知道吗？这是谋划叛乱呢。”刘邦说：“天下才安定下来，为什么要造反呢？”张良说：“陛下出身平民，凭借这些人取得天下。现在陛下已经当天子了，可是所封的都是萧何、曹参等您亲近的朋友，而所杀的都是平生所怨恨的人。现在军吏记功，天下也不够用来封给功臣的，一些将领又怕被怀疑，有过失，遭到诛杀，因此聚在一起谋反罢了。”刘邦担心地说：“这件事应该怎么解决呢？”张良说：“皇上平生所怨恨的、群臣所共知的，谁最突出？”刘邦说：“雍齿与我有旧的怨恨、多次让我难堪。我想要杀他，因为他的功劳多，我不忍心动手。”张良说：“现在赶紧先封雍齿，给群臣看，群臣见到雍齿先被封爵了，人人都更加坚定自信了。”于是刘邦摆设酒宴，封雍齿为什方侯。还加紧催促丞相、御史定功封官爵。群臣喝完酒，都高兴地说：“雍齿还封了侯爵呢，我们没有什么可担心的了。”

点　赞

丁公被杀之事，说明背叛者历来都是被人所鄙视的，下场都是不好的。雍齿先侯，先封雍齿化解了一场危机，说明张良料事如神。难怪刘邦把张良列为汉朝“三杰”之首。

语字韵

陈雷胶漆，范张鸡黍。

周侯山嶷，会稽霞举。

季布一诺，阮瞻三语。

郭文游山，袁宏泊渚。

陈雷胶漆，范张鸡黍。

人物简介

陈重，字景公，豫章宜春（今江西宜春）人，东汉官吏。曾任郎官、尚书郎。被举为茂才，任细阳县令，政绩突出，官拜侍御史。

雷义，字仲公，鄱阳（进江西鄱阳）人，东汉官吏。曾任郡功曹，被举为茂才，让给朋友陈重，刺史不允许。雷义便假装疯狂，不去应命。后来拜侍御史、南顿令。

范式，字巨卿，山阳金乡（今山东金乡）人，东汉官吏，曾任郡功曹、荆州刺史、庐江太守等职。

张劭，字元伯，东汉汝南（今河南汝南）人。

掌故解读

胶漆：黏合剂，比喻亲密无间。《后汉书·独行传·雷义》记载：“举孝廉，拜尚书侍郎，有同时郎坐事当居刑作，义默自表取其罪，以此论司寇。同台郎觉之，委位自上，乞赎义罪。顺帝诏皆除刑。义归，举茂才，让于陈重，刺史不听，义遂阳狂被发走，不应命。乡里为之语曰：‘胶漆自谓坚，不如雷与陈。’三府同时俱辟二人。”故事是说，雷义被举为孝廉，官拜尚书侍郎，有同时当郎官的人犯法应当服苦役，雷义默默上表把罪责揽到自己身上，因为这件事，被司寇弹劾。同在尚书台的郎官，发觉雷义替自己抵罪，就放弃官位，自己上书认罪，请求为雷义赎罪。汉顺帝下诏书免除他们的罪行。雷义回到家，被举为茂才，他把茂才让给陈重，刺史不允许。雷义于是就披头散发，假装疯狂，从家出走，不去应命。乡里们说：“胶漆可以说很坚固，不如雷与陈的友谊坚牢。”

鸡黍：指招待朋友的饭菜。《后汉书·独行传·范式》记载：“少游太学，为诸生，与汝南张劭为友。劭字元伯。二人并告归乡里。式谓元伯曰：‘后二年当还，将过拜尊亲，见孺子焉。’乃共克期日。后期方至，元伯具以白母，请设馔以候之。母曰：‘二年之别，千里结言，尔何相信之审邪？’对曰：‘巨卿信士，必不乖违。’母曰：‘若然，当为尔酝酒。’至其日，巨卿果到，升堂拜饮，尽兴而别。”故事是说，范式年轻时到太学游学，当太学生，与汝南郡的张劭是朋友。张劭字元伯。两个人同时请假回家乡。范式对张劭说：“两年以后我回来后，我要过去拜望你的尊亲，看看孩子们。”他们就共同约定日期。后来约定日期要到了，张劭把这件事告诉给母亲，请母亲设酒宴来等待。母亲说：“分别两年了，千里以外的约定，你为什么相信不会改变呢？”张劭回答说：“范巨卿是讲信用的人，一定不会违背承诺。”母亲说：“如果是这样的话，我应当为你酿酒。”到了约定的日期，范巨卿果然到了。升堂拜见饮酒，喝得尽兴才告别。

点　　赞

范张鸡黍，是朋友间信守诺言的典范。

周侯山嶷，会稽霞举。

人物简介

周颉，字伯仁，晋朝大臣。二十岁时，袭父爵为武城侯，拜秘书郎，累迁尚书吏部郎。人们称他为周侯。

司马昱，字道万，受封会稽王，晋废帝（司马奕）立，他进位为丞相。桓温废司马奕为海西公，迎立司马昱即位，他就是简文帝。

掌故解读

山嶷：山峰高峻，指周颉性格严肃，人不敢犯。《世说新语 · 赏誉》记载："世目周侯，嶷如断山。"意思是说，世人看周侯严肃得像劈断的高山一样。《晋阳秋》记载："颉正情嶷然，虽一时侪类，皆无敢媟近。"意思是说，周颉表情严肃，像高峻的山峰一样，即使是一时同类的人，也没有敢轻慢他。

霞举：云霞涌起，比喻人的仪态昂扬。《世说新语 · 容止》记载："海西时，诸公每朝，朝堂犹暗；唯会稽王来，轩轩如朝霞举。"故事是说，西海公司马奕当皇帝时，各位公卿每天上朝，朝堂还有些昏暗，只有会稽王司马昱来到，仪态昂扬，如同朝霞闪现，给人一片明亮之感。

点　　评

会稽朝霞，关于会稽王有两说。其一认为是司马道子，其二认为是司马昱。司马昱是司马道子的父亲，他们都曾当过会稽王，但又不能同时担任，必是子承父爵。司马昱早年被封为会稽王，废帝（司马奕）被废为海西公，皇太后在诏书中就明确由会稽王即位。这个会稽王就是司马昱，即简文帝。司马奕当皇帝时的会稽王正是丞相司马昱，司马昱当上皇帝后，会稽王位才由其子司马道子继承。

季布一诺，阮瞻三语。

人物简介

季布，楚人，汉初游侠。原为项羽的将领，项羽失败后，他被刘邦追捕。后遇赦，任郎中、中郎将、河东守等职。

阮瞻，字千里，陈留尉氏（今河南尉氏）人，晋朝官吏，曾任司徒府的属官、太子舍人等职。

掌故解读

一诺：一诺千金，形容诺言信实可贵。《汉书 · 季布传》记载：季布“寄书谏窦长君曰：‘吾闻曹丘生非长者，勿与通。’及曹丘生归，欲得书请布，窦长君曰：‘季将军不说足下，足下无往。’固请书，遂行。使人先发书，布果大怒，待曹丘。曹丘至，则揖布曰：‘楚人谚曰得黄金百，不如得季布诺，足下何以得此声于梁楚之间哉？且仆与足下俱楚人，使仆游扬足下名于天下，顾不美乎？何足下距仆之深也！’布乃大说，引入，留数月，为上客，厚送之。布名所以益闻者，曹丘扬之也。”故事是说，季布寄信给窦长君说：“我听说曹丘生不是好人，不要与他来往。”等到曹丘生回来的时候，想要得到窦长君的介绍书信去见季布。窦长君说：“季将军不喜欢你，你不要去。”他坚决请求介绍书信，得到后就出发了。他先派人送去书信，看到信后，季布果然大怒，等待曹丘生的到来。曹丘生到来，就给季布作揖说：“楚地人的谚语说：‘得到黄金百斤，不如得到季布一句诺言。’您为什么在梁楚地区得到这种声誉呢？况且我与你都是楚地的人，让我游说宣扬你的美名于天下，岂不是美谈？你为什么这么坚决地拒绝我！”季布听了特别高兴，把曹丘生引进门内，留数月之久，待为上等的宾客，并且馈赠了他很多礼品。季布的名声所以越来越大，是曹丘生宣扬的结果。

三语：即三语掾，指三个字就当上了丞相的属官。《晋书 · 阮瞻传》记载：

“见司徒王戎，戎问曰：‘圣人贵名教，老庄明自然，其旨同异？’瞻曰：‘将无同。’戎咨嗟良久，即命辟之。时人谓之‘三语掾’。”故事是说，阮瞻见到司徒王戎，王戎问他说：“圣人重视教化，老庄重视自然，他们的宗旨有什么不同？”阮瞻说：“将无同”。王戎赞叹了好长时间，就命令主管官员征聘他为相府属官。当时人称他为“三语掾”，即三个字的属官。

点　赞

一诺千金，许下的诺言价值千金，说明诚信的重要；“三语掾”说明话不在多，只要说在点子上，就有分量。

郭文游山，袁宏泊渚。

人物简介

郭文，字文举，河内轵县（今河南济源南）人，晋朝隐士。

袁宏，字彦伯，陈郡阳夏（今河南太康）人，东晋文学家。撰《后汉纪》《竹林名士传》《三国名臣颂》《北征赋》等，颇负盛名。

掌故解读

游山：游山玩水。《晋书 · 隐逸传 · 郭文》记载：“少爱山水，尚嘉遁。年十三，每游山林，弥旬忘反。父母终，服毕，不娶，辞家游名山，历华阴之崖，以观石室之石函。洛阳陷，乃步担入吴兴余杭大辟山中穷谷无人之地，倚木于树，苫覆其上而居焉，亦无壁障。时猛兽为暴，入屋害人，而文独宿十余年，卒无患害。”故事是说，郭文从小就喜欢游山玩水，崇尚隐逸生活。十三岁时，每次游玩山林，满十天都不回家。父母死的时候，他服满丧期，也不娶媳妇，又离开家去游历名山大川。游历了华阴的山崖，参观石室中的石匣。洛阳失陷，西晋灭亡，他就步行挑担进入吴兴余杭大辟山中的深

谷无人之地。把树枝搭在树上，苫上顶盖，居住在里边，也没有墙壁遮挡。当时猛兽为害，入室伤人。可是郭文单独住宿十多年，最终也没有受害。

泊渚：泊船在江渚上，指袁宏在江渚的船上咏诗。《世说新语 · 文学》记载："袁虎（袁宏的小名叫袁虎）少贫，尝为人佣载运租。谢镇西经船行，其夜清风朗月，闻江渚间估客船上有咏诗声，甚有情致，所诵五言，又其所未尝闻，叹美不能已。即遣委曲讯问，乃是袁自咏其所作咏史诗。因此相要，大相赏得。"故事是说，袁宏小时候家庭贫困，曾经被人家雇用运输租税。镇西将军谢尚的船经过这里。那夜风清月朗，他听到江渚间商客船上有咏诗的声音。很有情致，所诵的是五言诗，又是他不曾听到过的。他不停地感叹赞美，就派人婉转打听，得知是袁宏吟咏自己所作的咏史诗。因此相邀会见，大加赞赏。

点　评

郭文喜欢游山玩水，就相当于今天的"驴友"，各有所好，无可厚非；袁宏泊渚，说的是文人惺惺相惜的故事。

先字韵

黄琬对日，秦宓论天。

孟轲养素，扬雄草玄。

向秀闻笛，伯牙绝弦。

郭槐自屈，南郡犹怜。

黄琬对日，秦宓论天。

人物简介

黄琬，字子琰，东汉大臣。曾任五官中郎将，与陈蕃共同辅政，遭遇“党锢”之祸。后封关内侯。董卓掌权，因为黄琬是名臣，征聘他为司徒，升太尉。与王允共同谋杀董卓不成，被投入监狱，死于狱中。

秦宓，字子勑，蜀汉绵竹（今四川绵竹）人。年幼有才，州郡征辟做官，他以有病为由推辞。诸葛亮兼任益州牧，选他为别驾中郎，后升任大司农。

掌故解读

对日：回答有关日食的问题。《后汉书 · 黄琬传》记载：“少失父。早而辩慧。祖父琼，初为魏郡太守，建和元年正月日食，京师不见而琼以状闻。

太后诏问所食多少，琼思其对而未知所况。琬年七岁，在傍，曰：‘何不言日食之余，如月之初？’琼大惊，即以其言应诏，而深奇爱之。”故事是说，黄琬小时候失去了父亲，早年就聪明善辩。他的祖父是黄琼，任魏郡太守时，建和元年正月发生日食，在京师看不见日食，黄琼把日食的情形报给朝廷。太后下诏书问日食多少，黄琼想回答，却不知道怎么比方。黄琬七岁，在祖父旁边，说：“为何不说日食所剩下的部分，如月初的月亮一样呢？”黄琼非常惊奇，就用孙儿的话回答太后，特别喜爱这个聪明的孩子。

论天：讨论有关天的问题。《三国志·蜀书·秦宓传》记载：“吴遣使张温来聘，百官皆往饯焉。众人皆集而宓未往，亮累遣使促之，温曰：‘彼何人也？’亮曰：‘益州学士也。’及至，温问曰：‘君学乎？’宓曰：‘五尺童子皆学，何必小人！’温复问曰：‘天有头乎？’宓曰：‘有之。’温曰：‘在何方也？’宓曰：‘在西方。《诗》曰：乃眷西顾。以此推之，头在西方。’温曰：‘天有耳乎？’宓曰：‘天处高而听卑，《诗》云：鹤鸣于九皋，声闻于天。若其无耳，何以听之？’温曰：‘天有足乎？’宓曰：‘有。《诗》云：天步艰难，之子不犹。若其无足，何以步之？’温曰：‘天有姓乎？’宓曰：‘有。’温曰：‘何姓？’宓曰：‘姓刘。’温曰：‘何以知之？’答曰：‘天子姓刘，故以此知之。’温曰：‘日生于东乎？’宓曰：‘虽生于东而没于西。’答问如响，应声而出，于是温大敬服。宓之文辩，皆此类也。”故事是说，吴国派张温来出使蜀国，临走时，蜀国百官都来参加饯别宴会。众人都来了，可是秦宓还没来。诸葛亮屡次派人去催促，张温说：“他是什么人？”诸葛亮说：“益州的学士。”等到秦宓到了，张温问：“您学习吗？”秦宓说：“五尺童子都学习，何况是我呢！”张温又问道：“天有头吗？”秦宓说：“有头。”张温说：“在哪里？”秦宓说：“在西方。《诗经》上说：‘乃眷西顾’，按此推论，头在西方。”张温说：“天有耳朵吗？”秦宓说：“天处在高空，能听到很低的地方，《诗经》说：‘鹤鸣于九皋，声闻于天。’

如果它没有耳朵，用什么听声音呢？”张温说：“天有脚吗？”秦宓说：“有。《诗经》说：‘天步艰难，之子不犹。’如果它没有脚，靠什么行走？”张温说：“天有姓吗？”秦宓说：“有。”张温说：“姓什么？”秦宓说：“姓刘。”张温说：“怎么知道姓刘的？”秦宓回答道：“天子姓刘，因此知道天也姓刘。”张温说：“日头在东边升起吗？”秦宓说：“虽然升在东边，可是却落在西边。”问答之间，如响随声，没有间断。于是张温特别敬重佩服秦宓。

点　赞

黄琬才七岁，回答诏问，令大人惊异；秦宓面对吴使，对答如流，为国争光。他们都是才思敏捷的典型。

孟轲养素，扬雄草玄。

校　勘

扬雄草玄，玄，《全唐诗》本缺最后一点，清代学者为避讳康熙帝的名字玄烨而故意少写一个点。今将“玄”字的缺笔补全。学津本“玄”作“元”，也是清朝人为避讳康熙帝的名字而改。

人物简介

孟轲，字子舆，战国时期邹国（今山东邹城）人。战国时期的思想家，受业于子思之门，在儒学分化中，属思孟学派，被称为亚圣。著有《孟子》七篇。

扬雄，字子云，成都人，西汉文学家。他为人口吃，不善言谈，博学深思，善做文章。撰《甘泉赋》《河东赋》《长杨赋》等，著有《太玄》《法言》《方言》等书。

掌故解读

养素：涵养素质。《孟子 · 公孙丑上》记载了孟子与公孙丑的一段对话：

"敢问夫子恶乎长？"曰："我知言，我善养吾浩然之气。""敢问何谓浩然之气？"曰："难言也。其为气也，至大至刚，以直养而无害，则塞于天地之间。其为气也，配义与道，无是，馁也。是集义所生者，非义袭而取之也。"这段对话是说，公孙丑说："请问夫子您有什么长处？"孟子说："我善于分析别人的言辞，也善于培养我的浩然之气。"公孙丑又问："请问什么叫作浩然之气呢？"孟子说："这就难以说清楚了。那种气，最伟大，最刚强。用正义去培养它，不要伤害它，它就会充满天地之间。那种气，必须用义和道来配合，缺乏这个条件，就力量不足了。这种气是由正义经常积累所产生的，不是突击的正义行为所取得的。"

草玄：起草《太玄经》，指扬雄写作《太玄经》。《汉书·扬雄传赞》记载："当成、哀、平间，莽、贤皆为三公，权倾人主，所荐莫不拔擢，而雄三世不徙官。及莽篡位，谈说之士用符命称功德获封爵者甚众，雄复不侯，以耆旧老久次转为大夫，恬于势利乃如是。实好古而乐道，其意欲求文章成名于后世，以为经莫大于《易》，故作《太玄》。"赞语是说，在汉成帝、汉哀帝、汉平帝时期，王莽、董贤都成了三公，权力压倒皇帝，他们所推荐的人，没有不受到破格提拔的，可是扬雄在成、哀、平三朝都没有升官，到王莽篡位时，用符命之说称颂功德能说会道而获封爵位的人很多。扬雄还没有封侯，他对待权势利益就是这样恬淡。他实在是好古而乐道。他想要用文章成名于后世。他认为经书没有比《易经》更重要的了，因此撰著了《太玄经》。

点 赞

养浩然之气，就是孟子提倡的培养个人素质，这个素质要"直养"，只有平日积累"道"和"义"，才能养成浩然正气。浩然正气不是靠突击实现的，那种"揠苗助长"的行为，是养不成浩然正气的。

向秀闻笛，伯牙绝弦。

校　勘

伯牙绝弦，弦，《全唐诗》本缺少最后一笔。清代学者为避康熙帝玄烨的名讳，故意将弦字的最后一笔省掉。今将弦字的缺笔补全。《吕氏春秋·孝行览·本味》作“破琴绝弦”。

人物简介

向秀，字子期，河内怀（今河南武陟西南）人，魏晋名士，“竹林七贤”之一。喜欢老庄之学，著有《庄子隐解》已佚。曾任黄门侍郎、散骑常侍等职。

伯牙，春秋时期楚国人，善弹琴的音乐家。

掌故解读

闻笛：听到笛声，指向秀听到笛声想起朋友而作《思旧赋》。嵇康、吕安都轻视钟会，后来，钟会劝司马昭除掉他们，因此二人被杀。《思旧赋·序》记载：“余与嵇康、吕安，居止接近。其人并有不羁之才。然嵇志远而疏，吕心旷而放，其后并以事见法。嵇博综技艺，于丝竹特妙，临当就命，顾视日影，索琴而弹之。余逝将西迈，经其旧庐。于时日薄虞渊，寒冰凄然。邻人有吹笛者，发声寥亮。追想曩昔游宴之好，感音而叹，故作赋云。”这篇序言是说，我与嵇康、吕安，居住的地方很接近。他们都有狂放不羁的才能，然而嵇康的志向远大，可是对于世俗事务疏略，吕安心胸旷达，外表放逸不拘。他们后来因事被处死。嵇康能从事多种技艺，特别是管弦乐器技艺精妙，临刑就死的时候，回头看着日影，要琴来弹奏。正值我将要西行经过他们的旧居。太阳要落下去，天气很冷。有个邻人在吹笛子，声音嘹亮。让我追想起从前游乐宴饮的友好情感，听到笛声感慨叹息，因此作这篇《思旧赋》。

绝弦：剪断琴弦，表示没有知音，从此不弹琴了。《吕氏春秋·孝行

览 · 本味》记载："伯牙鼓琴，钟子期听之。方鼓琴而志在太山，钟子期曰：'善哉乎鼓琴，巍巍乎若太山。'少选之间，而志在流水。钟子期又曰：'善哉乎鼓琴，汤汤乎若流水。'钟子期死，伯牙破琴绝弦，终身不复鼓琴，以为世无足复为鼓琴者。"故事是说，伯牙弹琴，钟子期听琴。伯牙刚一弹琴，心中就想到了泰山。钟子期说："弹得真好啊，巍峨如同泰山。"之后伯牙心中想到了流水。钟子期又说："弹得真好啊，浩浩荡荡如同流水。"钟子期死了，伯牙摔破琴，剪断弦，终身不再弹琴，为的是社会上再没有值得为他弹琴的知音了。

点　评

魏晋之际，司马氏掌权，嵇康、吕安对社会不满，受到钟会的陷害，被司马昭所杀。向秀与二人是志趣相投的好朋友，为悼念已故的朋友，抒发对当权者的不满写下这篇《思旧赋》。"他为什么只有寥寥的几行，刚开头却又煞了尾。"（鲁迅《为了忘却的记念》）这正好揭露了封建统治者杀戮无辜的罪恶。

郭槐自屈，南郡犹怜。

人物简介

郭槐，晋朝大臣贾充的次妻，她的女儿贾南风是晋惠帝妃，她被封为广城君。

南郡长公主，是晋明帝的女儿，下嫁给大将桓温。

掌故解读

自屈：自觉不如人。《晋书 · 贾充传》记载："充妇广城君郭槐，性妒忌。初，黎民年三岁，乳母抱之当阁。黎民见充入，喜笑，充就而拊之。槐望见，谓充私乳母，即鞭杀之。黎民恋念，发病而死。……槐欲省李氏，充曰：'彼

有才气，卿往不如不往。’及女为妃，槐乃盛威仪而去。既入户，李氏出迎，槐不觉脚屈，因遂再拜。自是充每出行，槐辄使人寻之，恐其过李也。”故事是说，贾充妻子广城君郭槐，性格妒忌。起初，贾充儿子贾黎民三岁的时候，奶妈把孩子抱到夹室前，黎民看见贾充进屋，高兴笑了。贾充凑到跟前去拍拍孩子，郭槐看见了，认为贾充喜欢奶妈，就把奶妈鞭打致死。黎民怀恋奶妈，就得病死了。郭槐要去看贾充的前妻李氏（李氏受其父牵连被流放，后遇赦，被贾充养在永年里的房子内），贾充说：“她很有才气，你不如不去看她为好。”等到她的女儿贾南风当了皇太子妃，郭槐就仪式威武盛大地前去。进了门，李氏出来迎接。郭槐不知不觉脚下一软，就向李氏拜了两拜。从此贾充每次出行，郭槐就派人跟踪，恐怕他到李氏那里去。

犹怜：还要怜爱。南郡公主对李氏（桓温之妾）比桓温还要怜爱。《妒记》记载：“桓平蜀，以李势女为妾。郡主凶妒，不即知之，后知，乃把刀往李所，因欲斫之。见李在窗梳头，姿貌端丽，徐徐结发，敛手向主，神色闲正，辞甚凄惋。主于是掷刀，前抱之曰：‘阿子，我见汝亦怜，何况老奴。’遂善之。”（《世说新语 · 贤媛》注引）故事是说，桓温平定蜀地，把成汉王李势的女儿纳为妾。南郡公主（桓温之妻）凶狠嫉妒，一开始并不知道这件事。后来知道了，就拔出刀来，前往李氏的住处，想要砍杀她。看到李氏在窗下梳头，姿容相貌，端庄美丽，慢慢地结头发，收拢双手，面向南郡公主，神色安闲雅正，言辞凄惋。公主于是扔下刀，上前抱住李氏，说：“阿妹，我见到你尚且怜爱，何况桓温那老家伙了。”

点　评

从两个妒妇的典型，可以看出封建的一夫多妻制造成的危害之深。

宥字韵

鲁恭驯雉，宋均去兽。
广客蛇影，殷师牛斗。
元礼模楷，季彦领袖。
鲁褒钱神，崔烈铜臭。

鲁恭驯雉，宋均去兽。

人物简介

鲁恭，字仲康，扶风（今陕西凤翔一带）人，东汉官吏。曾任中牟县令、司徒等职。

宋均，字叔庠，安众（今河南镇平县东南）人，东汉官吏，曾任九江太守、尚书令、河内郡太守等职。他认为危害民众的是贪官污吏，要任用忠善之人，斥退奸贪之吏。所在之处，德化大行。

掌故解读

驯雉：野鸡都很驯服。《后汉书 · 鲁恭传》记载："建初七年，郡国螟伤稼，犬牙缘界，不入中牟。河南尹袁安闻之，疑其不实，使仁恕掾肥亲往廉之。恭随行阡陌，俱坐桑下，有雉过，止其傍，傍有童儿。亲曰：‘儿何不捕之？’儿言‘雉方将雏’。亲瞿然而起，与恭诀曰：‘所以来者，欲察君之政迹耳。今虫不犯境，此一异也；化及鸟兽，此二异也；竖子有仁心，此三异也。久留，徒扰贤者耳。’还府，具以状白安。”故事是说，建初七年（82 年），各郡国发生螟虫灾害，各个地区的边界犬牙交错，螟虫却不进入中牟县界。河南尹袁安听到这个报告，怀疑县令报告不实，派仁恕掾（主管监狱的属官）肥亲前去视察。鲁恭跟随在田间地头，他们一起坐在桑树下休息时，有只野鸡路过，停在他们旁边，他们旁边有个儿童。肥亲说：“小孩，为什么不逮住野鸡？”儿童说：“野鸡还要孵鸡雏呢。”肥亲惊愕地起身，与鲁恭告别说：“我到这里来的原因，是想要考察你的政绩罢了。现在螟虫不入县境，这是第一个奇异之处；教化达到了禽兽的身上，这是第二个奇异之处；小孩子都有仁爱之心，这是第三个奇异之处。我再长久逗留，只能白白打扰你这有德的长者。”于是肥亲回到府里，把看到的情形报告给袁安。

去兽：使野兽离开。《后汉书 · 宋均传》记载：宋均“迁九江太守。郡多虎暴，数为民患，常募设槛阱而犹多伤害。均到，下记属县曰：‘夫虎豹在山，鼋鼍在水，各有所托。且江淮之有猛兽，犹北土之有鸡豚也。今为民害，咎在残吏，而劳勤张捕，非忧恤之本也。其务退奸贪，思进忠善，可一去槛阱，除削课制。’其后传言虎相与东游渡江。”故事是说，宋均升任九江太守。九江郡多虎害，屡屡成为百姓的祸患，经常募捐设置陷阱、栏杆，可是伤害仍然很多。宋均到任，向属县发下公文，指出：“虎豹在山林，鼋鼍在水中，各有依托。况且江淮地区有猛兽，如同北方有鸡猪一样。现在为民之害的，罪在贪官污吏，而劳师动众地张网捕兽，不是抚恤百姓的根本，务必斥退贪官污吏，进用忠正善良的人。可以把陷阱、栏杆都去掉，免除苛捐杂税。”后来传说老虎都向东渡过江去。

点　评

在地方官的德政感化之下，螟虫、老虎，不在本地为害。虽然言过其实，但是在德政之下，人与动物和谐相处，还是可能的，尤其是宋均看清贪官污吏以除害为名，搜刮民众的本质，更是难能可贵的。

广客蛇影，殷师牛斗。

人物简介

乐广，字彦辅，淯阳（今河南南阳）人，西晋官吏。曾任侍中、河南尹等职。政绩在当时不显突出，离职以后，遗留的惠政让人留念。

殷师，字师子，陈郡（今河南淮阳）人，晋朝官吏，曾任骠骑谘议参军、晋陵太守等职。

掌故解读

蛇影：杯弓蛇影。《晋书·乐广传》记载："尝有亲客，久阔不复来，广问其故。答曰：'前在坐，蒙赐酒，方欲饮，见杯中有蛇，意甚恶之，既饮而疾。'于时河南听事壁上有角，漆画作蛇，广意杯中蛇即角影也。复置酒于前处，谓客曰：'酒中复有所见不？'答曰：'所见如初。'广乃告其所以，客豁然意解，沉疴顿愈。"故事是说，乐广有一个亲密的朋友，分别好久没有来了，乐广问是什么原因。友人回答说："以前在你这里坐着，你劝我喝酒。刚要喝，见杯中有蛇，心里很厌恶，喝了酒就得病了。"当时河南府的客厅墙壁上挂着一张角弓，角弓上用油漆画了蛇。乐广又把酒杯放在从前的位置，对友人说："酒中又看见什么没有？"客人回答说："所看见的是和以前一样的蛇。"乐广就告诉他蛇是角弓被折射到杯中的影子。客人心中豁然开朗，旧病突然好了。

牛斗：像牛斗架一样，指声音大。《世说新语·纰漏》记载："殷仲

堪父病虚悸，闻床下蚁动，谓是牛斗。孝武不知是殷公，问仲堪：‘有一殷病如此不？’仲堪流涕而起，曰：‘臣进退维谷。’”故事是说，殷仲堪的父亲殷师患体虚心悸的病，听到床下蚂蚁活动的声音很大，说是牛在斗架。晋武帝不知道是殷仲堪的父亲，他问殷仲堪说：“有一个姓殷的病情是这样的，是吗？”殷仲堪流着眼泪起身说：“陛下让臣进退维谷。”进退维谷，是进退两难的意思。得这种病的人是他的父亲殷师，封建社会实行避讳制度，即晚辈不能说出长辈的名字，孝武帝发问，臣下不能不回答，要回答就得说出父亲的名字，所以殷仲堪感到左右为难。

点　　评

广客蛇影，殷师牛斗，就是杯弓蛇影、进退维谷两个典故的出处。

元礼模楷，季彦领袖。

人物简介

李膺，字元礼，东汉官吏。事迹见“李郭仙舟”条。

裴秀，字季彦，河东闻喜（今山西闻喜）人，西晋地理学家，发明分率、准望、道里、高下、方邪、迂直等制图六体。官拜尚书令。

掌故解读

楷模：榜样，指李膺是天下士人的榜样。《后汉书·党锢传·李膺》记载：“诸生三万余人，郭林宗、贾伟节为其冠，并与李膺、陈蕃、王畅更相褒重。学中语曰：‘天下模楷李元礼，不畏强御陈仲举，天下俊秀王叔茂。’”又载：“是时，朝廷日乱，纪纲颓弛，膺独持风裁，以声名自高。士有被其容接者，名为登龙门。”故事是说，太学生三万多人，郭泰（字林宗）、贾彪（字伟节）是他们的带头人，并且与李膺、陈蕃、王畅互相褒扬尊崇。太学中说：“天下楷模李元礼（即李膺），不畏强暴陈仲举（即陈寔），天下俊秀王叔茂（即王畅）。”故事还说，当时，朝廷纲纪颓废松弛，李膺独自保持风范裁断，凭借声望抬高身份，士人有被他接纳的，被称为登龙门。

领袖：国家、政党、群众组织的领导人。虞预《晋书》记载：秀“有风操，八岁能著文。叔父徽，有声名。秀年十余岁，有宾客诣徽，出则过秀。时人为之语曰：‘后进领袖有裴秀。’”（《世说新语·赏誉》注引）故事是说，裴秀有风范节操，八岁能写文章。他的叔父裴徽，有名望。在裴秀十多岁的时候，有宾客来拜访裴徽，出去时一定要拜访裴秀。当时人称赞他的谚语是：“青年人的领袖有裴秀。”

点　赞

李膺为什么有那么高的威望？因为东汉后期，宦官专权，一批官僚、士人遭到迫害，被罢官禁锢，史称“党锢之祸”。宦官张让的弟弟张朔贪残无道，甚至虐杀孕妇，民愤极大。李膺任司隶校尉，不畏权贵，杀死张朔。他不畏强暴，为民除害，士人能不拥戴他吗？

鲁褒钱神，崔烈铜臭。

人物简介

鲁褒，字元道，南阳（今河南南阳）人，晋朝隐士。他为人好学，多见闻。一生不做官。

崔烈，东汉涿郡安平（今河北安平）人。在北方有大名，曾任郡守、九卿等官。有文才，著诗、书、教、颂四篇。

掌故解读

钱神：指《钱神论》。《晋书·隐逸传》记载：“元康之后，纲纪大坏，褒伤时之贪鄙，乃隐姓名，而著《钱神论》以刺之。”故事是说，元康年间以后，朝廷纲纪大坏，鲁褒不满社会上的贪鄙风气，隐瞒姓名撰著《钱神论》，进行讽刺。

铜臭：讽刺以钱买官为铜臭。《后汉书·崔骃传》：“灵帝时，开鸿都门榜卖官爵，公卿州郡下至黄绶各有差。……烈时因傅母入钱五百万，得为司徒。及拜日，天子临轩，百僚毕会。帝顾谓亲幸者曰：‘悔不小靳，可至千万。’程夫人于傍应曰：‘崔公冀州名士，岂肯买官？赖我得是，反不知姝邪！’烈于是声誉衰减。久之不自安，从容问其子钧曰：‘吾居三公，于议者何如？’钧曰：‘大人少有英称，历位卿守，论者不谓不当为三公；而今登其位，天下失望。’烈曰：‘何为然也？’钧曰：‘论者嫌其铜臭。’烈怒，举杖击之。”故事是说，汉灵帝时期，在鸿都门张贴榜文公开出卖官爵，从公卿、州郡到黄色印绶的二百石的官位各有差等。……崔烈当时通过皇宫傅母（保育辅导贵族之女的老年人）送钱五百万，买到司徒的官职。到了拜官之日，天子在前殿上朝，百官都来朝会。汉灵帝回头对亲幸的人说：“后悔没有稍稍坚持一下，那就可以得到一千万。”傅母程夫人在旁边回应说：“崔公是冀州名士，怎么肯花钱买官？皇帝依靠我得到这笔款项，反而不知道我做成了这件美事！”崔烈从此声誉衰减，时间一长，自己也于心不安。他就从容地问他儿子崔钧说：“我位居三公，大家对于此事有什么议论？”崔钧说：“大人年轻时就有美名，经历过公卿、郡守的官职，议论者不认为当不了三公的官职；可是现在登上三公职位，让天下人大失所望。”崔烈说：“为什么会这样呢？”崔钧说：“谈论的人嫌花钱买的官有铜臭味。”崔烈大怒，举起手杖打崔钧。

点评

这是与金钱有关的两个典故。前者讽刺钱可以通神的社会现实；后者讽刺以钱买官的丑态。

微字韵

梁竦庙食，赵温雄飞。
枚乘蒲轮，郑均白衣。
陵母伏剑，轲亲断机。
齐后破环，谢女解围。

梁竦庙食，赵温雄飞。

人物简介

梁竦，字叔敬，东汉安定乌氏（今甘肃平凉）人。从小学《孟氏易》，二十岁就教学生。

赵温，字子柔，东汉官吏。起初，任京兆郡丞，弃官离去。汉献帝西迁，他官拜司徒，录尚书事。

掌故解读

庙食：指死后立庙，享受祭祀。《后汉书 · 梁竦传》记载："竦生长京师，不乐本土，自负其才，郁郁不得意。尝登高远望，叹息言曰：'大丈夫居世，生当封侯，死当庙食。如其不然，闲居可以养志，诗书足以自娱，州郡之职，徒劳人耳。’后辟命交至，并无所就。有三男三女，肃宗纳其二女，皆为贵人。小贵人生和帝，窦皇后养以为子，而竦家私相庆。后诸窦闻之，恐梁氏得志，终为己害，建初八年，遂谮杀二贵人，而陷竦等以恶逆。诏使汉阳太守郑据传考竦罪，死狱中，家属复徙九真。”故事是说，梁竦生长在京城，不喜欢故乡本土，自负其才，郁郁不得志。曾经登高远望，感叹说：“大丈夫生活在社会上，活着时应当封侯，死后应当享受庙食。如果不这样，闲居可以养志，诗书是自娱自乐，州郡的职务，白白地累人。”后来，征聘、任命的事交替到来，他都没有去就职。他有三个儿子和三个女儿。汉章帝收纳他的两个女儿，都封为贵人。小贵人生了汉和帝。窦皇后把汉和帝养作自己的嫡子，梁竦家私下很高兴。后来窦家人知道这件事，恐怕梁家得志，最终成为自己的祸害。在建初八年（83 年），就进谗言害死两个贵人，而且陷害梁竦等人犯叛逆之罪。诏命汉阳太守郑据乘传车拷问梁竦的罪行，梁竦死在狱中，家属迁徙到九真郡。

雄飞：像雄鸟一样展翅高飞，形容人的志向远大。《后汉书 · 赵温传》记载：“初为京兆丞，叹曰：‘大丈夫当雄飞，安能雌伏！’遂弃官去。遭岁大饥，散家粮以振穷饿，所活万余人。献帝西迁都，为侍中，同舆辇至长安，封江南亭侯，代杨彪为司空。免，顷之，复为司徒，录尚书事。”故事是说，起初，赵温任京兆郡丞，他感叹说：“男子汉大丈夫应当像雄鸟一样展翅高飞，怎么能像雌鸟一样趴在窝内！”于是就弃官离开。遇上当年发生大灾荒，他就散发自己家里的粮食，救济贫困挨饿的百姓，救活的有一万多人。汉献帝向西迁都，赵温任侍中之职，与汉献帝一起到了西安，被封为江南亭侯，代替杨彪任司空。被免职后，又任司徒，录尚书事。

点　评

这是两个为实现大志而辞官的故事，梁竦的女儿被皇帝立为贵人，他当上了皇亲国戚，在统治集团内的残酷斗争中，女儿被害死，他也死在狱中。赵温在大灾之年，用自己家的粮食救活上万人。因与汉献帝一起西逃而封侯升官。两相比较，赵温救活万余人的功德善举，还是值得提倡的。

本首二、四、六、八句的飞、衣、机、围，押微字韵。

枚乘蒲轮，郑均白衣。

人物简介

枚乘，字叔，淮阴（今江苏淮安）人，西汉文学家。初任吴王刘濞的郎中，吴王谋反，枚乘劝谏不被采纳，他离开吴国，被梁王奉为上宾。有赋九篇，今存《七发》。

郑均，字仲虞，任城（今山东济宁）人，东汉大臣。年轻时好黄老之术，为人诚实好义。建初年间朝廷征招，官拜尚书。

掌故解读

蒲轮：用蒲草裹轮的车，使车不震动，古时征聘贤士，为表礼敬，使用安车蒲轮。《汉书 · 枚乘传》记载：“武帝自为太子闻乘名，及即位，乘年老，乃以安车蒲轮征乘，道死。”故事是说，汉武帝自从当太子时就听说过枚乘的大名，到他即位当皇帝时，枚乘已经年老，就用安车蒲轮征聘他到朝廷任职，他死在前往朝廷的路上。

白衣：没有花纹图案的衣服，古代称没当官的人为白衣。《后汉书 · 郑均传》记载：“兄为县吏，颇受礼遗，均数谏止，不听。即脱身为佣，岁余，得钱帛，归以与兄。曰：‘物尽可复得，为吏坐臧，终身捐弃。’兄感其言，遂为廉絜。”又载：“元和元年，诏告庐江太守、东平相曰：‘议郎郑均，束修安贫，恭俭节整，前在机密，以病致仕，守善贞固，黄发不怠。又前

安邑令毛义，躬履逊让，比征辞病，淳絜之风，东州称仁。书不云乎：‘章厥有常，吉哉！’其赐均、义谷各千斛，常以八月长吏存问，赐羊酒，显兹异行。’明年，帝东巡过任城，乃幸均舍，敕赐尚书禄以终其身，故时人号为‘白衣尚书’。”故事是说，郑均的兄长当县吏，接受了很多礼品馈赠，郑均多次劝阻，他就是不听。郑均就离家给人家当雇工，一年多得到一些钱财，回家后都给了兄长。对兄长说：“东西没有了，可以再得到；当官的因贪赃犯法，终生都没有希望了。”兄长感激他的这番话语，于是就成为廉洁的官吏。《后汉书·郑均传》还记载，元和元年（84年），汉章帝发布诏书给庐江太守、东平国相说：“议郎郑均，依靠收学费生活，安贫乐道，恭俭节约，以前在机要机关，因病辞职，守住善良坚贞的节操，年老也不懈怠。还有前任安邑县令毛义，谦逊推让，到被征召时因病辞职，淳厚廉洁的风气，被东州称为仁德之士。《尚书》中说：‘天子对有美德的官员，加以表彰，这是善政！’赏赐给郑均、毛义各一千斛粮食，常在八月派长吏去慰问，赏赐给羊一头、酒二斗，彰显特殊的礼仪。”第二年，汉章帝到东部巡视，路过任城，就住在郑均的家。命令赏赐给他尚书的俸禄，直至终身。因此当时人号称郑均是“白衣尚书”。

点　　赞

郑均不仅自身有安贫乐道的美德，而且把贪腐的兄长教育成廉吏。所以受到汉章帝的褒奖，获得“白衣尚书”的美称。

陵母伏剑，轲亲断机。

人物简介

陵母，西汉左丞相王陵的母亲。

轲亲，战国思想家孟轲的母亲，人称孟母。

掌故解读

伏剑：以剑自杀。《汉书 · 王陵传》记载：“王陵，沛人也。始为县豪，高祖微时兄事陵。及高祖起沛，入咸阳，陵亦聚党数千人，居南阳，不肯从沛公。及汉王之还击项籍，陵乃以兵属汉。项羽取陵母置军中，陵使至，则东乡坐陵母，欲以招陵。陵母既私送使者，泣曰：‘愿为老妾语陵，善事汉王。汉王长者，毋以老妾故持二心。妾以死送使者。’遂伏剑而死。项王怒，烹陵母。陵卒从汉王定天下。”故事是说，王陵是沛县人。开始时是县内的豪强。刘邦得势以前，把王陵当作兄长。刘邦在沛县起义，进入咸阳。王陵也集聚数千人，驻扎在南阳，不肯归服沛公刘邦。到了汉王刘邦回到楚地攻打西楚霸王项羽，王陵才率军队归服汉王。项羽把王陵的母亲抓到军中。王陵的使者来到，项羽想用王陵的母亲招降王陵。王陵的母亲私下送使者，她哭泣着说：“希望使者替我告诉王陵，好好地侍奉汉王，汉王是位有德的长者，不要因为我的缘故对汉王有二心。我以自杀来送使者。”于是她就拔剑自杀。项羽很生气，就用油锅烹了王陵的母亲。王陵最终跟随汉王平定了天下。

断机：剪断织机上正在织的布匹。《列女传》记载：“孟子之少也，既学而归，孟母方绩，问曰：‘学何所至矣？’孟子曰：‘自若也。’孟母以刀断其织。孟子惧而问其故，孟母曰：‘子之废学，若吾断斯织也。’……孟子惧，旦夕勤学不息，师事子思，遂成名儒。君子谓孟母知为人母之道矣。”故事是说，孟子小的时候，放学回家，孟母正在织布，问道：“学到哪里了？”孟子说：“还是原来的样子。”孟母用刀割断那正在织的布。孟子害怕了，问母亲这样做的原因。孟母说：“你废弃学习，就像我割断正在织的布一样。”孟子很害怕，从早到晚，不停地学习，拜子思（孔子之孙）为师，于是成为天下知名的儒家学者。君子

认为孟母知道为人之母的道理。

点　赞

王陵之母以自杀的方式，教儿子选择正确的人生道路；孟母以断织的方式，教育儿子懂得学习的重要性。这是两位伟大的母亲。《三字经》中“子不学，断机杼”就来源于孟母的故事。

齐后破环，谢女解围。

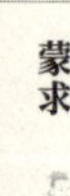

人物简介

齐后，即君王后。战国时齐襄王即位，立太史敫之女为王后，史称君王后。有贤德之名，与诸侯交往讲诚信，对待秦国很谨慎。

谢道韫，安西将军谢奕的女儿，为人聪明，有才辩。嫁给王凝之为妻。

掌故解读

破环：砸破玉连环。《战国策 · 齐策六》记载：“秦始皇尝使使者遗君王后玉连环，曰：‘齐多知，而解此环不？’君王后以示群臣，群臣不知解。君王后引椎椎破之，谢秦使曰：‘谨以解矣’。”故事是说，秦始皇曾经派使者给君王后送去玉连环，说：“齐国人智慧丰富，能解开这只玉连环不能？”齐国的君王后把玉连环给群臣看，群臣不知解法。君王后拿起大椎砸破玉连环，对秦国的使者说：“谨以这种办法解决！”

解围：帮助解除困局。《晋书 · 列女 · 王凝之妻谢氏》记载：“凝之弟献之尝与宾客谈议，词理将屈，道韫遣婢白献之曰：‘欲为小郎解围，’乃施青绫步鄣自蔽，申献之前议，客不能屈。”故事是说，王凝之的弟弟王献之曾经与宾客言谈论辩，言辞就要输给宾客。谢道韫派丫鬟对王献之说：

“我要替小叔解围。”她就放置青绫屏障挡住自己，接着王献之前面的话题论述，宾客的辩驳不能赢她。

点　赞

这是两位才女的故事，齐国的君王后，用椎砸玉连环来回答秦使，表示齐国不是解不开玉连环，而是不屑以这类小技艺与秦国较量；谢道韫代替小叔辩论，宾客却难不倒她。

质字韵

凿齿尺牍，荀勖音律。
胡威推缣，陆绩怀橘。
罗含吞鸟，江淹梦笔。
李廞清贞，刘驎高率。

凿齿尺牍，荀勖音律。

人物简介

习凿齿，字彦威，襄阳（今湖北襄阳）人，晋朝的学者。他博学多闻，以文笔著称。曾任从事、别驾、太守等职，著有《汉晋春秋》。

荀勖，字公曾，晋朝学者。曾任中书监、光禄大夫，掌管音乐，负责修音律、制雅乐。

掌故解读

尺牍：尺一牍，一尺一寸长的书版，书信的通称。《晋书 · 习凿齿传》记载："荆州刺史桓温辟为从事，……累迁别驾。温出征伐，凿齿或从或守，所在任职，每处机要，莅事有绩，善尺牍论议，温甚器遇之。时清谈文章之士韩伯、伏滔等并相友善，后使至京师，简文亦雅重焉。”故事是说，荆州刺史桓温任命习凿齿为从事官，后升任别驾。桓温出征讨伐，习凿齿有时从征，有时留守，在各处任职，经常处在机要位置，处理主管之事很有政绩，善于用书信议论，桓温很器重他。当时善于清谈和写文章的人士韩伯、伏滔等同他都很友好。后来，他出使到京师，简文帝也很器重他。

音律：五音六律，即音乐。《晋书·荀勖传》记载：“既掌乐事，又修律吕，并行于世。初，勖于路逢赵贾人牛铎，识其声。及掌乐，音韵未调，乃曰：‘得赵之牛铎则谐矣。’遂下郡国，悉送牛铎，果得谐者。又尝在帝坐进饭，谓在坐人曰：‘此是劳薪所炊。’咸未之信。帝遣问膳夫，乃云：‘实用故车脚。’举世伏其明识。”故事是说，荀勖已经掌管了音乐事宜，又修正律吕（六阳律、六阴律），在社会上通行。起初，荀勖在道路上遇到赵地商人的牛铃，记住了它发出的音律。到了掌管音乐的时候，音韵不协调，他就说：“得到赵地的牛铃就协调了。”于是就给各个郡国下命令，把牛铃全部送来，果然有声音协调的。又有一次，在皇帝的座位旁边吃饭，荀勖对在座的人说：“这是用腐木烧火做的饭。”大家都不信他的话，皇帝派人去问伙夫，伙夫就说：“确实是用旧车轮劈柴烧火做的饭。”社会上所有的人都佩服他的聪明见识。

点　赞

荀勖在途中听到牛铃声就能记住，并把它用在协调音律上，这除了说明他是位音乐奇才，还说明他是一位有心人。

胡威推缣，陆绩怀橘。

人物简介

胡威，字伯虎，淮南寿春（今安徽寿春）人，晋朝官吏，曾任安丰太守、徐州刺史等职。胡威与其父胡质，都是清官。晋武帝问他们父子谁更清廉，胡威回答说：“臣不如父亲。父亲清廉怕人知道，臣清廉怕人不知道。”晋武帝称善。

陆绩，字公纪，吴郡吴县（今江苏苏州）人，三国时期吴国官吏，曾任郁林郡太守等职。博学多识，著有《浑天图》。

掌故解读

推缣：推让细绢。《晋书 · 良吏传》记载：“质之为荆州也，威自京都定省。家贫，无车马僮仆，自驱驴单行。每至客舍，躬放驴，取樵炊爨，食毕，复随侣进道。既至，见父，停厩中十余日。告归，父赐绢一疋为装。威曰：‘大人清高，不审于何得此绢？’质曰：‘是吾俸禄之余，以为汝粮耳。’威受之，辞归。质帐下都督先威未发，请假还家，阴资装于百余里，要威为伴，每事佐助。行数百里，威疑而诱问之，既知，乃取所赐绢与都督，谢而遣之。后因他信以白质，质杖都督一百，除吏名。其父子清慎如此。于是名誉著闻。”故事是说，胡质任荆州刺史时，胡威从京城到荆州去看望父亲。由于家庭贫困，没有车马仆人陪伴，自己赶着驴单独行走。每到客店，就亲自放驴，取柴烧火做饭。吃完饭，跟随侣伴前进。已经到达，拜见了父亲，在马棚中住了十多天。告别父亲回家，父亲给他一匹绢作盘缠。胡威问：“大人一向清高，不知道从哪里得来这匹绢？”胡质说：“是我俸禄的剩余，用来作你途中的伙食罢了。”胡威接受了这匹绢，告别父亲回家。胡质的帐下都督在胡威还没出发的时候，就请假回家，暗中准备几百里的盘缠，与胡威相约为旅伴，遇到事情都帮助胡威。走了几百里，胡威怀疑

他的动机，引诱他说出实情。已经知道了实情，就把父亲给的绢给予了都督，感谢了他的盛情，打发他回去。后来又通过别人把此事告诉给父亲。胡质把帐下都督打了一百军棍，把他从官籍中除名。他们父子清廉慎重到如此程度，于是名声显著，为人知晓。

怀橘：把橘子揣进怀里。《三国志 · 吴书 · 陆绩传》记载：“绩年六岁，于九江见袁术。术出橘，绩怀三枚，去，拜辞堕地，术谓曰：‘陆郎作宾客而怀橘乎？’绩跪答曰：‘欲归遗母。’术大奇之。”故事是说，陆绩六岁的时候，在九江拜见袁术。袁术摆出橘子招待客人，陆绩把三枚橘子揣到怀里。离开时，告辞下拜，橘子掉在地上。袁术说：“陆公子作宾客还怀揣橘子吗？”陆绩跪下回答说：“回去送给母亲。”袁术对他大为惊奇。

点　　赞

胡威受到刺史帐下都督的慷慨资助，是一般衙内求之不得的，然而胡威不是欣然接受，心安理得，而是为保父亲的清廉名声，把作为盘缠的一匹绢给予了都督。作为刺史的公子，十分难能可贵。“二十四孝”中“怀橘遗亲”说的就是陆绩故事。

罗含吞鸟，江淹梦笔。

人物简介

罗含，字君章，耒阳（今湖南耒阳）人，东晋官吏，曾任州的主簿、廷尉等职。桓温很重视他的才能，称为江左之秀。

江淹，字文通，考城（今河南民权东）人，南朝文学家。在宋、齐、梁三朝任职，官至金紫光禄大夫，封醴陵侯。时人称他为江郎。

掌故解读

吞鸟：把有纹彩的鸟吞入口中。《晋书 · 文苑传》记载：“含幼孤，为叔母朱氏所养。少有志尚，尝昼卧，梦一鸟文彩异常飞入口中。因惊起说之。朱氏曰：‘鸟有文彩，汝后必有文章。’自此后藻思日新。”故事是说，罗含从小失去了父母，被婶母所养育。他从小就有志气，曾经在白天躺着睡着后，梦见一只鸟花纹特别鲜艳，飞入口中，就惊醒了。说起这个梦，婶母朱氏说：“鸟有纹彩，说明你以后一定能写出好文章。”从此以后，罗含写文章的辞藻一天比一天新颖。

梦笔：梦见有人把五彩笔要回去。《南史 · 江淹传》记载：“又尝宿于冶亭，梦一丈夫自称郭璞，谓淹曰：‘吾有笔在卿处多年，可以见还。’淹乃探怀中得五色笔一以授之。尔后为诗，绝无美句。时人谓之才尽。”故事是说，江淹曾经在冶亭睡觉，梦见一个男子汉自称是郭璞，对他说：“我有一支笔在你那里好多年了，可以还给我了。”江淹就从怀中取出五色笔一支给了郭璞。从那以后作诗，就没有美妙的词句了。当时人们说他“才华尽了”。

点　评

江淹当初文名很高，后来才华没了。这是什么原因呢？或者因为年高，思维迟钝；或者因为名高，不肯轻易动笔。总之，“江郎才尽”的典故就出于此。

李廞清贞，刘驎高率。

人物简介

李廞，字宗子，江夏钟武（今河南信阳）人。东晋隐士。

刘驎之，字子骥，南阳安众（今河南镇平县）人，晋朝隐士。

掌故解读

清贞：清洁高尚。《世说新语 · 栖逸》记载：“李廞是茂曾第五子，清贞有远操，而少羸病，不肯婚宦。居在临海，住兄侍中墓下。既有高名，王丞相欲招礼之，故辟为府掾。廞得笺命，笑曰：‘茂弘乃复以一爵假人。’”故事是说，李廞是李重（字茂曾）的第五个儿子，为人清洁高尚，有远大志向，从小有跛足病，不肯结婚和做官。居住在临海郡，住在他兄长李侍中的陵园。他有了高名，丞相王导想要把他招到丞相府来，加以礼遇，聘任他为相府的属官。李廞得到任命的公文，笑道：“茂弘（王导的表字）竟然拿一个爵位雇用人。”

高率：高尚直率。《世说新语 · 栖逸》记载：“南阳刘驎之，高率善史传，隐于阳岐。于时苻坚临江，荆州刺史桓冲将尽吁谟之益，征为长史，遣人船往迎，赠贶甚厚。驎之闻命，便升舟，悉不受。所饷缘道以乞穷乏，比至上明亦尽。一见冲，因陈无用，翛然而退。居阳岐积年，衣食有无常与村人共。值己匮乏，村人亦如之。甚厚，为乡间所安。”故事是说，南阳刘驎之，为人高尚率直，善于史传之书，隐居在阳岐。在当时前秦帝苻坚面临长江，荆州刺史桓冲将有大的谋划，征聘他为长史，派人和船前往迎接，赠送的礼品很丰盛。刘驎之听到命令，便登上船去，所赠送的礼品全都没有接受。桓冲所给的薪饷，沿途用来施舍乞讨者。来解救他们的穷困，等到了上明（今湖北松滋市），也都用光了。一见到桓冲，就陈说自己的无能，迅速退隐。居住在阳岐多年，衣服和粮食经常与村人互通有无。赶上自己缺衣少食时，村人也同他共担。他是乡里们感到很安心的人。

点　评

这是两位隐士的故事。

萧字韵

蒋诩三径，许由一瓢。
杨仆移关，杜预建桥。
寿王议鼎，杜林驳尧。
西施捧心，孙寿折腰。

蒋诩三径，许由一瓢。

人物简介

蒋诩，字元卿，汉朝杜陵（今陕西西安）人，曾任兖州刺史，以廉洁正直闻名。

许由，字武仲，阳城槐里（今陕西兴平）人，上古的隐士。帝尧要把天下禅让给他，他说："你治理天下，天下已经太平了。还让我代替你，我是为名吗？名是主，实是宾，我将要成为宾客吗？鹪鹩在林中筑巢，不过在一枝上，偃鼠在河中喝水，不过喝饱肚子。你还是算了，我要天下干什么？"不接受禅让，就逃跑了。

掌故解读

三径：庭院中的三条小径。《三辅决录》记载：蒋诩“隐于杜陵，舍中三径，惟羊仲、求仲从之游。二仲皆挫廉逃名。”故事是说，蒋诩隐居在杜陵，院内有三条小路。只有羊仲、求仲跟他交往。羊仲、求仲二人都是因廉洁而受挫，为逃避名声而隐居的人。

一瓢：用一只瓢饮水。《逸士传》记载：“许由隐箕山，无杯器，以手捧水而饮之。人遗一瓢。得以操饮，饮讫挂于木上。风吹历历有声。由以为烦，遂去之。”故事是说，许由隐居在箕山，没有杯碗之类的器具，用手捧水喝。有人送给他一只瓢。他得以用瓢喝水，喝完水把瓢挂到树上。风吹瓢发出滴沥滴沥的声音，许由感到很烦人，于是就把瓢扔掉了。

点　赞

有官不做，让位不接，被称为隐士。古人为什么推崇这样的隐士呢？因为人们看到卖官买官、跑官要官的太多了，与这类官迷相比，隐士难道不是更清廉高尚吗！

杨仆移关，杜预建桥。

人物简介

杨仆，宜阳（今河南宜阳）人，汉朝官吏。曾任御史、主爵都尉、楼船将军等职。

杜预，字元凯，京兆杜陵（今陕西西安）人，西晋大臣。曾任河南尹、秦州刺史、镇南大将军，因平吴有功，封当阳侯。他博学多识，著《春秋左氏经传集解》。

掌故解读

移关：把关隘迁移，指把函谷关的关口东移到新安县。《汉书 · 武帝纪》记载：“（元鼎）三年冬，徙函谷关于新安。以故关为弘农县。”应劭注：

“时楼船将军杨仆数有大功，耻为关外民，上书乞徙东关，以家财给其用度。武帝意亦好广阔，于是徙关于新安，去弘农三百里。”故事是说，元鼎三年的冬季，把函谷关的关口迁移到新安县，把函谷关原地改为弘农县。应劭解释说，当时楼船将军杨仆多次立大功，把关外居民的身份当成耻辱，上书给皇帝，请求把函谷关向东迁移，用自己的家财作为迁移的费用。汉武帝的心里也喜欢广阔，于是就把函谷关的关口迁到新安县，离弘农（函谷关原址）三百里。

建桥：在富平津建造渡河桥。《晋书·杜预传》记载：“预又以孟津渡险，有覆没之患，请建河桥于富平津。议者以为殷周所都，历圣贤而不作者，必不可立故也。预曰：‘造舟为梁，则河桥之谓也。’及桥成，帝从百僚临会，举觞属预曰：‘非君，此桥不立也。’对曰：‘非陛下之明，臣亦不得施其微巧。’”故事是说，杜预因为孟津渡口危险，有翻船的祸患，请求在富平渡口建造渡河桥。讨论此事的人，认为这里是商周的都城，历来的圣贤都不在此建造工程，必定有不可建造的原因。杜预说：“建造舟船成为桥梁，便于渡河，就是所说的建造渡河桥。”等到桥建成后，百官跟随皇帝到这里宴饮，皇帝举起酒杯祝贺杜预说：“如果不是你，这座桥是建不成的。”杜预说：“不是陛下的英明，臣也不能施展微小的技巧。”

点　赞

杨仆为迁移函谷关，用自己的家财作工程费；杜预力排众议，建造富平桥。惠及当时和后代，值得称赞。

寿王议鼎，杜林驳尧。

校　勘

杜林驳尧：驳，《全唐诗》本作“駮”。学津本亦作“駮”。駮，是驳的异体字。今改为“驳”。

人物简介

吾丘寿王，字子赣，赵（今山西洪洞县北）人，汉朝官吏。曾任侍中中郎、光禄大夫等职。

杜林，字伯山，东汉扶风茂陵（今陕西兴平东北）人，博洽多闻。曾任侍御史、大司空等职。

掌故解读

议鼎，议论从汾阴得到的宝鼎应称“周鼎”还是“汉鼎”。《汉书·吾丘寿王传》记载：“及汾阴得宝鼎，武帝嘉之，荐见宗庙，臧于甘泉宫。群臣皆上寿贺曰：‘陛下得周鼎。’寿王独曰非周鼎。上闻之，召而问之，曰：‘今朕得周鼎，群臣皆以为然，寿王独以为非，何也？有说则可，无说则死。’寿王对曰：‘臣安敢无说！臣闻周德始乎后稷，长于公刘，大于大王，成于文武，显于周公。德泽上昭，天下漏泉，无所不通。上天报应，鼎为周出，故名曰周鼎。今汉自高祖继周，亦昭德显行，布恩施惠，六合和同。至于陛下，恢廓祖业，功德愈盛，天瑞并至，珍祥毕见。昔秦始皇亲出鼎于彭城而不能得，天祚有德而宝鼎自出，此天之所以与汉，乃汉宝，非周宝也。’上曰：‘善。’群臣皆称万岁。”故事是说，到了在汾阴得到宝鼎的时候，汉武帝认为这是好运气，把它供在宗庙上，收藏在甘泉宫。群臣都举酒祝贺说：“恭祝陛下得到周鼎！”只有吾丘寿王说不是周鼎。汉武帝听到他持不同意见，就召见而问道：“现在朕得到周鼎，群臣都认为是这样的。只有你认为不是这样的，为什么？有说法就可以，没有说法就是死。”吾丘寿王回答说：“臣怎么敢没有说法呢！我听说周朝从后稷开始，成长在公刘时期，强大在太王时期，完成于周文王、周武王时期，显赫在于周公。德政上昭于天，恩泽流布于天下，没有达不到的地方。上天报应，鼎出在周朝，因此叫周鼎。今天汉朝自从高祖继承周朝而来，也有光明显著的德行，撒布恩泽德惠，普及到天下四方。到了陛下，恢复发展祖宗的业绩，功德更兴旺，天上的祥瑞之气同时到来，珍奇宝物都出现了。从前，秦始皇到彭城去找鼎却没有得到，天命保佑有德之君，宝鼎自己出现。这是上天用来给汉朝的，就是汉朝的宝鼎，不是周朝的宝鼎。”汉武帝说：“好！”群臣都高呼万岁。

驳尧：驳斥祭祀帝尧的主张。《后汉书 · 杜林传》记载：“林少好学沉深，家既多书，又外氏张竦父子喜文采，林从竦受学，博洽多闻，时称通儒。……明年，大议郊祀制，多以为周郊后稷，汉当祀尧。诏复下公卿议，议者佥同，帝亦然之。林独以为周室之兴，祚由后稷，汉业特起，功不缘尧。祖宗故事，所宜因循。定从林议。”故事是说，杜林从小喜欢学习，深思熟虑，家里已经有很多藏书，再加上他的外公父子喜欢文采，杜林跟他外祖父张竦学习，博学多闻，见识宽广，当时人们称他为通儒。第二年，朝廷讨论祭祀制度，多数人认为周朝祭祀后稷，汉朝应当祭祀帝尧。光武帝发下诏书命公卿复议，讨论者都同意前面的意见。光武帝认为也是这样。只有杜林认为周朝的兴起，福祚来源于后稷，汉朝的基业特殊，功劳不来源于帝尧。祖宗的故事，应该延续下去。最后决定服从杜林的建议。

点　赞

这是两则为本朝争体面的故事。吾丘寿王、杜林力驳众议，得到汉武帝、光武帝的认同和赞赏。这对树立当朝的威信，有更为直接的意义。

西施捧心，孙寿折腰。

人物简介

西施：春秋时期越国人，是诸暨苎罗村鬻薪的女儿。容貌漂亮，人称西子。越王勾践败于会稽，范蠡把西施献给吴王夫差。吴国灭亡后，她重归范蠡，同游五湖。

孙寿，东汉梁冀的妻子。容貌美丽，善作娇态。

掌故解读

捧心：按着胸口，以缓解心痛。《庄子·天运》记载："西施病心而矉其里，其里之丑人见而美之，归亦捧心而矉其里。其里之富人见之，坚闭门而不出；贫人见之，挈妻子而去走。彼知矉美，而不知矉之所以美。"故事是说，西施有心脏病，按着胸口，皱着眉头，被邻居们看见。她的邻居一个丑女人看见了西施的姿态，认为这样很漂亮。回家以后，她也按着胸口，皱着眉头给邻居们看。邻居中的富人看见她，就把门关牢而不出来；穷人看见她，携带妻子儿女离开她，跑得远远的。她只知道皱眉好看，不知道皱眉好在哪里。

折腰：即折腰步，脚禁不住身体而歪斜（《风俗通》："折腰步，足不任体。"）。《后汉书·梁冀传》记载："寿色美而善为妖态，作愁眉，啼妆，堕马髻，折腰步，龋齿笑，以为媚惑。"故事是说，孙寿长得漂亮，可是善于打扮成妖媚的模样，修成细而曲折的愁眉，目下施粉像哭的啼妆，梳成坠在一侧的坠马髻，迈着脚禁不住身体的折腰步，装作牙齿疼痛的龋齿笑，用妖媚的模样来迷惑人。

点　评

西施捧心，属于病态美。并非人人都能学到。弄不好便成东施效颦。孙寿故意妖媚作态，肯定难于形成时尚潮流。

皓字韵

灵辄扶轮，魏颗结草。

逸少倾写，平子绝倒。

澹台毁璧，子罕辞宝。

东平为善，司马称好。

灵辄扶轮，魏颗结草。

人物简介

灵辄，春秋时期赵国的甲士。

魏颗，春秋时期晋国的卿官。

掌故解读

扶轮：扶翼车轮，比喻帮助他人前进。此指灵辄帮助赵盾脱险。《左传·宣公二年》记载："初，宣子田于首山，舍于翳桑，见灵辄饿，问其病。曰：'不食三日矣。'食之，舍其半，问之。曰：'宦三年矣，未知母之存否，今近焉，请以遗之。'使尽之，而为之箪食与肉，置诸橐以与之。既而与为公介，倒戟以御公徒而免之。问何故，对曰：'翳桑之饿人也。'问其名居，不告而退，遂自亡也。”故事是说，起初，宣子赵盾在首阳山打猎，到桑阴下休息。他看见灵辄饥饿的样子，问他得了什么病。回答说：“三天没吃饭了。”赵盾给他饭吃，灵辄省下一半。赵盾问他为什么这样。灵辄回答道：“在外面学习三年了，不知道母亲还在不在，现在离家很近了，请让我把剩饭给她。”赵盾让他把饭吃光，为他在筐里装上饭和肉，放在口袋里交给他。后来灵辄做了晋灵公的甲士，在晋灵公要杀害赵盾的战斗中，灵辄倒过戈矛，来抵抗晋灵公的卫士，使赵盾免除死亡的危机。赵盾问他为什么帮助自己，他回答道：“桑阴中挨饿的人。”问他姓名居处，他不告诉就退下去，于是就逃跑了。

结草：把地上的野草编结在一起，阻挡逃跑者前进的脚步，使之被捉。《左传 · 宣公十五年》记载：“初，魏武子有嬖妾，无子。武子疾，命颗曰：‘必嫁是。’疾病，则曰：‘必以为殉！’及卒，颗嫁之，曰：‘疾病则乱，吾从其治也。’及辅氏之役，颗见老人结草以亢杜回，杜回踬而颠，故获之。夜梦之曰：‘余，而所嫁妇人之父也。尔用先人之治命，余是以报。’”故事是说，起初，魏武子魏犨有个宠妾，她没有生孩子。魏武子生病了，命令他的儿子魏颗说：“一定要把她嫁出去。”病重时，就说：“一定要把她活埋为我殉葬！”等到他死后，魏颗就把她嫁了出去，他说：“父亲病重时思维混乱，我听从他清醒时的命令。”到了秦晋辅氏之战时，魏颗看见一个老人把野草编结在一起，阻拦秦国的大力士杜回，杜回被绊倒摔了一跤，因此魏颗俘虏了杜回。夜间梦见老人说：“我是你所嫁的女人的父亲。你执行父亲清醒时的命令，我因此报答你。”

点　赞

这是两个知恩图报的故事。古人常用“结草衔环”来表示报恩，“结草”之典，就来源于此。

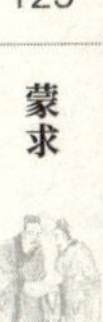

逸少倾写，平子绝倒。

人物简介

王羲之，字逸少，琅琊临沂（今山东临沂）人。晋朝书法家，他兼善草、隶、正、行各体，被奉为“书圣”。曾任右军将军、会稽内史。

王澄，字平子，琅琊临沂（今山东临沂）人，晋朝官吏。曾任建威将军、荆州刺史、军谘祭酒，封为难乡侯。

掌故解读

倾写：倾尽全力书写各体汉字。王羲之倾尽全力书写各体汉字，这位书圣可真达到了见缝插针的程度。一次“又尝诣门生家，见棐几滑净，因书之，真草相半。后为其父误刮去之，门生惊懊者累日”。（《晋书 · 王羲之传》）意思是说：有一次，他又曾经到他的学生家里去，看到棐木做的几案，光滑干净，就在上面写字，正楷和草书各是一半。后来被学生的父亲误刮去了，学生发现后惊异懊悔了好多天。

绝倒：极为佩服。《晋书 · 卫玠传》记载：“琅琊王澄（字平子）有高名，每闻玠言，辄叹息绝倒。故时为之语曰：‘卫玠谈道，平子绝倒。’”故事是说，琅琊人王澄名气很大，每次听到卫玠谈论，就感慨叹息，极为佩服。所以当时人说：“卫玠谈论老庄之道，王平子极为佩服。”

点　赞

王羲之被称为“书圣”，是因为他倾尽全力练习书法艺术，连学生家的几案都不放过，可见他倾尽全力的程度。

澹台毁璧，子罕辞宝。

人物简介

澹台灭明，字子羽，春秋时期武城人，孔子的弟子。

乐喜，字子罕，春秋时期宋国贤臣，任司城之职。

掌故解读

毁璧：把玉璧毁坏，表示不贪财。《搜神记》记载："澹台子羽赍璧渡河，风波忽起，两龙夹舟，子羽奋剑斩龙，波乃止。登岸投璧于河，河伯三归之。子羽毁璧而去。"故事是说，澹台灭明携带玉璧过河，河面忽然起了波浪，两条龙夹在船两边闹腾，澹台灭明挥剑斩了龙，风波才停止。他登上河岸，把玉璧扔到河里，水神河伯三次把玉璧还给他。澹台灭明把玉璧砸坏，就离开而走了。

辞宝：不要宝玉，表示不贪财。《春秋左传 · 襄公十五年》记载："宋人或得玉，献诸子罕。子罕弗受。献玉者曰：'以示玉人，玉人以为宝也，故敢献之。'子罕曰：'我以不贪为宝，尔以玉为宝，若以与我，皆丧宝也。不若人有其宝。'稽首而告曰：'小人怀璧，不可以越乡。纳此以请死也。'子罕置诸其里，使玉人为之攻之，富而后使复其所。"故事是说，宋国有个人得到一块玉石，献给司城官子罕，子罕不接受。献玉的人说："我把玉石拿给玉工看了，玉工认为是个宝贝，因此敢献给你。"子罕说："我把不贪财当作宝贝，你把玉石当作宝贝，如果把玉石给我，我们两人都失去了宝贝，还不如每个人各自保有自己的宝贝。"献玉的人叩头报告说："小人怀揣玉璧不可以到别的乡去，怕被强盗所害。献出它去，是为了免去死亡的危险。"子罕把玉石放在乡里，让玉工把玉石加以雕琢，卖玉有了钱以后，把献玉石的人送回家乡去。

点　　赞

澹台毁璧、子罕辞宝，都是以不贪为宝，这是中华民族的传统美德之一，值得继承发扬。

东平为善，司马称好。

人物简介

刘苍，东汉光武帝之子，初封东平公，后来晋爵为东平王。

司马徽，字德操，三国时期蜀汉颍川人。为人清雅，善于知人，曾向刘备推荐诸葛亮、庞统。

掌故解读

为善：做善事。《后汉书 · 东平宪王苍传》记载："十一年，苍与诸王朝京师。月余，还国。帝临送归宫，凄然怀思，乃遣使手诏国中傅曰：'辞别之后，独坐不乐，因就车归，伏轼而吟，瞻望永怀，实劳我心，诵及《采菽》，以增叹息。日者问东平王处家何等最乐，王言为善最乐，其言甚大，副是要腹矣。今送列侯印十九枚，诸王子年五岁已上能趋拜者，皆令带之。'"故事是说，永平十一年（68 年），刘苍与各位诸侯王到京师去朝拜，一个多月后，返回各自的封国去。汉明帝送别后回到皇宫，心情凄楚，思念诸王，就派使者给各王国的师傅送去手写的诏书说："辞别以后，单独坐着，心中不乐，就坐车回来了。伏在车前的横木上吟咏：瞻望怀念，让我心中劳累，朗诵《采菽》之诗，更增加了叹息。占候卜筮的日者问东平王在家什么事最让你快乐，东平王说：'做善事最快乐。'他的话说得太伟大了，符和这种想法就很关键了。现在送去列侯的印章十九枚，诸王的儿子长到五岁，能够行拜见礼的，都让他们带上印章。"

称好：称赞人家说好。《司马徽别传》记载：“有人伦鉴识，居荆州，知刘表性暗，必害善人，乃括囊不谈议。时人有以人物问徽者，初不辨其高下，每辄言‘佳’。其妇谏曰：‘人质所疑，君宜辨论，而一皆言“佳”，此人所以咨君之意乎？’徽曰：‘如君所言亦复“佳”。’”（《世说新语·言语》刘孝标注引）故事是说，司马徽有鉴别人伦的能力。他居住在荆州的时候，知道荆州牧刘表性格阴暗，一定会对善人加以陷害，他就对所有的人不加议论。当时，有人向司马徽问对人物的评价，起初不论这个人物地位高低，每次都说“好”。他的夫人劝阻他说：“人们有疑问来问你，你应该辨别不同加以论述，可是你却一概说‘好’。这是人们来咨询你的意思吗？”司马徽说：“像你所说的话也还是个‘好’。”

点　赞

刘苍认为“做善事最快乐”，善良，是中华传统文化提倡的美德，今天更应加以发扬光大；至于司马徽对谁的评价都是一个“好”字，则不必提倡，但也要谅解他为怕刘表害人，不得已而为之的处境。

齐字韵

公超雾市，鲁般云梯。

田单火牛，江逌爇鸡。

蔡裔陨盗，张辽止啼。

陈平多辙，李广成蹊。

公超雾市，鲁般云梯。

人物简介

张楷，字公超，东汉人。居住在华山的山谷中，有道术。

公输般，春秋时期的鲁国巧匠，也称鲁般，或鲁班。

掌故解读

雾市：张楷能制造五里云雾，人们学习他的道术，把门前堵得像市场一样，因此称雾市。《后汉书 · 张楷传》记载："隐居弘农山中，学者随之，所居成市，后华阴山南遂有公超市。五府连辟，举贤良方正，不就。性好道术，能作五里雾。时关西人裴优亦能为三里雾，自以不如楷，从学之，楷避不肯见。桓帝即位，优遂行雾作贼，事觉被考，引楷言从学术，楷坐系廷尉诏狱，积二年，恒讽诵经籍，作《尚书》注。后以事无验，见原还家。”故事是说，张楷居住弘农山中，学习道术的人跟随他，使他所住的地方像市场一样，后来华阴山南就有了公超市。官府的五个部门连续征聘他，举贤良方正，他都不去。他喜欢道术，能制造五里云雾。当时关西人裴优也能制造三里云雾，自己认为不如张楷，想跟随张楷学习，张楷避开他，不肯与他相见。汉桓帝即位，裴优运用制造云雾的道术来当强盗，事情暴露被拷问，牵连出张楷，说是跟他学习的道术。张楷因此被押在廷尉的监狱，关了二年，他一直诵读经典，作《尚书注》。后来因为事实无法验证，被释放回家。

云梯，攻城的器械，长度与云彩一样高。鲁般云梯，鲁般替楚国制造云梯，用来进攻宋国。《淮南子 · 修务训》记载：“王曰：‘公输，天下之巧士，作云梯之械，设以攻宋，曷为弗取！’墨子曰：‘令公输设攻，臣请守之。’于是公输般设攻宋之械，墨子设守宋之备。九攻而墨子九却之，弗能入，于是乃偃兵，辍不攻宋。”故事是说，楚王说：“公输般是天下出名的能工巧匠，制造云梯之类的器械，假设用来攻打宋国，怎样不能攻取呢！”墨子说：“让公输般攻城，请让我守城。”于是公输般制造攻城的器械云梯，墨子制造守城的设备。九次攻城，墨子九次击退公输般，不让他攻入城内。于是楚国就休兵罢战，停止了攻宋。

点　评

公输般制造云梯，用以帮助楚国攻打宋国。正是墨子“非攻”思想所反对的。说明即使武器再先进，也无助于非正义的战争。

田单火牛，江逌爇鸡。

人物简介

田单，战国时期齐国临淄（今山东淄博）人，用火牛阵打败燕军，迎立齐襄王，他被封为安平君。

江逌，字道载，陈留（今河南开封）人，晋朝官吏，官至太常之职。

掌故解读

火牛：火牛阵。《史记·田单列传》记载：“燕军益懈。田单乃收城中得千余牛，为绛缯衣，画以五彩龙文，束兵刃于其角，而灌脂束苇于尾，烧其端。凿城数十穴，夜纵牛，壮士五千人随其后。牛尾热，怒而奔燕军，燕军夜大惊。牛尾炬火光明炫耀，燕军视之皆龙文，所触尽死伤。五千人因衔枚击之，而城中鼓噪从之，老弱皆击铜器为声，声动天地。燕军大骇，败走。齐人遂夷杀其将骑劫。燕军扰乱奔走，齐人追亡逐北，所过城邑皆畔燕而归田单，兵日益多，乘胜，燕日败亡。卒至河上，而齐七十余城皆复为齐。”故事是说，燕军攻下齐国七十多座城池。在攻到即墨城时，一路得胜的燕军更加懈怠。田单就搜寻即墨城中得到一千多头牛，缝制红色的衣服给牛披上，画上五彩龙纹。把兵刃绑在牛角上，把苇子捆成束，再把油脂灌注到苇束上。把苇束捆在牛尾巴上，点着苇束的末端。把城墙凿开几十个洞，夜间把牛放出去，五千个壮士随着牛后。牛尾巴热了，牛愤怒地冲向燕军，燕军在夜间大惊。牛尾巴上的火把光明闪耀，燕军看着都是龙纹，所触碰上的不是死就是伤。即墨的五千壮士衔枚攻击燕军，城中的人跟在后面击鼓呼喊，老人小孩都击打铜器发出声响，声音惊天动地，燕军大惊，败逃。齐国人杀死燕军的将领骑劫。燕军扰乱奔逃，齐国人追逐败北逃亡的燕军，所路过的城市都背叛燕国，而归顺田单，兵越来越多，乘胜追击，燕军一天天失败逃亡，最终到了边界，齐国所失去的七十多座城又都回归齐国管辖之下。

爇鸡：在鸡爪上绑上火把，点着火把烤得鸡乱飞。《晋书·江逌传》记载：“逌进兵至襄营，谓将校曰：‘今兵非不精，而众少于羌，且其堑栅甚固，难与校力，吾当以计破之。’乃取数百鸡以长绳连之，系火于足。群鸡骇散，

飞集襄营。襄营火发，因其乱，随而击之，襄遂小败。”故事是说，羌族首领姚襄背叛晋朝，晋朝将领殷浩北伐，殷浩的部将江逌进兵到姚襄的营前，对将校们说：“今天的兵不是不精，可是人数比羌族人少，况且他们的壕沟围栏很坚固。难与他们较量军力，我应当用计策打败他。”就把几百只鸡用绳子连在一起，把火把拴在鸡爪上。很多鸡害怕散乱飞起，飞落到姚襄的军营，军营起火，趁他们大乱，江逌随即进兵攻击，姚襄就小败一场。

点　　赞

田单火牛、江逌爇鸡，都是以少胜多，出奇制胜，表现出爱国将领的临战智慧。

蔡裔陨盗，张辽止啼。

校　　勘

蔡裔陨盗，陨，《全唐诗》本作“殒”。学津本亦作“殒”。殒、陨二字形近而误。今改作“陨”。《晋书》本传载“拊床一呼，而盗俱陨”。

人物简介

蔡裔，字元子，晋朝官吏，曾任兖州刺史。

张辽，字文远，马邑（今山西朔州境）人，三国时期魏国将领，曾任中郎将，征东大将军，封晋阳侯。

掌故解读

陨盗：使盗贼跌落下来，指蔡裔的声音很大。陨，跌落。《晋书·蔡裔传》记载：“蔡裔者，有勇气，声若雷震。尝有二偷入室，裔拊床一呼，而盗俱陨，故浩委以军锋焉。”故事是说，蔡裔，有勇气，声音如同雷声震响。曾经有两个小偷进入屋内，蔡裔拍床一喊，二贼都从高处摔下来。所以殷浩命他当军队的先锋官。

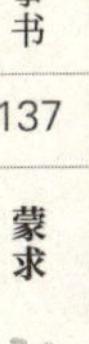

止啼：止住啼哭之声，指张辽的名声很大，使小孩害怕而停止了哭声。“江东小儿啼，怖之曰：‘辽来！辽来！’无不止者。”（《蒙求》徐子光注）故事是说，江东的小孩哭啼，吓唬他说：“张辽来啦！张辽来啦！”哭声没有不停止的。

点　赞

蔡裔的粗声大嗓，吓得盗贼陨落；张辽之名，能止住小孩哭啼，这都是英雄猛将威震天下的典故。

陈平多辙，李广成蹊。

人物简介

陈平，阳武（今河南原阳）人，西汉大臣，曾任护军中尉、左丞相、丞相等职。多次出奇计胜敌，与周勃合力诛除诸吕，安刘氏天下。

李广，陇西成纪（今甘肃秦安）人，西汉名将。以勇敢善战著称，与匈奴大小七十余战，被匈奴称为“飞将军”，战功卓著，却未封侯。

掌故解读

多辙：车辙很多，指来往的重要人物很多。《史记·陈丞相世家》记载：“及平长，可娶妻，富人莫肯与者，贫者平亦耻之。久之，户牖富人有张负，张负女孙五嫁而夫辄死，人莫敢娶。平欲得之。邑中有丧，平贫，侍丧，以先往后罢为助。张负既见之丧所，独视伟平，平亦以故后去。负随平至其家，家乃负郭穷巷，以弊席为门，然门外多有长者车辙。张负归，谓其子仲曰：‘吾欲以女孙予陈平。’张仲曰：‘平贫不事事，一县中尽笑其所为，独柰何予女乎？’负曰：‘人固有好美如陈平而长贫贱者乎？’卒与女。”故事是说，等到陈平长大，可以娶妻了，富人没有谁肯嫁女给他，

贫苦家女儿可娶，陈平又感到耻辱。好长一段时间以后，户牖的富人中有个叫张负的，他的孙女出嫁五次，丈夫都死了，没有谁敢娶她。陈平想要娶她。县城里有一家办丧事，陈平家庭贫困，侍奉丧家办丧事，用早到晚停的方式帮忙。张负在办丧事的地方见到了陈平，他很看中陈平。陈平也因故很晚离开。张负跟随陈平来到他家。他家在背靠城墙而居的穷街巷，用破席子做门，可是门外有很多贵重人物的车辙。张负回家，对他儿子张仲说："我要把孙女嫁给陈平。"张仲说："陈平家贫，什么事也不干，全县的人都笑他的为人，为什么把女儿嫁给他？"张负说："人有长得像陈平这样漂亮却长期贫困不得志的吗？"终于把孙女嫁给了陈平。

成蹊：桃李不言，下自成蹊。是说桃树、李树虽不会说话，但是桃李的花朵、果实吸引人们到树下来，把树下踩成了小道。《史记·李将军列传》记载："余睹李将军悛悛如鄙人，口不能道辞。及死之日，天下知与不知，皆为尽哀。彼其忠实心诚信于士大夫也？谚曰：'桃李不言，下自成蹊。'此言虽小，可以谕大也。"故事是说，我看李将军老实厚道像个乡下人，有口不会夸夸其谈。到他死的那天，天下人认识他的与不认识他的，都为他尽情哀悼。那是因为他的忠实诚信之心取信于士大夫。谚语说："桃李不言，下自成蹊。"这话说的虽是小事，却可以比喻出大道理。

点　赞

陈平家贫，为何门前车辙多？因为来访的重要人物多；李广老实得像个乡下人，天下人为何都哀悼他？因为他以忠诚取信于人。这都告诉人们要学会透过现象看本质的道理。

队字韵

陈遵投辖，山简倒载。

渊客泣珠，交甫解佩。

龚胜不屈，孙宝自劾。

吕安题凤，子猷访戴。

陈遵投辖，山简倒载。

人物简介

陈遵，字孟公，杜陵（今陕西西安）人，西汉官吏，曾封嘉威侯，王莽时，任河南太守、九江及河内都尉等职。

山简，字季伦，晋朝官吏，曾任太子舍人、尚书左仆射等职。性格风雅，有其父山涛的风度。

掌故解读

投辖：辖是车轴两端的键，离开辖，则车不能行。投辖是主人留客的典故。《汉书 · 游侠传》记载："遵嗜酒，每大饮，宾客满堂，辄关门，取客车辖投井中，虽有急，终不得去。尝有部刺史奏事，过遵值其方饮，刺史大穷，候遵沾醉时，突入见遵母，叩头自白当对尚书有期会状，母乃令从后阁出去。”故事是说，陈遵嗜好喝酒。每次大的宴饮，宾客满堂，他就关上大门，把客人的车辖取下来，扔到井里。客人即使有急事，最终也人走不了，事办不成。曾经有位刺史回朝奏报事情，路过陈遵家，恰巧赶上他喝酒，刺史没有办法出去，等到他喝醉时，冲进屋去见陈遵的母亲，磕头说自己要到尚书省开会的情况。陈遵的母亲让他从后阁的门出去。

倒载：用车倒拉着，形容醉汉的样子。《晋书 · 山涛传》记载：“简优游卒岁，唯酒是耽。诸习氏，荆土豪族，有佳园池，简每出嬉游，多之池上，置酒辄醉，名之曰高阳池。时有童儿歌曰：‘山公出何许，往至高阳池。日夕倒载归，茗艼无所知。时时能骑马，倒著白接篱。举鞭向葛强，何如并州儿？’强家在并州，简爱将也。”故事是说，山简一年到头都悠闲自得，就是喜欢喝酒。各习姓人家是荆州地区的豪门大族，有上好的花园池塘。山简每次出去游玩，多到池塘上，一醉方休，还为池子起个名字叫高阳池。当时有童谣说：“山公出游到何处？前去那高阳池。每晚倒着拉回家，酩酊大醉什么都不知道。时时能骑马，倒戴着白羽饰的帽子。举鞭子问葛强，与并州的好汉相比如何？”葛强的家在并州，是山简的爱将。

点　评

陈遵投辖，说明诚心留客；山公倒载，形容醉汉姿态。两个典故都与醉酒有关。本首的四个韵脚字：载、佩、劾、戴，在现代汉语中是不押韵的，在古汉语中，均押队字韵。

渊客泣珠，交甫解佩。

人物简介

渊客，即鲛人，神话中的人鱼。

郑交甫，神话故事中的凡人。

掌故解读

泣珠：人鱼哭泣时眼中掉出的珍珠。俗传鲛人从水中出，曾寄寓人家，积日卖绡。鲛人临去，从主人索器，泣而出珠满盘，以与主人。（《文选·吴都赋》刘渊林注）故事是说，民间传说美人鱼从水中出来，曾经寄住在居民家中，连日来卖绡。美人鱼临走时，向主人要个器皿，哭泣出满盘珍珠，送给主人。

解佩：解下佩巾，指郑交甫请江妃二女解下佩巾。《韩诗·内传》曰："郑交甫遵彼汉皋台下，遇二女，与言曰：'愿请子之佩。'二女与交甫，交甫受而怀之，超然而去，十步循探之，即亡矣。回顾二女，亦即亡矣。"（《文选·江赋》"江妃二女"李善注引）故事是说，郑交甫沿着汉皋台下边走，遇见二位女子，对她们说："希望要你们的佩巾。"二位女子把佩巾给了郑交甫，郑交甫接受下来，揣在怀里，飘然离去，十步以后，到怀中寻找，却没有了。回头看看二位女子，也没有了。

点　评

这是两则美丽的神话故事，不必信以为真。

龚胜不屈，孙宝自劾。

人物简介

龚胜，字君宾，彭城（今江苏扬州）人，汉朝官吏。曾任重泉令、谏议大夫、渤海太守等职。王莽掌权，他请求辞职回乡。

孙宝，字子严，鄢陵（今属河南）人，汉朝官吏。曾任议郎、谏大夫、司隶等职。群臣称颂王莽的功德，只有孙宝持不同意见。

掌故解读

不屈：不屈服，指龚胜不屈服于王莽的压力，不接受官职。《汉书 · 龚胜传》记载："莽既篡国，遣五威将帅行天下风俗，将帅亲奉羊酒存问胜。明年，莽遣使者即拜胜为讲学祭酒，胜称疾不应征。后二年，莽复遣使者奉玺书，太子师友祭酒印绶，安车驷马迎胜，即拜，秩上卿，先赐六月禄直以办装，使者与郡太守、县长吏、三老官属、行义诸生千人以上入胜里致诏。使者欲令胜起迎，久立门外。……至以印绶就加胜身，胜辄推不受。……遂不复开口饮食，积十四日死，死时七十九矣。"故事是说，王莽篡夺汉朝政权后，派遣五威将帅巡视天下风俗，五威将帅带着羊和酒去慰问龚胜。第二年，王莽派遣使者前去拜龚胜为讲学祭酒，龚胜借口有病不去应征。两年后，王莽又派遣使者带着盖着御玺的诏书，太子师友祭酒官印和丝带，四匹马拉的蒲轮安车，任命龚胜为上卿，先送来六个月的俸禄，用来办理行装。使者与郡太守、县里长官、三老等属官、行义的学生一千多人，到龚胜的乡里来传达诏书。使者想要龚胜起身迎接圣旨，长时间站门外。等到把印章和绶带加到龚胜身上，龚胜就推出去，不接受。之后就不开口饮食，直到十四天后死亡，死时七十九岁了。

自劾：自己弹劾自己。《汉书 · 孙宝传》记载："御史大夫张忠辟宝为属，欲令授子经，更为除舍，设储偫。宝自劾去，忠固还之，心内不平。后署宝主簿，宝徙入舍，祭灶请比邻。忠阴察，怪之，使所亲问宝：'前大夫为君设除大舍，子自劾去者，欲为高节也。今两府高士俗不为主簿，子既为之，徙舍甚说，何前后不相副也？'宝曰：'高士不为主簿，而大夫君以宝为可，一府莫言非，士安得独自高？前日君男欲学文，而移宝自近。礼有来学，义无往教；道不可诎，身诎何伤？且不遭者可无不为，况主簿乎！'忠闻之，甚惭，上书荐宝经明质直，宜备近臣。为议郎，迁谏大夫。"故事是说，御史大夫张忠征聘孙宝为御史府的属官，想让他教授儿子读经书。

还为他扫除房舍，预备器物。孙宝自己弹劾自己不该接受这样高的待遇，请求离开御史府。张忠坚决留下他，但心中很不满。后来任命他为主簿，孙宝搬进宿舍，举行祭灶仪式，请左邻右舍参加。张忠暗中观察，感到很奇怪，派亲信的人问孙宝说："先前，张大夫给你扫除房舍，你自己弹劾自己要离开，为的是抬高自己的节操。现在两府的高士按习俗是不做主簿的。你却做了，搬进宿舍很高兴，为什么前后不一致？"孙宝说："高士不当主簿，可是张大夫认为我可以，全府的人没有认为这是错误的。士人怎么能自我清高呢？前次张大夫的男孩学书法，而让我自己接近公子。按礼仪有来我这里学的，没有前去教他的义务。道义是不可屈服的，自身屈服有什么伤害？况且，没有机会的人可以什么工作都干，何况主簿呢！"张忠听了这番话，甚感惭愧，他上书推荐孙宝明经质朴，应该做天子的近臣。天子任命孙宝为议郎，升为谏大夫。

点　赞

对于龚胜做官的态度，可以看出人品的高下。龚胜不屈服于王莽的压力和诱惑，保持清高的操守，十分可贵；孙宝自己弹劾自己，离开御史府，实质是不想为高官做家教，不趋炎附势，也是高尚的品格。

吕安题凤，子猷访戴。

人物简介

吕安，三国时期魏国人，事迹见"嵇吕命驾"条。

王徽之，字子猷，会稽（今浙江绍兴）人，书法家王羲之之子。官至黄门侍郎。

掌故解读

题凤：在门上题写“凤”字。《世说新语·简傲》记载：“嵇康与吕安善，每一相思，千里命驾。安后来，值康不在，喜出户延之，不入。题门上作‘凤’字而去。喜不觉，犹以为欣故作。‘凤’字，凡鸟也。”故事是说，嵇康与吕安是好朋友，每次一想念，就千里驾车去相见。吕安后来到嵇康家，正赶上嵇康不在家。嵇喜出门来迎接，请他进来。吕安不进门，在门上题写个“凤”字，就离开了。嵇喜没有觉察出来，还以为是高兴了故意题写的“凤”字。其实“凤”字，是凡鸟的意思。

访戴：访问戴逵。《世说新语·任诞》记载：“王子猷居山阴，眠觉，开室命酌酒，四望皓然。因起彷徨，咏左思《招隐诗》，忽忆戴安道。时戴在剡，即便夜乘小船就之，经宿方至，造门不前而返。人问其故，王曰：‘吾本乘兴而行，兴尽而返，何必见戴！’”故事是说，王徽之居住在山阴时，睡觉醒来，打开屋子，命令仆人准备喝酒。向四周一看，是一片明亮，起身徘徊，吟诵左思的《招隐诗》，忽然想起来戴逵。当时戴逵在剡县，就在夜间坐小船前去见他。经过一夜才到剡县，到了戴逵的门前，不进门却返回去了。有人问原因，王徽之说：“我本是乘着一时兴头而前去，兴致没了而返回来了。何必一定要见到戴逵！”

点　评

凡鸟怎么是“凤”字呢？繁体字的“凤”字，写作“鳳”，不正好是凡鸟二字组成的嘛！

元字韵

董宣强项，翟璜直言。
纪昌贯虱，养由号猨。
冯衍归里，张昭塞门。
苏韶鬼灵，卢充幽婚。

董宣强项，翟璜直言。

校　勘

翟璜直言，璜，《全唐诗》本作璜。学津本亦作璜。《吕氏春秋》《新序》均作翟黄。《史记》作璜，今从《史记》。

人物简介

董宣，字少平，陈留（今河南开封）人，东汉官吏。曾任北海相、九江太守，后任洛阳令，打击豪强，人人战栗，京师号称他为“卧虎”。

翟璜，战国魏国下邽人，任上卿。

掌故解读

强项：性格刚直，不肯向他人低头的人。《后汉书 · 酷吏传 · 董宣》

记载：“后特征为洛阳令。时湖阳公主苍头白日杀人，因匿主家，吏不能得。及主出行，而以奴骖乘，宣于夏门亭候之，乃驻车叩马，以刀画地，大言数主之失，叱奴下车，因格杀之。主即还宫诉帝，帝大怒，召宣，欲棰杀之。宣叩头曰：‘愿乞一言而死。’帝曰：‘欲何言？’宣曰：‘陛下圣德中兴，而纵奴杀良人，将何以理天下乎？臣不须棰，请得自杀。’即以头击楹，流血被面。帝令小黄门持之，使宣叩头谢主，宣不从，强使顿之，宣两手据地，终不肯俯。主曰：‘文叔为白衣时，臧亡匿死，吏不敢至门。今为天子，威不能行一令乎？’帝笑曰：‘天子不与白衣同。’因敕强项令出。赐钱三十万，宣悉以班诸吏。由是搏击豪强，莫不震栗。京师号为‘卧虎’。歌之曰：‘枹鼓不鸣董少平。’”故事是说，后来特别调董宣为洛阳县令。当时湖阳公主的家仆在白天杀人，就藏匿在公主家里，官吏抓不到他。到公主出行时，用家奴当陪乘。董宣在夏门亭等着，看见公主的车，就勒住马让公主的车停下。用刀划地，大声数落公主的失误，喝令家奴下车后，就杀死了他。公主立即就回到皇宫告诉皇帝，皇帝大怒，召见董宣，要用大锤打死他。董宣磕头说：“请允许我说一句话就死。”皇帝说：“要说什么？”董宣说：“陛下的圣德使天下中兴，却放纵奴仆杀害良民，将用什么来治理天下？臣不须用大锤打死，请允许我自杀。”说完就用头撞宫殿的柱子，流了满脸血。皇帝命令小宦官抱住他，让董宣向公主磕头道歉，董宣不听从。强让董宣磕头，董宣两手拄地，最终也不肯低下头。公主说：“文叔（光武帝刘秀的表字）当百姓时，藏匿逃犯死囚，官吏不敢到门前搜查。现在当了天子，威权不能下行到一个县令？”皇帝笑着说：“天子和百姓是不同的。”就发布敕命让强项令出去，赏赐钱三十万。董宣把这些钱全都分给了各个官吏。从此打击豪强，豪强没有不震惊恐惧的。京师人称他为“卧虎”。歌颂他说：“告状鼓槌不用鸣，全仗董少平。”

直言：直言不讳。《新序 · 杂事一》记载：魏文侯与士大夫坐，问曰：

"寡人何如君也？"群臣皆曰："君仁君也。"次至翟璜曰："君非仁君也。"曰："子何以言之？"对曰："君伐中山，不以封君之弟，而以封君之长子。臣以此知君之非仁君。"文侯大怒，而逐翟璜，璜起而出。次至任座，文侯问曰："寡人何如君也？"任座对曰："君仁君也。"曰："子何以言之？"对曰："臣闻之，其君仁，其臣直。向翟璜之言直，臣是以知君仁君也。"文侯曰："善。"复召翟璜，拜为上卿。故事是说，魏文侯与士大夫座谈，魏文侯问道："寡人是怎么样的国君？"群臣都说："国君是仁德的国君。"按次序到了翟璜，他说："国君不是仁德的国君。"魏文侯说："你凭什么这样说？"翟璜回答说："国君讨伐中山国，不把它封给国君的弟弟，却把它封给了国君的长子。臣因此知道国君不是仁德的国君。"魏文侯大怒，驱逐出翟璜，翟璜起身出去。其次，到了任座，魏文侯问道："寡人是怎么样的国君？"任座回答说："国君是仁德的国君。"魏文侯说："你凭什么这样说？"任座回答道："臣听说过，其君有仁德，其臣就直言不讳。刚才翟璜的话率直，臣因此知道国君是仁德的国君。"魏文侯说："好！"又找回翟璜，任命他为上卿。

点　　赞

董宣不向皇亲国戚低头，被称为"强项令"；翟璜直言不讳，不怕惹怒魏文侯。这种刚直不阿的精神，是非常可贵的。

纪昌贯虱，养由号猨。

校　勘

养由号猨，猨同猿，也写作"蝯"。学津本作"养由号猨"。《淮南子·说山训》："使养由基射之，始调弓矫矢，未发而蝯拥柱号矣。"

人物简介

纪昌，古代的射箭能手，是神箭手飞卫的弟子。

养由基，春秋时楚国大夫，善于射箭，有百步穿杨的本领。

掌故解读

贯虱：把虱子射穿。《列子 · 汤问》记载：纪昌者，又学射于飞卫。飞卫曰："尔先学不瞬，而后可言射矣。"纪昌归，偃卧其妻之机下，以目承牵挺。二年之后，虽锥末倒眦，而不瞬也。以告飞卫。飞卫曰："未也；必学视而后可。视小如大，视微如著而后告我。"昌以牦悬虱于牖，南面而望之。旬日之间，浸大也；三年之后，如车轮焉。以睹余物，皆丘山也。及以燕角之弧、朔蓬之簳射之，贯虱之心，而悬不绝。以告飞卫。飞卫高蹈拊膺曰："汝得之矣！"故事是说，纪昌向飞卫学习射箭，飞卫说："你先学习不眨眼睛，然后可以学习射箭了。"纪昌回家，仰面躺在他妻子的织机之下，用眼睛看着织布机的踏板。二年以后，即使是锥子尖刺到眼眶，也不眨眼睛。纪昌把这件事告诉给飞卫。飞卫说："还没到程度，必须练好视力才可以。看小的如同大的，看微小的如同显著的，然后告诉我。"纪昌用毛线把虱子悬挂在窗户上，面朝南而望虱子。十来天的时间，看虱子逐渐变大了，三年以后，虱子如同车轮那么大。用眼睛看其他的物品，都如同山丘那么大。就用燕地产的兽角装饰的弓、坚硬的箭杆射虱子，穿过虱子的中心，而悬挂虱子的毛线没有断。他把这件事告诉给飞卫，飞卫用脚跺地，手拍胸脯说："你得到了射箭技艺的诀窍！"

号猨：使猿猴哀号。《淮南子 · 说山训》记载："楚王有白蝯，王自射之，则搏矢而熙；使养由基射之，始调弓矫矢，未发而蝯拥柱号矣，有先中中者也。"故事是说，楚王有白猿猴，楚王亲自射它，它就拨开箭而戏耍。命令养由基射它，开始调整弓弦，矫直箭杆，还没发射，可是白猿就抱着柱子哀号了。这是先前没射中此次必射中的征兆起的作用。

点　赞

纪昌贯虱，告诉人们基本功的重要性；养由号猿，说明是否真有技艺，其效果是截然不同的。

冯衍归里，张昭塞门。

人物简介

冯衍，字敬通，京兆杜陵（今陕西西安）人，汉朝官吏，曾任曲阳令、司隶从事。年幼有奇才，二十岁以后博览群书，有文章五十余篇。

张昭，字子布，彭城（今江苏徐州）人，三国时期吴国大臣。曾任长史、抚军中郎将。孙策死前把其弟孙权托付给他，孙权立，拜他为抚吴将军，封娄侯。

掌故解读

归里：回到故乡。《后汉书 · 冯衍传》记载："后卫尉阴兴、新阳侯阴就以外戚贵显，深敬重衍，衍遂与之交结，由是为诸王所聘请，寻为司隶从事。帝惩西京外戚宾客，故皆以法绳之，大者抵死徙，其余至贬黜。衍由此得罪，尝自诣狱，有诏赦不问。西归故郡，闭门自保，不敢复与亲故通。"故事是说，后来卫尉阴兴、新阳侯阴就因为是外戚地位显赫，他们很敬重冯衍，冯衍就与他们交往，从此被诸王所聘请。不久，任司隶从事。光武帝接受西汉外戚利用宾客为非作歹的教训，因此对他们以法惩治，罪大的或判死罪、或流放，其余的加以贬官、废黜。冯衍因此而获罪，他曾经自己到监狱服刑，有诏书赦免他不加审问。他向西回到故乡，关门闭户，以求自保，不敢再与亲故来往。

塞门：堵塞住家门，指孙权用土堵塞住张昭的家门。《三国志 · 吴书 ·

张昭传》记载：“昭忿言之不用，称疾不朝。权恨之，土塞其门，昭又于内以土封之。渊果杀弥、晏。权数慰谢昭，昭固不起，权因出过其门呼昭，昭辞疾笃。权烧其门，欲以恐之，昭更闭户。权使人灭火，住门良久，昭诸子共扶昭起，权载以还宫，深自克责。昭不得已，然后朝会。”故事是说，孙权派使者封公孙渊为燕王，张昭进行劝谏，孙权不听。张昭怨恨自己的言论不被采纳，请病假不上朝，孙权也恨他不给皇帝面子，用土堵塞他的家门。张昭又在门内用土封上门。公孙渊果然杀死了吴国使者张弥、许晏。孙权多次向张昭慰问道歉，张昭故意不上朝。孙权就出宫，到张家门前去叫张昭，张昭用病重加以推辞。孙权用火烧他家的大门，想用这个办法吓唬他，张昭更加闭门不出。孙权派人来灭火，在门前停了很久。张昭的儿子们共同扶起张昭，孙权用车拉着他回到皇宫，深深地检讨自己。张昭迫不得已，然后去参加朝会。

点　评

冯衍归里，告诫人们结交要慎重，不可与皇亲国戚走动太密，以免被牵连；张昭塞门，孙权在怨恨张昭不给面子，以用土堵门的办法泄愤，但他知错就改，又想方设法把张昭请出来上朝，这也是难能可贵的。

苏韶鬼灵，卢冲幽婚。

人物简介

苏韶，字孝先，安平（今河北深州）人，任中牟县令。

卢充，范阳（今河北涿州）人。

掌故解读

鬼灵：死后的灵魂。王隐《晋书》记载：“苏韶，字孝先，仕至中牟令，卒。

韶伯父承，为南中郎军司而亡。诸子迎丧还，到襄城。第九子节，夜梦见卤簿，行列甚肃，见韶，使呼节曰：‘卿犯卤簿，罪犯髡刑。’节俯受剃，警觉摸头，即得断发。……节谓兄弟曰：‘中牟在此。’兄弟皆愕视，无所见，问韶：‘君何由来？’韶曰：‘吾欲改葬。’即求去。数日又来，兄弟遂与韶坐。节曰：‘若必改葬，别自敕儿。’韶曰：‘吾将为书。’其字像胡书也。……韶与节别，曰：‘吾今见为修文郎，守职，不暇得来也。’节执手，乃别。自是遂绝。”（《太平广记》卷三百一十九）故事是说，苏韶，字孝先，当官当到中牟县令，死了。苏韶的伯父苏承当到南中郎将的军司时就死了。苏承的儿子们迎接灵柩回家，走到襄城。第九子苏节，夜间梦见官府仪仗，行列很严肃。苏节看见了苏韶，使者对苏节说：“你冲犯了官府仪仗，应当受到剃发的髡刑。”苏节低头被剃发，惊醒以后一摸头，就得到割断的头发。苏节对弟兄们说：“中牟县就在这里。”兄弟都惊愕地相看，没有见到什么。问苏韶道：“你从哪里来？”苏韶说：“我想改葬。”说完就离开了。几天后他又来了。兄弟们就与苏韶一起坐下。苏节说：“如果必须改葬，要有命令文书给你的儿子。”苏韶说：“我这就写文书。”他写的字像胡人的文字。苏韶与苏节告别，说：“我现在做修文郎，坚守职务，没有闲暇来这里了。”苏节拉着他的手，告别，从此就不再来了。

幽婚：在志怪小说中人鬼结婚的故事。《搜神记》记载：“卢充者，范阳人。家西三十里，有崔少府墓。充年二十，先冬至一日，出宅西猎戏，见一獐，举弓而射，中之，獐倒，复起。充因逐之，不觉远，忽见道北一里许，高门瓦屋，四周有如府舍，不复见獐。门中一铃下唱：‘客前。’充问：‘此何府也？’答曰：‘少府府也。’……进见少府，展姓名。酒炙数行。谓充曰：‘尊府君不以仆门鄙陋，近得书，为君索小女婚，故相迎耳。’便以书示充。充，父亡时虽小，然已识父手迹，即欷歔，无复辞免。便敕内：‘卢郎已来，可令女郎妆严。’且语充云：‘君可就东廊。’及至黄昏。内白：‘女郎妆严已毕。’充既至东廊，女已下车，立席头，却共拜。时为三日，给食三日毕，崔谓充曰：‘君可归矣。女有娠相，若生男，当以相还，无相疑。生女，当留自养。’敕外严车送客。充便辞出。”故事是说，卢充是范阳人，他家的西边三十里有崔少府的坟墓。卢充二十岁年纪的时候，在冬至的前一天，到家宅西边去打猎游戏。看见一头獐子，他举弓就射，射中了。獐子倒了又站起来。卢充就去追赶，不觉跑了很远。忽然看见道北一里多路的地方，有一处高大的院门，砖瓦盖的房舍。加上四周的建筑，如同官府的宅院。看不见獐子了。有侍从高喊：“有客来到。”卢充问：“这是谁的府第？”回答道：“崔少府的府第。”卢充拜见崔少府，展示姓名，酒肉吃过，崔少府对卢充说：“你的父亲不嫌弃我的家门简陋，近来得到他的书信，替你索要小女成婚，因此迎接你。”便把书信给卢充看，卢充在父亲死时，虽然年幼，然而已经认识父亲的笔迹，就哭泣了，没有推辞。崔少府便对内院命令道：“卢郎已经来了，可让女儿化妆。”并且对卢充说：“你可以到东廊去等。”到了黄昏时候，内院说：“女儿化妆完毕。”卢充就到东廊，女子已下车，站在席子上，互相拜见。三天之内，供给饮食。三天完毕，崔少府对卢充说：“你可以回去了。女儿已经怀孕了，如果生男孩，应当把他还给你，不要怀疑我的话；生女孩，应当留下自己养育。”命令外面套车送客，卢充便告辞出来。

点　评

鬼灵、幽婚之类的故事，只能作为志怪类小说看，不必信以为真。

职字韵

震畏四知，秉去三惑。
柳下直道，叔敖阴德。
张汤巧诋，杜周深刻。
三王尹京，二鲍纠慝。

震畏四知，秉去三惑。

人物简介

杨震，字伯起，东汉大臣。详见“杨震关西”条。

杨秉，字叔节，杨震之子，东汉大臣，曾任豫荆徐兖四州刺史、太尉等职。当时宦官势力强大，他弹劾刺史以下五十多人，或被处死，或被免职，使天下肃然清静。

掌故解读

四知：天知、神知、你知、我知，指干坏事是瞒不住人的。《后汉书·杨震传》记载：“大将军邓骘闻其贤而辟之，举茂才，四迁荆州刺史、东莱太守。当之郡，道经昌邑，故所举荆州茂才王密为昌邑令，谒见，至夜怀金十斤以遗震。震曰：‘故人知君，君不知故人，何也？’密曰：‘暮夜无知者。’震曰：‘天知，神知，我知，子知。何谓无知！’密愧而出。后转涿郡太守。性公廉，不受私谒。子孙常蔬食步行，故旧长者或欲令为开产业，震不肯，曰：‘使后世称为清白吏子孙，以此遗之，不亦厚乎！’”故事是说，大将军邓骘听说杨震的美德就征聘他，举他为秀才，四次升官，先后任荆州刺史、东莱太守。他到郡赴任，路过昌邑县。原来他所荐举的荆州秀才王密为昌邑县令，来拜见恩人杨震，到夜间怀揣十斤黄金送给杨震。杨震说：“老朋友了解你，你不了解老朋友，是什么原因？”王密说：“黑夜里没有人知道。”杨震说：“天知道，神知道，我知道，你知道，什么叫没人知道！”王密惭愧地出去了。后来，杨震转任涿郡太守，性格公正廉明，不接受私人进见。子孙经常吃蔬菜，徒步行走。亲朋故旧的长辈中，有人要为他们开设产业，杨震不同意，说：“让后世称他们是清白官吏的子孙，把这个名声留给他们，不也是很厚重的吗！”

三惑：酒、色、财这三样东西，最容易使人迷惑。此指杨秉能当清官廉吏，因为他能摒弃酒、色、财这三惑。《后汉书 · 杨秉传》记载：“秉性不饮酒，又早丧夫人，遂不复娶，所在以淳白称。尝从容言曰：‘我有三不惑：酒，色，财也。’”故事是说，杨秉性格不饮酒，他的夫人又死得早，就不再娶妻。所到之处，以纯洁清白著称。他曾经从容地对人说：“我有三个不迷惑，就是酒、色、财。”

点　赞

杨震、杨秉是历史上著名的清官父子。杨震拒绝别人赠给子孙产业，遗留给后代的是“清白吏子孙”的美名。有其父必有其子，杨秉对酒、色、财三不惑，有如此的底气，什么东西能腐蚀得了！

柳下直道，叔敖阴德。

人物简介

展禽，名获，字季，春秋时期鲁国的大夫。居住在柳下，谥号为惠，人称柳下惠。

孙叔敖，即芀敖，春秋时期楚国人，为楚相，重视教化，吏无奸邪，盗贼不起。三得相而不喜，三去相而不悔。

掌故解读

直道：正直之道。《论语 · 微子》记载：“柳下惠为士师，三黜。人曰：‘子未可以去乎？’曰：‘直道而事人，焉往而不三黜？枉道而事人，何必去父母之邦？’”故事是说，柳下惠做法官，多次被辞退。有人对他说：“你不可以离开鲁国吗？”他回答道：“用正直之道办事，到哪里而不会被多次辞退呢；用歪门邪道办事，何必一定要离开祖国呢？”

阴德：暗中施德于人。贾谊《新书 · 春秋》记载：“孙叔敖之为婴儿也，出游而还，忧而不食。其母问其故，泣而对曰：‘今日吾见两头蛇，恐去死无日矣。’其母曰：‘今蛇安在？’曰：‘吾闻见两头蛇者死，吾恐他人又见，吾已埋之也。’其母曰：‘无忧，汝不死。吾闻之：有阴德者，天报以福。’人闻之，皆谕其能仁也。及为令尹，未治而国人信之。”故事是说，孙叔敖还是小孩的时候，出去玩耍回来，忧愁而不吃饭。他母亲问他原因，他哭着对母亲说：“今天我看见了两头蛇，恐怕离死没有几天了。”他母亲说：“现在蛇在哪里？”他说：“我听说看见两头蛇的人会死，我怕别人又看见它，我已经把它埋起来了。”他母亲说：“不要担心，你不能死。我听说：‘暗中对他人施德的人，上天会用福来报答他。’”人们听说这件积阴德的事，都晓得他有仁爱之心。等到他当楚相令尹之时，还没有治理，楚国人就都信服他的仁义了。

点　赞

直道事人，还是枉道事人，是为官做人的试金石。柳下惠采用了前者，千古以来，备受称赞。孙叔敖从小就有善良仁爱之心，积下阴德，取信于人，也是值得提倡的。

张汤巧诋，杜周深刻。

人物简介

张汤，杜陵（今陕西西安）人，西汉官吏，曾任太中大夫、御史大夫等职。

杜周，杜衍（今河南南阳西南）人，西汉官吏，曾任廷尉史、御史大夫等官。

掌故解读

巧诋：玩弄文辞以诋毁他人。《汉书 · 张汤传》记载：“父为长安丞，出，汤为儿守舍。还，鼠盗肉，父怒，笞汤。汤掘熏得鼠及余肉，劾鼠掠治，传爰书，讯鞫论报，并取鼠与肉具狱磔堂下。父见之，视文辞如老狱吏，大惊，遂使书狱。”又载：“所治即上意所欲辜，予监吏深刻者；即上意所欲释，予监吏清平者。所治即豪，必舞文巧诋；即下户羸弱，时口言‘虽文致法，上裁察。’于是往往释汤所言。”故事是说，张汤的父亲是长安县的县丞，他外出办事，张汤当时还是个小孩，留守在家里。父亲回来，发现老鼠偷走了肉，父亲大怒，用竹板打张汤。张汤挖地熏洞，逮住了老鼠，得到了剩余的肉。张汤揭发罪状，拷打老鼠，把老鼠的口供记录在文书上，审问老鼠，宣布罪名，定罪判决。并提取老鼠和肉，定罪并处以分尸。他父亲见到这一场面，看他的文辞如同老狱吏，大为惊讶，于是就让他书写狱辞。任廷尉以后，张汤所处治的人，如果是皇上想加罪的，就交给属吏中严酷的人治罪；皇上想要释放的罪犯，就交给用法公平、量刑较轻的属吏审理。所审理的如果是豪强，就要玩弄法令条文，用巧言诋毁诬陷；如果是小户贫

民，疲惫衰弱的人，时常口头向皇上报告，虽然按律令应判罪，也听皇上裁决。于是往往释放张汤所言之罪人。

深刻：严峻刻薄。《史记 · 酷吏列传 · 杜周》记载：“其治与宣相放，然重迟，外宽，内深次骨。宣为左内史，周为廷尉，其治大放张汤而善候伺。上所欲挤者，因而陷之；上所欲释者，久系代问而微见其冤状。客有让周曰：‘君为天子决平，不循三尺法。专以人主意指为狱，狱者固如是乎？’周曰：‘三尺安出哉？前主所是著为律，后主所是疏为令。当时为是，何法之古乎！’”故事是说，杜周治理刑狱，与减宣相仿佛，然而持重，外表宽厚，内里用法深刻至骨。减宣任左内史，杜周任廷尉，他们治理刑狱，大体上效仿张汤，然而善于观察动向。皇上所要排挤的人，就趁机陷害他；皇上所要释放的人，就长久关押等待审问，稍微显现其冤情。有门客责问杜周说：“你替天子审判案件，不遵循法律，专按皇帝意旨审理，审理案件原本该这样吗？”杜周说：“法律出自哪里呢？前代君王认为对的就编著为法律条文，后代君主所认为对的进行疏解就是令。适合当时的情况就认为是对的，何必要遵循什么古法！”

点 评

张汤、杜周是典型的酷吏，他们深文巧诋，严峻刻薄，秉承皇帝意旨办案，法律形同虚设，冤假错案一多，社会矛盾必然激化，这是应当引为鉴戒的。

三王尹京，二鲍纠慝。

人物简介

王骏，琅琊（今山东临沂）人，西汉官吏，曾任赵国内史、幽州刺史、京兆尹等职。

鲍永：字君长，上党屯留（今山西长治市屯留区）人，汉朝官吏。更始年间，任尚书仆射，刘秀建东汉，他官拜谏议大夫、司隶校尉，封关内侯。

掌故解读

三王：指王尊、王章、王骏。尹京：担任京兆尹之职。《汉书 · 王骏传》记载："吉坐昌邑王被刑后，戒子孙毋为王国吏，故骏道病，免官归。起家复为幽州刺史，迁司隶校尉，奏免丞相匡衡，迁少府。八岁，成帝欲大用之，出骏为京兆尹，试以政事。先是京兆有赵广汉、张敞、王尊、王章，至骏皆有能名，故京师称曰：'前有赵、张，后有三王。'"故事是说，王吉因为昌邑王事件受刑以后，告诫子孙不要当王国的官吏，所以王骏在途中发病，被免去官职回到家里。后来又复出去当官，任幽州刺史，升为司隶校尉，上奏疏罢免丞相匡衡，调任少府。经过八年，汉成帝想重用他，调出皇城，任京兆尹，用政事试验他。在此之前，京兆尹有赵广汉、张敞、王尊、王章，直至王骏都有才能名气。所以京师内的人说："前有赵（赵广汉）、张（张敞），后有三王（王尊、王章、王骏）。"

二鲍：指鲍永、鲍恢。纠慝：惩处邪恶。《后汉书 · 鲍永传》记载："建武十一年，征为司隶校尉。帝叔父赵王良尊戚贵重，永以事劾良大不敬，由是朝廷肃然，莫不戒慎。乃辟扶风鲍恢为都官从事，恢亦抗直不避强御。帝常曰：'贵戚且宜敛手，以避二鲍。'其见惮如此。"故事是说，建武十一年，征聘鲍永为司隶校尉。皇帝的叔父赵王刘良是皇亲国戚，权高势重。鲍永因事弹劾他犯大不敬罪，从此朝廷肃穆庄严，没有不警惕审慎的。鲍恢被征辟为都官从事，他也是刚直不阿，不避强权。光武帝常说："皇亲国戚应该缩手，躲避二鲍（鲍永、鲍恢）。"他们被人畏惧到如此程度。

点　赞

三王二鲍，是不畏强权的正直官吏的典型。他们对皇叔、丞相都敢弹劾，其他的贪官污吏就更不在话下了。

青字韵

孙康映雪，车胤聚萤。

李充四部，井春五经。

谷永笔札，顾恺丹青。

戴逵破琴，谢敷应星。

孙康映雪，车胤聚萤。

校　勘

胤，学津本作“允”，这是清代学者为避胤禛（雍正皇帝）的名讳故意缺的一笔或改一字。

人物简介

孙康，京兆（今陕西西安）人，晋朝官吏，官至御史大夫。

车胤，字武子，晋朝官吏，曾任征西将军府长史、护军将军、礼部尚书等职。

掌故解读

映雪:《孙氏世录》曰:“孙康家贫，常映雪读书，清介，交游不杂。”（《昭明文选》卷三十八《为萧扬州荐士表》李善注引）故事是说，孙康家庭贫困，点不起灯，常常用雪光照着书读。其为人清净耿直，结交不杂乱。

聚萤：《晋书 · 车胤传》记载：“胤恭勤不倦，博学多通。家贫不常得油，夏月则练囊盛数十萤火以照书，以夜继日焉。及长，风姿美劭，机悟敏速，甚有乡曲之誉。桓温在荆州，辟为从事，以辩识义理深重之。”故事是说，车胤勤学不倦，博学多通。由于家庭贫困，不是经常有灯油，夏天的时候就用白绢口袋装上几十只萤火虫，用萤火虫发的光来照着书阅读，夜以继日。等长大时，风姿潇洒漂亮，机智敏捷，很受乡邻称赞。桓温在荆州，任用他为从事官。因为他能辨别义理，很受重视。

点　赞

映雪、聚萤，是中国历史上著名的勤学苦读的故事。数千年来，久传不衰。说明中华民族是一个热爱读书的民族。

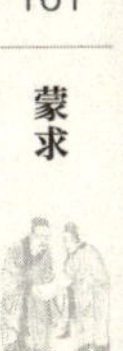

李充四部，井春五经。

人物简介

李充，字弘度，江夏（今湖北武昌）人，晋朝官吏。曾任记室参军、大著作郎等职。

井丹，字大春，郿（今陕西眉县）人，东汉学者。他从小受业于太学，通五经，性格清高，建武末年，五王聘请，他都不应聘。

掌故解读

四部：李充所分的四部书，五经为甲部，史记为乙部，诸子为丙部，诗赋为丁部。《晋书 · 文苑传 · 李充》记载：“于时典籍混乱，充删除烦重，以类相从，分作四部，甚有条贯，秘阁以为永制。”故事是说，当时典籍混乱，李充把重复的删掉，以类相从，分为甲乙丙丁四部，皇宫秘阁把它作为永久的制度。

五经：指《易经》《书经》《诗经》《礼经》《春秋》。《后汉书·逸民传》记载：井丹“少受业太学，通《五经》，善谈论，故京师为之语曰：‘五经纷纶井大春。’性清高，未尝修刺候人。”故事是说，井丹从小在太学读书，精通五经，善于谈论，所以京师的人说：“五经渊博就数井大春。”他性格清高，从来没有写名片等候别人接待。

点　　赞

李充把杂乱的典籍分为甲乙丙丁四部，定为经史子集的顺序，后来一直沿用，对图书目录学的贡献不可小觑。

谷永笔札，顾恺丹青。

人物简介

谷永，字子云，博学经书，精于笔札。西汉大臣，任光禄大夫、北地太守、大司农等职。

顾恺之，字长康，博学有才气，尤其善于绘画。曾任散骑常侍、虎头将军。

掌故解读

笔札：公文、书信。《汉书·游侠传·楼护》记载：“是时王氏方盛，宾客满门，五侯兄弟争名，其客各有所厚，不得左右，唯护尽入其门，咸得其欢心。……与谷永俱为五侯上客，长安号曰‘谷子云笔札，楼君卿唇舌’，言其见信用也。”故事是说，当时王家势力正强盛，平阿侯王谭、成都侯王商、红阳侯王力、曲阳侯王根、高平侯王逢时等五侯兄弟间争名夺利，各家有自己所厚的宾客，宾客不能走错各家门。只有楼护全能进入各家的门，他们都很喜欢他。他和谷永都是王家五侯的上等宾客。长安城的人说：“谷子云笔札，楼君卿唇舌。”说他们受到信用。

丹青：绘画用的颜色，后指绘画艺术。《晋书 · 顾恺之传》记载：“尤善丹青，图写特妙，谢安深重之，以为有苍生以来未之有也。恺之每画人成，或数年不点目精。人问其故，答曰：‘四体妍蚩，本无阙少于妙处，传神写照，正在阿堵中。’”又载：“欲图殷仲堪，仲堪有目病，固辞。恺之曰：‘明府正为眼耳，若明点瞳子，飞白拂上，使如轻云之蔽月，岂不美乎！’仲堪乃从之。”故事是说，顾恺之尤其善于绘画艺术，描画得特别精妙，谢安很重视他的绘画，认为是人类产生以来所不曾有的。顾恺之每次画成人像，有时几年不点眼睛。有人问他原因，他回答道：“四肢的美丑，本不缺美妙之处，人像的传神之处，正在此处（指眼睛）。”他想为殷仲堪画像，殷仲堪瞎一只眼，坚决推辞。顾恺之说：“你正为眼睛罢了，如果点上瞳子，用飞白笔扫上，使它像轻云蔽月一样，难道不是很美吗！”殷仲堪才听从他的建议。

点　　赞

“传神写照”之典，就来源于顾恺之绘画。

戴逵破琴，谢敷应星。

人物简介

戴逵，字安道，谯国（今安徽宿州）人，晋朝艺术家，隐士。他博学，工书画，善鼓琴。性格高洁，朝廷征召，不赴任。

谢敷，字庆绪，会稽（今浙江绍兴）人，晋朝隐士。

掌故解读

破琴：把琴摔破，表示不愿服侍达官显宦。《晋书 · 隐逸传 · 戴逵》记载："太宰、武陵王晞闻其善鼓琴，使人召之，逵对使者破琴曰：'戴安道不为王门伶人！'晞怒，乃更引其兄述。述闻命欣然，拥琴而往。"故事是说，太宰、武灵王司马晞听说他善于弹琴，派人去召他。戴逵对着使者把琴摔破，说："戴安道不当王府的艺人！"司马晞大怒，就另召其兄戴述。戴述听到命令，很高兴地带着琴就去了。

谢敷应星：星象变异之灾落到谢敷身上。《晋书 · 隐逸传 · 谢敷》记载："初，月犯少微，少微一名处士星，占者以隐士当之。谯国戴逵有美才，人或忧之。俄而敷死，故会稽人士以嘲吴人云：'吴中高士，便是求死不得死。'"故事是说，起初，月亮冲犯少微星，少微星也叫处士星。占卜星相的人认为隐士要遭受这一灾难。谯国的戴逵有才能，有人替他担心。不久，隐士谢敷死了。所以会稽人嘲笑吴郡人说："吴郡有高士（指戴逵），求死还死不了。"

点　赞

戴逵对着使者摔琴，不做"王门伶人"的高尚气节，正是古代隐士"傲视王侯"的特点。

马字韵

阮宣杖头，毕卓瓮下。
文伯羞鳖，孟宗寄鲊。
史丹青蒲，张湛白马。
隐之感邻，王脩辍社。

阮宣杖头，毕卓瓮下。

人物简介

阮修，字宣子，晋朝官吏，曾任鸿胪丞、太子洗马等职。喜好《易经》《老子》，善于清谈。

毕卓，字茂世，晋朝官吏，曾任吏部郎、平南将军府长史等职。

掌故解读

杖头：手杖。《世说新语 · 任诞》记载：“阮宣子常步行，以百钱挂杖头，至酒店，便独酣畅。虽当世贵盛，不肯诣也。”故事是说，阮修经常步行，把一百个铜钱挂在手杖上，到了酒店，便单独畅饮起来。即使是当时最有权势的人家，也不肯去拜访。

瓮下：酒瓮旁边，指毕卓在酒瓮旁边偷酒喝。《晋书·毕卓传》记载："太兴末，为吏部郎，常饮酒废职，比舍郎酿熟，卓因醉，夜至其瓮间盗饮之。为掌酒者所缚，明旦视之，乃毕吏部也。遽释其缚，卓遂引主人宴于瓮侧，致醉而去。"故事是说，太兴末年，毕卓任吏部郎，经常因为喝酒而渎职误事。邻居酿酒已成，毕卓因为醉酒，夜间到他家的酒瓮旁偷酒喝，被酿酒的师傅抓住绑上，第二天天亮一看，偷酒的是毕吏部，赶紧给他松绑。毕卓于是就拉着主人在第二酒瓮旁开起了宴会，喝醉了才离开。

点　评

这是两个醉鬼的故事，但其表现不同，阮修的特点是傲视权贵，毕卓的特点是因酒渎职。

文伯羞鳖，孟宗寄鲊。

人物简介

公父歜，字文伯，春秋时期鲁国大夫。

孟宗母，即孟仁的母亲。孟仁，本名孟宗，因为避孙皓的字"元宗"而称孟仁。

掌故解读

羞鳖：进献鳖。《国语·鲁语下》记载："公父文伯饮南宫敬叔酒，以露睹父为客。羞鳖焉，小。睹父怒，相延食鳖，辞曰：'将使鳖长而后食之。'遂出。文伯之母闻之，怒曰：'吾闻之先子曰：祭养尸，飨养上宾，鳖于何有？而使夫人怒也！'遂逐之。五日，鲁大夫辞而复之。"故事是说，公父歜请南宫敬叔饮酒，把露睹父尊为上宾陪酒。进献的鳖小，露睹父生气了，众宾客相敬食鳖之时，露睹父推辞说："等鳖长大以后再吃吧。"于是他就退出来。公父歜的母亲听到这话，生气地说："我听孩子的祖父说过：'祭祀之礼，要尊养尸；宴饷之礼，要尊养上宾’，哪种礼与鳖有关系？却使人们生气！”于是就把他们驱逐出去。五日以后，应鲁国大夫的请求又恢复了请客活动。

寄鲊：经加工制作便于保存的鱼类食品叫鲊，此指孟仁把自己制作的鲊寄给母亲。《吴录》记载：“初为骠骑将军朱据军吏，将母在营。既不得志，又夜雨屋漏，因起涕泣，以谢其母，母曰：‘但当勉之，何足泣也？’据亦稍知之，除为监池司马。自能结网，手以捕鱼，作鲊寄母，母因以还之，曰：‘汝为鱼官，而鲊寄我，非避嫌也。’迁吴令。”（《三国志 · 吴书 · 三嗣主传》注引）故事是说，孟仁起初是骠骑将军朱据的军吏，把母亲带在军营。由于志向不得施展，又加上夜雨屋漏，就起来哭泣，向母亲道歉。母亲说：“你应当自己努力，为什么哭泣？”朱据也渐渐知道了孟仁的才能，任命他为监池司马。他自己能结网，亲手捕鱼，做成鱼鲊，寄给母亲。母亲把鱼鲊还给他，说“你作为管理鱼务的官，却把鱼鲊寄给我，不是避嫌的行为。”后升任吴县令。

点　赞

这是两位贤德的母亲形象。公父文伯之母，不鼓励宴饮的铺张浪费；孟宗之母，教育儿子“避嫌”，更有远见。“祭养尸”的“尸”，古代祭祀时，代死者受祭，象征死者灵魂的人，以死者的臣下或死者的晚辈来充当。

史丹青蒲，张湛白马。

人物简介

史丹，字君仲，鲁国人，汉朝官吏，曾任驸马都尉、侍中，封关内侯。

张湛，字子孝，平陵（今陕西咸阳）人，东汉官吏，曾任光禄勋、太子太傅等职。

掌故解读

青蒲：青蒲席，指史丹在青蒲席上叩头向皇帝进谏。《汉书 · 史丹传》

记载：“丹以亲密臣得侍视疾，候上间独寝时，丹直入卧内，顿首伏青蒲上，涕泣言曰：‘皇太子以适长立，积十余年，名号系于百姓，天下莫不归心臣子。见定陶王雅素爱幸，今者道路流言，为国生意，以为太子有动摇之议。审若此，公卿以下必以死争，不奉诏。臣愿先赐死以示群臣！’……上因纳，谓丹曰：‘吾病寖加，恐不能自还。善辅导太子，毋违我意！’”故事是说，史丹因为是亲密大臣能探望皇帝的疾病，等到皇帝单独卧床之机，史丹直接进入卧室，跪在青蒲席子上磕头，哭泣着说：“皇太子凭借嫡长子被确立，有十多年了，皇位继承人的名号关系到百姓、天下人是否都归心愿为臣子的问题。看见定陶王受到爱幸，现在道路上有流言蜚语，人们以为有动摇太子的意向。假如确实如此，公卿以下的大臣一定以死相争，不接受诏命。臣我愿意先请求被赐死给群臣看！”皇帝采纳了他的意见。对史丹说：“我的病逐渐加重，恐怕不能好转了，你要好好辅助太子，不要违背我的心意！”

白马：指骑白马的张湛，东汉光武帝称张湛为“白马生”。《后汉书·张湛传》记载：“五年，拜光禄勋。光武临朝，或有惰容，湛辄陈谏其失。常乘白马，上后见湛，辄曰：‘白马生且复谏矣。’”故事是说，建武五年，张湛官拜光禄勋。光武帝刘秀上朝，有时出现怠惰的状态，张湛就对皇帝的失仪进行劝谏。他经常骑白马，皇帝后来见到张湛，就说：“白马生又要劝谏了。”

点　　赞

这是两位爱提意见的大臣。汉元帝病重期间，刘骜的太子地位几乎动摇，由于史丹的劝谏，保住了未来的天子地位，从而保持了汉王朝的二三十年的平稳，其功不小。“白马生”张湛，让光武帝感到畏惧，对东汉初年的兴旺，也是有功的。

隐之感邻，王脩辍社。

校　勘

王脩辍社，脩，《全唐诗》本作“修”，学津本作“脩”，《三国志》本传作“脩”。

人物简介

吴隐之，字处默，鄄城（今山东鄄城）人，晋朝官吏，曾任晋陵太守、广州刺史等职。

王脩，字叔治，营陵（今山东临淄）人，东汉、三国间官吏，曾任孔融的主簿，任高密令，曹操征聘他为司空掾、奉常等官。

掌故解读

感邻：感动邻居。《晋书·吴隐之传》记载：“年十余，丁父忧，每号泣，行人为之流涕。事母孝谨，及其执丧，哀毁过礼。……与太常韩康伯邻居，康伯母，殷浩之姊，贤明妇人也，每闻隐之哭声，辍餐投箸，为之悲泣。既而谓康伯曰：‘汝若居铨衡，当举如此辈人。’及康伯为吏部尚书，隐之遂阶清级，解褐辅国功曹，转参征虏军事。”故事是说，吴隐之十多岁时，他父亲死了，居丧期间，每次哀号哭泣，路过的人都为他流泪。服侍母亲孝顺谨慎，等到为母亲办丧事时，因悲哀损害身体，超过礼仪之要求。他与太常韩康伯是邻居。韩康伯的母亲，是殷浩的姐姐，是贤明的妇人。她每次听到吴隐之的哭声，就放下筷子，停止吃饭，替他悲哀。后来她对韩康伯说：“你如果身居有用人之权的官位，应当推举如此孝顺的人。”到韩康伯任礼部尚书之时，吴隐之就进入清阶，脱去布衣换官服，任辅国将军府的功曹，转征虏将军府的参军事之职。

辍社：停止社日的祭祀活动。《三国志·王脩传》记载：“年七岁丧母。母以社日亡，来岁邻里社，脩感念母，哀甚。邻里闻之，为之罢社。”故

事是说，王脩七岁时死了母亲。母亲在社日这天死的，第二年邻里过社日，王脩怀念母亲，特别悲哀。邻里听到他的哀哭声，为此停止社日的庆祝活动。

点　赞

孝道是中华文化中的传统美德，历来就有“万恶淫为首，百善孝为先”的古训，所以孝子吴隐之、王脩能够哀动邻里。

冬字韵

阮放八隽，江泉四凶。

华歆忤旨，陈群惑容。

王濬悬刀，丁固生松。

姜维胆斗，卢植音钟。

阮放八隽，江泉四凶。

校　勘

江泉四凶，泉，《全唐诗》本作“暴”。暴、泉二字，形近而误。《晋书·羊聃传》记载“陈留江泉以能食为谷伯”。学津本作“江泉四凶”。

人物简介

阮放，字思度，晋朝官吏，曾任太学博士、吏部郎、扬威将军、广州刺史等职。

江泉，陈留（今河南开封）人，晋朝官吏，曾任大鸿胪。

掌故解读

阮放八隽：以阮放为代表的八位才智杰出之人。《晋书·羊曼传》记载：

“温峤、庾亮、阮放、桓彝同志友善，并为中兴名士。时州里称陈留阮放为宏伯，高平郗鉴为方伯，泰山胡毋辅之为达伯，济阴卞壶为裁伯，陈留蔡谟为朗伯，阮孚为诞伯，高平刘绥为委伯，而曼为黻伯，凡八人，号兖州八伯，盖拟古之八隽也。”故事是说，温峤、庾亮、阮放、桓彝，志同道合，互相友善，同时成为晋朝的中兴名士。当时兖州里称呼陈留郡的阮放为“宏伯”，高平的郗鉴为“方伯”，泰山郡的胡毋辅之为“达伯”，济阴郡的卞壶为“裁伯”，陈留郡的蔡谟为“朗伯”，阮孚为“诞伯”，高平郡的刘绥为“委伯”，而羊曼为“黻伯”，共八人，号称兖州“八伯”，是模拟古代的八隽。

江泉四凶：以江泉为代表的四个恶人。《晋书 · 羊聃传》记载：“先是，兖州有八伯之号，其后更有四伯。大鸿胪陈留江泉以能食为谷伯，豫章太守史畴以大肥为笨伯，散骑郎高平张嶷以狡妄为猾伯，而聃以狼戾为琐伯，盖拟古之四凶。”故事是说，在此之前，兖州有“八伯”的称号，其后另有“四伯”的称号。大鸿胪陈留郡人江泉因为能吃称为“谷伯”，豫章郡太守史畴因为特别肥胖称为“笨伯”，散骑郎高平郡的张嶷因为狡猾称为“猾伯”，而羊聃因为凶狠称为“琐伯”，是模拟古代的四凶。

点　评

羊曼、羊聃，同是羊家的后代，却被归入两种类型不同的人物，可见群众的眼光是亮的。

华歆忤旨，陈群慽容。

校　勘

陈群慽容，慽，《全唐诗》本作“蹙”，学津本亦作“蹙”。《世说新语 · 方正》：“陈群有慽容。”今据《世说新语》改。

人物简介

华歆，字子鱼，高唐（今山东禹城）人，三国魏国官吏，曾任相国、司徒、太尉，封博陵侯。

陈群，字长文，三国魏国大臣，任振军大将军，录尚书事。制定九品官人之法。

掌故解读

忤旨：触犯皇帝的意旨。《华峤谱叙》记载：“文帝受禅，朝臣三公以下并受爵位；歆以形色忤时，徙为司徒，而不进爵。魏文帝久不怿，以问尚书令陈群曰：‘我应天受禅，百辟群后，莫不人人悦喜，形于声色，而相国及公独有不怡者，何也？’群起离席长跪曰：‘臣与相国曾臣汉朝，心虽悦喜，义形其色，亦惧陛下实应且憎。’帝大悦，遂重异之。”（《三国志 · 魏书 · 华歆传》裴松之注引）故事是说，魏文帝接受汉朝禅让皇位，三公以下的朝臣都受封爵位，华歆因为表情不悦触犯圣意，调任为司徒，不晋升爵位。魏文帝好长时间不高兴，问尚书令陈群说：“我荣膺天命，接受禅让，诸侯群臣，人人没有不高兴，喜形于色的，可是只有华相国和你不高兴，是什么原因？”陈群起身离席长跪说：“臣与华相国曾经是汉朝的臣子，内心虽然喜悦，义愤的心情表现在脸上，也害怕陛下实际上会憎恨。”魏文帝听了很高兴，于是对他们更加另眼看待了。

慽容，伤感的样子。《世说新语 · 方正》记载：“魏文帝受禅，陈群有慽容。帝问曰：‘朕应天受命，卿何以不乐？’群曰：‘臣与华歆，服膺先朝，今虽欣圣化，犹义形于色。’”故事是说，魏文帝接受禅让，陈群有伤感的样子。魏文帝问他说：“朕荣膺天命，你为什么不高兴？”陈群说：“臣与华歆是前朝的臣子，现在虽然对皇帝的圣化感到欣慰，在脸上还要有道义的表情。”

点　评

这两个故事反映了在朝代更替之际，旧臣的复杂心情。

王濬悬刀，丁固生松。

人物简介

王濬，字士治，弘农湖（今河南灵宝）人。晋朝大臣，曾任巴郡太守、益州刺史，官至抚军大将军。在伐吴战役中，他率战舰从成都出发，沿江东下，直抵建康，迫使孙皓迎降。

丁固，字子贱，三国吴国官吏，曾任司徒。

掌故解读

悬刀：悬挂着刀，指王濬的梦境。《晋书·王濬传》记载："濬夜梦悬三刀于卧屋梁上，须臾又益一刀，濬惊觉，意甚恶之。主簿李毅再拜贺曰：'三刀为州字，又益一者，明府其临益州乎？'及贼张弘杀益州刺史皇甫晏，果迁濬为益州刺史。"故事是说，王濬在夜间梦见在屋梁上悬挂着三把刀，不大一会儿又增加一把刀，王濬惊醒了，心里很讨厌这个梦。主簿李毅拜了两拜，祝贺说："三个刀是个州字，又益（增加）一把刀，太守你将要莅临益州吧？"等到强盗张弘杀死益州刺史皇甫晏，朝廷果然升王濬为益州刺史。

生松：生出松树，指丁固的梦境，《吴书》记载："初，固为尚书，梦松树生其腹上，谓人曰：'松字十八公也，后十八岁，吾其为公乎！'卒如梦焉。"（《三国志·吴书·三嗣主传》裴松之注引）故事是说，起初，丁固任尚书，梦见松树生在他的腹上，他对人说："松字是由十八公组成，过十八年，我将要受封为公爵！"最终果然如同那个梦一样，在宝鼎三年

任司徒之职。

点　评

这是两个梦想成真的故事。三个刀字组成一个“州”字，十八组成“木”字，木加公组成“松”字，这些字谜很贴切，从此可见汉字的魅力。

姜维胆斗，卢植音钟。

人物简介

姜维，字伯约，三国蜀汉天水（今甘肃天水）人，任征西将军，抵抗魏将钟会，钟会不能攻克。蜀后主降魏，姜维受命降魏。

卢植，字子干，涿州涿（今河北涿州）人，东汉经学家。

掌故解读

胆斗：胆像斗那么大。《世语》记载：“维死时见剖，胆如斗大。”（《三国志 · 姜维传》裴松之注引）故事是说，姜维死时被解剖了，他的胆像斗那么大。

音钟：声音像钟那么洪亮。《后汉书 · 卢植传》记载：“身长八尺二寸，音声如钟。少与郑玄俱事马融能通今古学，好研精而不守章句。融外戚豪家，多列女倡歌舞于前。植侍讲多年，未尝转眄，融以是敬之。”故事是说，卢植身长八尺二寸，声音像钟那么洪亮。从小与郑玄都服侍马融，能精通今文经与古文经，喜欢钻研精髓，而不墨守章句之学。马融是外戚豪门，多次召歌舞女伎在前厅。卢植侍讲多年，不曾转眼看看，马融因此很敬重他。

点　赞

卢植在马融帐下讲学，对于“女倡歌舞”不曾转眼看，可见其心静如水，专心于学问，确实有学者的风范。

寘字韵

桓温奇骨，邓艾大志。
杨脩捷对，罗友默记。
杜康造酒，仓颉制字。
樗里智囊，边韶经笥。

桓温奇骨，邓艾大志。

人物简介

桓温，字元子，谯国龙亢（今安徽怀远县西北龙亢集）人，东晋将领，曾任征西将军、大司马都督中外诸军事。伐西蜀，李势降；北征苻建、姚襄等，征燕时败于枋头。

邓艾，字士载，棘阳（今河南新野）人，三国魏国将军，率军平灭蜀汉。

掌故解读

奇骨：骨相出奇，预示有大出息。《晋书 · 桓温传》记载："生未朞，而太原温峤见之，曰：'此儿有奇骨，可试使啼。'及闻其声，曰：'真英物也！'彝以峤所赏，故名之曰温。"故事是说，桓温出生还不到一岁，太原人温峤看到他，说："这个孩子有奇特的骨相，可以试着使他啼哭。"等到听到他的哭声，温峤说："真是杰出人物！"桓彝因为孩子受到温峤的赏识，就给他取名为温。这就是桓温名字的由来。

大志：志向远大。《三国志 · 邓艾传》记载："同郡吏父怜其家贫，资给甚厚，艾初不称谢。每见高山大泽，辄规度指画军营处所，时人多笑焉。后为典农纲纪，上计吏，因使见太尉司马宣王。宣王奇之，辟之为掾，迁尚书郎。"故事是说，同郡官吏的父亲可怜他家贫困，资助给他家很多财物，邓艾不说感谢的话。每次见到高山大泽，就考虑规划军营的位置，当时的人大多笑话他。后来被典农官员派为上计吏，因为使命见到太尉司马懿。司马懿对他很惊奇，聘任他为太尉的属官，提升为尚书郎。

点　赞

邓艾见到高山大泽就规划军营位置，为后来的将军生涯打下了基础，可见兴趣志向是成就事业的基础。

杨脩捷对，罗友默记。

校　勘

杨脩捷对，脩，《全唐诗》本作"修"，学津本作"脩"。脩同修。《三国志》本传作"脩"。

人物简介

杨脩，字德祖，东汉的文人，他好学有才华，举孝廉，任郎中，被曹操聘为主簿。

罗友，字宅仁，襄阳（今湖北襄阳）人，东晋官吏，曾任广州刺史、益州刺史。

掌故解读

捷对：敏捷的回答。《世说新语·捷悟》记载："魏武尝过曹娥碑下，杨脩从。碑背上见题作'黄绢幼妇，外孙齑臼'八字，魏武谓脩曰：'解不？'答曰：'解。'魏武曰：'卿未可言，待我思之。'行三十里，魏武乃曰：'吾已得。'令脩别记所知。脩曰：'黄绢，色丝也，于字为绝；幼妇，少女也，于字为妙；外孙，女子也，于字为好；齑臼，受辛也，于字为辞，所谓绝妙好辞也。魏武亦记之，与脩同，乃叹曰：'我才不及卿，乃觉三十里。'"故事是说，曹操路过曹娥碑下，当时杨脩跟随在身边。在碑背面见到题刻"黄绢幼妇，外孙齑臼"八字，曹操对杨脩说："懂得不？"回答说："懂得。"曹操说："你先别说，等我想想。"走了三十里，曹操才说："我已经懂得了。"让杨脩把所知道的另外记下来。杨脩说："黄绢，是色丝，写成字是'绝'；幼妇，是少女，写成字是'妙'；外孙，是女子，写成字是'好'；齑臼，是受辛，写成字是'辞'，这是所说的'绝妙好辞'。"曹操也记下了自己所猜到的，与杨脩说的相同。他就感叹说："我的才华赶不上你，相差三十里。"

默记：默默记忆。《世说新语·任诞》记载："为人有记功。从桓宣武平蜀，按行蜀城阙观宇，内外道陌广狭，植种果竹多少，皆默记之。后宣武漂（当作溧）洲与简文集，友亦预焉。共道蜀中事，亦有所遗忘。友皆名列，曾无错漏。宣武验以蜀城阙簿，皆如所言，坐者叹服。"故事是说，罗友有记忆超群的本事。他跟随桓温平定蜀国，查点蜀国的城阙道观庙宇，城内外的道路宽窄，种植的树林果树多少，他都默默记住。后来，桓温和简文帝在溧洲相聚，罗友也参与其中。他们共同谈到蜀国的事情，有的已经遗忘了。罗友都能说出名字，竟没有错漏。桓温用蜀国的《城阙簿》加以检验，与他所说的全一样，在座的人都赞叹佩服罗友的记忆力。

点　评

杨脩捷对，是个字谜故事，反映出汉字的艺术魅力。绝妙好辞的前三个字，谜语中说得很清楚，最后一个“辞”字，比较费解。“齑臼受辛”，齑，是切成细末的腌菜，把腌菜细末放在臼内，就表示臼接受了辛辣的碎末，即“受辛”。“受辛”组成“辞”字，辤又是辞的异体字。经过这一番周折才推出来“辞”字。难怪连聪明过人的曹操也被蒙住了。

杜康造酒，苍颉制字。

人物简介

杜康，传说中的造酒者。

苍颉，也作仓颉，传说中黄帝时的史官。

掌故解读

造酒：指制造秫酒，即高粱酒。《说文解字》的酒字条：“杜康作秫酒。”意思是说，高粱酒的始创者是杜康。

制字：创造文字。许慎《说文解字 · 序》：“黄帝之史仓颉见鸟兽蹄迒之迹，知分理之可相别异也，初造书契。”意思是说，黄帝的史官仓颉见到鸟兽蹄爪的痕迹，知道经过分析可以有所区别，开始制造文字。

点　赞

文字是约定俗成的交流工具，不大可能由一个人创造。应该是在群众创造的基础上，由史官仓颉加以搜集、整理和加工。他的这种贡献也是很大的。

樗里智囊，边韶经笥。

人物简介

嬴疾，战国时期秦惠王之弟，因为居住在渭南阴乡的樗里，所以号称樗里子。

边韶，字孝先，浚仪（今河南开封）人，东汉官吏，官至尚书令。

掌故解读

智囊：装满智慧的口袋，比喻最有智慧的人。《史记 · 樗里子甘盛列传》："樗里子滑稽多智，秦人号曰'智囊'。"意思是说，樗里子为人滑稽，很有智慧，秦国人称他为"智囊"。

经笥：装经书的箱子，比喻最有学问的人。《后汉书 · 边韶传》记载："以文章知名，教授数百人。韶口辩，曾昼日假卧，弟子私嘲之曰：'边孝先，腹便便。懒读书，但欲眠。'韶潜闻之，应时对曰：'边为姓，孝为字。腹便便，五经笥。但欲眠，思经事。寐与周公通梦，静与孔子同意。师而可嘲，出何典记？'嘲者大惭。韶之才捷皆此类。"故事是说，边韶以写文章著名，教授几百个学生。边韶有善辩的口才，曾经在白天穿着衣服躺着，假装睡觉。弟子们私下嘲讽他说："边孝先，腹便便。懒读书，只想眠。"边韶暗中听到了，紧跟着回答："边是姓氏，孝是表字。大腹便便，是五经的箱子，只想睡眠，是思考经书上的事。睡时与周公做同样的梦，静卧与孔子想同样的事。老师可以嘲笑，出自哪部典籍的记载？"嘲讽他的人听后大为惭愧。边韶才华敏捷都是这样的。

点　评

这是师生互相嘲笑的故事。"大腹便便"之典就出于此，但须知"便便"的"便"，应读为"pian"之阳平声。

佳字韵

滕公佳城，王果石崖。
买妻耻醮，泽室犯斋。
马后大练，孟光荆钗。
颜叔秉烛，宋弘不谐。

滕公佳城，王果石崖。

人物简介

夏侯婴，汉朝官吏，跟随刘邦起义，立有战功，汉朝建立，被封为汝阴侯，官至太仆卿。因为起初他曾为滕县令奉车，所以被称为滕公。

王果，曹州济阴（今山东曹县）人，唐朝的将军，垂拱初年，官至广州都督、安西大都护。

掌故解读

佳城：美丽的城，此指大好墓地。《博物志》卷七记载：“汉滕公薨，求葬东都门外。公卿送葬，驷马不行，跼地悲鸣，跑蹄下得石，有铭曰：‘佳城郁郁，三千年见白日，吁嗟滕公居此屋。’遂葬焉。”故事是说，汉朝滕公夏侯婴死亡，请求埋葬在东都雒阳城门外。公卿大臣送葬，四马拉的车不能前行，马蹄刨地，发出悲鸣。刨开蹄下地，得到一块石头，有铭文："佳城郁郁葱葱，三千年见到白日，啊呀，滕公居此屋。"于是就在这里埋葬了滕公。

石崖：《神怪志》记载："唐左卫将军王果被责。出为雅州刺史。于江中泊船。仰见岩腹中有一棺，邻空半出。乃缘崖而观之，得铭曰：'欲坠不坠逢王果，五百年中重收我。'果喟然叹曰：'吾今葬此人，被责雅州，固其命也。'乃收窆而去。"故事是说，唐朝的左将军王果受到责罚，被贬出京，任雅州刺史。在江中停泊船只，抬头看见悬崖的肚中有个洞，洞中有一具棺材，凌空露出一半。他就沿着悬崖上去观看，见到铭文："欲坠不坠逢王果，五百年中重收我。"王果感叹说："我今天埋葬此人，被贬到雅州，本来就是我的命运。"就收拾悬棺，把它葬好后离开了。

点　评

历史上虽有其人，但故事却属传说，未必可信。今天在南方江边的悬崖上仍可见到悬棺，难免令人遐想。

买妻耻醮，泽室犯斋。

人物简介

朱买臣，字翁子，吴（今江苏苏州）人，汉朝官吏，曾任会稽太首。

周泽，字稺都，北海安丘（属今山东青州）人，东汉官吏。他少学《公羊颜氏春秋》，隐居教授，弟子经常数百人。做官，任议曹祭酒、渑池县令、右中郎将、太常等职。

掌故解读

耻醮：以再嫁为耻。此指朱买臣前妻为自己再嫁感到羞耻而上吊自杀。

《汉书 · 朱买臣传》记载：“家贫，好读书，不治产业，常艾薪樵，卖以给食。担束薪，行且诵书，其妻亦负戴相随。数止毋歌呕道中。买臣愈益疾歌，妻羞之，求去。买臣笑曰：‘我年五十当富贵，今已四十余矣，汝苦日久，待我富贵，报汝功。’妻恚怒曰：‘如公等，终饿死沟中耳，何能富贵？’买臣不能留，即听去。”又载：“上拜买臣会稽太守。上谓买臣曰：‘富贵不归故乡，如衣绣夜行，今子何如？’买臣顿首辞谢。”“入吴界，见其故妻，妻夫治道，买臣驻车，呼令后车载其夫妻，到太守舍，置园中给食之。居一月，妻自经死，买臣乞其夫钱，令葬。”故事是说，朱买臣家贫，爱好读书，不治家业，经常割薪柴，卖了钱买粮食吃。他挑着成捆的柴火，一边行走一边朗诵诗书。他的妻子也背着柴火跟随着他。多次阻止朱买臣在道路上朗诵诗书，朱买臣更加高声朗诵。他的妻子感到羞耻，要求离开他。朱买臣笑着说：“我五十岁能够富贵，现在已经四十多了。你受苦很久了，等到我富贵时酬谢你的功劳。”妻子生气地说：“像你这样的人，最终只能饿死在山沟中罢了，怎么能富贵起来？”朱买臣留不住她，就听任她离开了。后来，皇上拜朱买臣为会稽郡太守。皇帝对朱买臣说：“富贵不归故乡，如同穿锦绣衣服在夜间行走，现在你打算怎么办？”朱买臣叩头拜谢，告别皇帝，回家乡去。进入苏州地界，见到他的前妻。前妻和丈夫正在为迎接新太守而打扫道路。朱买臣停下车子，命令后面的车队把他们夫妻拉上，到了太守的府舍，让他们住在花园中，供给伙食。住了一个月，前妻上吊死了。朱买臣给她丈夫钱，让他把妻子埋葬了。

犯斋：触犯斋宫的禁忌。《后汉书 · 儒林传 · 周泽》记载：“数月，复为太常，清洁循行，尽敬宗庙。尝卧疾斋宫，其妻哀泽老病，窥问所苦，泽大怒，以妻干犯斋禁，遂收送诏狱谢罪。当世疑其诡激，时人为语曰：生世不谐，作太常妻。一岁三百六十日，三百五十九日斋。”故事是说，几个月以后，周泽又任太常，为人清廉，作风正派，对于宗庙之事，尊敬尽心。

曾经有病卧在皇帝祭祀的斋宫，他的妻子可怜他年老多病，偷着去问候他的病苦。周泽大怒，认为妻子犯了斋宫的禁忌，于是就把她送到奉诏命关押犯人的监狱。当时世人怀疑他偏激，人们说他：“在社会上，夫妻生活不能和谐的，是做太常的妻子，一年三百六十日，三百五十九日斋戒。”

点　评

前妻为迎接新太守上任打扫道路，来上任的太守正是她厌弃的前夫，故事本身就极富戏剧性，难怪历代文人利用这一题材写出了生动的作品。

马后大练，孟光荆钗。

人物简介

马皇后，伏波将军马援的小女儿，汉明帝皇后。

孟光，字德曜，东汉扶风平陵（今陕西兴平）人，隐士梁鸿的妻子。

掌故解读

大练：粗帛，指马皇后穿粗帛衣服。《后汉书 · 皇后传》记载：“既正位宫闱，愈自谦肃，身长七尺二寸，方口，美发。能诵《易经》，好读《春秋》《楚辞》，尤善《周官》《董仲舒书》，常衣大练，裙不加缘。朔望诸姬主朝请，望见后袍衣疎粗，反以为绮縠，就视，乃笑。后辞曰：‘此缯特宜染色，故用之耳。’”故事是说，她被立为皇后，越加谦虚严肃。她身长七尺二寸，方口，美发。能诵读《易经》，好读《春秋》《楚辞》，尤其善于《周官》《董仲舒书》。她常穿粗帛衣服，裙子不加边缘装饰。初一、十五诸位宫姬朝见皇后，望见皇后的袍衣粗疎，反而认为是豪华的绮縠，到跟前去一看，就笑了。马皇后告诉她们说：“这类粗帛特别容易染色，所以用它罢了。”

荆钗：即荆钗布裙，用荆枝做髻钗，用粗布做衣服，贫家女的装束。《后汉书 · 逸民传 · 梁鸿》记载："埶家慕其高节，多欲女之，鸿并绝不娶。同县孟氏有女，状肥丑而黑，力举石臼，择对不嫁，至年三十。父母问其故，女曰：'欲得贤如梁伯鸾者。'鸿闻而聘之，女求作布衣、麻屦，织作筐缉绩之具。及嫁，始以装饰入门，七日而鸿不答。妻乃跪床下请曰：'窃闻夫子高义，简斥数妇，妾亦偃蹇数夫矣。今而见择，敢不请罪。'鸿曰：'吾欲裘褐之人，可与俱隐深山者尔，今乃衣绮缟，傅粉墨，岂鸿所愿哉。'妻曰：'以观夫子之志耳。妾自有隐居之服。'乃更为椎髻，着布衣，操作而前。鸿大喜曰：'此真梁鸿妻也，能奉我矣！'"故事是说，有权势的人家仰慕梁鸿的高尚节操，很多人想要把女儿嫁给他，梁鸿都坚决不娶。同县的孟家有个女儿，长得肥胖，又丑又黑，力大能举起石臼，因为一直挑选对象年至三十也不出嫁。父母问她不出嫁的原因，她说："要选个梁伯鸾那样贤德的人。"梁鸿听到后，就向她求婚。女方要求做布衣、麻鞋、纺织、编筐的工具。等到出嫁，开始穿戴打扮入门，娶过七天，梁鸿也不和她说话。妻子就跪在床下请求说："听说夫子的高尚气节，辞退多家求婚的女子，我也淘汰了几个求婚的男子。今天被你责备，敢不请罪吗？"梁鸿说："我要的是能穿粗布短衣之人，可以与我共同隐居深山的人。今天你竟穿着漂亮豪华的服装，脸上涂粉，难道是梁鸿所希望的吗？"妻子说："用来观察夫子的志向罢了，我自有隐居的服装。"就重又梳成椎髻，穿上布衣，一边做活一边走来。梁鸿大喜地说："这真是梁鸿的妻子，能帮助我啊。"

点　赞

从穿着打扮上，可以判断出妇女崇尚奢靡或节俭的志向。马皇后穿粗帛衣服，为后宫嫔妃做了节俭的榜样，受到史家的赞赏；孟光也以荆钗布裙受到梁鸿的赞赏。

颜叔秉烛，宋弘不谐。

校　勘

宋弘不谐。弘，学津本作“宏”，学津本成书于嘉庆年间，为避乾隆帝弘历的名讳而改“弘”为“宏”。

人物简介

颜叔子，传说中古代的读书人。

宋弘，字仲子，长安（今陕西西安）人，东汉大臣，曾任太中大夫、大司空，封宣平侯。

掌故解读

秉烛：手持灯烛。毛苌《诗传》曰：“昔颜叔子独处于室，邻之嫠妇，又独处室。夜暴风雨至，屋坏。妇人趋而至，叔子纳之，而使执烛，放于平旦，蒸尽，缩屋而继之，自为避嫌不审矣。”（《文选 · 洞箫赋》注引）故事是说，从前颜叔子单独住在一个屋子里，邻居的寡妇也单独住在一个屋子里。夜间暴风雨到来，寡妇的屋子坏了。寡妇快步跑到颜叔子那里，颜叔子留下了她，让她手拿灯烛等到天亮，在小的火把烧尽时，就拆下屋子的木条继续烧。颜叔子自己还认为避男女之嫌做得不到位。

不谐：不成功。《后汉书 · 宋弘传》记载：“时帝姊湖阳公主新寡，帝与共论朝臣，微观其意。主曰：‘宋公威容德器，群臣莫及。’帝曰：‘方且图之。’后被引见，帝令主坐屏风后，因谓弘曰：‘谚言贵易交，富易妻，人情乎？’弘曰：‘吾闻贫贱之知不可忘，糟糠之妻不下堂。’帝顾谓主曰：‘事不谐矣。’”故事是说，当时光武帝的姐姐阳湖公主新近寡居，光武帝与她共同讨论朝臣，暗中观察她的意向。公主说：“宋公的威信容貌道德气度，群臣没有谁能赶得上。”后来宋弘被召见，皇帝让公主坐在屏风后。皇帝就对宋弘说：“谚语说有了地位就换朋友，有了钱财就换妻子，是人之常情吗？”宋弘说：“臣听说贫贱之交不可忘，糟糠之妻不下堂。”皇帝回头对公主说：“事情不成了。”

点　赞

颜叔秉烛的故事，颂扬颜叔子在妇女危难之时，不乘人之危的美德。相关成语典故为“缩屋称贞”；宋弘坚持不忘贫贱之交，不弃糟糠之妻，也是中华民族的传统美德。

屑字韵

邓通铜山，郭况金穴。

秦彭攀辕，侯霸卧辙。

淳于炙锞，彦国吐屑。

太真玉台，武子金埒。

邓通铜山，郭况金穴。

人物简介

邓通，西汉南安（今四川乐山）人，是洗船的黄头郎，受到汉文帝的宠幸，任上大夫，赐他严道铜山，特许他铸钱，成为富翁。

郭况，东汉藁城（今属河北）人，光武帝郭皇后的弟弟，官拜大鸿胪。

掌故解读

铜山：铜矿。《史记 · 佞幸列传》记载：“文帝时时如邓通家游戏。然邓通无他能，不能有所荐士，独自谨其身媚上而已。上使善相者相通，曰：‘当贫饿死。’文帝曰：‘能富通者在我也，何谓贫乎？’于是赐邓通蜀严道铜山，得自铸钱，‘邓氏钱’布天下。其富如此。”故事是说，汉文帝常常到邓通家去玩耍。邓通没有其他的技能，又不能推荐人才，仅仅能讨好皇上罢了。皇上让善于相面的人给邓通相面。相面的人说："应当会因贫穷饿死。"汉文帝说："能使邓通发财的是我，怎么说什么贫困呢？"于是就把蜀郡严道的铜矿山赏赐给他，允许他自己铸造铜钱，"邓氏钱"遍布天下。他富有到这种程度。

金穴：形容富有之家。《后汉书 · 皇后纪上》记载："况迁大鸿胪。帝数幸其第，会诸侯亲家饮燕，尝赐金钱缣帛，丰盛莫比，京师号况家为金穴。"故事是说，郭况升任大鸿胪。光武帝多次到他的府第，赶上诸侯亲戚宴会，曾经赏赐金钱丝绸，丰盛的程度没有谁能比得了郭家。京师的人说郭况家是个金穴。

点　评

本首四个韵脚字穴、辙、屑、埒，押屑字韵。邓通是个陪皇帝玩耍，受到宠幸的弄臣。郭况是国舅爷，更加受宠。他们都是靠皇帝赏赐而成为富翁的。后落难饿死街头。

秦彭攀辕，侯霸卧辙。

人物简介

秦彭，字伯平，一作国平，扶风茂陵（今陕西兴平）人，东汉官吏，官拜骑都尉、山阳太守等职。为官有善政，受百姓爱戴。

侯霸，字君房，密（今河南新密）人，东汉官吏。曾任尚书令、大司徒等职，封关内侯。

掌故解读

攀辕：攀住车辕，表示挽留。《东观汉纪》记载："秦彭，字伯平，为开阳城门侯，后拜颍川太守，老弱攀车，啼号填道。”（《文选》卷五十九《齐故安陆昭王碑文》注引）故事是说，秦彭，字伯平，任开阳城门侯，后任颍川太守，在离任之际，老弱的百姓攀住车辕，啼哭着堵满道路，表示挽留。

卧辙：百姓躺在车辙上，对官员表示挽留。《东观汉纪》记载：“王莽败，霸保守临淮，更始元年，遣谒者侯盛赍玺书征霸，百姓号呼哭泣，遮使者或当道而卧。皆曰：‘愿复留霸朞年。’”故事是说，王莽失败，侯霸保护临淮郡。更始元年，朝廷派谒者侯盛带着盖有御玺的诏书，征聘侯霸到朝廷做官，临淮郡的百姓号呼哭泣，遮挡使者，有的人当道躺下，都说：“希望再留侯霸一年。”

点　赞

攀辕、卧辙，表示百姓对官员为政的肯定。当官为民者，自然受到欢迎。

淳于炙輠，彦国吐屑。

人物简介

淳于髡，战国时齐国的赘婿，博学多智，性格滑稽，善于言谈。

胡毋辅之，字彦国，泰山奉高（今山东泰安市）人，晋朝官吏，曾任太尉掾、繁昌令、湘州刺史。有知人之明，为政能力强。

掌故解读

炙輠：炙是油脂，輠是装油的瓶子。《史记·孟子荀卿列传》记载：“故齐人颂曰：‘谈天衍，雕龙奭，炙毂过髡。’”“炙毂过髡”中的“过”字，《别录》作“輠”。意思是说，齐国人称颂说：“邹衍的学说是谈五德终始，全说天事；邹奭修饰邹衍的文辞，如同雕镂龙文；淳于髡的智慧不尽，如同醮车的油瓶，油虽没有了，还有润滑作用。”

吐屑：吐出佳言美句如同锯木屑一样纷飞不断，形容会说话。《晋书·胡毋辅之传》记载：“与王澄、王敦、庾敳俱为太尉王衍所昵，号曰四友。澄尝与人书曰：‘彦国吐佳言如锯木屑，霏霏不绝，诚为后进领袖也。’”故事是说，胡毋辅之与王澄、王敦、庾敳都是太尉王衍所亲昵的人，号称四友。王澄曾经给人写信说：“胡毋彦国口吐佳言美句，如同锯木屑纷飞不断，实在是年轻人的领袖。”

点　　赞

醮车油瓶的润滑作用不尽，形容淳于髡智慧丰富；锯木木屑纷飞，形容胡毋辅之口吐佳言美句。

太真玉台，武子金埒。

人物简介

温峤，字太真，东晋大臣，曾任侍中、中书令，讨伐王敦、苏峻叛乱有功，拜骠骑将军，开府仪同三司，封始安郡公。

王济，字武子，太原晋阳（今山西太原西南）人，少有奇才，英姿潇洒，娶晋武帝女常山公主，任太仆卿。

掌故解读

玉台：用玉石制作的镜台。《世说新语·假谲》记载：“温公丧妇。从姑刘氏家值乱离散，唯有一女，甚有姿慧。姑以属公觅婚，公密有自婚意。答云：‘佳婿难得，但如峤比，云何？’姑云：‘丧败之余，乞粗存活，便足慰吾余年，何敢希汝比。’却后少日，公报姑云：‘已觅得婚处，门地粗可，婿身名宦，尽不减峤。’因下玉镜台一枚。姑大喜。既婚，交礼。女以手

披纱扇，抚掌大笑曰：‘我固疑是老奴，果如所卜。’”故事是说，温峤死了夫人。他的堂姑母刘家因赶上战乱而家人离散，只有一个女儿，有姿色，很聪明。姑母托温峤给找个婆家。温峤暗中有自己婚娶的想法。回答姑母说：“好女婿难找，但是像我这样的，怎么样？”姑母说：“散乱衰败之余，只是求得大体能生存下去，便能安慰我的余年，怎么敢想找个跟你一样的女婿。”过后几天，温峤向姑母报告说：“已经寻到婆家了，门第大致可以，女婿是有名的官员，不比我差。”就用一台玉镜下聘礼。姑母大喜。已经成婚，行交拜礼。女子用手掀纱扇，拍掌大笑说：“我本来怀疑是你这个老家伙，果然如同我算的一样。”

金埒：用金钱铺成的界沟。《晋书 · 王济传》记载：“性豪侈，丽服玉食。时洛京地甚贵，济买地为马埒，编钱满之，时人谓为‘金沟’。”故事是说，王济为人很奢侈，穿美丽的服装，吃珍美的食品。当时京城洛阳的地价很贵，王济买地建养马场，把铜钱编连在一起，挂满马场的矮墙。当时人称这是“金沟”。

点　评

“武子金埒”之典，揭露了封建社会里皇亲国戚奢靡无度的本质。

侵字韵

巫马戴星，宓贱弹琴。

郝廉留钱，雷义送金。

逄萌挂冠，胡昭投簪。

王乔双凫，华佗五禽。

巫马戴星，宓贱弹琴。

人物简介

巫马施，字子期，春秋时期鲁国（今山东曲阜）人，孔子弟子。

宓不齐，字子贱，春秋时期鲁国（今山东曲阜）人，孔子弟子。

掌故解读

戴星：顶着星星，指辛勤工作。弹琴：指工作很轻闲。《吕氏春秋·察贤》记载："宓子贱治单父，弹鸣琴，身不下堂，而单父治。巫马期以星出，以星入，日夜不居，以身亲之，而单父亦治。巫马期问其故于宓子，宓子曰：'我之谓任人，子之谓任力。任力者故劳，任人者故逸。"故事是说，宓子贱治理单父县，弹着琴，自身不下县府的大堂，却把单父县治理得很好。

巫马期顶着星星而出，顶着星星而入，日夜不停地工作，也把单父治理得很好。巫马期向宓子贱问其中的原因。宓子贱说：“我的方法叫做任用人，你的方法叫做凭借力气。凭借力气，所以劳累。凭借用人，所以轻闲。”

点　评

宓子贱凭借任用人，工作很省力，巫马期凡事亲力亲为，所以很累。这就告诉人们一个道理，即领导方法很重要。

郝廉留钱，雷义送金。

人物简介

郝子廉，汉朝太原（今山西太原）人。

雷义，字仲公，东汉官吏。事迹见“陈雷胶漆”条。

掌故解读

留钱：把钱留下。《风俗通 · 愆礼》记载：“太原郝子廉，饥不得食，寒不得衣，一介不取诸人。曾过姊饭，留十五钱，默置席下去。每行饮水，常投一钱井中。”故事是说，太原的郝子廉，饥饿没有粮食吃，寒冷没有衣服穿，却不向别人求取一点东西。曾经路过姐姐家吃饭，留下十五个铜钱，默默放在席子下面就离开了。每次出行喝井水，常常往井中投一个铜钱。

送金：送还黄金，指雷义把酬谢给他的黄金还回去。《后汉书 · 独行列传》记载：“义尝济人死罪，罪者后以金二斤谢之，义不受，金主伺义不在，默投金于承尘上。后葺理屋宇，乃得之。金主已死，无所复还，乃以付县曹。”故事是说，雷义曾经救人免于死罪，该人后来用二斤黄金酬谢他，雷义不接受，黄金的主人等雷义不在的时候，悄悄把黄金放在天花板上。后来雷义修理房屋，才发现黄金。当时黄金的主人已经死亡，无处归还，雷义就把黄金交给了县里的官员。

点　赞

郝廉“投钱井中”，虽有些过分，但比贪占便宜者，要高尚得多；雷义不接受酬谢，廉洁自律，更是传颂千古的美德。

逢萌挂冠，胡昭投簪。

人物简介

逢萌，字子康，北海（今山东青州）人，汉朝隐士。

胡昭，字孔明，颍川（今河南许昌）人，三国时期魏国隐士。

掌故解读

挂冠：把官帽挂起来，表示辞官不做。《后汉书·逸民传·逢萌》记载：“家贫，给事县为亭长。时尉行过亭，萌候迎拜谒。既而掷楯叹曰：‘大丈夫安能为人役哉！’遂去之长安学，通《春秋经》。时王莽杀其子宇，萌谓友人曰：‘三纲绝矣。不去，祸将及人。’即解冠挂东都城门，归，将家属浮海，客于辽东。”故事是说，逢萌家贫，在县里做事当亭长。当时，县尉路过这个亭，逢萌等候迎接拜见。过后他扔掉棍棒，慨叹说：“男子汉大丈夫怎么能被人家役使呢！”于是就离开家乡，到长安去学习，精通《春秋经》。当时，王莽杀死他儿子王宇，逢萌对朋友说：“维系君臣、父子、夫妇的三纲断绝了，不离开这里，祸患将要连累到人。”他就摘下官帽，挂在东都门外，带领家里人渡过渤海，客居辽东。

投簪：丢下固定冠用的簪子，比喻弃官不做。挚虞《征士胡昭赞》：“投簪卷带，韬声匿迹。”（《文选·北山移文》注引）意思是说，丢下簪子，卷起腰带，把声音和形迹隐藏起来。言外之意，就是辞官不做。孔稚珪《北山移文》：“昔闻投簪逸海岸，今见解兰缚尘缨。”孔稚珪是说，从前疏广弃官回到海边的家乡，现在看到周颙放弃隐居走上仕途。他对古今的真假隐士进行了对比，作者的倾向性，不言自明。

点　评

从晋朝的挚虞到南齐的孔稚珪，对真正弃官不做的隐士，都加以颂扬。存在决定意识，在买官卖官成风的封建社会中，隐士是备受崇敬的。

王乔双凫，华佗五禽。

人物简介

王乔，东汉河东（今山西夏县）人，曾任尚书郎、叶县令。

华佗，字元化，三国时期谯县（今安徽亳州人）人，著名医学家。他用“麻沸散”麻醉病人，实施外科手术，是世界医学史上最早的全身麻醉术。

掌故解读

双凫：成对的水鸟。《后汉书·方术传·王乔》记载：“每月朔望，常自诣台朝。帝怪其来数，而不见车骑，密令太史伺望之。言其临至，辄有双凫从东南飞来。于是候凫至，举罗张之，但得一双舄焉。乃诏尚方视，则四年中所赐尚书官履也。”故事是说，每个月的初一、十五，王乔经常自己到朝廷来朝见。皇帝奇怪他来的次数多，却不见有车马。就秘密命令太史观察他。太史说他临到朝廷来时，就有一对水鸭子从东南飞来。于是皇帝就派人等到水鸭子飞来，举起罗网来捕，结果只得到一双鞋子。命令主管制造皇帝所用器物的尚方派人来验看，是四年时赐给尚书官的官靴。

五禽：五禽戏，古代的一种效仿五种动物姿态的体育疗法，相传是华佗首创。《后汉书·方术传》记载：“佗语普曰：‘人体欲得劳动，但不当使极耳。动摇则谷气得销，血脉流通，病不得生，譬犹户枢，终不朽也。是以古之仙者为导引之事，熊经鸱顾，引挽腰体，动诸关节，以求难老。

吾有一术，名五禽之戏：一曰虎，二曰鹿，三曰熊，四曰猨，五曰鸟。亦以除疾，兼利蹏足，以当导引。体有不快，起作一禽之戏，怡而汗出，因以着粉，身体轻便而欲食。’普施行之，年九十余，耳目聪明，齿牙完坚。”

故事是说，华佗对弟子吴普说：“人的身体要能活动，但是不能使它太劳累。活动就能使得谷物得到消化，血脉得到流通，不能生病。比如熊攀树自悬，鸱鹰身体不动而回头看，拉引腰肢，活动关节，求得长生不老。我有一种方法，名叫五禽之戏：一是虎，二是鹿，三是熊，四是猿，五是鸟。也可以用来消除疾病，同时有利于腿脚，用来当作气功。身体不好受，起身做一个动物的游戏，身心愉快，汗也出来了。身上擦上粉，身体轻便又增加食欲。”吴普练习这种五禽戏，活了九十多岁，耳聪目明，牙齿完整坚固。

点　赞

王乔双凫，带有神话的性质；华佗五禽之戏，则是科学的体育疗法，属于传统文化的精华，直至今日仍有其特殊的疗效。

铣字韵

程邈隶书，史籀大篆。

王承鱼盗，丙吉牛喘。

贾琮褰帷，郭贺露冕。

冯媛当熊，班女辞辇。

程邈隶书，史籀大篆。

人物简介

程邈，秦朝下杜（今陕西西安）人，曾为狱吏。

史籀，名字叫籀的史官，秦朝的占卜之士。

掌故解读

隶书：汉字的一体，是在小篆的基础上简化而成的。卫恒《四体书势》："下杜人程邈为衙狱吏，得罪始皇。幽系云阳十年，从狱中作大篆，少者增益，多者损减，方者使员，员者使方，奏之始皇。始皇善之，出以为御史，使定书。或曰，邈所定乃隶字也。"故事是说，下杜人程邈在衙门当狱吏，得罪了秦始皇，被监押在云阳十年，在狱中创作大篆，笔画少的增加，笔画多的减少，字形方的使它变圆，字形圆的使它变方。狱吏奏报给秦始皇。秦始皇认为很好，放他出狱，命他为御史，让他确定书写的字形。有人说，程邈所定的是隶书。

大篆：汉字的一体，与小篆相对。《四体书势》：“昔周宣王时，史籀始著《大篆》十五篇，或与古同，或与古异，世之谓籀书者也。”故事是说，从前，周宣王时，名字叫籀的史官著《大篆》十五篇。字形有的与古代的相同，有的与古代的不同，这就是社会上所说的籀书。

点　赞

篆书是真、草、隶、篆四种字体之一，但篆又有大小之别，今天通常说的篆书，是指小篆而言，它是由秦相李斯所完成的，大篆则是指小篆产生以前的比较繁复的字体，也称籀书。

王承鱼盗，丙吉牛喘。

人物简介

王承，字安期，东晋官吏，为人清心寡欲，任镇东将军府从事，被称为中兴第一名臣。

丙吉，字少卿，鲁国（今山都曲阜）人，汉朝大臣，任丞相。

掌故解读

鱼盗：此指王承对盗鱼小吏不加治罪，赞颂他宽恕为政的风格。《晋书·王承传》记载：“迁东海太守，政尚清静，不为细察。小吏有盗池中鱼者，纲纪推之。承曰：‘文王之囿与众共之，池鱼复何足惜耶？’有犯夜者，为吏所拘。承问其故，答曰：‘从师受书，不觉日暮。’承曰：‘鞭挞宁越以立威名，非政化之本。’使吏送令归家。其从容宽恕若此。”故事是说，王承升任为东海太守，执政喜欢清静，不喜欢苛察。有个小吏偷盗了养鱼

池中的鱼，管理鱼池的人员进行审讯。王承说：“周文王的猎场与民众共享，池中的鱼又何足吝惜？”有个人犯了夜禁，被官吏拘押。王承问他原因，他回答说：“跟老师读书，不知不觉天就晚了。”王承说：“鞭打老老实实的读书人宁越来树立威名，不是政治教化的根本。”派小吏送他回家。王承的从容为政，宽恕为怀都是这样的。

牛喘：指牛喘吐舌，反应气候失调，可能会影响春耕。丙吉身为宰相，所以要亲自过问。《汉书 · 丙吉传》记载：“吉又尝出，逢清道群斗者，死伤横道，吉过之不问，掾史独怪之。吉前行，逢人逐牛，牛喘吐舌。吉止驻，使骑吏问：‘逐牛行几里矣？’掾史独谓丞相前后失问，或以讥吉。吉曰：‘民斗相杀伤，长安令、京兆尹职所当禁备逐捕，岁竟丞相课其殿最。奏行赏罚而已。宰相不亲小事，非所当于道路问也。方春少阳用事，未可大热，恐牛近行用暑故喘，此时气失节，恐有所伤害也。三公典调和阴阳，职当忧。是以问之。’掾史乃服以吉知大体。”故事是说，丙吉出行有一次，碰上清道的人打群架，死的人横在道路上，丙吉过去不问，相府的属官感到奇怪。丙吉向前行，碰上人赶牛，牛喘气吐舌，丙吉停车，派骑马的官吏去问：“赶牛赶了几里地了？”相府的属官认为丞相前后问话失误，有人讥讽丙吉。丙吉说：“民众群斗互相伤害，是长安县令、京兆尹的职务所应当禁止、搜捕的，到年底丞相考核其优劣，奏报皇帝施行赏罚罢了。宰相不管小事，不应当在道路上过问。正在春季，少阳病（温热病）多，不可以太热，恐怕牛是因为中暑所以喘气，这是气候失调，恐怕有伤害。宰相等三公官员，职务是使阴阳调和，在职务上应当忧虑，因此问他。”相府的属官听后才佩服，认为丙吉知道大体。

点　赞

王承为政宽缓，小事不苛察，不愧为第一名臣；丙吉知大体，抓大放小，不愧为宰相之选。

贾琮褰帷，郭贺露冕。

人物简介

贾琮，字孟坚，聊城（今山东聊城）人，东汉官吏，曾任交趾刺史、冀州刺史等职。

郭贺，字乔卿，雒阳（今河南洛阳）人，东汉官吏，曾任尚书令、荆州刺史、河南尹等职。

掌故解读

褰帏：撩开围幕。《后汉书 · 贾琮传》记载："更选清能吏，乃以琮为冀州刺史。旧典：传车骖驾，垂赤帷裳，迎于州界。及琮之部，升车言曰：'刺史当远视广听，纠察美恶。何有反垂帷裳以自掩塞乎？'乃命御者褰之。百城闻风，自然竦震。其诸臧过者，望风解印绶去。"故事是说，朝廷重新选拔清廉能干的官吏，任命贾琮为冀州刺史。旧的典制：有陪乘的驿站专车，挂着红帷幕，到州的交界去迎接新刺史。等到贾琮上任，他在州界登上来迎接的车时，说："刺史应当向远看，扩大听闻，来纠察好坏的民风。为何反而垂下围幕来自己阻挡视听呢？"就命令驾车的人把帷幕撩开。下属的各城听到这个消息，自然震惊，那些贪赃枉法的官员解下官印和绶带离开衙门溜走了。

露冕：露出官帽，指露出容貌，让百姓认识。《后汉书 · 郭贺传》记载："拜荆州刺史，引见赏赐，恩宠隆益。及到官，有殊政，百姓便之，歌曰：'厥德仁明郭乔卿，忠正朝廷上下平。'显宗巡狩到南阳，特见嗟叹，赐以三公之服，黼黻冕旒，敕行部去襜帷，使百姓见其容服，以章有德。每所经过，吏人指以相示，莫不荣之。"故事是说，郭贺被任命为荆州刺史，皇帝接见他，加以赏赐，受到隆重的恩宠。等到上任，有特殊的善政，老百姓感到便利。歌唱道："其德仁明郭乔卿，忠正朝廷上下平。"汉显宗到南阳巡视，看

到郭贺特别受到赞叹，赏赐给他三公的官服，绣有斧形花纹的官服，垂九条缨的礼冠。命令他到地方巡察时，去掉车子的围幕，使百姓见到他的容貌、服装，用以表彰有德的官员。他每经过一地，官吏指着他让人们观看，没有人不感到见着刺史是件荣幸的事。

点　赞

褰帏、露冕，是指官员除去遮挡，与老百姓见面。前者是贾琮主动的要求，后者是皇帝对郭贺的要求，都是要求官员要亲民，不要害怕百姓。

冯媛当熊，班女辞辇。

人物简介

冯媛，汉元帝的嫔妃冯昭仪，是右将军、光禄勋冯奉世的女儿。

班女，汉成帝的嫔妃班婕妤，是越骑校尉班况的女儿。

掌故解读

当熊：面对着熊，指冯婕妤怕熊伤害着汉元帝，舍身面对着冲向大殿的熊。《汉书 · 外戚传》记载："上幸虎圈斗兽，后宫皆坐。熊佚出圈，攀槛欲上殿。左右贵人傅昭仪等皆惊走。冯婕妤直前当熊而立，左右格杀熊。上问：'人情惊惧，何故前当熊？'对曰：'猛兽得人而止，妾恐熊至御坐，故以身当之。'元帝嗟叹，以此倍敬重焉。"故事是说，汉元帝到虎圈去观看野兽搏斗，后宫的嫔妃都坐着观看。一只熊逃出圈，攀着门槛要上大殿，左右贵人傅昭仪等都惊恐地跑了。冯婕妤直奔前去，面对着熊站立，左右的侍卫打死了熊。元帝问："人之常情是惊恐害怕，你为什么前去面对着熊站立？"冯婕妤回答："猛兽抓到人就停止前进了，我恐怕熊到皇帝的座位，因此用自己的身体面对它。"汉元帝发出赞叹，从此更加敬重她。

辞辇：不与皇帝坐同一辆龙辇。《汉书 · 外戚传》记载：“成帝游于后庭，尝欲与婕妤同辇载。婕妤辞曰：‘观古图画，贤圣之君皆有名臣在侧，三代末主乃有嬖女，今欲同辇，得无近似之乎？’上善其言而止。太后闻之，喜曰：‘古有樊姬，今有班婕妤。’”故事是说，汉成帝在后殿游览，曾经想要与班婕妤坐在同一辆龙辇上。班婕妤推辞说：“观看古代的图画，圣明的君主都有名臣在身边，夏、商、周三代的亡国之君才有受宠的女子在身边，现在陛下想要我同坐龙辇，难道不是像三代亡国之君一样吗？”成帝认为她的话很好，就停止了同坐龙辇的念头。太后听说了，高兴地说：“古代有为劝楚王不打猎而不吃禽兽肉的樊姬，今天有推辞坐龙辇的班婕妤。”

点　赞

这是两位深明大义的嫔妃，冯昭仪舍身救人，尽管救的不是普通人，而是皇帝，但这种人道主义的精神还是难能可贵的；班婕妤以三代亡国之君为戒，不与皇帝同辇，这种委婉的劝谏方式也是很可取的。

支字韵

王充阅市，董生下帷。
平叔傅粉，弘治凝脂。
杨生黄雀，毛子白龟。
宿瘤采桑，漆室忧葵。

王充阅市，董生下帷。

人物简介

王充，字仲任，会稽上虞（今浙江绍兴市上虞区）人，东汉学者，著《论衡》八十五篇。

董仲舒，广川（今河北枣强）人，西汉思想家。他提出“天人相与”“君权神授”学说，汉武帝实施“罢黜百家，独尊儒术”的政策，就是采纳他建议。著有《春秋繁露》《贤良对策》。

掌故解读

阅市：阅读市场上所卖的书。《后汉书 · 王充传》记载：“后到京师，受业太学，师事扶风班彪。好博览而不守章句。家贫无书，常游洛阳市肆，阅所卖书，一见辄能诵忆，遂博通众流百家之言。后归乡里，屏居教授。仕郡为功曹，以数谏争不合去。充好论说，始若诡异，终有理实。以为俗儒守文，多失其真，乃闭门潜思，绝庆吊之礼，户牖墙壁各置刀笔，著《论衡》八十五篇，二十余万言，释物类同异，正时俗嫌疑。”故事是说，王充后来到了京师，在太学学习，拜扶风人班彪为师。他喜欢博览群书，不墨守章句之学。他因家贫买不起书籍，常到洛阳的市场游览，阅读所卖的书，一见到就能诵读记住，因而就通晓诸子百家言论。后来回到乡里，隐居教书。到郡里当上了功曹，因为多次提意见，与郡守不合而离开。王充喜欢论说，开始时好像很奇特，最终则有道理，符合实际。他认为庸俗的读书人，拘泥文字，大多失去真实，就关门深思，杜绝庆贺哀悼之礼仪，在门窗墙壁上都放上刀和笔。著作《论衡》八十五篇，二十余万字，阐释物类的异同，更正世俗的嫌疑。

下帷：放下帐幕，把自己与弟子隔开。《汉书 · 董仲舒传》记载：“少治春秋，孝景时为博士。下帷讲诵，弟子传以久次相授业，或莫见其面。盖三年不窥园，其精如此。进退容止，非礼不行，学士皆师尊之。”故事实说，董仲舒年轻时研究《春秋》，孝景帝时他为博士。放下帐幕讲解诵读，新的弟子向旧的弟子学习学业，有的弟子还没有见过他。他三年不看园子，他的钻研精神达到如此程度。进退举止，不合礼仪的就不做。学士们都师从尊敬他。

点　赞

这是两位学者的故事。王充家贫买不起书，就到市场上卖书之处去阅读，在此基础上，经过钻研写出了《论衡》；董仲舒为了钻研学问，“三年不窥园”。这都是非常值得学习的。

平叔傅粉，弘治凝脂。

校　勘

弘治凝脂，弘，学津本作“宏”，学津本成书于嘉庆年间，为避乾隆帝弘历的名讳而改为“宏”。《全唐诗》本作“弘”。

人物简介

何晏，字平叔，南阳宛（今河南南阳）人，三国时期魏国大臣，自幼被曹操收养，喜好《庄子》《老子》，倡导精微玄妙之言。任侍中尚书，以清谈著名，士大夫纷纷效仿，一时形成清谈风气。

杜乂，字弘治，晋朝官吏，曾任丹阳丞。他的女儿是晋成帝的皇后。

掌故解读

傅粉：搽粉。《世说新语 · 容止》记载：“何平叔美姿仪，面至白，魏明帝疑其傅粉，正夏月，与热汤饼，既噉，大汗出，以朱衣自拭，色转皎然。”故事是说，何晏的姿态容貌很漂亮，脸最白。魏明帝怀疑他搽粉，正当夏天之时，给他热汤饼，吃后大汗淋漓，他用红衣服自己擦汗，脸色更加白了。

凝脂，凝冻的油脂，比喻人的皮肤细白润泽。《晋书 · 外戚传》记载：杜乂“性纯和，美姿容，有盛名于江左。王羲之见而目之曰：‘肤若凝脂，眼如点漆，此神仙人也。’”故事是说，杜乂性格纯和，姿态容貌漂亮，在江南很有名气。王羲之看见他说：“皮肤像凝固的油脂，眼睛像点上的黑漆，此人像神仙一样。”

点　评

这是两位美男子的故事。

杨生黄雀，毛子白龟。

人物简介

杨宝，字文渊，弘农（今河南灵宝）人，东汉名士。

毛宝，字硕贞，阳武（今河南原阳）人，晋朝官吏，曾任庐江太守、豫州刺史等职。

掌故解读

黄雀：能够报恩的黄雀。《搜神记》记载："汉时弘农杨宝，年九岁时，至华阴山北，见一黄雀，为鸱枭所搏，坠于树下，为蝼蚁所困。宝见愍之，取归，置巾箱中，唯食黄花。百余日，毛羽成，朝去暮还。一夕三更，宝读书未卧，有黄衣童子，向宝再拜曰：'我西王母使者，使蓬莱，不慎为鸱枭所搏。君仁爱见拯，实感盛德。'乃以白环四枚与宝，曰：'令君子孙洁白，位登三事，当如此环。'"故事是说，汉朝时弘农人杨宝，在九岁时到华山北，看见一只黄雀，被猫头鹰搏击，掉到树下，被蝼蚁所困扰。杨宝看见就很可怜它，把它带回家，放在小箱匣里，用黄花饲养。过了一百多天，毛羽长成，早晨飞出，晚上飞回。一个夜晚的三更天，杨宝读书还没躺下，有个黄衣童子，向杨宝拜了两拜，说："我是西王母的使者，出使蓬莱，不小心被猫头鹰搏击，你有仁爱之心，拯救了我，实在感激你的大德。"说完就把四枚白玉环给了杨宝，说："让杨公的子孙洁白如玉，位登三公，像这玉环一样。"

白龟：能够报恩的白龟。《幽明录》记载："晋显康中，豫州刺史毛宝戍邾城。有一军人，于武昌买得一白龟长四五寸，置瓮中养之，渐大，放江中。后邾城遭石氏败。赴江者莫不沉溺。所养人被甲入水中，觉如堕一石上。须臾视之，乃是先放白龟。既得至岸，回顾而去。"故事是说，晋朝显康年间，豫州刺史毛宝戍守邾城。有一个军人在武昌买到一只白龟，放在瓮中养育，

逐渐长大，放到江中。后来，晋军在邾城被石虎打败，被赶到江中的人没有不淹死的。那个养龟的军人披着铠甲跳入水中，觉得如同掉到一块石头上。不大一会儿，看这块石头，竟是先前放到江中的白龟。等到了岸上之后，白龟回头看看就离开了。

点　评

黄雀报恩、白龟报恩，都宣扬了因果报应的观点，并不足取；但是，其中关爱动物的观点，还是反映了作者善良的同情心，不可一笔抹煞。

宿瘤采桑，漆室忧葵。

人物简介

宿瘤女，战国齐闵王的王后。

漆室女，战国鲁穆公时漆室邑的女子。

掌故解读

采桑：采择桑叶。《列女传》记载：“宿瘤女者，齐东郭采桑之女，闵王之后。颈有大瘤，号曰宿瘤。初，闵王出游，至东郭。百姓尽观，宿瘤女采桑如故。王怪之，召问曰：‘寡人出游，车骑甚众，百姓无少长皆弃事来观。汝不一视，何也？’对曰：‘妾受父母教采桑，不受教观大王。’王曰：‘此奇女也，惜哉宿瘤！’女曰：‘婢妾之职，属之不二，予之不忘，中心谓何，宿瘤何伤？’王大悦之曰：‘此贤女也。’命后车载之。女曰：‘赖大王之力，父母在内，使妾不受教，而随大王，是奔女也。大王又安用之？’王大惭，曰：‘寡人失之。’”故事是说，宿瘤女是齐国东郊采桑的女子，齐闵王的王后。脖梗上有个大瘤子，因此号称宿瘤。起初，齐闵王出游，到了东郊，百姓全来观看，只有宿瘤女仍旧采桑叶。齐闵王很奇怪，招她前来，问她：“寡人出游，车马很多，老百姓无论老少，都放下手中的事情前来观看，你在道旁采桑，竟然不看一眼，为什么？”她回答说：“我受父母教导来采桑叶，没有受父母教导来观看大王。”齐王说：“这真是出奇的女子，可惜长个瘤子！”采桑女说：“婢妾的职务，吩咐下来，一心不二地去完成，交给我的事不会忘记。我知道心中想的是什么，宿瘤有什么伤害？”齐王喜欢她说：“这是贤德的女子。”命令后边的车队拉上女子。采桑女说：“仰仗大王的力量载我进宫，父母在家中，假使我不受父母的命令，跟随大王去，是私奔的女子，大王又要这样的女子干什么？”齐王很惭愧，说：“是寡人的失误。”

忧葵：担心葵花被践踏，指担心国家动乱，民不聊生。《列女传》记载：“漆室女者，鲁漆室邑之女也，过时未适人。当穆公时，君老，太子幼。女倚柱而啸，旁人闻之，莫不为之惨者。其临人妇从之游，谓曰：‘何啸之悲也？子欲嫁耶？吾为子求偶。’漆室女曰：‘嗟乎！始吾以子为有知，今无识也。吾岂为不嫁不乐而悲哉！吾忧鲁君老，而太子幼。’邻妇笑曰：‘此鲁大夫之忧，妇人何与焉！’漆室女曰：‘不然，非子所知也。昔晋客舍吾家，系马园中。马佚驰走，践吾葵，使我终岁不食葵。邻人女奔随人亡。其家倩吾兄行追之，逢霖水出，溺流而死。令吾终身无兄。吾闻河润九里，渐洳三百步。今鲁君老悖，太子少愚，愚伪日起。夫鲁国有患者，君臣父子皆被其辱，祸及众庶，妇人独安所避乎！吾甚忧之。子乃曰妇人无与者，何哉！’临妇谢曰：‘子之所虑，非妾所及。’居三年，鲁果乱，齐楚攻之，鲁连有寇。”故事是说，漆室女，是鲁国漆室邑的女子，过了出嫁的年龄还没有嫁出去。在鲁穆公时期，国君年老，太子年幼。漆室女靠着柱子长叹，旁人听到，没有不为她感到凄惨的。她的邻居女人与她交往，对她说：“为什么感叹得那么悲哀？想要出嫁吗？我为你寻个配偶。”漆室女说：“啊呀！开始的时候我以为你有知识，今天看来你没有知识。我难道是为没出嫁不高兴而悲哀吗！我是担心鲁国国君年老，太子年幼。”邻居妇人笑着说：“这是鲁国大夫担忧的事，和女人有什么关系！”漆室女说：“不是这样的，不是你所知道的。从前，晋国的军人住在我家，把马拴在院子里了，马逃走奔跑，践踏了我的葵花，使我整年不能吃葵菜。邻家女子私奔跟人逃跑了，她家请我哥哥追赶，遇上下大雨，他在河流里淹死了，使我一生没有哥哥。我听说黄河滋润九里，洳水能浸润三百步。现在鲁国国君年老糊涂，太子年少愚昧，愚蠢虚假的事一天天多起来，鲁国如有祸患，君臣父子都受其辱，祸患殃及平民百姓，妇女能躲避到什么地方去呢！我很担心，你却说妇女与此无关，什么意思！”邻家女子道歉说：“你所考虑的，不是我能想到的。”过了三年，鲁国果然大乱，齐国、楚国进攻，鲁国连年有贼寇。

点　赞

宿瘤采桑，她虽然很丑，却很懂礼仪，说明不可以貌取人的道理；漆室邑之女担心国家动乱，民不聊生的故事，反映出她忧国忧民的爱国精神。不仅在古代，就是在今天都是十分可贵的。

卦字韵

韦贤满籯，夏侯拾芥。
阮简旷达，袁耽俊迈。
苏武持节，郑众不拜。
郭巨将坑，董永自卖。

韦贤满籯，夏侯拾芥。

人物简介

韦贤，字长孺，邹县（今山东邹城）人，西汉学者，教授《诗经》，兼通《尚书》《礼记》，号称邹鲁大儒。曾任给事中、丞相等职，封扶阳侯。

夏侯胜，字长公，西汉学者，从夏侯始昌学《尚书》《洪范五行传》。曾任太子太傅，受诏撰《尚书说》《论语说》。他曾为皇太后讲授《尚书》。

掌故解读

满籯：籯，筐箱之类的器具。满籯，装满箱子。《汉书·韦贤传》记载：“时贤七十余，为相五岁，地节三年以老病乞骸骨，赐黄金百斤，罢归，加赐第一区。丞相致仕自贤始。……少子玄成，复以明经历位至丞相。故邹鲁谚曰：'遗子黄金满籯，不如一经。'"故事是说，当时韦贤七十多岁，任丞相五年，地节三年，以年老多病为理由请求退休，皇帝赏赐他黄金百斤，让他回家养老，另外赏赐府第一座。丞相退休制度自韦贤开始。他的少子韦玄成又凭借明经官至丞相。因此，邹鲁地区的谚语说："留给儿子黄金百箱，不如让他学会一部经书。"

拾芥：捡起地上的草芥，比喻轻而易举。《汉书·夏侯胜传》记载："年九十卒官，赐冢茔，葬平陵。太后赐钱二百万，为胜素服五日，以报师傅之恩，儒者荣之。始，胜每讲授，常谓诸生曰：'士病不明经术，经术苟明，其取青紫如俛拾地芥耳。学经不明，不如归耕。'"故事是说，夏侯胜九十岁时死在官任上，皇帝赏赐给坟茔，埋葬在平陵。太后赏赐给二百万钱，为夏侯胜穿五天白衣服服丧，用来报答师傅之恩。读书人以此为荣。起初，夏侯胜授课时常对学生说："士子的毛病是不明白经书的道理，经书的道理假如明白了，取得金印紫绶、银印青绶如同低头捡拾地上的草芥一样容易罢了。学不懂经书上的道理，不如回家耕地。"

点　赞

"遗子黄金满籯，不如一经。""经术苟明，其取青紫如俛拾地芥耳。"这是千百年来读书人的励志格言，说明精通经书的重要性。

阮简旷达，袁耽俊迈。

人物简介

阮简，西晋阮咸的侄子。

袁耽，字彦道，陈郡阳夏（今河南太康）人，东晋官吏，曾任历阳太守、从事中郎等职。

掌故解读

旷达：心胸开阔，举止无拘束。《竹林七贤论》曰："咸兄子简，亦以旷达自居。父丧，行遇大雪寒冻，遂诣浚仪令。令为他宾设黍臛，简食之，以致清议。废顿几三十年。"故事是说，阮咸的哥哥之子阮简，也以旷达自居。他父亲死了，他走在路上遇到大雪，天很寒冷，于是就到浚仪县令那里。县令给别人摆设的杂以黍米的肉羹，阮简把它给吃了，因此招来了社会上的议论，使他颓靡不振了几乎三十年。

俊迈：英俊出众。《晋书·袁耽传》记载："少有才气，倜傥不羁，为士类所称。桓温少时游于博徒，资产俱尽，尚有负，进思自振之方，莫知所出，欲求济于耽，而耽在艰，试以告焉。耽略无难色，遂变服怀布帽，随温与债主戏。耽素有艺名，债主闻之而不相识，谓之曰：'卿当不办作袁彦道也。'遂就局，十万一掷，直上百万。耽投马绝叫，探布帽掷地曰：'竟识袁彦道不？'其通脱若此。"故事是说，袁耽从小就有才气，潇洒自如，不受拘束，被士人称赞。桓温年轻时在赌徒中交游，财产都输光了，还欠下债，考虑振作的方法，不知出路，想要请求袁耽帮助，可是袁耽正在居丧，试着去求他。袁耽没有一点儿为难的表情，于是就改变服装，把布帽揣在怀里，随着桓温与债主赌起来。袁耽平时就有赌博高手的名声，债主听说过却不认识他，就对他说："你应当不是袁彦道吧。"于是就到赌局中去，一次十万钱，直到上升到百万。袁耽掷下筹码，高声大叫，从怀中取出帽子扔到地上，说："究竟认不认识袁彦道？"他就是这样旷达不拘小节。

点评

这是两个不拘小节的人，阮简想效仿其前辈阮籍，结果适得其反，弄得三十多年抬不起头来；袁耽替人赌博，一掷百万，反而受到赞扬。为什么如此不同呢？前者为解自己饥寒，居丧期间大吃肉羹，后者为解朋友之危，居丧期间不惜重操旧业。这就是答案所在。

苏武持节，郑众不拜。

人物简介

苏武，字子卿，杜陵（今陕西西安）人，西汉大臣。事迹见“李陵初诗”条。

郑众，字仲师，东汉官吏。十二岁从父亲郑兴学《左氏春秋》，兼通《诗经》《易经》，曾任给事中、武威太守、大司农等职。

掌故解读

持节：手持使者的符节。《汉书 · 苏武传》记载：“单于愈益欲降之，乃幽武置大窖中，绝不饮食。天雨雪，武卧啮雪与旃毛并咽之，数日不死，匈奴以为神，乃徙武北海上无人处，使牧羝，羝乳乃得归。别其官属常惠等，各置他所。武既至海上，廪食不至，掘野鼠去草实而食之。杖汉节牧羊，卧起操持，节旄尽落。”故事是说，匈奴的单于想使苏武投降，就把苏武拘押在地窖中，不给饮食。天上下雪，苏武躺着啃雪和毡毛一起吞下去，过了几天也没有死，匈奴认为他是神仙，就把苏武迁移到北海（贝加尔湖）上没有人烟的地方，让他放牧公羊，到公羊产乳时才能回来。把他的属官常惠等分开，各自安置在其他处所。苏武到了北海，饮食不送上来，他就挖鼠洞里所藏的草籽吃。手持汉朝的符节放羊，躺下、站起都拿着汉朝的符节不放，符节上饰毛都脱落了。

不拜：不下拜，比喻不屈服。《后汉书 · 郑众传》记载：“八年，显宗遣众持节使匈奴。众至北庭，虏欲令拜，众不为屈。单于大怒，围守闭之，不与水火，欲胁服众。众拔刀自誓，单于恐而止，乃更发使随众还京师。”故事是说，永平八年，汉显宗派遣郑众持汉朝使者的符节出使匈奴。郑众到了北庭，匈奴要让他下拜，郑众不屈服。单于大怒，派人把他围守起来，不给他水与火，要威胁郑众，使他屈服。郑众拔刀发誓，宁死不屈，单于

害怕了，就停止了胁迫，另外派使者随郑众回汉朝的京师。

点　赞

苏武、郑众是两位坚持民族气节的使者，其不朽的业绩光照史册。梁元帝称赞说："汉世衔命匈奴，困而不辱者，二人而已：子卿手持汉节，卧伏冰雪；仲师固无蹋拜，隔绝水火。"（《郑众论》）

郭巨将坑，董永自卖。

人物简介

郭巨，汉朝隆虑（今河南林州）人，著名孝子。

董永，东汉千乘（今山东博兴）人，著名孝子。

掌故解读

将坑：将要挖坑活埋，指郭巨为孝顺母亲要活埋儿子。《搜神记》卷十一记载："巨独与母居客室，夫妇佣赁，以给公养。居有顷，妻产男，巨念与儿妨事亲，一也；老人得食，喜分儿孙，减馔，二也。乃于野凿地，欲埋儿。得石盖，下有黄金一釜，中有丹书，曰：'孝子郭巨，黄金一釜，以用赐汝。'于是名振天下。"故事是说，郭巨与母亲住在租来的房屋里，他们夫妻给人打工，用来供养母亲。过了不久，妻子产下一个男孩。郭巨考虑到，养育儿子妨碍孝顺母亲，是一；老人得到食物，喜欢分给儿孙，就减少了食物，是二。就在野地里凿个坑，要把儿子埋掉。挖到一个石盖，下面有一锅黄金，锅中有一卷丹书，书上写着："孝子郭巨，黄金一锅，用来赏赐给你。"于是郭巨的孝子名声震惊天下。

自卖：把自己卖身为奴，指董永卖身葬父。《搜神记》卷一记载："汉董永，千乘（今山东博兴县）人，少偏孤，与父居。肆力田亩，鹿车载自随。父亡，无以葬，乃自卖身为奴，以供丧事。主人知其贤，与钱一万，遣之。

永行三年丧毕，欲还主人，供其奴职。道逢一妇人：‘愿为子妻。’遂与之俱。主人谓永曰：‘以钱与君矣。’永曰：‘蒙君之惠，父丧收藏。永虽小人，必欲服劳致力，以报厚德。’主曰：‘妇人何能？’永曰：‘能织。’主曰：‘必尔者，但令君妇为我织缣百疋。’于是永妻为主人家织，十日而毕。女出门，谓永曰：‘我，天之织女也，缘君至孝，天帝令我助君尝债耳。’语毕，凌空而去，不知所在。”故事是说，汉朝的董永，是千乘县的人。从小失母，与父亲住在一起。奋力耕田，用柴车载着父亲跟随自己。父亲死了，没有钱埋葬，就自己卖身为奴，用卖得的钱来办理丧事。主人知道他的美德，给了他一万钱，让他回去葬父。董永等到三年丧事完毕，要回到主人家去，供职为奴。在道上遇到一个女子，她说：“我愿意做你的妻子。”于是就与他一起去主人家。主人对董永说：“已经把钱给你了。”董永说：“承蒙你的恩惠，我父亲的丧事已经完毕了。我虽然是个小民，一定要尽力服劳役，来报答你的厚德。”主人说：“你的妻子有什么能耐？”董永说：“能织布。”主人说：“一定要还债的话，就让你的妻子给我织一百疋的双丝细绢。”于是董永的妻子给主人家织绢，十天就完成了。女子出门，对董永说：“我是天上的织女。因为你的孝心，天帝命令我帮助你来偿还债务罢了。”说完，腾空而去，不知到哪里去了。

点　评

这两个感天动地的神话故事，后来被收入《二十四孝图》。同样是孝子题材，效果却大不一样。“卖身葬父”的董永，被改编为黄梅戏《天仙配》，家喻户晓，人人爱看，发挥足了正能量。鲁迅说：“倘使我的父亲竟学了郭巨，那么，该埋的不正是我吗？”（《朝花夕拾》），可见“郭巨埋儿”的故事，在孩子的心中还是有负面影响的。

虞字韵

仲连蹈海，范蠡泛湖。

文宝缉柳，温舒截蒲。

伯道无儿，嵇绍不孤。

绿珠坠楼，文君当垆。

仲连蹈海，范蠡泛湖。

人物简介

鲁仲连，齐国人，战国的策士。

范蠡，春秋时期越国谋士，辅佐勾践灭吴，报会稽之耻。后游江湖，自号陶朱公。

掌故解读

蹈海：投海而死，此指鲁仲连阻止秦王称帝的必死决心。《史记·鲁仲连传》记载："会秦围赵，闻魏将欲令赵尊秦为帝。乃见平原君曰：'事将奈何？'……鲁仲连曰："梁客新垣衍安在？吾请为君责而归之。'……新垣衍曰：'吾视居此围城之中者，皆有求于平原君者也，今吾观先生之玉貌，非有求于平原君者也，曷为久居此围城之中而不去？’鲁仲连曰：‘彼秦者，弃礼义而上首功之国也，权使其士，虏使其民。彼即肆然而为帝，过而为政于天下，则连有蹈东海而死耳，吾不忍为之民也。’……于是新垣衍起，再拜谢曰：‘始以先生为愚人，吾乃今日知先生为天下士，吾请出，不敢复言帝秦。’”故事是说，鲁仲连到赵国时，正赶上秦兵围困赵国，听说魏国将领想让赵国尊秦王为帝，他就去见平原君说：“事情将要怎么办？”当得知梁国客人新垣衍正在赵国搞“帝秦”活动时，鲁仲连说：“梁国的客人在那里？我要请求为你责备他而让他回去。”相见以后，新垣衍说：“我看居此被围的城中的人，都是有求于平原君，今天我看先生的相貌，不是有求于平原君的，为什么长期居住在这座被围的城市中而不离开？”鲁仲连说：“秦国是个放弃礼仪而崇尚战功的国家，用权诈之术使用战士，用对待俘虏的方法使用民众。它既放肆地称帝，用过恶的办法为政于天下，我鲁仲连只有投东海而死，不忍心做它的民众。”这时新垣衍站起来拜了两拜，说：“开始我认为鲁先生是个愚蠢的人，我现在才知道鲁先生是天下的名士，我请求离去，不敢再说尊秦王为帝的事了。”

泛湖：泛游江湖。《史记 · 货殖列传》记载：“范蠡既雪会稽之耻，乃喟然而叹曰：‘计然之策七，越用其五而得意。既已施于国，吾欲用之家。’乃乘扁舟，浮于江湖，变名易姓，适齐为鸱夷子皮，之陶为朱公。朱公以为陶天下之中，诸侯四通，货物所交易也。乃治产积居，与时逐而不责于人。故善治生者，能责人而任时。十九年之中三致千金，再分与贫交疏昆弟，此所谓富好行其德者也。后年衰老而听子孙，子孙修业而息之，遂至巨万，故言富者皆称陶朱公。”故事是说，范蠡已经洗雪了会稽失败的耻辱之后，就感叹道：“计然的策略有七项，越国只用了五项，就得胜了。既然已经在国家中实施了，我要用在治家上。”他就乘着扁舟，在江湖上漂泊，改换姓名，到了齐国就叫鸱夷子皮，到陶城叫朱公。朱公认为陶城是天下的中心，各国四通八达，是货物交易的地方。于是就治理产业，囤积居奇，随时居货，而不责求他人，所以善于治理产业的人，能选择人才，并抓住时机。十九年之中，他三次赚到千金，两次分给贫困的朋友、远房的兄弟。这就是所谓的致富好行其德。后来年纪衰老了，生意听子孙的，子孙治理产业并有所发展，于是就达到巨万家财。所以后世说到富人都称颂陶朱公。

点　　赞

在赵国都城被秦兵围困，魏国慑于秦国的威力，派新垣衍劝说赵国尊秦为帝的形势下，鲁仲连挺身而出，揭露秦王好战的本质，主张不“帝秦”。这种反侵略、反投降的正义立场，令人敬佩；范蠡弃官，经商致富，“富好行其德”的品格，也值得赞赏。

文宝缉柳，温舒截蒲。

人物简介

孙敬，字文宝，信都（今河北枣强）人，汉朝太学生。

路温舒，字长君，巨鹿（今属河北）人，汉朝官吏，曾任山邑县丞、临淮太守等职，有特殊政绩。

掌故解读

缉柳：编杨柳为简牍。《楚国先贤传》记载：“孙文宝到洛，在太学左右得一小屋，安止母。然后入学，编杨柳为简，以为经。”故事是说，孙文宝到洛阳，在太学附近找到一间小屋，把母亲安顿下，然后入学，便以杨柳为简牍，用来写经书。

截蒲：剪断蒲苇，做成册页。《汉书·路温舒传》记载：“父为里监门，使温舒牧羊。温舒取泽中蒲，截以为牒编用写书。稍习善，求为狱小吏，因学律令，转为狱史。县中疑事皆问焉。太守行县，见而异之，署决曹史。

又受《春秋》，通大义。举孝廉，为山邑丞。宣帝时迁临淮太守，治有异迹。”故事是说，路温舒的父亲给乡里看大门，让路温舒去放羊。路温舒从湖泽中取出蒲苇，剪断了做册页，编起来书写。渐渐练习好了，请求做监狱的小吏，因为学习了法律文书，转任狱官，县里有疑难的事都来问他。郡里的太守到县里巡视，看到他的行为感到很惊奇，任命他为决曹史之职。他又学习《春秋》，通晓大义。他被举为孝廉，任山邑县丞。汉宣帝时升任临淮郡太守，治理一郡有特殊的政绩。

点　赞

这是两则家贫苦学的励志故事，在今天仍有教育意义。《三字经》：“头悬梁，锥刺股”中的头悬梁说的也是孙敬勤学的故事。

伯道无儿，嵇绍不孤。

人物简介

邓攸，字伯道，平阳襄陵（今山西临汾）人，晋朝官吏，曾任河东太守、尚书右仆射等职。

嵇绍，字延祖，晋朝官吏，曾任秘书郎、侍中等职。

掌故解读

无儿：没有儿子，此指邓攸在乱离中把自己的儿子丢弃，带着侄儿逃跑。《晋书 · 良吏传》记载：“石勒过泗水，攸乃斫坏车，以牛马负妻子而逃。又遇贼，掠其牛马，步走，担其儿及其弟子绥。度不能两全，乃谓其妻曰：‘吾弟早亡，惟有一息，理不可绝，止应自弃我儿耳。幸而得存，我后当有子。’妻泣而从之，乃弃之。朝弃而暮及，明日系之于树而去。”又载：“攸弃子之后，妻不复孕。过江，纳妾，甚宠之。讯其家属，说是北人遭乱，忆父母姓名，乃攸之甥。攸素有德行，闻之感恨，遂不复畜妾，卒以无嗣。

时人义而哀之，为之语曰：‘天道无知，使邓伯道无儿。’”故事是说，邓攸遭到石勒战乱时，当石勒渡过泗水后，邓攸就把自己乘坐的车子砍坏，用牛马驮着妻儿逃跑。又遇到强盗，抢掠他的牛马，他只好步行，挑着他儿子和弟弟的儿子邓绥。估计不能保住两个孩子，就对他的妻子说：“我弟弟早死，只留下一个儿子，按理说弟弟不应当绝后，只有放弃我们的儿子了。如果有幸能活下来，我们以后还能有儿子。”妻子哭泣着答应了。就把他的儿子放弃了。他的儿子早晨被扔弃了，晚上又追上来。第二天，他把儿子绑到树上，就离开了。书中还记载，邓攸丢弃儿子之后，他的妻子一直未孕。过江以后，他娶个小妾，很受宠爱。问她的家事，说是北方人遭受战乱逃来，回忆她父母的姓名，才知她原来是邓攸的外甥女。邓攸一向德行高尚，听到这个信息，感到很遗憾。就不再养小妾，最终没有子嗣。当时的人，认为邓攸很仗义，为他感到悲哀，都说：“上天无知，让邓伯道没有儿子。”

不孤：不会是孤儿，指嵇康虽被杀，但他的儿子嵇绍有山涛照顾，不算孤儿。《晋书 · 山涛传》记载：山涛“性好老庄，每隐身自晦。与嵇康、吕安善，后遇阮籍，便为竹林之交，著忘言之契。康后坐事，临诛，谓子绍曰：‘巨源在，汝不孤矣。’”故事是说，山涛个性喜好《老子》《庄子》，经常隐藏行迹。与嵇康、吕安友善，后来又遇到阮籍，便成为竹林之交，成为不需用语言来交流的知心朋友。嵇康后来获罪，临刑前，他对儿子嵇绍说：“有山巨源在，你就不是孤儿了。”

点　赞

邓攸在儿子、侄儿不能两全的关键时刻，舍弃自己的儿子，保住侄儿。伯道无儿，颂扬的就是这种舍己为人的善良品德。嵇康被杀，其子嵇绍就是孤儿，然而有父亲的朋友山涛的照顾，嵇绍就不算孤儿了。嵇绍不孤，说明山涛深受朋友的信任。

绿珠坠楼，文君当垆。

人物简介

绿珠，晋朝富豪石崇的美妾，是石崇任交阯采访使时，用珍珠十万斛买的。

卓文君，汉朝临邛（今四川邛崃）人，是富翁卓王孙的女儿，新寡后与司马相如私奔，归成都生活。

掌故解读

坠楼：跳楼。《晋书 · 石崇传》记载："崇有妓曰绿珠，美而艳，善吹笛。孙秀使人求之。崇时在金谷别馆，方登凉台，临清流，妇人侍侧。使者以告，崇尽出其婢妾数十人以示之，皆蕴兰麝，被罗縠，曰：'在所择。'使者曰：'君侯服御丽则丽矣，然本受命指索绿珠，不识孰是？'崇勃然曰：'绿珠吾所爱，不可得也。'……遂矫诏收崇及潘岳、欧阳建等，崇正宴楼上，介士到门。崇谓绿珠曰：'我今为尔得罪。'绿珠泣曰：'当效死于官前。'因自投于楼下而死。"故事是说，石崇有个美妾叫绿珠，貌美而且艳丽，善于吹笛。朝廷大员孙秀派人来要绿珠。石崇当时在金谷园别墅，正登上凉台，面临清流，美女在侧。使者把来意告诉给他。石崇把丫鬟、小妾几十人都召来给使者看。她们都是兰麝芬芳，身穿绫罗绸缎，石崇说："任你挑选。"使者说："君侯的侍女漂亮是漂亮，然而本来受命是索要绿珠的，不知道谁是？"石崇勃然大怒说："绿珠是我所爱的，你们不可能得到。"于是孙秀就假传诏命逮捕石崇以及潘岳、欧阳建等，石崇正在楼上开宴会，甲士到门。石崇对绿珠说："我因为你而获罪。"绿珠哭泣说："我当效死在官人面前。"说完就自己跳到楼下摔死。

当垆：卖酒。《汉书 · 司马相如传》记载："是时，卓王孙有女文君新寡，好音。故相如缪与令相重而以琴心挑之。相如时从车骑，雍容闲雅，甚都。及饮卓氏弄琴，文君窃从户窥，心悦而好之，恐不得当也。既罢，相如乃令侍人重赐文君侍者通殷勤。文君夜亡奔相如，相如与驰归成都。家徒四壁立。卓王孙大怒曰：‘女不材，我不忍杀，一钱不分也！’人或谓王孙，王孙终不听。文君久之不乐，谓长卿曰：‘第俱如临邛，从昆弟假贷犹足以为生，何至自苦如此！’相如与俱之临邛，尽卖车骑，买酒舍，乃令文君当垆，相如身自着犊鼻裈与庸保杂作，涤器于市中。卓王孙耻之，杜门不出。”故事是说，临邛县令约司马相如在卓王孙家弹琴。这时，卓王孙的女儿卓文君新近寡居，她喜欢音乐，所以司马相如假装与县令相好，寄托心意于琴声进行挑逗。司马相如当时有很多车马随从，雍容华贵，风度文雅，很漂亮。在卓王孙家饮酒弹琴时，卓文君偷偷从窗户窥探，心中喜欢他的一表人才，而且爱好他的琴音，恐怕失去相遇的机会。弹琴完毕，司马相如就让侍从重重赏赐卓文君仆人，大献殷勤。卓文君夜间私奔到司马相如之处。与司马相如坐车回成都。司马相如家贫，没有资产。卓王孙大怒说：“女儿不成材，我不忍心杀死她，一个钱也不分给她！”有人劝卓王孙，卓王孙最终也不听劝。卓文君时间一长，不高兴了，对司马相如说：“只要一起去临邛，跟兄弟们借贷，还足够生活，何必这么自讨苦吃！”司马相如与卓文君一起前往临邛，把车马全卖了，买了一家酒店，就让卓文君卖酒，司马相如身穿牛鼻状的裤子，与雇工们一起在市场中洗涤器皿。卓王孙感到耻辱，关门不出。

点　赞

绿珠不屈服于朝廷权贵孙秀的压力，跳楼身死，反映了她不畏强暴的反抗精神；富翁女儿卓文君爱上司马相如，不嫌其家贫，当街卖酒，演绎成一段风流的爱情故事。

翰林学士

写的中华历史故事书：蒙求 ㊦

王晓岩——著

辽宁人民出版社

觉字韵

伊尹负鼎，宁戚叩角。
赵壹坎坛，颜驷蹇剥。
龚遂劝农，文翁兴学。
晏御扬扬，五鹿岳岳。

伊尹负鼎，宁戚叩角。

人物简介

伊尹，商汤的相国，佐汤灭夏。

宁戚，春秋时期卫国人，在齐国任上卿，后任国相。

掌故解读

负鼎：背着烹饪用的锅。《史记 · 殷本纪》记载："伊尹名阿衡，阿衡欲奸汤而无由，乃为有莘氏媵臣，负鼎俎，以滋味说汤，致于王道。"故事是说，伊尹名叫阿衡，阿衡要接近商汤而没有理由，就当有莘国的陪嫁的小臣，背着烹调用的锅和切菜的菜板，用调剂滋味的道理来说服商汤，由此而说到统治天下的办法。

叩角：敲打牛角。《吕氏春秋 · 举难》记载："宁戚欲干齐桓公，穷困，无以自进。于是为商旅将任车以至齐。暮宿于郭门之外。桓公郊迎客，夜开门，辟任车，爝火甚盛，从者甚重。宁戚饭牛居于车下，望桓公而悲，击牛角疾歌。桓公闻之，抚其仆手曰：'异哉！之歌者非常人也。'命后车以载之。桓公反至，从者以请。桓公赐之衣冠，将见之，宁戚见，说以治境内，明日复见，说桓公为天下。桓公大说。"故事是说，宁戚想请求见齐桓公，因为穷困，没有办法自己去觐见。于是为商旅赶车到了齐国。夜晚宿在城郊的门外。齐桓公到郊外迎接客人，夜间开门，驱使载重的车避开，火炬很盛，从人很多。宁戚在车下喂牛，望到齐桓公，他感到悲伤，就敲击着牛角大声唱起歌来。齐桓公听见了，抚摸仆人的手说："奇怪呀！这个唱歌的人不是一般的人。"命令后边的车队拉上他。齐桓公回到王宫，随从请问把唱歌的人安置在哪里。齐桓公赐给他衣帽，想要见他。宁戚见到齐桓公，把治理境内的办法向齐桓公讲了。次日又见齐桓公，把统治天下的策略讲了。齐桓公听了，非常高兴。

点　赞

要实现自己的远大抱负，使当权主政者委以重任，首先是能够被接纳。伊尹通过做陪嫁小臣的办法，得以接近商汤；宁戚通过为商旅赶车的办法，见到了齐桓公。这才为他们二人提供了展示才华的平台。

赵壹坎坛，颜驷蹇剥。

人物简介

赵壹，字元叔，汉阳西县（今甘肃天水）人，东汉文学家。

颜驷，西汉官吏，文、景时期任郎官，武帝提升他为会稽都尉。

掌故解读

坎坛：困顿，不得志。《后汉书 · 文苑传》记载：赵壹"体貌魁武，身长九尺，美须豪眉，望之甚美。而恃才倨傲，为乡党所摈，乃作《解摈》。后屡抵罪，几至死，又人救得免。”又载：“光和元年，举郡上计到京师。是时司徒袁逢受计，计吏数百人皆拜伏庭中，莫敢仰视，壹独长揖而已。逢望而异之，令左右往让之，曰：‘下郡计吏而揖三公，何也？’对曰：‘昔郦食其长揖汉王，今揖三公，何遽怪哉？’逢则敛衽下堂，执其手，延置上坐，因问西方事，大悦。”故事是说，赵壹身体相貌魁梧，身高九尺，美丽的胡须，豪侠的眉毛，看上去很雄伟。可是他仰仗有才华而骄傲，被乡里们所排斥，于是他就作《解摈》一文。后来屡次犯罪，几乎被处死，因为被朋友救助才获免。光和元年，赵壹被举为郡的上计吏，到京师去进呈计书。当时司徒袁逢受理计书，计吏几百人都跪伏在庭前没有敢仰头看的，只有赵壹向上作揖罢了。袁逢看见感到奇怪，命令左右的人前去责备他，说：“下边郡里的计吏对三公这样的高官行平辈的作揖礼，是什么道理？”赵壹回答说：“从前郦食其对汉王还作揖呢，今天我对三公作揖，为什么就感到奇怪呢！”袁逢就整理衣襟下了大堂，拉着他的手，请他坐到上位，就问他西县的地方事务，听了回答，非常高兴。

蹇剥：《易经 · 蹇卦》：“蹇，难也。”即有困难，《易经 · 剥卦》：“剥，不利攸往。”不利于所往之意。蹇剥，是命运不好，诸事不顺。《汉武故事》记载：“至武帝，尝辇过郎署，见驷龙眉皓发。上问曰：‘何时为郎？何其老也？’答曰：‘臣文帝时为郎，文帝好文而臣好武，景帝好老而臣尚少，陛下即位，好少而臣已老。是以三世不遇，故老于郎署。’”故事是说，到汉武帝时，武帝曾经坐龙辇路过郎官的官署，看见颜驷的眉发皓白。武帝问他道：“什么时候当郎官的？怎么这么老？”颜驷回答道：“我在文帝时当郎官，文帝喜欢文臣，我爱好武术；景帝喜欢老臣，我还年轻；陛下即位，喜欢年轻人，我已经老了。因为三代没有遇到机会，就在郎官的官署变老了。”

点　评

认为生不逢时的人都以颜驷为例说事，人生确实有个机遇的问题，但是不能过分强调客观条件，只有像伊尹负鼎、宁戚叩角那样创造条件来实现自己远大的理想，才是正确的人生态度。

龚遂劝农，文翁兴学。

人物简介

龚遂，字少卿，山阳南平阳（今山东境内）人，西汉的官吏。在治理渤海郡时，政绩突出，被调任为水衡都尉。

文翁，庐江舒县（今安徽庐江县）人，西汉教育家。从小好学，通晓《春秋》。任蜀郡太守时，修学校，开展教育，与齐鲁相媲美。汉武帝命令郡国立学校，是自文翁开始的。

掌故解读

劝农：勉励农耕。《汉书·循吏传》记载："宣帝即位，久之，渤海左右郡岁饥，盗贼并起，二千石不能禽制。上选能治者，丞相御史举遂可用，上以为渤海太守。"又载："遂曰：'臣闻治乱民犹治乱绳，不可急也；唯缓之，然后可治。臣愿丞相御史且无拘臣以文法，得一切便宜从事。'上许焉，加赐黄金，赠遣乘传。至渤海界，郡闻新太守至，发兵以迎，遂皆遣还。移书敕属县悉罢逐捕盗贼吏。诸持钼钩田器者皆为良民，吏毋得问，持兵者乃为盗贼。遂单车独行至府，郡中翕然，盗贼亦皆罢。渤海又多劫掠相随，闻遂教令，即时散解，弃其兵弩而持钩钼。盗贼于是悉平，民安土乐业。遂乃开仓廪假贫民，选用良吏，慰安牧养焉。"故事是说，汉宣帝即位好长时间了，渤海郡一带年年发生饥荒，强盗同时起来，俸禄二千石的官员不能逮捕制服盗贼，汉宣帝选拔能治理的人才，丞相御史都推荐龚遂可以任用，汉宣帝任命龚遂为渤海郡太守。龚遂说：“臣听说治理乱民如同整理乱绳一样，不可以太急躁；只有缓和，然后才可以整理好。臣希望丞相御史不要用法令条文来拘束我，一切事情不用上奏得以自行决断处理。”汉宣帝同意了他的请求，另外赐给他黄金，派遣驿站车马送他。到了渤海地界，郡里听说新太守到任，发兵来迎接，龚遂都给打发回去了。发布文书到所属各县，把搜捕盗贼的官吏都加以取消。所有拿钩钮等农具的都是良民，官吏不得察问，拿兵器的才是盗贼。龚遂单车独自到了官衙，郡中静悄悄的，盗贼也都停止了活动。渤海郡跟随抢劫的，听到太守的教令，也都解散了，放下弩箭等兵器，拿起了钩钮等农具。盗贼于是就都平定了，百姓安居乐业。龚遂就把官仓打开借给百姓粮食，选用好的官吏，安慰治理抚养民众。

兴学：兴办学校。《汉书 · 循吏传》记载：景帝末，文翁“为蜀郡守，仁爱好教化。见蜀地辟陋有蛮夷风，文翁欲诱进之，乃选郡县小吏开敏有材者张叔等十余人亲自饬厉，遣诣京师，受业博士，或学律令。减省少府用度，买刀布蜀物，赍计吏以遗博士。数岁，蜀生皆成就还归，文翁以为右职，用次察举，官有至郡守刺史者。又修起学官于成都市中，招下县子弟以为学官弟子，为除更繇，高者以补郡县吏，次为孝悌力田。常选学官僮子，使在便受事。每出行县，益从学官诸生明经饬行者与俱，使传教令出入闺阁。县邑吏民见而荣之，数年，争欲为学官弟子，富人至出钱以求之。繇是大化，蜀地学于京师者比齐鲁焉。至武帝时。乃令天下郡国皆立学校官，自文翁为之始云”。故事是说，汉景帝末年，文翁任蜀郡太守，他有仁爱之心，喜欢教育事业。他看见蜀郡地方偏僻简陋，有蛮夷的风俗。文翁想要使蜀郡的风俗开化进步，就挑选郡县中开化机敏有才华的小吏张叔等十余人，亲自教育激励，派遣他们到京师去，向博士学习，或者学习法律。减省郡中财务官署的费用，买有环的刀和织工细密的布等蜀郡特产，派上计吏带着赠送给博士。几年以后，蜀郡的学生都学成归来。文翁就命他们任郡的高级职位，用他们察举人才，有的官至郡守刺史。又在成都市中修建起学校，招收四周县里的子弟成为学校的学生，给他们免除劳役，成绩高的用来补充郡县的官吏，次等的入孝悌力田科。经常选出学校的学生，可以在旁见习官员处理事情。每次出去巡视各县，都选择学校懂得经书，行为谨慎的学生一起去，派他们传达政令，出入小门。县城的官民见到他们，都认为他们很荣耀。几年以后，都争着成为学校的学生，富有的人家甚至出钱以求成为学生。由此民风大开化，蜀郡的学校向京师学习，与齐鲁地区相比美。到汉武帝时，命令天下郡县都设立学校，是从文翁开始的。

点　赞

龚遂劝农，文翁兴学，他们居官一任，造福一方，成为地方官的楷模。

晏御扬扬，五鹿岳岳。

人物简介

晏御，春秋时期齐相晏婴的车夫。

五鹿充宗，字君孟，汉朝的官吏，任少府之职，与石显结为死党，石显被罢免，五鹿充宗被降为玄菟郡太守。

掌故解读

扬扬：趾高气扬的样子。《史记 · 管晏列传》记载：“晏子为齐相，出。其御之妻从门闲而窥其夫。其夫为相御，拥大盖，策驷马，意气扬扬，甚自得也。既而归，其妻请去。夫问其故。妻曰：‘晏子长不满六尺，身相齐国，名显诸侯。妾观其出，志念深矣，常有以自下者。今子长八尺，乃为人仆御，然子之意自以为足，妾是以求去也。’其后夫自抑损。晏子怪问之，御以实对。晏子荐以为大夫。”故事是说，晏婴任齐国的国相，有一次外出，他车夫的妻子从门缝偷看自己的丈夫。她的丈夫为国相赶车，拥有大的伞盖，鞭打四匹拉车的马，趾高气扬很是得意。过后回家，他的妻子请求离开他。追问原因，妻子说：“晏子身高不满六尺，身为齐国的相国，名声扬显在诸侯国。今天我看他外出，志向深远，时常有谦虚的表情。现在你身高八尺，竟给人赶车当仆人，然而你自己很满足，我因为这个请求离开你。”那以后，车夫自己降低姿态。晏子感到奇怪而问他。车夫按实情回答。晏子推荐他为大夫。

岳岳：高耸突出的样子，比喻人显露头角。《汉书·朱云传》记载：“是时为少府五鹿充宗贵幸，为《梁丘易》，自宣帝时善梁丘氏说，元帝好之，欲考其异同，令充宗与诸易家论。充宗乘贵辩口，诸儒莫能与抗，皆称疾不敢会。有荐云者，召入，摄齐登堂，抗首而请，音动左右。既论难，连拄五鹿君。故诸儒为之语曰：‘五鹿岳岳，朱云折其角。’繇是为博士。”故事是说，当时少府五鹿充宗正受宠，研究《梁丘易》。自从宣帝喜欢梁丘贺的学说，汉元帝也喜好《易经》，要考察它的异同。命令五鹿充宗与《易经》学各家辩论。五鹿充宗凭借自己尊贵之权和善辩的口才，众儒生没有谁敢与他抗争，都称病不敢与会。有人推荐朱云，召他进来。朱云跟博士白子友学过《易经》，他提着下衣襟，登上大堂，抬头请求，声音惊动左右。开始论辩后，连续驳斥五鹿充宗的观点。所以诸儒生说这件事：“五鹿锋芒毕露，朱云折断他的鹿角。”

点　评

五鹿充宗与朱云的辩论，本是学术争论，在真理面前，人人平等，以势压人，是不得人心的。难怪诸儒讽刺五鹿被折断了鹿角。

寒字韵

萧朱结绶，王贡弹冠。
庞统展骥，仇览栖鸾。
葛亮顾庐，韩信升坛。
王裒柏惨，闵损衣单。

萧朱结绶，王贡弹冠。

人物简介

萧育，字次君，东海兰陵（今山东枣庄）人，西汉官吏，曾任泰山郡太守、南郡太守等职。

朱博，西汉官吏，曾任杜陵亭长，后历任刺史、太守，直至将军。

王吉，字子阳，琅琊郡（今山东临沂）人，西汉官吏，曾任昌邑王中尉、谏大夫等职。

贡禹，字少翁，琅琊郡（今山东临沂）人，西汉官吏，曾任凉州刺史、河南县令等职。

掌故解读

结绶：系结印绶，比喻出仕做官。弹冠：弹去帽子上的灰尘，表示要出仕做官。《汉书·萧育传》记载：“少与陈咸、朱博为友，著闻当世。往者有王阳、贡公，故长安语曰：‘萧、朱结绶，王、贡弹冠。’言其相荐达也。”故事是说，萧育小时候与陈咸、朱博是好朋友，闻名于当代社会。从前有王阳在位，贡禹就弹冠，准备做官，所以长安人说：“萧、朱系结印绶，一起去做官；王、贡弹去帽子上的尘土，互相庆贺。”说的是他们朋友之间，互相推荐，共同发达。

点　赞

弹冠相庆的典故就源于此。朋友志同道合，互相推荐提携，自然也是官场美谈。

庞统展骥，仇览栖鸾。

人物简介

庞统，字士元，蜀汉谋士。

仇览，字季智，东汉考城（今河南兰考县）人，四十岁时被选为蒲亭长。

掌故解读

展骥：施展千里马的才能。《三国志·庞统传》记载：“先主领荆州，统以从事守耒阳令，在县不治，免官。吴将鲁肃遗先主书曰：‘庞士元非百里才也，使处治中别驾之任，始当展其骥足耳。’诸葛亮亦言之于先主，先主见与善谭，大器之，以为治中从事。亲待亚于诸葛亮。遂与亮并为军师中郎将。”故事是说，刘备兼任荆州刺史，庞统以从事官兼任耒阳县令，在县令任上因治理得不好被罢免。吴国将领鲁肃给刘备写信说：“庞士元不是治理百里范围内的县令之才，使他处于治中、别驾之任，才能施展他的千里马之才罢了。”诸葛亮也对刘备这样说，刘备接见庞统，与他交谈，大为惊奇，任命他为治中从事，亲近程度次于诸葛亮。后来庞统与诸葛亮同为军师中郎将。

栖鸾：栖鸾凤，居住鸾鸟凤凰的地方，指仇览应该到有远大前程的地方去。《后汉书 · 循吏传》记载：“览初到亭，人有陈元者，独与母居，而母诣览告元不孝。览惊曰：‘吾近日过舍，庐落整顿，耕耘有时。此非恶人，当是教化未及至耳。母守寡养孤，苦身投老，奈何肆忿于一朝，欲致子以不义乎？’母闻感悔，涕泣而去。”又载：“时考城令河内王涣，政尚严猛，闻览以德化人，署为主簿。谓览曰：‘主簿闻陈元之过，不罪而化之，得无少鹰鹯之志邪？’览曰：‘以为鹰鹯，不若鸾凤。’涣谢遣曰：‘枳棘非鸾凤所栖，百里岂大贤之路？今日太学曳长裾，飞名誉，皆主簿后耳。以一月俸为资，勉卒景行。’”故事是说，仇览初到蒲亭，有个叫陈元的人，独自与母亲居住，可是他母亲到亭长那里控告陈元不孝顺。仇览惊讶地说：“我近日到过你家，院落整洁，按时耕种。这个人不是恶劣的人，应当是教化没有达到罢了。母亲守寡养育孤儿，辛苦临老，怎么能发一时之愤，要把儿子置于不义之地呢？”母亲感动后悔，哭泣着离开了。当时，考城县令河内人王涣，施政风格喜欢严酷猛烈，听说仇览用德化感人，任命他为县主簿。对仇览说：“主簿听到陈元的过错，不处罪而感化他，该不会缺少鹰鹯之类的猛禽志向吧？”仇览说：“我以为鹰鹯之类的猛禽，不如鸾鸟凤凰一类的贤才。”王涣道歉，送别他说：“荆棘丛林不是鸾鸟凤凰所住的地方，百里大的一县范围，怎能是大贤的出路呢？现在太学中那些人拖着长袍，名声飞扬，都不如主簿你。我一个月的俸禄资助你，勉励你走好前程。”

点　赞

仇览任亭长，官职不高，但却深入实际，以教化感人，说明职位不在高低，只要为百姓解决实际问题，都会有所作为的。

葛亮顾庐，韩信升坛。

人物简介

诸葛亮，字孔明，三国时期蜀汉丞相，事迹见“孔明卧龙”条。

韩信：淮阴（今江苏淮安）人，先在项羽军中不被重用，逃到汉王刘邦军中，拜为大将。他率军击魏破代，下燕取齐，消灭项羽于垓下。刘邦平定天下，韩信功居多，与萧何、张良被称三杰。受封淮阴侯，改封楚王。后有人告发他谋反，吕后把他骗入长乐宫害死。

掌故解读

顾庐：到草庐拜访，指刘备到草庐拜访诸葛亮。诸葛亮《出师表》曰：“臣本布衣，躬耕于南阳，苟全性命于乱世，不求闻达于诸侯。先帝不以臣卑鄙，猥自枉屈，三顾臣于草庐之中，谘臣以当世之事，由是感激，遂许先帝以驱驰。”诸葛亮在《出师表》中说：“我本来是平民布衣出身，自己在南阳耕田，在乱世中苟且保全性命，不求在诸侯中出名。先帝不认为我低贱，还委屈自己，三次到草庐中来拜访我，向我咨询天下之势。我因此很受感动，于是就答应为先帝奔走效劳。”

升坛：登上拜将的坛台，指韩信登坛拜将。《史记·淮阴侯列传》记载：“信数与萧何语，何奇之。至南郑，诸将行道亡者。数十人。信度何等已数言上，上不我用，即亡。何闻信亡，不及以闻，自追之。……何曰：‘诸将易得耳，至如信者，国士无双。王必欲长王汉中，无所事信，必欲争天下，非信无可与计事者。顾王策安所决耳。’……于是王欲召信拜之。何曰：‘王素慢无礼，今拜大将，如呼小儿耳，此乃信所以去也。王必欲拜之，择良日，斋戒，设坛场，具礼，乃可耳。’王许之，诸将皆喜，人人各自以为得大将。至拜大将，乃韩信也，一军皆惊。”故事是说，韩信多次与萧何谈话，萧何很佩服他。到了南郑，众将在途中逃跑的有几十人。韩信猜测萧何等人已经多次对刘邦

说过，刘邦不重用自己，就也逃跑了。萧何听说韩信逃跑了，来不及报告刘邦，他就自己去追韩信去了。萧何追回韩信后对刘邦汇报时说：“众将容易得到，至于像韩信这样的将领，是天下找不到第二个的。大王如果要在汉中称王，没有用韩信的地方，如果要争夺天下，没有韩信就没有人能帮你谋划。只看大王如何决策在那一方面罢了。”于是汉王要召见韩信拜他为大将。萧何说：“大王一向对人轻慢，现在拜大将如同呼唤小孩一样，这是韩信逃跑的原因。大王要拜他为大将，一定要选择黄道吉日，要沐浴更衣，戒酒独宿，表示虔诚，筑土台为坛场，举行拜将仪式，才可以。”汉王同意了。众将也很高兴，人人各自以为能当大将。到了拜大将时候，才知道原来是韩信，全军很惊讶。

点　赞

韩信升坛、诸葛顾庐，都说明人才难得的道理。当领导的就要尊重人才，爱惜人才。

王裒柏惨，闵损衣单。

人物简介

王裒，字伟元，城阳营陵（今山东昌乐）人，晋朝的孝子。

闵损，字子骞，春秋时期人，孔子的弟子。

掌故解读

柏惨：柏树因孝子王裒的鼻涕眼泪而枯干的惨状。《晋书 · 孝友传》记载：“父仪，高亮雅直，为文帝司马。东关之役，帝问于众曰：‘今日之事，谁任其咎？’仪对曰：‘责在元帅。’帝怒曰：‘司马欲委罪于孤邪！’遂引出斩之。……痛父非命，未曾西向而坐，示不臣朝廷也。于是隐居教授，三征七聘皆不就。庐于墓侧，旦夕常至墓所跪拜，攀柏悲号，涕泣着树，树为之枯。母性畏雷，母没，每雷，辄到墓曰：‘裒在此。’”故事是说，王裒的父亲王仪高尚正直，任晋文帝司马昭的司马。东关战役失败，晋文帝问众人道：“近来战事失利，谁来承担罪责？”王仪说：“责任在元帅。”晋文帝说：“王司马要归罪于我！”于是就把他拉出去斩首了。王裒为父亲被杀感到悲痛，从不向西而坐，表示不向朝廷臣服。后来他隐居教学，朝廷多次征聘都不去应聘。盖草屋住在墓旁，早晚常到墓边跪拜，攀扯着柏树悲哀号哭，鼻涕眼泪抹到树上，柏树就枯干了。他母亲害怕打雷，母亲死后，每次打雷，他就到坟前为母亲壮胆说：“裒儿在这里。”

衣单：衣服单薄。《艺文类聚》卷二十记载：“闵子骞兄弟二人，母死，其父更娶，复有二子。子骞为其父御车，失辔，父持其手，衣甚单；父则归，呼其后母儿，持其手，衣甚厚温。即谓其妇曰：‘吾所以娶汝，乃为吾子，今汝欺我，去无留。’子骞前曰：‘母在，一子单；母去，四子寒。’其父默然。故曰：‘孝哉，闵子骞！一言其母还，再言三子温。’”故事是说，闵子骞有兄弟二人，母亲死亡，他的父亲又娶了妻子，后母又生了两个儿子。闵子骞给父亲赶车，马缰绳掉了，在捡缰绳之际，父亲拉住他的手，发现他的衣服很单薄；父亲回到家，叫来他后母所生的儿子，拉他的手，发现衣服很厚很温暖。他就对妻子说：“我之所以娶你，是为了我的儿子，现在你欺骗我，赶紧离开，不要留下。”闵子骞上前说：“母亲在，一儿衣单；母亲离开，四个儿子寒冷。”他的父亲沉默了。所以说：“孝顺啊！闵子骞，说一句话，留住他的母亲，第二句话，三个儿子都得到温暖。”

点　赞

这是两个孝子的故事，他们都被列入“二十四孝”之中，不过在“二十四孝”中讲的是王裒孝母的故事，题目是“闻雷泣墓”。

纸字韵

蒙恬制笔，蔡伦造纸。
孔伋缊袍，祭遵布被。
周公握发，蔡邕倒屣。
王敦倾室，纪瞻出伎。

蒙恬制笔，蔡伦造纸。

人物简介

蒙恬，秦朝将领，秦始皇统一天下，蒙恬率兵三十万，北逐戎狄，修筑长城，西起临洮，东至辽东，连绵万余里，威震匈奴。

蔡伦，字敬仲，桂阳（今湖南郴州）人，东汉发明家。曾任中长侍、尚方令等职，受封为龙亭侯。他发明了造纸术。

掌故解读

制笔：制作笔。晋朝崔豹《古今注》记载：“牛亨问：‘自有书契以来，便应有笔，世称蒙恬造笔，何也？’答曰：‘蒙恬始造，即秦笔耳。以枯木为管，鹿毛为柱，羊毛为被。所谓苍毫，非兔毫竹管也。’”故事是说，牛亨问道："自从有文字以来，便应有笔。社会上称蒙恬造笔，为什么？"回答说："蒙恬开始造的，就是秦笔。用枯干的木棍作笔管，用鹿毛做笔头，用羊毛像做被子一样盖在笔头周围，这就是所说的苍毫，不是兔毫竹管的笔。"

造纸：制造纸张。《后汉书 · 宦者传》记载："后加尚方令，监作秘剑及诸器械，莫不精工坚密，为后世法。自古书契多编以竹简，其用缣帛者谓之为纸。缣贵而简重，并不便于人。伦乃造意，用树肤、麻头及敝布、鱼网以为纸。元兴元年奏上之，帝善其能，自是莫不从用焉。故天下咸称'蔡侯纸'。"故事是说，蔡伦后来加官为尚方令，监造秘密的尚方宝剑以及各种器械，没有不是精密坚固的，成为后代的标本。自古以来文字多写在竹简加以编连，那些用来写字的缣帛称作纸。缣帛价格贵，竹简又沉重，对于写字的人来说都不方便。蔡伦就发挥创意，用树皮、麻绳头以及破布、渔网造纸。元兴元年（105 年）将此事奏报给朝廷，皇帝认为他很有能力，从此没有人不用他所造的纸。所以天下都称它为"蔡侯纸"。

点　赞

笔和纸，都是文化传播的工具，尽管在蒙恬、蔡伦之前我国已经有了笔和纸，但是蒙恬的秦笔便于书写，蔡侯纸物美价廉，对于文化发展有巨大的推动作用，因此他们都是有巨大贡献的发明家。公元十二世纪造纸术才辗转传到欧洲，但早在一千多年前，蔡侯纸在我国得到了广泛应用了。

孔伋缊袍，祭遵布被。

人物简介

孔伋，字子思，孔子的孙子。受学于曾子，作《中庸》传述父师之意。

祭遵，字弟孙，颍川颍阳（今河南许昌）人，东汉大臣，曾任征虏将军，封颍阴侯。

掌故解读

缊袍：用乱麻衬在里面的袍子。《说苑》记载："子思居于卫，缊袍无表，二旬九食，田子方闻之，使人遗狐白之裘，恐其不受，因谓之曰：'吾假人，遂忘之；吾与人，如弃之。'子思辞而不受。子方曰：'我有子无，何故不受？'子思曰：'伋闻之，妄与不如遗弃物于沟壑，伋虽贫，不忍以身为沟壑，是以不敢当也。'"故事是说，子思居住在卫国，袍子用乱麻衬在里边，还没有袍子面。二十天里只吃上九顿饭。田子方听到这种情况，派人赠送给他用狐狸腋下白毛制成的狐狸皮袄，怕他不接受，就对他说："我从人家借来的，又忘了是借谁的；随便给别人，如同丢弃了它，所以送给你。"子思推辞，不接受。田子方说："我有你没有，为什么不接受？"子思说："我听说过，随便给人家东西如同把东西丢弃到沟坑里。我虽然贫困，也不忍心把自己当成沟坑。因此不敢接受。"

布被：布制的被子，指生活俭朴。《后汉书·祭遵传》记载："少好经书，家富给，而遵恭俭，恶衣服。……遵为人廉约小心，克己奉公，赏赐尽与士卒，家无私财，身衣韦袴，布被，夫人裳不加缘。帝以是重焉。……其后会朝，帝每叹曰：'安得忧国奉公如祭征虏乎！'其见思如此。"故事是说，祭遵从小就喜欢经书，家庭虽富裕，可是他自身节俭，穿着旧的衣服。祭遵的为人廉洁节约，谨慎小心，克己奉公，获得的赏赐都给士卒，家中没有私财，身穿熟牛皮的裤子，盖着布制的被子，他夫人的下衣不加边缘修饰。光武帝因此更加器重他。他死后的朝会上，光武帝常常感叹道："哪里有忧国奉公像祭征虏的呀！"他被光武帝思念如此。

点　　赞

子思虽然生活贫困，也不接受别人的施舍，保持了做人的尊严，反映他很有骨气；祭遵家庭富裕，自身却很节俭，受赏分给士卒，自己却盖布制的被子，这种严于律己的精神十分可贵，难怪光武帝念念不忘祭遵"忧国奉公"的品格。

周公握发，蔡邕倒屣。

人物简介

周公，姬旦，西周的政治家。他的采邑在周，故称周公。他是周武王的弟弟，佐周武王灭商。武王死，成王年幼，由他摄理政事，率兵东征，平定管叔、蔡叔和武庚的叛乱。成王长大，他还政于成王。

蔡邕，字伯喈，陈留圉（今河南杞县）人，东汉文学家。曾任议郎、左中郎将等职。著有《述行赋》。

掌故解读

握发：一沐三握发，即洗一次头，为接待来人而三次握起头发，比喻为国忧劳，求才殷切。《史记 · 鲁周公世家》记载：“于是卒相成王，而使其子伯禽代就封于鲁。周公戒伯禽曰：‘我文王之子，武王之弟，成王之叔父。我于天下亦不贱矣。然我一沐三握发，一饭三吐哺，起以待士，犹恐失天下之贤人。子之鲁，慎无以国骄人。’”故事是说，于是周公最终留下来辅佐成王，派他的儿子伯禽代替他到鲁国受封。周公告诫伯禽说：“我是文王的儿子，武王的弟弟，成王的叔父。我在天下也不算卑贱了。然而我洗一次头发把头发握起来三次，吃一顿饭三次吐出口中的食物，起来接待来访的人士，还怕失去天下的贤人。你到鲁国，千万不要凭借国君的身份傲视他人。”

倒屣：急于迎接客人，把鞋子穿倒了，形容热情迎客。《三国志 · 王粲传》记载：“献帝西迁，王粲徙长安。左中郎将蔡邕见而奇之。时邕才学显著，贵重朝廷，常车骑填巷，宾客盈坐。闻粲在门，倒屣迎之。粲至，年既幼弱，容状短小。一坐尽惊。邕曰：‘此王公孙，有异才，吾不如也。吾家书籍文章，尽当与之。’”故事是说，汉献帝迁都到长安，王粲也迁移到长安。左中郎将蔡邕看到他就觉得他是个奇才。当时蔡邕才学显著，在朝廷地位很高，府第前经常被来往的车马堵塞了街巷，府里宾客满座。一天他听说王粲来到

门前，急忙去迎接，把鞋都穿倒了。王粲一进门，因为他年龄小，身材又矮，满座的人都很惊讶。蔡邕说："这是王家后人，有特殊才华，我也不如他。我家的书籍文章应当全都给他。"

点　　赞

一沐三握发，一饭三吐哺，反映了周公为国求贤的政治家的风范；蔡邕倒屣，说明大文学家蔡邕谦虚待人的美德。

王敦倾室，纪瞻出伎。

校　勘

纪瞻出伎，伎，《全唐诗》本、学津本均作"妓"，金辑本作"伎"。

人物简介

王敦，字处仲，尚武帝女儿襄城公主，官拜驸马都尉。东晋初，他与王导共同辅佐晋元帝。升任征南大将军、侍中、江州牧。后与朝廷发生矛盾，发动叛乱。晋明帝起兵讨伐，王敦病死。

纪瞻，字思远，丹阳秣陵（今江苏南京市江宁区）人，晋朝官吏，因为讨伐华轶有功，封都乡侯，官拜尚书右仆射。

掌故解读

倾室：倾覆晋室，指王敦要推翻晋朝。《晋书·王敦传》记载："初，敦务自矫历，雅尚清谈，口不言财色。既素有重名，又立大功于江左，专任阃外，手控强兵，群从显贵，威权莫贰，遂欲专制朝廷，有问鼎之心。帝畏而恶之，遂引刘隗、刁协等以为心膂。敦益不能平，于是嫌隙始构矣。每酒后辄咏魏武帝乐府歌曰：'老骥伏枥，志在千里。烈士暮年，壮心不已。'以如意打击唾壶为节，壶边尽缺。……敦谓羊鉴及子应曰：'我亡后，应便

即位，先立朝廷百官，然后乃营葬事。’”故事是说，起初，王敦故作矫情，崇尚清谈，口中不谈论钱财女色。平时已经享有大名，又在江南为东晋建有大功，统兵在外，手握强兵，有权有势的人中，威信权力没有超过他的。于是王敦对朝廷实施专制，有了不臣之心。晋元帝也畏惧和讨厌他，于是就拉拢刘隗、刁协等作为心腹骨干。王敦更加不满，群臣之间逐渐产生了嫌隙。每次在酒后，他就歌唱魏武帝曹操的乐府歌：“老骥伏枥，志在千里。烈士暮年，壮心不已。”用如意敲打着痰盂的边为节拍，痰盂边全都是缺口。王敦有病时对下属羊鉴和他的儿子王应说：“我死后，你应该马上即位，先设立朝廷的百官，然后再安排为我下葬的事情。”

出伎，让大家观赏技艺。邓粲《晋纪》：“王导与周顗及朝士诣尚书纪瞻观伎，瞻有爱妾，能为新声。顗于众中欲通其妾，露其丑秽，颜无怍色。有司奏免官，诏特原之。”故事是说，王导与周顗以及朝廷的士大夫，到尚书纪瞻家去观赏伎艺表演。纪瞻有个爱妾，能创作新的歌曲。周顗在众人面前与她勾搭，露出丑态，面无愧色。主管官员奏报周顗沉溺荒淫，皇帝下诏书原谅了他。

点　评

倾室，究竟是倾覆晋室，还是倾灭家室？王敦死后被开棺戮尸，家属牵连受害，说是倾灭家室，也不错。他虽然没有把东晋推翻，但是倾覆晋室之心还是存在的。他在病中嘱咐羊鉴与其子王应的话：“我亡后，应便即位。”可见他的改朝换代之心不死。因此这是本句的重点所在。

真字韵

暴胜持斧，张纲埋轮。

灵运曲笠，林宗折巾。

屈原泽畔，渔父江滨。

魏勃扫门，潘岳望尘。

暴胜持斧，张纲埋轮。

人物简介

暴胜之，字公子，河东（今山西永济）人，西汉大臣，汉武帝时任直指使，后任御史大夫。

张纲，字文纪，犍为武阳（今四川眉山市彭山区东）人，东汉大臣，任御史，上书弹劾大将军梁冀，京师震惊。后任广陵太守，张婴聚众作乱，张纲上任后，单骑驰入乱军营垒，晓以利害，说降张婴，平息十余年的乱局。

掌故解读

持斧：手持斧钺，指暴胜之当上了直指使。汉武帝时因天下闹事者众，派出身穿绣衣、持斧仗节的直指使，进行镇压。《汉书 · 隽不疑传》记载：

“武帝末，郡国盗贼群起，暴胜之为直指使者，衣绣衣，持斧，逐捕盗贼，督课郡国，东至海，以军兴诛不从命者，威振州郡。……胜之开阁延请，望见不疑容貌尊严，衣冠甚伟，胜之蹰履起迎。不疑据地曰：‘窃伏海濒，闻暴公子威名旧矣，今乃承颜接辞。凡为吏，太刚则折，太柔则废，威行施之以恩，然后树功扬名，永终天禄。’胜之知不疑非庸人，敬纳其戒，深接以礼意，问当世所施行。门下诸从事皆州郡选吏，侧听不疑，莫不惊骇。至昏夜，罢去。胜之遂表荐不疑，征诣公车，拜为青州刺史。”故事是说，汉武帝末年，各个郡国的盗贼群起作乱，暴胜之任直指使，身穿绣衣，手持大斧，追捕盗贼，督察郡国，向东到达沿海，按战乱期间的法规，诛杀不服从者，威震各个州郡。暴胜之请求与隽不疑相见，隽不疑来到，暴胜之打开小门迎接，望见隽不疑容貌严肃，衣帽整齐，暴胜之鞋都没来得及穿正就迎了出来。登堂坐好，隽不疑跪在地上说：“我在海滨，早就听到暴公子的威名了，今天才见面交谈。大凡做官吏的，太刚强就容易折断，太柔软就办不成事，凭借恩德施行威严，才能建功扬名，永远享有上天的俸禄。”暴胜之知道隽不疑不是平常的人，接受他的劝诫，按礼仪接待他，问他当时所应当施行之事。暴胜之门下的从事都是州郡中所挑的最好的人选，他们在旁听隽不疑讲话，没有不震惊的。谈至深夜才停止。暴胜之就上表推荐隽不疑，征到驿站的公车，拜隽不疑为青州刺史。

埋轮：埋起车轮，表示无所畏惧，敢于抨击权贵。《后汉书 · 张纲传》记载：“时顺帝委纵宦官，有识危心。纲常感激，慨然叹曰：‘秽恶满朝，不能奋身出命扫国家之难，虽生吾不愿也。’……汉安元年，遣八使徇行风俗，皆耆儒知名，多历显位，唯纲年少，官次最微。余人受命之部，而纲独埋其车轮于洛阳都亭曰：‘豺狼当路，安问狐狸！’遂奏大将军梁冀，河南尹不疑……无君之心十五事，京师震竦。”故事是说，当时汉顺帝纵容宦官，有识之士心存戒惧。张纲常常感慨激昂，感叹道：“满朝秽恶，不能挺身扫除国家的困难，即使能活着，我也不愿意。”汉安元年（142 年），朝廷派八位使节巡视风俗，所选多为知名之士，只有张纲最年轻，官职最低，七人受命出发，张纲才到洛阳都亭，就把车轮拆下来埋到土里，说：“豺狼当道，哪里有心思过问狐狸！”就上书弹劾大将军梁骥、河南尹梁不疑的无君之心十五条，京师权贵都震惊惶恐。

点　赞

暴胜之任直指使，他不满足于自身权高势重，而且虚心求教，为国荐才，推荐隽不疑为青州刺史；张纲不仅有“扫除国家之难”的决心，而且敢于弹劾大将军梁冀兄弟的“不臣之心”的实际行动，使京师的权贵震惊惶恐，这种大无畏的精神令人感佩。

灵运曲笠，林宗折巾。

人物简介

谢灵运，南朝宋文学家，袭爵封长乐公，曾任永嘉太守、临川内史等职。因家中有钱，喜欢游山玩水。

郭泰，字林宗，介休（今山西介休市）人，东汉名士。事迹见“李郭仙舟”条。

掌故解读

曲笠：即曲柄笠，类似仪仗中的曲柄盖的斗笠。《世说新语 · 语言》记载：“谢灵运好戴曲柄笠，孔隐士谓曰：‘卿欲希心高远，何不能遗曲盖之貌？’谢答曰：‘将不畏影者，未能忘怀。’”故事是说，谢灵运喜欢戴曲柄斗笠，隐士孔淳之对他说：“先生希望有高远的志向，为什么不能丢弃代表富贵的曲柄盖呢？”谢灵运回答道：“恐怕是畏惧阴影的人才对阴影不能忘怀吧。”

折巾：折头巾一角，指人们效仿郭泰头巾的样子。《后汉书·郭泰传》记载：“性明知人，好奖训士类。容貌魁伟，褒衣博带，周游郡国。尝于陈梁间行遇雨，巾一角垫。时人乃故折巾一角，以为‘林宗巾’。其见慕如此。”故事是说，郭泰有知人之明，喜欢奖励读书人。他长相魁梧，穿着肥大的衣服，系着宽宽的衣带，到各个郡国旅游。曾经在陈、梁之间，行路遇到了雨，头巾的一角折下。当时的人故意把头巾折一角，当作“林宗巾”。他被人们羡慕到如此的程度。

点　评

爱美之心，人皆有之。追求时尚，非自今日始。从“林宗巾”的典故可见在东汉时就有了追求时尚的风气。

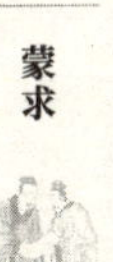

屈原泽畔，渔父江滨。

人物简介

屈原，名平，战国时期楚国的爱国诗人，他明白治乱，熟悉辞令。楚怀王时任左徒，受到令尹子兰等的谗毁，被贬为三闾大夫，又遭到流放，投汨罗江而死。著有《离骚》《九章》《九歌》等。

渔父，《高士传》说是楚国人，楚国战乱中，他匿名隐钓于江滨。

掌故解读

泽畔：水边。江滨：汨罗江边上。《史记·屈贾列传》记载：“屈原至江滨，被发行吟泽畔。颜色憔悴，形容枯槁。渔父见而问之曰：‘子非三闾大夫欤？何故而至此？’原曰：‘举世混浊而我独清，众人皆醉而我独醒，是以见放。’渔父曰：‘夫圣人者，不凝滞于物而能与世推移。举世混浊，何不随其流而扬其波？众人皆醉何不餔其糟啜其醨？何故怀瑾握瑜而自令见放？’原曰：‘吾闻之，新沐者必弹冠，新浴者必振衣，人谁能以身之察察，受物之汶汶者乎！宁赴湘流而葬乎江鱼腹中耳，又安能以皓皓之白而蒙世之温蠖乎！’乃作《怀沙》之赋，……于是怀石遂自投汨罗以死。”故事是说，屈原到汨罗江边上，一边走路，一边吟诗。脸色憔悴，容貌枯槁。渔父看见他而问道：“您不是三闾大夫吗？为什么来到这里呢？”屈原说：“全社会都混浊，只有我清白；众人都沉醉，只有我清醒，因此被放逐。”渔父说：“圣人不被事物所拘泥，全社会都混浊，何不随波逐流呢！众人都沉醉，何不吃酒糟喝淡酒呢！为什么怀揣美玉，手握美玉，使自己被放逐呢？”屈原说：“我听说过，刚洗过头发的人，一定要弹掉帽子上的灰尘，刚洗过澡的人，一定要抖掉衣服上的尘土。谁又能让洁白的身体被脏乎乎的浊物所污染呢！宁肯投到江中，葬身于鱼腹中了，又怎能让洁白的身躯蒙受社会上的尘埃呢！”后来他就怀抱石头投到汨罗江中而死。

点　　赞

屈原“怀瑾握瑜”而遭流放，他宁肯葬身鱼腹，也不与黑暗势力同流合污，这种高尚的气节，深受后人钦敬。

魏勃扫门，潘岳望尘。

校　勘

魏勃扫门，《全唐诗》本、学津本均作“埽”。《史记 · 齐悼惠王世家》：“乃常独早夜埽齐相舍人门外。”扫的繁体字为掃，埽、掃二字形近而误。金辑本作“扫”。

人物简介

魏勃，西汉齐国官吏，由相府舍人升任齐国内史。

潘岳，字安仁，中牟（今河南中牟东）人，晋朝文学家。曾任河阳令、给事黄门侍郎等职。他相貌美丽，文辞艳丽。因得罪孙秀而被杀。

掌故解读

扫门：打扫门外，指希望得到引见。《史记·齐悼惠王世家》记载："及魏勃少时欲求见齐相曹参，家贫无以自通，乃常独早夜埽齐相舍人门外。舍人怪之，以为物，而伺之，得勃。勃曰：'愿见相君，无因，故为子埽。欲以求见。'于是舍人见勃曹参，因以为舍人。"故事是说，在魏勃年轻的时候，想要求见齐相曹参，因为家庭贫困，没有办法进见，就经常早晚打扫齐相府舍人的门外。舍人感到奇怪，认为是个怪物，暗中守候，结果抓到了魏勃。魏勃说："希望见到相国，没有办法，所以为你们打扫大门外。"于是舍人引见魏勃给曹参，曹参就命他当舍人。

望尘：望尘而拜，从远处望见车马扬尘就叩拜，指要求接见心情的急切。《晋书·潘岳传》记载："性轻躁，趋世利，与石崇等谄事贾谧，每候其出，与崇辄望尘而拜。构愍怀之文，岳之辞也。谧二十四友，岳为其首。谧《晋书》限断，亦岳之辞也。"故事是说，潘岳性格轻浮急躁，追逐社会上的利益，他与石崇等人向贾谧献媚，每次等他出来，潘岳与石崇从远处望见车马扬尘就叩拜。贾谧陷害愍怀太子的文章，是潘岳写的。贾谧的"二十四友"，潘岳为首。贾谧的《晋书限断》的文章，也是潘岳写的。

点　评

从"望尘而拜"，可见潘岳要与贾谧结交的急切心情。由于急躁轻进，很容易被卷进斗争的漩涡，潘岳也在统治阶级内部斗争中与石崇一起被杀。故事告诉人们结交要慎重。

敬字韵

京房推律，翼奉观性。

甘宁奢侈，陆凯贵盛。

干木富义，于陵辞聘。

元凯传癖，伯英草圣。

京房推律，翼奉观性。

人物简介

京房，字君明，顿丘（今河南浚县）人，西汉经学家，从焦延寿学《易经》，其学说以解说灾变为长，任郎官，被当权者石显、五鹿充宗嫉恨，被调出京师，任齐郡太守，后受陷害死在狱中。

翼奉，字少君，下邳（今泗水县）人，西汉学者，研究《齐诗》。任中郎，官至谏大夫。

掌故解读

推律：推求规律，指按《易经》推求规律。《汉书 · 京房传》记载："治易，事梁人焦延寿。……博具从房记诸所说灾异事，因令房为淮阳王作求朝奏草，皆持柬与淮阳王。石显微司具知之，以房亲近，未敢言。及房出守郡，显告房与张博通谋，非谤朝政，归恶天子，诖误诸侯王。初，房见道幽厉事，出为御史大夫郑弘言之。房、博皆弃市，弘坐免为庶人。房本姓李，推律自定为京氏，死时年四十一。”故事是说，京房研究《易经》，以梁国人焦延寿为师。张博（淮阳献王的舅父）把从京房那里学到的灾异事都记录下来，就让京房为淮阳王写作请求进京朝见的奏章草稿，他把奏章草稿与书信给了淮阳王。石显都暗中侦察到了，因为京房是皇家近亲，没敢说。等到京房出京任太守时，石显告发京房与张博合谋诽谤朝政，把罪恶归给天子，使诸侯王受牵连而犯错误。当初，京房觐见皇帝时说周幽王、周厉王的事，出来对御史大夫郑弘说了。京房、张博都被斩首，郑弘受牵连被免职为平民。京房本来姓李，推律自己定为姓京，死时年仅四十一岁。

观性：观察人的性格，指观察臣下的性格。《汉书 · 翼奉传》记载：“臣闻之于师，知道要务，在知下之正邪，人诚乡正，虽愚为用；若乃怀邪，知益为害。知下之术，在于六情（廉贞、宽大、公正、奸邪、阴贼、贪狠）十二律（古乐中的黄钟、大吕等十二调）而已。……察其所繇，省其进退，参之六合五行，则可以见人性，知人情。难用外察，从中甚明，故诗之为学，情性而已。五性不相害，六情更兴废。观性以历，观情以律，明主所宜独用，难与二人共也。”翼奉说：“我听老师说过，懂得道的关键，在于知道臣下的正直与邪恶，人假如向正直方向发展，即使是愚笨一些，还是可用的；至若心怀歪斜，越有智慧，越成祸害。了解臣下的办法，就在于掌握六情十二律罢了。观察他所经由的路线，审查他的进与退，参考六情、五行，就可以了解人的性格，知道人的情感。从外边观察很难，从内部观察就很清楚了。因此《诗经》的学问，只是顺着情性罢了。五行不相害，六情更替兴衰，观察性格用日历，观察六情用十二律，英明的君主应该单独运用，难与他人共享。”

点　评

京房、翼奉是两位学者，前者以《易经》推求规律，从灾异推求社会之治乱兴衰，结果把自己推到“弃市”被斩；后者通过人的六情，结合音乐的十二律，观察人的性格，了解臣下的正邪，也很可笑。反映了当时封建迷信盛行，连学者也未能幸免。

甘宁奢侈，陆凯贵盛。

人物简介

甘宁，字兴霸，巴郡临江（今重庆忠县）人，三国吴国将领。被称为江表虎臣，官至折冲将军。

陆凯，字敬风，三国时期吴国人，丞相陆逊的族子，孙皓时任丞相。

掌故解读

奢侈：讲究排场，铺张浪费。《吴书》记载：“宁轻侠杀人，藏舍亡命，闻于郡中。其出入，步则陈车骑，水则连轻舟，侍从被文绣，所如光道路，住止常以缯锦维舟，去或割弃，以示奢侈。”故事是说，甘宁好行侠杀人，收藏亡命之徒，在郡内闻名。他出入时，步行就陈列车马，水行就把轻快的小船连接在一起。侍从人员穿着文采锦绣，所去的地方把道路打扫得光光的。住下就用丝绸锦缎系住舟船，离开时，有时割弃系船的丝绸锦缎，来表示奢侈。

贵盛：家族兴旺，有权势。《世说新语·规箴》记载：“皓问凯：‘卿一宗在朝有几人？’答曰：‘二相五侯，将军十余人。’皓曰：‘盛哉！’凯曰：‘君贤臣忠，国之盛也，父慈子孝，家之盛也。今政荒民弊，覆亡是惧，臣何敢言盛。’”故事是说，孙皓问陆凯：“你们一家在朝廷当官的有几个人？”回答说：“二位丞相，五位侯爵，将军十余人。”孙皓说：

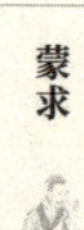

“够兴盛啊！”陆凯说：“国君贤德，大臣忠心，是国家的兴盛；父亲慈祥，儿子孝顺，是家庭的兴旺。现在政治荒乱，民众困难，忧惧灭亡，臣哪里敢说兴盛。”

点　评

孙皓想的是几人在朝做官，陆凯却从君臣父子的关系中分析国家的兴衰，从对话中可见君臣见识的高下。

干木富义，于陵辞聘。

人物简介

段干木，战国时期谋士，魏文侯之师。

陈仲子，字子终，战国时期齐国人，辞别母亲、兄长，带领妻子到楚国的于陵居住，人称于陵子。

掌故解读

富义：富于道义。《吕氏春秋 · 期贤》记载：“魏文侯过段干木之闾而轼之。其仆曰：‘君胡为轼？’曰：‘此非段干木之闾欤？段干木盖贤者，吾安敢不轼？且吾闻段干木未尝肯以己易寡人也。吾安敢骄之？段干木光乎德，寡人光乎势，段干木富乎义，寡人富乎财。’其仆曰：‘然则君何不相之？’于是君请相之，段干木不肯受。则君乃致禄百万，而时往馆之。于是国人皆喜，相与颂之曰：‘吾君好正，段干木之敬；吾君好忠，段干木之隆。”故事是说，魏文侯路过段干木的村落，手扶车前横木行礼。他的仆人说：“国君为什么向他敬礼？”魏文侯说：“这不是段干木的村落吗？况且我听说段干木不肯凭借他自己之德轻视我，我哪里敢傲慢地对待他？他的光耀在于道德，我的光耀在于势力，段干木富有道义，我富有财产。”他的仆人说：“然而国君为什么不让他任国相？”于是魏文侯请段干木为魏相，段干木

不肯接受。魏文侯就给他百万的俸禄，经常前往段干木的馆舍求教。于是魏国人都高兴，他们在一起歌颂道：“我君喜好正直，段干木受尊敬；我君喜好忠臣，段干木高升。”

辞聘：不接受楚王的聘任。《列女传》记载：“楚王闻于陵子终贤，欲以为相，使使者持金百镒往聘之。子终入，谓妻曰：‘王欲以我为相，今日为相，明日结驷连骑，食方丈于前。可乎？’妻曰：‘夫子织屦以为食，非与物无治也。左琴右书，乐亦在其中矣。夫结驷连骑，所安不过容膝，食方丈于前，所甘不过一肉。今以容膝之安，一肉之味，而怀楚国之忧，其可乎？乱世多害，妾恐先生之不保命也。’于是子终出谢使者，遂相与逃而为人灌园。”故事是说，楚王听说于陵子终是贤士，便派遣使者带着黄金百镒，前往聘请。于陵子终进屋，对妻子说：“楚王要聘请我为楚相，今天当楚相，明天就会车马接连不断，在一丈见方的宴席桌前吃饭。可以吗？”妻子说：“丈夫以编织鞋子为生，与鞋子无关之事不干。左边是琴，右边是书，也乐在其中。车马接连不断，所坐的地方不过容下双膝，在一丈见方的宴席桌前吃饭，好吃的不过是一盘肉，现在因为容下双膝的座位，一盘肉的口味，而去为楚国忧虑，可以吗？社会混乱，受害的可能性很大，我怕先生保不住性命。”于是于陵子终出去向使者道歉，之后与妻子逃走而去给人家去浇水灌园为生。

点　赞

干木富义，反映魏文侯礼重人才的美德，不愧是一国有为之君；于陵辞聘，反映于陵子终夫妻不贪权势的美德，难怪被称为廉士。

元凯传癖，伯英草圣。

人物简介

杜预，字元凯，晋朝将领，曾任河南尹、秦州刺史、度支尚书等职。拜征南大将军，因平吴功绩，封当阳县侯。著《春秋左氏经传集解》及《释例》《会盟图》《春秋长历》，成一家之学。

张芝，字伯英，东汉酒泉（今甘肃酒泉）人，东汉书法家，善于草书，被称为“草圣”。

掌故解读

传癖：癖本是一种病，引申为习惯性的嗜好。传癖指嗜好《左传》成癖。《晋书 · 杜预传》记载：“时王济解相马又甚爱之，而和峤颇聚敛，预尝称‘济有马癖，峤有财癖’。武帝闻之，谓曰：‘卿有何癖？’对曰：‘臣有《左传》癖。’”故事是说，当时王济懂得相马，又很爱马，而和峤很会聚敛钱财，杜预曾经说：“王济有对马的癖好，和峤有对钱财的癖好。”晋武帝听说这话，对他说：“爱卿有什么癖好？”他回答说：“我有对《左传》的癖好。”

草圣：指草书成就最高的人。王愔《文志》记载：“芝少持高节……尤好草书，学崔、杜之法，家之衣帛，必书而后练。临池学书，水为之黑。下笔则为楷则，号忽忽不暇草书，为世所宝，寸纸不遗，韦仲将谓之‘草圣’也。”（《后汉书 · 张芝传》注）故事是说，张芝年轻时期有高尚的节操。他尤其喜欢草书，学习崔瑗、崔寔、杜度的方法，家中的衣布，一定先用来写字，然后漂白成白色衣服。他在水池边学字，池水都变黑了。下笔时有法则，号称时间仓促来不及打草稿，他的书法被社会上所重视，每一寸纸片都没有丢失。韦诞（字仲将）称他为“草圣”。

点　赞

杜预不仅武能征战，而且学能成癖，是历史上少有的文武全才；张芝“临池学书，水为之黑”，这种勤学苦练的精神很值得学习。

麻字韵

冯异大树，千秋小车。
漂母进食，孙钟设瓜。
壶公谪天，蓟训历家。
刘玄刮席，晋惠闻蟆。

冯异大树，千秋小车。

人物简介

冯异，字公孙，颍川父城（今河南宝丰）人，东汉将军。曾任孟津将军，封阳夏侯。

车千秋，西汉大臣，本姓田。汉武帝的太子被江冲所杀，千秋为太子辩冤，感动汉武帝，被任命为大鸿胪，不久升为丞相，封富民侯。

掌故解读

大树：即大树将军，军中对冯异的称号。《后汉书 · 冯异传》记载："异为人谦退不伐，行与诸将军相逢，辄引车避道。进止皆有表识，军中号为整齐。每所止舍，诸将并坐论功，异常独屏树下，军中号曰'大树将军'。及破邯郸，乃更部分诸将，却有配隶。军士皆言愿属大树将军，光武以此多之。”故事是说，冯异的为人谦虚退让，不夸耀自己，行进时与众将军相逢，就引车让道。前进、停止都有标志，军中号称整齐。每次休息时，众将都坐着讨论战功，冯异单独躲在树下，军中称他为“大树将军”。在攻下邯郸后，各位将领重新分配，各有配属。军士都说愿意归属“大树将军”，光武帝因此很赞赏冯异。

小车：指特许坐小车进入宫殿。《汉书 · 车千秋传》记载：“千秋无他材能术学，又无伐阅功劳，特以一言寤意，旬月取宰相封侯，世未尝有也。……然千秋为人敦厚有智，居位自称，逾于前后数公。……初千秋年老，上优之，朝见，得乘小车入宫殿中，故因号曰‘车丞相’。”故事是说，千秋没有其他才能、技术、学问，仅仅因为一句话使汉武帝感悟，十天一月之间，就封侯拜相，社会上所未尝有过。然而千秋为人忠厚，有智慧，与所居地位相称，超过前后的几位丞相。起初，千秋刚年老时，汉昭帝优待他，在朝见皇帝时，允许他朝见时坐小车进入宫殿。因此号称“车丞相”。

点　　赞

大树将军，指冯异不居功自傲；千秋小车，形容受皇帝尊重的老臣得到的优待。

漂母进食，孙钟设瓜。

人物简介

漂母，在水边上洗衣服的老妈妈。

孙钟，神话传说中的人物，是孙权的先人。

掌故解读

进食：送饭，此指漂母给韩信饭吃。《史记 · 淮阴侯列传》记载：“信从下乡南昌亭长食，亭长妻苦之，乃晨炊蓐食，食时信往，不为具食。信亦知其意，自绝去。至城下钓，有一漂母，哀之，饭信，竟漂数十日。信谓漂母曰：‘吾必重报母。’母怒曰：‘大丈夫不能自食，吾哀王孙而进食，岂望报乎！’……信至国，召所从食漂母，赐千金。及下乡亭长，钱百，曰：‘公小人，为德不竟。’”故事是说，韩信在下乡南昌亭长家吃饭，亭长妻子很厌烦他，早饭时没起床时在被窝里就吃了。吃饭时韩信来到，不给他准备饭。韩信也知道他们的意思，自己就离开了。到城下钓鱼，有一个洗衣服的老妈妈可怜他，为了给韩信饭吃，她竟然洗了几十日的衣服。韩信对洗衣服的老妈妈说：“我一定好好报答老妈妈。”老妈妈生气地说：“男子汉大丈夫，不能自食其力，我是可怜公子，才给你饭吃，难道还希望报答吗！”后来韩信被封为楚王，来到楚国，召来给他饭吃的洗衣服老妈妈，赏赐给她一千两黄金，赏赐给下乡的亭长一百钱。对他说：“你是个小人，做好事没有坚持到底。”

设瓜：摆设香瓜请人吃。《幽冥录》记载：“孙钟少时家贫，种瓜。有三人来乞瓜。钟引入庵中，设瓜及饭。饭讫谓钟曰：‘蒙君厚惠，今示子葬地。欲得世世封侯，欲为数代天子。’又曰：‘我司命，君下山百步，勿反顾。’钟下六十来步，回看并为白鹤飞去。钟遂于此葬母。冢上有气属天，钟后生坚，坚生权，权生亮及和、休。和生皓，为晋所灭，降为归命侯。”故事是说，孙钟年轻时家庭贫困，种瓜为生。有三个人来乞讨瓜吃，孙钟把他们请进草屋，摆上瓜和饭来招待。吃完饭以后，他们对孙钟说：“承蒙你的厚恩，今天指示给你家的坟地。是想世代封侯，还是想数代为天子。”孙钟回答愿做皇帝。又说：“我是司命神，你下山一百步，不要回头看。”孙钟下山走了六十来步，回头一看，三人都变成白鹤飞走了。孙钟于是就在这里埋葬了母亲，坟上有一股气上达天空。孙钟后来生孙权，孙权生孙亮、孙和、孙休。孙和生孙皓，被晋朝所灭，投降后为归命侯。

点　评

漂母进食，说明人们应该向韩信学习，知道感恩图报；孙钟设瓜，本身就是个志怪小说，充满神话色彩，并不可信，所宣扬的墓地决定命运的观点是不科学的。

壶公谪天，蓟训历家。

人物简介

壶公，神话中的人物，能进入酒壶中。

蓟子训，神话中的人物，是位仙人。

掌故解读

谪天：被上天责罚，贬下天庭。《神仙传》记载："汝南有费长房者，为市掾。忽见公从远方来，入市卖药。……常悬一壶于屋上，日入之后，公跳入壶中，人莫之见，唯长房楼上见之，知非常人也。公知长房笃信，谓房曰：'至暮无人时更来。'长房如其言即往，公语房曰：'见我跳入壶中时，卿便可效我跳，自当得入。'长房依言，果不觉已入，入后不复是壶。唯见仙宫世界，楼观重门阁道，公左右侍者数十人。公语房曰：'我仙人也，昔处天曹，以公事不勤见责，因谪人间耳。卿可教，故得见我。'"（《太平广记》卷十二）故事是说，汝南有个叫费长房的人，做市场的小吏，忽然看见壶公从远方来，进入市场卖药。他常在房上悬挂一个酒壶，太阳落山以后，壶公就跳入壶中，别人都没看见此事，只有费长房在楼上看见了，知道他不是一般的人。壶公知道费长房诚信，对他说："到天黑没人时再来。"长房按他的话前往，壶公对长房说："见我跳入壶中时，你就效仿我跳，自然能进入。"长房依照他的话办了，果然不知不觉地进入壶中了。进入以后，酒壶就不再是壶了，只见是个仙宫世界，楼台重门阁道。壶公身边有几十

个侍从。壶公对长房说：“我是神仙，从前在天庭的官衙中任职，因为办公不勤受责备，被贬降人间。你是值得教导的，因此能见到我。”

历家：到达各家。《神仙传》记载：“诸老人须发毕白者，子训但与之对坐共语，宿昔之间，明旦皆黑矣。京师贵人闻之，莫不虚心谒见，无缘致之。有少年与子训邻居，为太学生。诸贵人作计，共呼太学生谓之曰：‘子勤苦读书，欲规富贵。旦召得子训来，使汝可不劳而得矣。’生许诺。便归事子训，洒扫供侍左右数百日。……凡往二十三家，各有一子训，诸朝士各谓子训先到其家。明日至朝，各问子训何时到宅。二十三人所见皆同时，所服饰颜貌无异。唯所言话，随主人意答，乃不同也。京师大惊异。”故事是说，各位老人头发胡子都白了，蓟子训只是与他们对坐谈话，很短时间，明亮的早晨都变黑了。京师有权势的人听说这事，没有不想虚心拜见他的，只是无缘相见。有个少年与蓟子训是邻居，是太学生。有权势的人设计，共同召来太学生，对他说：“你勤苦读书，想讨个富贵，只要能把蓟子训召来，可以让你不劳而获得到富贵。”太学生答应了大家的要求。回家就去服侍蓟子训，洒扫服侍在左右几百天。终于请到了蓟子训，二十三家各来一个蓟子训，众朝官都认为蓟子训先到自己家。第二天来到朝廷，各问蓟子训何时到宅院，二十三人所见到蓟子训都在同一时间，穿戴相貌也没有不同。只有所说的话，随主人的问话而有所不同。京师之人大为惊异。

点　评

这是两个神话故事，神乎其神，不要信以为真。

刘玄刮席，晋惠闻蟆。

校　勘

刘玄刮席，《全唐诗》本，“玄”字缺最后一笔。学津本作“刘元刮席”。这是清代学者为避康熙帝玄烨的名讳而故意少写最后一笔和故意改“玄”为“元”。《后汉书 · 刘玄传》记载：“更始（刘玄）羞怍，俛首刮席不敢视。”

晋惠闻蟆，蟆，《全唐诗》本作“蟇”。蟇是蟆的异体字。学津本作“蟆”。《晋书 · 惠帝记》载：“帝又曾在华林园，闻虾蟆声。”

人物简介

刘玄，字圣公，王莽末年，被起义军推举为更始将军，诸将共立他为天子，改元更始。海内响应，打败王莽，攻入洛阳，迁都长安。后被赤眉军杀死。

司马衷，字正度，性格愚昧，在位十七年，任期内发生“八王之乱”。死后谥号为惠，即晋惠帝。

掌故解读

刮席：用手刮坐席，形容不敢抬头的羞愧样子。《后汉书 · 刘玄传》记载：“更始即帝位，南面立，朝群臣。素懦弱，羞愧流汗，举手不能言。……更始既至，居长乐宫。升前殿，郎吏以次列庭中。更始羞怍，俛首刮席不敢视。诸将后至者，更始问虏掠得几何，左右侍官皆宫省久吏，各惊相视。”故事是说，更始将军刘玄即皇帝位，面朝南站立，接受群臣朝见。他平时懦弱，羞愧流汗，举起手来，不能说话。刘玄来到长安，住在长乐宫。在前殿升朝，郎官依次排列在殿廷中，刘玄感到羞愧，低着头，用手刮席子，不敢看郎官们。众将有后到的，刘玄就问抢掠了多少东西。左右服侍的官员都是宫廷里长期做官的，听完各自惊讶地互相观看。

闻蟆：指晋惠帝听见蛤蟆叫，就问是为官为私，形容晋惠帝的愚蠢痴呆。

《晋书 · 惠帝纪》记载：“帝之为太子也，朝廷咸知不堪政事，武帝亦疑焉。尝悉召东宫官属，使以尚书事令太子决之，帝不能对。贾妃遣左右代对，……太子遂安。及居大位，政出群下，纲纪大坏，货赂公行，势位之家，以贵陵物，忠贤路绝，谗邪得志，更相荐举，天下谓之互市焉。……帝又尝在华林园，闻虾蟆声，谓左右曰：‘此鸣者为官乎？为私乎？’或对曰：‘在官地为官，在私地为私。’及天下荒乱，百姓饿死。帝曰：‘何不食肉糜？’”故事是说，晋惠帝当太子的时候，朝廷的官员都知道他不能处理政事，晋武帝也怀疑他的能力。曾经把东宫的官员都召集来，把尚书省的事务拿来，让太子决断，他不能回答。贾妃派左右侍从替他回答，太子的位置于是就稳定下来了。到了他当皇帝时，政令由下属发出，朝廷纲纪大乱，贿赂公行，有权有势之家，凭借权势欺凌他人，忠臣贤臣的道路被断绝，谗邪小人得志，他们互相举荐，天下人把朝廷当成市场。晋惠帝曾在华林园听见蛙声，对左右的人说：“这叫声是为官事，还是为私事呢？”有人回答说：“在官地是为官事，在私地是为私事。”到天下发生灾荒时，老百姓有饿死的，晋惠帝听说后问：“为什么不吃肉粥呢？”

点　评

这是两个帝王的故事，刘玄刮席，反映了起义军当皇帝，没有经过朝廷礼仪训练，遭到旧官僚鄙视的现实；司马衷愚笨痴呆，不能处理朝政，就因为是司马氏血统，就当上了皇帝。晋惠闻蟆，讽刺的就是这种不合理的封建帝制。

缉字韵

伊籍一拜，郦生长揖。

马安四至，应璩三入。

郭解借交，朱家脱急。

虞延克期，盛吉垂泣。

伊籍一拜，郦生长揖。

人物简介

伊籍，字机伯，山阳（今河南修武县西北）人，年轻时在刘表处为官，后在刘备处为官，任从事中郎、昭文将军。

郦食其，秦汉之际的策士，陈留高阳县（今河南杞县）人，向刘邦献计攻克陈留，被封为广野君。又说服齐王田广归汉，不战而得齐地七十余城。

掌故解读

一拜：一拜一起，指拜见后就起来，很简单，不劳累。《三国志 · 蜀志 · 伊籍传》记载：“遣东使于吴。孙权闻其才辩，欲逆折以辞。籍适入拜，权曰：‘劳事无道之君乎？’对曰：‘一拜一起，未足为劳。’籍之机捷，类皆如此，权甚异之。”故事是说，伊籍被派遣出使吴国。孙权听说他有才善辩，想要事先用言辞难倒他。伊籍正好进来拜见，孙权说：“你侍奉无道之君，劳累吗？”回答说：“一拜一起，不算劳累。”伊籍的敏捷机变，大都这样，孙权感到很惊讶。

长揖：指只作揖而不叩头。《史记 · 郦生陆贾列传》记载：“沛公略地至高阳传舍，使人召郦生。郦生至，入谒。沛公方踞床使两女子洗足，而见郦生。郦生入，长揖不拜，曰：‘足下欲助秦攻诸侯乎？且欲率诸侯破秦也？’沛公骂曰：‘竖儒！夫天下同苦秦久矣，故诸侯相率而攻秦，何谓助秦攻诸侯乎？’郦生曰：‘必聚徒合义兵诛无道秦，不宜倨见长者。’于是沛公辍洗，起摄衣，延郦生上坐，谢之。”故事是说，沛公刘邦进攻到了高阳县，住在驿馆里，派人召见郦生。郦生到来，进去拜见。沛公正靠在床边上，让两个女子给他洗脚，让郦生来进见。郦生进入，只是作揖而不叩拜，说：“您想帮助秦国攻打诸侯呢？还是率领诸侯攻破秦国呢？”沛公骂道：“竖儒！天下人被秦国害得痛苦不堪好久了，所以诸侯一起攻打秦国，什么叫帮助秦国攻打诸侯？”郦生说：“一定要聚众和兵讨伐无道的秦国，不应该傲慢地接见德高望重的人。”沛公于是停下洗脚，起身穿衣，请郦生坐上座，向他道歉。

点　　赞

郦生所说“不宜倨见长者”的话，虽是对刘邦说的，但是对于任何想取得事业成功的人，都是至理名言。

马安四至，应璩三入。

人物简介

司马安，西汉官吏，曾任太子洗马，四次升到九卿的官位。

应璩，字休琏，汝南（今河南项城）人，三国时期的文学家。曾任散骑常侍、侍中等职。

掌故解读

四至：四至九卿，四次升到九卿的官位。《汉书·司马安传》记载：“黯姊子司马安亦少与黯为太子洗马。安文深巧善宦，四至九卿，以河南太守卒。昆弟以安故，同时至二千石十人。”故事是说，汲黯姐姐的儿子司马安，在少年时也与汲黯一样任太子洗马之职。司马安会运用法律条文加罪于人，善于做官，四次做到九卿的官职，在河南太守的职位上死去。司马安的兄弟因为他的缘故，同时担任二千石官的有十人。

三入：三次进入承明庐。承明庐，在承明门旁，魏明帝在建始殿朝会，必须由承明门进入。因此进入承明庐就是指进入最高决策机关。《文章叙录》记载：“曹爽秉政，多违法度。璩为百一诗以讽焉。其略曰：‘前者堕官去，有人适我闾，田家无所有，酌醴焚枯鱼。问我何功德，三入承明庐。’其言虽颇谐合，多切世要，世共传之。”故事是说，曹爽掌权，多处违背法度，应璩作百一诗加以讽刺。其诗大略是：“以前丢官离去，有人到我乡。田家没有什么，斟酒烤干鱼。问我有何功德，三进承明庐！”诗句虽然平和，但多切中要害，社会上都传诵它。

点　评

这首八句四个韵脚为揖、入、急、泣，其中“入”字，在现代汉语中与其他三字是不押韵的。但在古代汉语中是押韵的，押的是缉字韵。

郭解借交，朱家脱急。

人物简介

郭解，字翁伯，河内轵（今河南济源）人，西汉时的游侠。

朱家，鲁（今山东曲阜）人，秦汉之际的游侠。

掌故解读

借交：帮助别人。《史记·游侠列传》记载："解为人短小精悍，不饮酒。少时阴贼，慨不快意，身所杀甚众。以躯借交报仇，臧命作奸，剽攻不休，及铸钱掘冢，不可胜数。适有天幸，窘急常得脱，若遇赦。及解年长，更折节为俭，以德报怨，厚施而薄望。……轵有儒生侍使者坐，客誉郭解，生曰：'郭解专以奸犯法，何谓贤！'解客闻，杀此生，断其舌。吏以此责解，解实不知杀者。杀者亦竟绝，莫知为谁。吏奏解无罪，御史大夫公孙弘议曰：'解布衣为任侠行权，以睚眦杀人，解虽弗知，此罪甚于解杀之，当大逆无道。'遂族郭解翁伯。"故事是说，郭解这个人短小精悍，不喝酒。年轻时阴险残忍，心中不高兴，就亲自杀了很多人。亲自帮助别人报仇，窝藏亡命之徒，干犯法之事，不停地打架抢掠，私自铸钱，挖掘坟墓，数不胜数。正赶上他幸运，紧急时常能脱险，如同遇到赦令。到郭解长大时，他改变志向，生活节俭，用恩惠报答仇恨，给予人的多，希望回报的少。后来轵地有个儒生陪使者坐着，有个客人称赞郭解，儒生说："郭解专干奸邪犯法之事，怎么能称他有贤德！"郭解的客人听到这话，杀死这个儒生，割断他的舌头。官吏因此责备郭解，郭解实在不了解这个杀人的人，杀人的人竟然不见了，没有人知道他是谁。官吏奏报郭解无罪，御史大夫公孙弘讨论说："郭解是个平民做游侠，客人因为小怨小恨就杀人，郭解虽然不知道是谁，这个罪过比郭解亲手杀人还严重，判他大逆不道之罪。"于是就把郭解灭族。

脱急：解脱他人的急难。《史记·游侠列传》记载："鲁人皆以儒教，而朱家用侠闻。所藏活豪士以百数，其余庸人不可胜言。然终不伐其能，歆其德，诸所尝施，惟恐见之。振人不赡，先从贫贱始。家亡余财，衣不完采，食不重味，乘不过軥牛。专趋人之急，甚于己私。既阴脱季布将军之厄，及布尊贵，终身不见也。自关以东，莫不延颈愿交焉。"故事是说，鲁地人因为儒教闻名，可是朱家因为游侠闻名。他所藏匿救活的豪杰人士用百来计算，其余的平常的人说都说不完。然而他始终不夸耀自己的能耐，歆享自己的美德。他所施救过的，唯恐再见到那个人。救济人家的不足，先从贫贱的开始。他家没有剩余的财产，穿的衣服不完整，吃的菜不多样，坐的是小牛拉的车。专去救别人之急，超过自己的私事。他在暗中解救了季布将军的危机，到了季布尊贵的时候，他终身不去见季布将军。从函谷关以东的人，都想与他结交。

点　评

这是两位游侠的故事，朱家成人之美，不求报答，值得学习和尊敬；郭解逞一时之快，动则杀人，干尽犯法的勾当，却没有受到惩处。郭解的崇拜者杀人，他受牵连而被灭族。“解虽弗知，此罪甚于解杀之，当大逆无道。”御史大夫公孙弘的判处，重在打击黑恶势力的影响，有利于维护社会的稳定。

虞延克期，盛吉垂泣。

人物简介

虞延，字子大，陈留东昏（今河南兰考县东北）人，汉朝官吏，曾任洛阳令、南阳太守，官至司徒。

盛吉，字君达，会稽（今浙江绍兴）人，东汉大臣，任廷尉。

掌故解读

克期：按期，指放假的囚徒按时回到监狱。《后汉书 · 虞延传》：“建武初，仕执金吾府，除细阳令。每至岁时伏腊，辄休遣徒系，各使归家，并感其恩德，应期而还。有囚于家被病，自载诣狱，既至而死，延率掾史，殡于门外，百姓感悦之。”故事是说，建武初年，虞延在执金吾府当官，被

任命为细阳县令。每到年节、数伏、腊日，就给囚徒放假，让他们各自回家。囚徒们都感激他的恩德，按期回来。有的囚徒在家患病，就自己坐车回到监狱。这个囚徒回到监狱就死了，虞延率领属官，把死囚殡殓在监狱门外，百姓因此感动而且高兴。

垂泣：流泪。《会稽典录》记载：“盛吉字君达，拜廷尉。性多仁惠，务在哀矜。每冬月，罪囚当断，其妻执烛，吉持丹笔，相向垂泣。”故事是说，盛吉字君达，任廷尉。他性格仁爱慈惠，哀怜罪人。每年冬月，对囚犯判罪时，妻子拿着蜡烛，盛吉手持红笔，二人相对流泪。

点　赞

这是两位具有同情心的官员，在封建官僚制度之下，能做到虞延、盛吉这样，已是难能可贵的了。

灰字韵

豫让吞炭，钽麑触槐。
阮孚蜡屐，祖约好财。
初平起石，左慈掷杯。
武陵桃源，刘阮天台。

豫让吞炭，钽麑触槐。

人物简介

豫让，古代刺客，春秋战国时期晋国智氏的家臣，因受智伯尊宠，为被灭的智伯报仇，对赵襄子行刺，被捕后伏剑自杀。

钽麑，春秋时期晋国的力士。

掌故解读

吞炭：吞下炭去使自己的声音变嘶哑，是豫让为报仇行刺而用的办法。《史记 · 刺客列传》记载：豫让“事智伯，智伯尊宠之。及智伯伐赵襄子，赵襄子与韩、魏合谋灭智伯，灭智伯之后而三分其地。襄子怨智伯，漆其头以为饮器。豫让遁逃山中，曰：‘士为知己者死，女为说己者容。今智伯知我，我必为智伯报仇而死，以报智伯，则吾魂魄不愧矣。’乃变名姓为刑人，入宫涂厕，中挟匕首，欲以刺襄子。襄子如厕，心动，执问涂厕之刑人，则豫让……又漆身为厉，吞炭为哑，使形状不可知，行乞于市。……豫让伏于所当过之桥下。襄子至桥，马惊，曰：‘此必是豫让也。’使人问之，果豫让也。于是襄子乃数豫让曰：‘子不尝事范、中行氏乎？智伯灭之，而子不为报仇，而反委质臣于智伯。智伯亦已死矣，而子独何以为之报仇之深也？’豫让曰：‘臣事范、中行氏，范、中行氏皆众人遇我，我故众人报之。至于智伯，国士遇我，我故国士报之。’……豫让曰：‘臣固伏诛，然愿请君之衣而击之焉，以致报仇之意，则虽死不恨。’……襄子乃使使持衣与豫让。豫让拔剑三跃而击之，曰：‘吾可以下报智伯矣！’遂伏剑自杀。”

故事是说，豫让去服侍智伯，智伯很尊重宠信他。到智伯讨伐赵襄子时，赵襄子与韩氏、魏氏合谋消灭了智伯，之后，韩、赵、魏三家把智伯掌管的土地瓜分了。赵襄子最恨智伯，把智伯的头涂上漆作为饮酒的工具。豫让逃跑到山中，他说：“啊呀！士为知己者死，女为悦己者容。当今智伯了解我，我一定为他报仇而死，来报答智伯知遇之恩，那么我的魂魄就不会有愧了。”他就变更姓名装作受过刑的人，进入赵国的宫室打扫厕所。怀中带有匕首，要刺杀赵襄子。赵襄子上厕所时，心惊一动，抓住质问打扫厕所的受刑之人，原来是豫让。豫让又把漆涂在身上，像长癞疮一样，吞下炭使自己的声音变嘶哑，改变面容，在市场上乞讨。在赵襄子出门时，豫让埋伏在他要过的桥下，赵襄子到桥上时，他拉车的马惊了，赵襄子说：“这一定是豫让。”派人去问，果然是豫让。豫让被抓后，赵襄子就数落豫让说：“你不是曾经服侍过范氏、中行氏吗？智伯把他们全都消灭了，可是你不为他们报仇，反而委身给智伯为臣。智伯已经死了，你为什么如此急切地替他报仇呢？”豫让说：“我服侍范氏、中行氏，他们都把我当一般人看待，所以我像一般人那样对待他们。至于智伯，他以国士对待我，所以我像国士那样报答他。”赵襄子释放了豫让，豫让说：“我知道我要被处死，希望得到你的衣服，让我击打，来达到报仇的意思，那么即使死了也不遗憾了。”赵襄子派使者把衣服送给豫让，豫让拔出剑，多次跳起来刺杀赵襄子的衣服，说：“我可以到地下去报智伯了！”之后就用剑自杀了。

触槐：在槐树上撞死。《左传·宣公二年》记载：“晋灵公不君，厚敛以雕墙，从台上弹人，而观其避丸也。宰夫胹熊蹯不熟，杀之，寘诸畚，使妇人载过朝。……宣子骤谏，公患之，使钼麑贼之。晨往，寝门辟矣，盛服将朝。尚早，坐而假寐。麑退，叹而言曰：‘不忘恭敬，民之主也。贼民之主，不忠；弃君之命，不信。有一于此，不如死也。’触槐而死。”故事是说，晋灵公不行君道，为修饰墙壁而加重赋税。从台上用弹丸击人，观看他们躲避弹丸。厨师煮熊掌没有煮熟，就把厨师杀死，放在簸箕上，让妇女头顶着从朝廷上走过。宣子赵盾多次劝谏，晋灵公很讨厌他，派钼麑刺杀他。钼麑早晨前往，寝室的门已经打开，赵盾穿戴整齐，将要早朝，时间还早，坐着打瞌睡。钼麑退出来，感叹说：“不忘恭敬之心，是民众的主心骨。刺杀民众的主心骨，是对民众的不忠；放弃国君的命令，是不讲信用。两者有一于此，还不如死了。”就在槐树上撞死了。

点　赞

司马迁把豫让列入《刺客列传》，表彰他感恩图报的精神；钼麑在“贼民之主，不忠；弃君之命，不信”的两难之中而选择“触槐而死”，《左传》的作者对他的侠义精神也是大加表彰。

阮孚蜡屐，祖约好财。

人物简介

阮孚，字遥集，东晋官吏，曾任安东参军、黄门常侍、广州刺史等职。

一生好酒，多次被弹劾。

祖约，字士少，晋朝官员，曾任豫州刺史，参与苏峻叛乱，兵败，投奔石勒，石勒瞧不起他，把他杀死。

掌故解读

蜡屐：用蜡涂木屐（有齿的木底鞋）。好财：贪财。《晋书 · 阮孚传》记载："初，祖约性好财，孚性好屐，同是累而未判其得失。有诣约，见正料财物，客至，屏当不尽，余两小簏，以著背后，倾身障之，意未能平。或有诣阮，正见其自蜡屐，因自叹曰：'未知一生当著几量屐！'神色闲畅。于是胜负始分。"故事是说，当初，祖约性格贪财，阮孚性格喜好木屐，同样是病态，而无法判断出他们的高下。有人到祖约家去，看见他正在整理财物。见客人到来，遮挡却没挡尽，剩余两个小筐，放在背后，侧身挡着，还是放心不下。有人到阮孚家去，正好看见他自己给木屐涂蜡，还叹息说："不知道一生能穿几双木屐！"神色很闲适畅快。由此他们的胜负就分清了。

点　评

个人嗜好可以有，一旦过分，成癖，成瘾，就成病态了。这是需要警惕的。

初平起石，左慈掷杯。

人物简介

初平，汉朝丹溪（今重庆綦江）人。一作黄初平。

左慈，字元放，东汉庐江（今安徽合肥）人。

掌故解读

起石：唤起石头变成羊群。《神仙传》记载："十五，家使牧羊。有道士见其良谨，便将至金华山石室中，四十余年不复念家。……初起即随道士去，求弟遂得，相见悲喜。语毕，问初平羊何在。曰：‘近在山东耳。’初起往视之，不见。但见白石而还。谓初平曰：‘山东无羊也。’初平曰：‘羊在耳。兄但自不见之。’初平与初起俱往看之，初平乃叱曰：‘羊起！’于是白石皆变为羊数万头。”故事是说，黄初平十五岁时，家里人让他去放羊。有个道士看他善良谨慎，就带他到金华山石室中，四十多年不再想家。后来他的哥哥黄初起就跟随道士去寻找弟弟，找到了，兄弟相见，悲喜交加，之后问黄初平羊在哪里。初平说：“很近，在山东边呢。”黄初起前去看羊，不见有羊，只是看见些白石头，就回来了。对黄初平说：“山东边没有羊。”黄初平说：“羊在呢，兄长只是没有见到羊。”黄初平、黄初起一起去看羊，黄初平呵斥道：“羊起来！”于是白石头都变成了羊，有数万头。

掷杯：《神仙传》记载：“初，公闻慈求分杯饮酒，谓当使公先饮，以与慈耳。而拔道簪以画，杯中酒中断，其间相去数寸。即饮半，半与公。公不善之，未即为饮。慈乞尽自饮之。饮毕，以杯掷屋栋，杯悬动摇，似鸟飞俯仰之状，若欲落而不落，举坐莫不视杯，良久乃坠。既而已失慈矣。……乃敕收慈，慈走入羊群中，而追者不分，乃数本羊，果余一口，乃知是慈化为羊也。”（《太平广记》卷十一）故事是说，起初，曹操听说左慈请求分杯饮酒，认为应当先让曹操饮酒，就把酒杯给了左慈。可是左慈拔下道簪在酒杯中划了一下，杯中的酒从中间分开，两部分酒相距几寸。左慈先喝了一半，把另一半给曹操喝。曹操不高兴，没有立即喝了。左慈请求自己把酒全都喝完，把酒杯抛到房梁上，杯子悬着，摇摇晃晃，像鸟飞一会高一会低的样子，要落又没落。在座的人全都看杯子，过了好久才落下来。接着左慈就不见了。曹操就命令逮捕左慈，左慈跑到羊群中去，追赶的人分不清哪个是左慈，就数羊的数目，果然多出一头羊，才知道是左慈变成了羊。

点　评

这是两个神话故事，生动有趣，可见作者有丰富的想象力。只可作故事看，不必当真。

武陵桃源，刘阮天台。

人物简介

陶潜，字渊明，晋朝文学家，曾任州祭酒、彭泽县令，在任八十余天，州里派督邮到县视察，县吏告诉他要“束带”参见，他说：“吾不能为五斗米折腰向乡里小儿！”于是就辞官回家。著有《陶渊明集》。

刘晨，东汉剡溪（今浙江嵊州）人。

阮肇，东汉人。

掌故解读

桃源：借一个渔人的奇遇，描绘了作者向往的世外桃源。《桃花源记》：晋太元中，武陵人捕鱼为业。缘溪行，忘路之远近。忽逢桃花林，林尽水源，便得一山。山有小口，仿佛若有光，便舍船从口入，初极狭，才通人，复行数十步，豁然开朗。土地平旷，屋舍俨然，有良田美池桑竹之属，阡陌交通，鸡犬相闻。其中往来种作，男女衣着，悉如外人，黄发垂髫，并怡然自乐。见渔人，乃大惊。问所从来，具答之。便邀还家，设酒杀鸡作食。村中闻有此人，咸来问讯。自云先世避秦时乱，率妻子邑人，来此绝境不复出焉，遂与外人间隔。问今是何世，乃不知有汉，无论魏晋。此人一一为具言，闻皆叹惋。余人各复延至其家，皆出酒食。停数日辞去。此中人语云：“不足为外人道也。”既出得其船，便扶向路，处处志之，及郡下，诣太守，说如此。太守即遣人随往，寻向所志，遂迷，不复得路。”故事是说，在晋朝太元年间，有个以捕鱼为生的武陵人，有一天他沿着溪水划船前行，忘记走了多远。忽然遇到一片桃花林，桃林的尽头是溪水的源头。渔人发现一座山，山有个小洞口，仿佛有光亮。渔人便舍弃了小船，从山的洞口进去。起初，洞口很狭窄，只能通过一个人。又走几十步，便豁然开朗。土地平坦宽阔，房屋整齐，有良田、美池、桑树、竹林。田间小路交错相通，鸡鸣犬吠。人们来来往往，种田干活，男女穿着，和外边的人一样，老人和孩子，也都欢乐愉快。看见渔人到来，人们大为惊讶。问他是从哪里来的，渔人一一回答了。就请渔人到家里，摆酒杀鸡做饭菜招待。村中听说有个渔人来到，都来问讯外边的消息。他们自己说是前代人为避免秦朝的祸乱，率领妻子儿女和村里人，来到这与世隔绝的地方，就再没有出去，于是就与外边的人隔绝了。又问现在是什么朝代，他们竟然不知道汉朝，更不用说是魏晋了。渔人把所闻所见一一都对他们说了，他们听后都感叹惋惜。其余的人家又分别把渔人请到各自的家里，拿出酒菜招待。停留几天，渔人辞别离开。桃花源的人告诉他说："不要对外边的人讲起这里的情况。"出了桃花源，找到了船，就沿着来时的路走，处处作了标志。渔人到了武陵郡城，拜见了太守，说出了一切。太守派人跟随渔人前往桃花源，寻找先前所作的标志，却迷失了方向，再也找不到通往桃花源的路了。

天台：天台山，刘晨、阮肇成仙之处。《神仙记》记载："刘晨、阮肇，入天台采药，远不得返，经十三日饥，遥望山头有桃树子熟，遂跻险援葛至其下，啖数枚，饥止体充。欲下山，以杯取水，见芜菁叶流下，甚鲜妍，复有一杯流下，有胡麻饭焉。乃相谓曰：'此近人矣。'遂渡山，出一大溪。溪边有二女子，色甚美，见二人持杯。便笑曰：'刘、阮二郎捉向杯来。'刘、阮惊。二女遂忻然如旧相识，曰：'来何晚耶？'因邀还家。南东二壁，各有绛罗纱，帐角悬铃，上有金银交错，各有数侍婢使令。其馔有胡麻饭、山羊脯、牛肉，甚美。食毕行酒，俄有群女持桃子，笑曰：'贺汝婿来。'酒酣作乐。夜后各就一帐宿，婉态殊绝。至十日求还，苦留半年。气候草

木，常是春时，百鸟啼鸣，更怀乡，思归甚苦。女遂相送，指示还路。乡邑零落，已十世矣。”（《太平广记》卷六十一）故事是说，刘晨、阮肇，进入天台山采药。走了很远回不来了，饿了十三天，向远处望见山上桃树的桃子熟了。于是就登上险崖抓着葛藤来到树下，吃下几个桃子，就不饥饿了，体力也很充沛。二人要下山，用杯子取水，看见有芜菁叶顺水流下来，很鲜美，又有一个杯子流下来，杯子里有胡麻饭。他们二人就说："这里离人家很近了。"于是就翻过了这座山，看见一条大溪流，溪边上有两个女子，长得很漂亮。看见刘、阮二人拿着杯子，女子便笑着说："刘郎、阮郎拿着我们以前放流的杯子来。"刘晨、阮肇很惊讶。二女很高兴，如同见了旧相识。说："来得为什么这样晚？"就邀请他们回家。南面、东面的墙壁上，各有红罗帐，帐角上挂着铃铛，上面有金银交错。各有几名丫鬟服侍。她们的饭菜有胡麻饭、山羊脯、牛肉，很鲜美。吃完饭喝酒，不大一会儿，有一群女子拿着桃子，笑着说："祝贺你们女婿到来！"酒喝好了，就奏乐。夜晚各到一个帷帐里睡。温柔和顺的态度，世上绝对少有。到了第十天，刘、阮请求回家，女子苦苦地挽留又待了半年。这里气候草木经常都是春季的样子，百鸟啼鸣，更让人怀乡。二人归思很苦，女子送他们回去，把归路指给他们看。回到家乡一看乡村破乱不堪，打听后知道已经过了十代了。

点　评

世外桃源的故事，反映了作者对封建社会制度的不满与否定，历来受到文人的重视；刘、阮天台山采药遇仙女的爱情故事也很生动感人，但这只是个神话故事，切不可当真。

纸字韵

王俭坠车，褚渊落水。
季伦锦障，春申珠履。
甄后出拜，刘桢平视。
胡嫔争摴，晋武伤指。

王俭坠车，褚渊落水。

人物简介

王俭，字仲宝，琅琊临沂（今山东临沂）人，南朝大臣、学者。宋时，任秘书丞。齐时，任尚书左仆射，撰定《元徽四部书目》。还有文集六十卷。

褚渊，字彦回，南朝大臣。宋时，拜尚书右仆射。齐武帝时，任司空。

掌故解读

坠车：从车上跳下。落水：掉入水中。《南史 · 谢超宗传》记载：“后司徒褚彦回因送湘州刺史王僧虔，阁道坏，坠水；仆射王俭惊跣下车。超宗抵掌笑曰：‘落水三公，坠车仆射。’彦回出水，沾湿狼藉。超宗先在僧虔舫，抗声曰：‘有天道焉，天所不容，地所不受。投畀河伯，河伯不受。’

彦回大怒曰：‘寒士不逊。’超宗曰：‘不能卖袁、刘得富贵，焉免寒士。’前后言诮，稍布朝野。”故事是说，司徒褚彦回因为送相州刺史王僧虔，赶上阁道坏了，褚渊掉入水中；仆射王俭受惊光着脚跳下车。谢超宗拍掌笑道：“落水的三公，坠车的仆射。”褚彦回出了水，身上沾湿，很狼狈。谢超宗先已在王僧虔的船上，大声说道：“有天道吗，天所不容，地所不容。抛给河神，河神不接受。”褚彦回大怒说：“寒酸的读书人不知天高地厚。”谢超宗说：“不能出卖袁、刘而得到富贵，哪里免得了寒酸。”这前后的笑谈，逐渐传遍了朝野。

点　评

这只不过是同僚间的笑谈。谢超宗所说的“不能卖袁、刘得富贵”，袁是指袁粲，刘是指刘彦节。此二人在刘宋时期任高官，在萧道成篡宋时被害，而褚渊在当时正对萧道成进行劝进。所以当时百姓说：“可怜石头城，宁为袁粲死，不作彦回生。”可见褚渊（字彦回）很受鄙视。

季伦锦障，春申珠履。

人物简介

石崇，字季伦，他任荆州刺史时，拦劫远方贡使客商，成为晋朝的富豪。

黄歇，战国时期楚国大臣，受封为春申君，门下有食客三千。与齐国的孟尝君、赵国的平原君、魏国的信陵君，并称天下四君。

掌故解读

锦障：用锦缎做的步障。《晋书·石崇传》记载：石崇与贵戚王恺、羊琇之徒以奢靡相尚。“恺以饴澳釜，崇以蜡代薪。恺作紫丝布步障四十里，崇作锦步障五十里以敌之。崇涂屋以椒，恺用赤石脂。恺、崇争豪如此，武帝每助恺，尝以珊瑚树赐之，高二尺许，枝柯扶疏，世所罕比。恺以示崇，崇以铁如意击之，应手而碎。恺既惋惜，又以为嫉己之宝，声色方厉。崇曰：‘不足多恨，今还卿。’乃命左右悉取珊瑚树，有高三四尺者六七株，条干绝俗，光彩耀日，如恺比者甚众。恺惘然自失矣。”故事是说，石崇与贵戚王恺、羊琇那些人比赛奢侈。王恺用饴糖擦锅，石崇用蜡烛代替烧柴。王恺用紫丝布作步障四十里，石崇用锦缎作步障五十里来相比。石崇用花椒和泥涂屋子，王恺则用赤石脂涂墙。王恺、石崇这样斗富，晋武帝经常帮助王恺。晋武帝曾经把一株珊瑚树赐给王恺，高二尺多，枝条繁茂纷披，世上少有。王恺拿它来向石崇夸耀，石崇用铁如意击打，珊瑚树随手而碎。王恺既感到惋惜，又认为石崇嫉妒自己，刚要声色俱厉的说话。石崇说：“不值得可惜，现在还给你。”之后命令身边的侍从把珊瑚树都取来，有三四尺高的六七株，树干枝条不同一般，光彩耀日，如同王恺那样的珊瑚树很多。王恺见了很失落。

珠履：用珍珠装饰的鞋子。《史记 · 春申君列传》记载：“赵平原君使人于春申君，春申君舍之于上舍。赵使欲夸楚，为瑇瑁簪，刀剑室以珠玉饰之，请命春申君客。春申君客三千余人，其上客皆蹑珠履以见赵使，赵使大惭。”故事是说，赵国的平原君派人去见春申君，春申君让他住在上等宾馆。赵国的使者要向楚国夸耀，别着玳瑁做的发簪，刀鞘、剑鞘都用珍珠玉石装饰，向春申君的门客请教。春申君的门客三千多人，那些上等的门客都穿着珍珠装饰的鞋子来见赵国的使者。赵国的使者感到很惭愧。

点　评

比奢斗富，是剥削阶级腐朽本质的集中表现。石崇、王恺斗富，本已够奢侈的，再加上皇帝凑趣，就更加荒唐了。

甄后出拜，刘桢平视。

人物简介

甄后，魏文帝曹丕的甄皇后，中山无极（今河北无极）人，其父是上蔡县令。起初，她是袁熙的夫人，曹操的军队打下冀州，她被曹丕收纳，受到宠爱。

刘桢，字公干，文学家，是“建安七子”之一。

掌故解读

出拜：出来拜见。平视：对面直视。《典略》记载：“太子尝请诸文学，酒酣坐欢，命夫人甄氏出拜。坐中众人咸伏，而刘桢独平视。太祖闻之，乃收桢，减死输作。”（《三国志·魏书·王卫二刘传》裴注引）故事是说，太子曹丕曾经宴请各位文学侍臣，酒喝高兴了，满座欢喜。曹丕命夫人甄氏出来拜见，在座的人都低下头，只有刘桢没低头，对面直视甄夫人。太祖曹操听到这事，就逮捕刘桢，免去死刑，罚做苦工。

点　评

平视，对于女性尊长是不够尊敬的。虽然曹氏父子与“建安七子”的关系很好，但是对刘桢的处罚并不轻，可见君臣与朋友是不能同日而语的。

胡嫔争摴，晋武伤指。

人物简介

胡芳：镇军大将军胡奋的女儿，被晋武帝收入宫中，封为贵嫔。

掌故解读

争摴：争夺摴蒲。摴蒲，古代的一种游戏，类似掷色子。《晋书·后妃传上》记载：“帝多内宠，平吴之后复纳孙皓宫人数千，掖庭殆将万人。而并宠者甚众，莫知所适。常乘羊车，恣其所之，至便宴寝。宫人乃取竹叶插户，以盐汁洒地，而引帝车。然芳最蒙爱幸，殆有专房之宠焉。侍御服饰亚于皇后。帝尝与之摴蒱，争失，遂伤上指。帝怒曰：‘此固将种也！’对曰：‘北伐公孙，西距诸葛，非将种而何？’帝有惭色。芳生武安公主。”故事是说，晋武帝宫内宠幸的人很多，平灭吴国以后，又收纳孙皓宫女数千人，后宫将近万人。同时受宠的很多，晋武帝不知道往谁那里去。他经常坐着羊拉的车，听任羊所去，到谁那里便睡在那里。宫女就取来竹叶插在窗户上，用盐水洒在地上，引诱皇帝的羊车。然而胡芳最受宠幸，几乎受到专房之宠。侍奉的人和穿的衣服仅次于皇后。晋武帝曾经与她玩一种叫摴蒱（色子）的赌博玩具，两人争抢，伤了晋武帝的手指。晋武帝大怒道：“这人本来就是个将种！”胡芳对答说：“北伐公孙渊，西抗诸葛亮，不是将种是什么？”晋武帝听后表情惭愧 。胡芳生了武安公主。

点　　评

将种，是将门之后的意思。将的谐音为“犟”，“犟种”当然是骂人的话。本首八句的四个韵脚字是水、履、视、指，在现代汉语中不押韵，但在古代汉语中是押韵的，它们都押纸字韵。

遇字韵

石庆数马，孔光温树。

翟汤隐操，许询胜具。

优旃滑稽，落下历数。

曼容自免，子平毕娶。

石庆数马，孔光温树。

人物简介

石庆，汉朝官吏，曾任内史、太仆、御史大夫等职。

孔光，字子夏，西汉大臣。曾任尚书，典掌机要十余年，两次任御史大夫和丞相。

掌故解读

数马：数马的数目。《汉书 · 石庆传》记载：“庆为太仆，御出，上问车中几马，庆以策数马毕，举手曰：‘六马。’庆于兄弟最为简易矣，然犹如此。后为丞相，齐国慕其家行，不治而齐国大治，为立石相祠。”故事是说，石庆任太仆，皇帝外出，问驾车的马有几匹，石庆用马鞭子一一数完马，举手说：“六匹马。”石庆在他的兄弟中头脑最简单，还能这样认真。后来他当了齐国的国相，齐国人羡慕他的家风，不用治理，齐国就太平了。齐国人为他建了齐相祠。

温树：长乐宫中的温室殿栽的树。《汉书 · 孔光传》记载：“沐日归休，兄弟妻子燕语，终不及朝省政事。或问光：‘温室省中树皆何木也？’光默不应，答以他语。其不泄如是。”故事是说，孔光在休假的日子，兄弟妻子儿女闲谈，始终不说出朝廷的政事。有人问他：“长乐宫的温室殿栽的都是什么树木？”孔光沉默不语，用其他的话岔开。他不泄露朝廷的机密达到这种程度。

点　　赞

这是两个敬业的典型。驾车的人对几匹马拉车是再熟悉不过的了，但到皇帝问到时，石庆还用马鞭子点数马匹，然后回答。说明他认真仔细。孔光连宫殿中的树木都不对外说，说明他的保密意识很强。认真仔细，是各类人等都不可缺少的素质。保密意识，对于特殊职业，更是必不可缺的素质。

翟汤隐操，许询胜具。

人物简介

翟汤，字道深，浔阳（今江西九江）人，晋朝隐士。康帝征他为散骑常侍，他坚决辞退，老死家中。

许询，字玄度，晋朝人，好游山水的旅行爱好者。

掌故解读

隐操：隐居不仕的操守。《晋书 · 隐逸传》记载：翟汤“笃行纯素，廉洁不屑世事，耕而后食。永嘉末，寇害相继，闻汤名德皆不敢犯，乡邻赖之。

辟召不至。”故事是说，翟汤忠诚淳厚，廉洁不贪，对社会上的事不关心，耕田为生。永嘉末年，国内盗贼，外族入侵，相继不断。坏人听到翟汤的名声德望，不敢来犯，相邻乡村依赖他得以免害。朝廷征聘他做官，他都不去。

胜具：济胜之具，指身体强健，具备登临胜境的条件。《世语新说·栖逸》记载：“许掾好游山水，而体便登陟。时人曰：‘许非徒有胜情，有济胜之具。’”故事是说，许询（曾被召为司徒掾，不肯就职）喜欢游山玩水，他的身体便于攀登。当时的人说：“许询不只是有登临名胜的热情，还有登临胜境的身体条件。”

点　　评

能做个“驴友”，自然是很惬意的，但需要有身体条件。这是“许询胜具”揭示的道理。

优旃滑稽，落下历数。

人物简介

优旃：秦朝的艺人，个子很矮，善于说笑。

落下闳，字长公，巴郡（今重庆市）人，西汉天文学家。

掌故解读

滑稽：使人发笑的语言、动作、姿态。《史记·滑稽列传》记载：优旃“善为笑言，然合于大道。秦始皇时，置酒而天雨，陛楯者皆沾寒。优旃哀之，谓之曰：‘汝欲休乎？’陛楯者皆曰：‘幸甚。’优旃曰：‘我即呼汝，汝疾应曰诺。’居有顷，殿上上寿呼万岁。优旃临槛大呼曰：‘陛楯郎！’郎曰：‘诺。’优旃曰：‘汝虽长，何益？幸雨立。我虽短也，幸休居。’于是始皇使陛楯者得半相代。始皇尝欲大苑囿，东至函谷关，西至雍、陈仓。优旃曰：‘善！多纵禽兽于其中，寇从东方来，令麋鹿触之足矣。’始皇以故辍止。”故事是说，优旃善于说笑话，然而却合乎大道理。秦始皇时，有一次，宫中摆上酒宴，天就下雨了，执楯守卫陛侧的郎官淋了雨，有点寒冷。优旃见了很可怜他们，对他们说：“你们想休息吗？”他们都说：“那太幸运了！”优旃说：“如果我呼唤你们，你们要很快答应。”过了一会儿，大殿上祝贺高呼万岁，优旃到门槛大喊：“陛楯郎！”执楯守卫在陛侧的郎官说：“是！”优旃说：“你们虽然个头高，有什么好处，只是有幸站立在雨中。我虽然个头矮，却有幸能在殿内休息。”于是秦始皇让执楯守卫的郎官一半休息，一半守卫。秦始皇曾经要扩大打猎的苑囿，东至函谷关，西至雍州、陈仓。优旃说：“好！在里面多放禽兽，贼寇从东方来，让麋鹿撞他们就足够了。”秦始皇因此停止了扩建计划。

历数：推算节气的度数。《史记·历书》记载：“今上即位，招致方士唐都，分其天部，而巴落下闳运算转历，然后日辰之度与夏正同。乃改元，更官号，封泰山。”当今皇上（汉武帝）即位，招聘方士唐都，分部二十八宿的距度，巴郡人落下闳进行运算由律度转为历法，然后星宿的距度与夏朝的历法相同了。就改变年号，改变官号，封禅泰山。

点　评

本首八句四联的韵脚字为树、具、数、娶，在现代汉语中不押韵，而在古代汉语中是押韵的，都押遇字韵。

曼容自免，子平毕娶。

人物简介

邴丹，字曼容，琅琊（今山东临沂）人，西汉官吏。

向长，字子平，河内朝歌（今河南淇县）人，东汉隐士。

掌故解读

自免：自己免除自己职务，即自己辞职。《汉书 · 王贡两龚鲍传》记载：邴丹“养志自修，为官不肯过六百石，辄自免去”。意思是说，邴丹修养心志气节，做官不肯做俸禄超过六百石的官职，如果超过，就自己辞职。

毕娶：嫁娶完毕，指儿女都成家了。《后汉书 · 逸民传》记载：向长“读《易》至损、益卦，叹曰：‘吾已知富不如贫，贵不如贱，但未知死何如生耳。’建武中，男女娶嫁既毕，敕断家事勿相关，当如我死也。于是遂肆意，与同好北海禽庆俱游五岳名山，竟不知所终”。故事是说，向长读《易经》，读到《损卦》《益卦》时，感叹说：“我已经知道富不如贫，有权势不如低贱，但是不知道死与生比较，哪个好罢了。”建武初年，儿女的嫁娶都完毕，他对家人说自己已与家事断绝关系，就当我死了。于是就放心大胆地与共同爱好者北海人禽庆一起游览五岳名山，竟然不知后来的结果。

点　评

邴丹的官俸不肯超过六百石，否则就自动辞职，真是位不贪恋钱财的官吏。

屋字韵

师旷清耳，离楼明目。

仲文照镜，临江折轴。

栾巴噀酒，偃师舞木。

德润佣书，君平卖卜。

师旷清耳，离楼明目。

人物简介

师旷，字子野，春秋时期晋国的乐师。

离娄，战国时期孟子的弟子，也作离朱。

掌故解读

清耳：听力强。《吕氏春秋 · 长见》记载：“晋平公铸为大钟，使工听之，皆以为调。师旷曰：‘不调。请更铸之。’平公曰：‘工皆以为调矣。’师旷曰：‘后世有知音者，将知不调，臣窃为君耻之。’至师涓果知钟之不调。是师旷欲善调钟以为后之知音者也。”故事是说，晋平公铸造好大钟，让工匠听钟的声音，都认为音调和谐。师旷说：“不和谐。”晋平公说：“工匠都认为和谐了。”师旷说：“后代有知音的人，会知道不和谐，我为国君感到羞耻。”到了师涓时，果然知道这只大钟的音调不和谐。这是说师旷想要好好调整钟的音调，是考虑到后世有懂得音律的人。

明目：视力强。《慎子 · 逸文》曰：“离朱之明，察秋毫之末于百步之外，下于水尺，而不能见浅深，非目不明，其势难睹也。”故事是说，离娄的视力强，在一百步以外能看清秋天鸟兽新长出的毫毛的末端。到一尺深的水里，却看不出深浅，不是视力不强，而是在水中的条件让他看不清。

点　赞

离朱，即离娄。《孟子 · 离娄上》赵岐注云：“离朱即离娄也，能视百步之外，见秋毫之末。”

仲文照镜，临江折轴。

人物简介

殷仲文，陈郡（今河南淮阳）人，晋朝官吏，任新安太守，后谋反，被杀。

刘荣，汉景帝的长子，初立为太子，后被废为临江王，因为侵占庙地被征入京，自杀。

掌故解读

照镜：照镜子看自己的相貌。《晋书 · 殷仲文传》记载：“仲文素有名望，自谓必当朝政，又谢混之徒畴昔所轻者，并皆比肩，常怏怏不得志。忽迁东阳太守，意弥不平。……义熙三年，又以仲文与骆球等谋反，又及其弟南蛮校尉叔文并伏诛。仲文时照镜不见其面，数日而遇祸。”故事是说，殷仲文平时就有名望，自己认为一定能主持朝政，又加上从前所轻视的人谢混等，都和他官职并列，他感到怏怏不得志。忽然调任东阳郡太守，

心意更加不满。义熙三年，因为殷仲文与骆球等人谋反，又和他弟弟南蛮校尉殷叔文一起被杀。殷仲文有时照镜子看不到脸，几天以后就遇到祸殃。

折轴：车轴折断。不吉之兆。《汉书 · 景十三王传》记载："三岁，坐侵庙壖地为宫，上征荣。荣行，祖于江陵北门，既上车，轴折车废。江陵父老流涕窃言曰：'吾王不反矣。'荣至，诣中尉府对簿，中尉郅都簿责讯王，王恐自杀。葬蓝田，燕数万衔土置冢上，百姓怜之。"故事是说，临江王、刘荣因为侵占宗庙边缘的土地盖房子，汉景帝征召他进京。刘荣上路，在江陵城的北门祭祀路神，已经上了车，车轴折断，车子废了。江陵城的父老偷偷流泪说："我们的王爷不能回来了。"刘荣到达京师，到中尉府受审，中尉郅都审讯刘荣，刘荣恐惧自杀了。埋葬在蓝田，有数万只燕子衔土放在他的坟上，老百姓都可怜他。

点　评

仲文照镜，临江折轴，都有迷信成分，不足取信。倒是统治阶级的内部斗争，令人深思。

栾巴噀酒，偃师舞木。

人物简介

栾巴，字叔元，蜀郡（今四川成都）人，东汉官吏，曾任黄门令、郎中、永昌太守等职。

偃师，神话中的人物，制造木偶的技师。

掌故解读

噀酒：用嘴喷酒。《神仙传》记载："巴为尚书，正朝大会，巴独后到，又饮酒西南噀之。有司奏巴大不敬。有诏问巴，顿首谢曰：'臣乡本县成都市失火，臣故因酒为雨以灭火。臣不敢不敬。’诏即以驿书问成都，成都答言：‘正旦失火，食时有雨从东北来，火乃息，雨皆酒气臭。’后忽一日大风，天雾晦暝，对坐皆不相见，失巴所在。寻问之，云其日还成都，与亲故别也。”故事是说，栾巴官居尚书，朝廷开朝会，只有栾巴后到，又含了一口酒喷向西南方向。主管官员上奏章，弹劾栾巴大不敬。皇帝下诏书问栾巴，栾巴叩头谢罪说：“我的故乡成都发生火灾，我因此就用酒变成雨，去扑灭火灾。我不敢不敬。”皇帝命令派驿站送信去成都调查。成都方面回答说：“当天早晨失火，吃饭时有雨从东北来，火被浇灭了，雨里都是酒的味道。”后来，忽然一天起了大风，天昏地暗，坐在对面都看不见人，栾巴不见了。经寻找问讯，说那天他回成都，向亲朋告别去了。

舞木：舞动木偶。《列子 · 汤问》记载：“周穆王西巡狩，越昆仑，不至弇山，反还，未及中国，道有献工人，名偃师。穆王荐之，问曰：‘若有何能？’偃师曰：‘臣唯命所试，然臣已有所造。愿王先观之。’穆王曰：‘日以俱来，吾与若俱观之。’翌日，偃师谒见王。王荐之曰：‘若与偕来者何人邪？’对曰：‘臣之所造能倡者。’穆王惊视之，趣步俯仰，信人也。巧夫，锁其颐，则歌合律，捧其手则舞应节，千变万化，唯意所适。王以为实人也，与盛姬内御并观之，技将终，倡者瞬其目而招王之左右侍妾，王怒欲诛偃师。偃师大慑，立剖散倡者，以示王，皆傅会革木胶漆白黑丹青之所为。”故事是说，周穆王向西巡视，越过昆仑山，还没到日落的弇山就返回来，还没到国界，在途中有个国家进献会做工的艺人，名叫偃师。周穆王召见了他，问道：“你有什么能耐？”偃师说：“只要是君王的命令，我都愿意尝试，然而我已经有所造的东西了，希望大王先看看。”周穆王说：“明日你把它带来，我与你共同观看。”次日，偃师拜见周穆王。周穆王说：“和你一起来的是什么人？”回答说：“我所制造的木偶人。”周穆王惊讶地观看，只见他行走低头仰脸，完全像个真人。精巧啊！摇动他的脸，唱歌合乎节律，捧他的手，舞蹈合乎节拍。其动作千变万化，随心所欲。周穆王认为这是真实的人，他叫来盛姬和妃嫔们共同观看，演技即将结束时，木偶人斜着眼睛挑逗周穆王左右的侍妾，周穆王大怒，要杀偃师。偃师很害怕，立刻解剖开木偶人，展示给周穆王看。原来都是用皮革、木材、胶、漆、黑、白、丹、青等材料造成的。

点　赞

偃师舞木，想象力极其丰富，说他制造的是最早的中国机器人，一点也不过分。

德润佣书，君平卖卜。

人物简介

阚泽，字德润，会稽（今浙江绍兴）人，三国时期吴国官吏，曾任中书令、侍中、太子太傅等职。

严遵，字君平，汉朝蜀郡人，以卖卦为生。

掌故解读

佣书：受雇为人抄写书籍。《三国志 · 吴书 · 阚泽传》记载："家世农夫，至泽好学，居贫无资，常为人佣书，以供纸笔，所写既毕，诵读亦遍。追师论讲，究览群籍，兼通历数，由是显名。……每朝大议，经典所疑，辄谘访之。以儒学勤劳，封都乡侯。"故事是说，阚泽的家庭世世代代都是农民，阚泽则爱好学习，因家贫困没有钱财，常受雇给人家抄写书籍，用佣金换取纸笔，书籍抄写完毕，他也就将书籍都诵读遍了。追逐老师讨论讲解，博览群书，还通晓历算，因此出了名。朝廷每次有大的讨论，在经典上有疑问，就向他咨询。凭借对儒学的勤奋钻研，被封为都乡侯。

卖卜：通过算卦赚钱。《汉书·王贡两龚鲍传》记载：“君平卜筮于成都市，以为‘卜筮者贱业，而可以惠众。人有邪恶非正之问，则依蓍龟为言利害。与人子言依于孝，与人弟言依于顺，与人臣言依于忠，各因势道之以善。从吾言者，已过半矣’。裁日阅数人，得百钱足自养，则闭肆下帘而授《老子》。博览亡不通，依老子、严周之指著书十万余言。扬雄少时从游学，已而仕京师显名，数为朝廷在位贤者称君平德。”故事是说，严君平在成都的市场上给人算卦，他认为“算卦是个低贱的职业，却可以有益于百姓。如果有人问邪恶、正道之类的问题，就依据蓍草、龟甲上的卜算结果，为他讲解利害。与儿子说话就依据‘孝’字讲解；与弟弟说话就依据‘顺’字讲解；与臣子说话就依据‘忠’字讲解。因势利导，劝人行善。听从我的话的，已经超过半数了。”每天只给几个人算卦，得到一百个钱，足够养家，就关闭卦铺，讲授《老子》。博览群书，无所不通，依据老子、庄周的观点著书十余万言。扬雄年轻时跟他学习，不久到了京师，名声大显，朝廷的掌权者多次称颂严君平的美德。

点　赞

阚泽家贫，通过给人打工抄写书籍之机，博览群书，最终成就一番事业，这是个很有价值的励志故事。严君平以算卦为业，劝人行善，而且不贪财，够维持生计就闭店读书，自得其乐，也很滋润。

庚字韵

叔宝玉润，彦辅冰清。

卫后发鬒，飞燕体轻。

玄石深湎，刘伶解酲。

赵胜谢躄，楚庄绝缨。

叔宝玉润，彦辅冰清。

人物简介

卫玠，字叔宝，晋朝官吏，曾任太子洗马。

乐广，字彦辅，晋朝官吏，曾任河南尹、尚书令等职。在职时政绩不明显，离职后留下的惠政被人追思。

掌故解读

玉润：冰清玉润，形容岳父、女婿都漂亮，也指称岳父女婿。《卫玠别传》记载："娶乐广女，裴叔道曰：'妻父有冰清之姿，婿有璧润之望。'为太子洗马。"（《世说新语 · 语言》刘孝标注）故事是说，卫玠娶乐广的女儿为妻。裴叔道说："岳父有冰清的姿质，女婿有玉润的名望。"他任太子洗马。

点　评

这是两位美男子的故事。形容翁婿并美的"冰清玉润"之典，就源于此。

卫后发鬒，飞燕体轻。

人物简介

卫子夫，本是平阳公主的歌女，汉武帝收她入宫，生太子刘据，立为皇后。

赵飞燕，汉成帝的宫女，初学歌舞，因为体轻被称为飞燕。

掌故解读

发鬒：头发密而黑。《汉武故事》记载："子夫得幸，头解，上见其美发，悦之。"故事是说，卫子夫得到汉武帝的宠幸，解开头发，汉武帝见到她的美丽的头发，心里很喜欢。

体轻：身体轻盈。荀悦《汉纪》记载："赵氏善舞，号飞燕，上悦之，是由体轻，而封皇后也。"故事是说，赵氏善于舞蹈，号称飞燕，汉成帝喜欢她，由于身体轻盈，而被封为皇后。

点　评

卫子夫、赵飞燕能当上皇后，不是因为有道德才能，而是因为头发美、身体轻，这一点张衡早就指出过。他在《西京赋》中说："卫后兴于鬒发，飞燕宠于体轻。"

玄石深湎，刘伶解酲。

校　勘

玄石深湎，玄，《全唐诗》本缺少最后一笔。这是清代学者为避康熙帝玄烨的名讳而故意少写最后一笔。学津本、金辑本均作“元”，此二本均成书于清代，为避康熙帝玄烨的名讳把“玄”字写作“元”字。《博物志》记载：“昔刘玄石于中山酒家酤酒。”

人物简介

刘玄石，传说中的人物。

刘伶，字伯伦，晋朝沛国（今江苏沛县）人，“竹林七贤”之一，曾任建威将军，著《酒德颂》。

掌故解读

深湎：沉醉于酒，此指醉酒。《博物志 · 杂说下》记载：“昔刘玄石于中山酒家酤酒，酒家与千日酒，忘言其节度。归至家当醉，而家人不知，以为死也，权葬之。酒家计千日满，乃忆玄石前日酤酒，醉向醒耳，往视之。云：‘玄石亡来三年，已葬。’于是开棺，醉始醒。俗云：‘玄石饮酒，一醉千日。’”故事是说，从前，刘玄石在中山的酒店买酒喝，酒店卖给了他一种千日酒，忘了告诉他什么时候醉什么时候醒。他回到家就喝醉了，可是家人不知道，认为他死了，只得把他埋葬了。酒家计算一千日已经满了，才想起刘玄石以前买酒喝的事，酒该醒了，前去探望。家里人说：“刘玄石死了三年了，已经埋葬了。”于是开棺，酒醉的刘玄石才醒。俗话说：“刘玄石饮酒，一醉千日。”

解酲：解馋。《晋书 · 刘伶传》记载：“常乘鹿车，携一壶酒，使人荷锸随之。谓曰：‘死便埋我。’其遗形骸如此。尝渴甚，求酒于妻，妻捐酒毁器涕泣谏曰：‘君饮酒太过，非摄生之道，必宜断之。’伶曰：‘善！

吾不能自禁，惟当祝鬼神自誓耳，便可具酒肉。’妻从之。伶跪祝曰：‘天生刘伶，以酒为名，一饮一斛，五斗解酲。妇人之言，慎不可听。’仍引酒衔肉，隗然复醉。”故事是说，刘伶常坐人推的小车，携带一壶酒，让人扛着锹跟随在后边，对他说：“死了就埋我。”他就这样放浪形骸。他曾经因为渴向他的妻子要酒，他的妻子把酒坛子砸了，把酒倒掉，哭泣着劝他说：“你饮酒太多了，不是养生之道，必须戒酒。”刘伶说：“好！我不能自己戒酒，只有祭祀鬼神，发誓才能戒酒，可以准备些酒肉。”他的妻子听从了他的话。刘伶跪着祷告说：“天生刘伶，以酒名作名字。一饮一斛酒，五斗酒才能解馋。妇人的话，千万不可听。”之后仍然喝酒吃肉，又颓然醉了。

点　评

这是两个醉鬼的典型，其一属于传说，其二是实有其人。

赵胜谢躄，楚庄绝缨。

人物简介

赵胜，战国时期赵惠文王之弟，号平原君。

芈旅，春秋时期楚国国君，即楚庄王，公元前 597 年大败晋军，成为春秋霸主。

掌故解读

谢躄：向跛足的人道歉。《史记·平原君列传》记载：“平原君家楼临民家。有躄者，盘散行汲。平原君美人居楼上，临见，大笑之。明日，躄者至平原君门，请曰：‘臣闻君之喜士，士之不远千里而来者，以君能贵士而贱妾也。臣不幸有罢癃之病，而君之后宫笑臣，愿得笑臣者头。’

平原君笑应：‘诺。’躄者去，平原君笑曰：‘观此竖子，乃欲以一笑之故杀吾美人，不亦甚乎！’终不杀。居岁余，宾客稍稍引去者过半。平原君怪之，曰：‘胜所以待君者未尝敢失礼，而去者何多也？’客曰：‘以君不杀笑躄者，以为爱色而贱士，士即去耳。’于是平原君乃斩笑者头，自造门进躄者，因谢焉。其后门下乃复稍稍来。是时齐有孟尝，魏有信陵，楚有春申，故正争相倾以待士。”故事是说，平原君家的楼房临近民宅。民家有个瘸子，蹒跚地提水回家，平原君的美人在楼上看见瘸子的样子，大声笑他。第二天，瘸子来到平原君门前，请求说：“我听说你很喜欢士人，士人不远千里而来，是因为你能重视士人而把美妾看得很轻。我不幸有腰椎弯曲的病，你的后宫美妾在楼上笑我，我希望得到笑我的美妾的人头。”平原君笑着答应说：“好吧！”瘸子走了，平原君笑着说：“看这个小子，竟然要因为一笑的缘故杀死我的美人，不是太严重了吗！”终于没有杀死美人。过了一年多，他门下的宾客舍人渐渐离去的超过了一半。平原君感到很奇怪，说：“赵胜我对待宾客没敢失礼，为什么离开的这样多？”门下一人上前回答说：“因为你没有杀死笑瘸子的美人，因为你爱美女而轻视士人，士人就离开了。”于是平原君就杀了美人，亲自到民家之门把人头送给瘸子，并向他道歉。后来门下的宾客又渐渐回来了。当时齐国有孟尝君，魏国有信陵君，楚国有春申君，都争相倾财来优待士人。

绝缨：扯断帽带。《说苑》记载：“楚庄王赐群臣酒，日暮酒酣灯烛灭，有引美人之衣者，美人援绝其冠缨，告王趣火来上，视绝缨者。王曰：‘赐人酒，使醉失礼。奈何欲显妇人之节，而辱士乎？’乃命左右曰：‘今日与寡人饮，不绝冠缨者不欢。’群臣百余人皆绝去其冠缨，而上火尽欢而罢。后晋与楚战，有一臣常在前，五合五获首却敌，卒胜晋人。庄王怪问，乃夜绝缨者显报王也。”故事是说，楚怀王赏赐群臣饮酒，天色晚了，人也醉了，灯烛灭了。有人拉美人的衣服，美人拽断那人拴帽子的带子报

告楚王，要求楚王催着点上灯烛，看谁的帽带被拽断了。楚王心里说：“赏赐给人酒喝，使人喝醉失礼。怎么能为显示女人的节操，而羞辱士人呢？”他就命令左右的人说：“今天与寡人饮酒，不喝到扯断帽带的程度，不算尽兴。”群臣一百多人都坐下扯断帽带，点上灯烛后，喝到尽兴才停止。后来，晋国与楚国打仗，有一个武臣经常冲在前面，五个回合五次斩获敌人首级，打败敌人，最终战胜了晋国。楚怀王奇怪地问他，才知道是夜间被美人扯断帽带的人，来报答楚王的不杀之恩。

点　评

这两个故事赞扬了楚庄王、平原君以大业为重的宽广胸怀。另外，平原君的美人对残疾人不仅缺乏同情心，而且还大加嘲笑，所以引来杀身之祸，也是对轻薄人的一种教训。

有字韵

恶来多力，飞廉善走。

赵孟疵面，田骈天口。

张凭理窟，裴頠谈薮。

仲宣独步，子建八斗。

恶来多力，飞廉善走。

校　勘

飞廉善走，飞，学津本作“蜚”。《史记》作“蜚廉”。《全唐诗》本作“飞”，《孟子·滕文公下》注：“飞廉，纣谀臣。”飞，同蜚。

人物简介

飞廉，别号处父，商纣王的佞臣。

恶来，飞廉之子，商纣王的佞臣。

掌故解读

多力：力气大。善走：善于跑。《史记·秦本纪》记载：“蜚廉生恶来，恶来有力，蜚廉善走。父子俱以材力事纣。武王之伐纣，并杀恶来。是时蜚廉为纣石北方。还，无所报，为坛霍山而报，得石棺，铭曰：‘帝令处父不与殷乱，赐尔石棺以华氏。’死，遂葬于霍山。”故事是说，蜚廉生恶来。恶来有力气，蜚廉善于跑。他们父子都靠才力侍奉商纣王。周武王讨伐商纣王，杀死恶来。当时蜚廉为商纣王在北方采石，他回来时，商朝已经灭亡了，他无处报告。在霍山建造坛台祭祀，得到一具石棺，棺上的铭文：“天帝命令处父不参与殷朝的祸乱，赏赐给你石棺来为氏族增光。”蜚廉死后就埋葬在霍山。

点　评

蜚廉、恶来父子都是商纣王祸国殃民的得力助手。蜚廉还是秦国的祖先。

赵孟疵面，田骈天口。

人物简介

赵孟，字长舒，晋朝官吏，曾任尚书令史，绰号“疵面”。

田骈，战国时期齐国的游说之士，任上大夫，著有《田子》二十五篇。

掌故解读

疵面：晋朝赵孟的绰号，因为他脸上有疵点。王隐《晋书》记载：“善于清谈，有国士之风。其面有疵。人有不决者，群云：‘当问疵面。’”（《太平御览》卷三百六十五）故事是说，赵孟善于清谈，有国士的风度。他的脸上有疵点。人们有疑惑不决的事情，都说：“应当去问赵疵面。”

天口：形容人能言善辩。《七略》曰：“齐田骈好谈论，故齐人为语曰‘天口骈’。”（《昭明文选》卷三十六《宣德皇后令》注）故事是说，齐国人田骈喜好谈论，因此齐国人说他是“天口骈”。

点　赞

两位说客，一个是战国人，一个是晋朝人，他们都能说善辩，都很受尊敬。

张凭理窟，裴颜谈薮。

校　勘

裴颜谈薮，裴，《全唐诗》本作“裵”。“裵”字是“裴”的异体字，学津本作“裴”。

人物简介

张凭，字长宗，吴郡（今江苏苏州）人，东晋官吏，官至御史中丞。

裴颜，字逸民，河东闻喜（今山西闻喜）人，西晋思想家。他反对当时盛行的玄学清谈，维护儒家的礼法，著有《崇有论》。官至尚书左仆射。

掌故解读

理窟：义理的窟穴，指言论富有义理。《晋书 · 张凭传》记载：“有志气，为乡闾所称。举孝廉，负其才，自谓必参时彦。初，欲诣刘惔，乡里及同举者共笑之。既至，惔处之下坐，神意不接，凭欲自发而无端。会王蒙就惔清言，有所不通，凭于末坐判之，言旨深远，足畅彼我之怀，一坐皆惊。惔延之上坐，清言弥日，留宿至旦遣之。凭既还船，须臾，惔遣传教觅张孝廉船，召与同载，遂言之于简文帝。帝召与语，叹曰：‘张凭勃窣为理窟。’官至吏部郎、御史中丞。”故事是说，张凭有志气，被乡里称赞。被察举为孝廉后，他认为自己必定能参与时政，成为大儒。起初，他要拜访简文帝的谈客刘惔，乡里与他共同被举为孝廉的人都笑他。他到达刘惔家时，刘惔把他安排在下等的座位，并不待见他，张凭想要发言却没有机会。正赶上王蒙到刘惔家去清谈，主客间有不能沟通的地方，张凭就在最末的座位上评判王蒙的错话，意指深

远，足以把彼此的心意都表述明白，满座的人都很惊讶。刘惔把他请到上等座位，和他清谈了一整天，留他住到次日天亮，才让他走。张凭回到船上，不大一会儿，刘惔派人来找张孝廉船，招他一同坐车，把他引见给简文帝。简文帝招他来与他谈话，感叹说：“张凭辞彩缤纷，是义理的窟穴。”

谈薮：言谈的林薮，比喻言谈丰富渊博。《世说新语·赏誉》记载：“裴仆射，时人谓为‘言谈之林薮’。”意思是说，尚书左仆射裴頠，当时人认为他是“言谈的林薮”。

点　评

清谈，也称玄谈，指魏晋时期何晏、王衍等崇尚《老子》《庄子》，竞谈玄理，形成一时风气。张凭即属于这一派，而裴頠正是其对立面。

仲宣独步，子建八斗。

人物简介

王粲，字仲宣，山阳高平（今属山西）人，东汉文学家，“建安七子”之一。他到荆州依附刘表，不被重用。因思乡作《登楼赋》，后被曹操聘为丞相掾、侍中。

曹植，字子建，曹操之子，封陈王。十岁能文，才思敏捷。

掌故解读

独步：独自行走，引申为无与伦比。曹植《与杨德祖书》曰：“今世作者，可略而言也。昔仲宣独步于汉南，孔璋鹰扬于河朔，伟长擅名于青土，公干振藻于海隅，德琏发迹于此魏，足下高视于上京。当此之时，人人自谓握灵蛇之珠，家家自谓抱荆山之玉。”故事是说，现代的作家，大略可说的如下。从前王粲（字仲宣）在汉水以南无与伦比，陈琳（字孔璋）在河朔一带大展雄才，徐干（字伟长）在青州地区独具高名，刘桢（字公干）在沿海一带振扬辞彩，应玚（字德琏）在魏国发展起来，您（杨修字德祖）在京师居高临下。当此之时，人人都认为自己掌握灵蛇之珠，家家都认为自己怀抱荆山之玉。

八斗：宋佚名《释常谈》："谢灵运尝云：'天下才共有一石，曹子建独占八斗，我得一斗，天下共分一斗。'"谢灵运曾经说："天下的文才共有一石，曹子建独自占有八斗，我得到一斗，天下人共分一斗。"

点　赞

这是两位才子的故事，《七步诗》连小学生都会读，"才高八斗"更是人们津津乐道的掌故。

霁字韵

广汉钩距，弘羊心计。

卫青拜幕，去病辞第。

郦寄卖友，纪信诈帝。

济叔不痴，周兄无慧。

广汉钩距，弘羊心计。

校　勘

弘羊心计，弘，学津本作“宏”。学津本成书于嘉庆年间，为避乾隆帝弘历的名讳，故意改“弘”为“宏”。《全唐诗》本作“弘”。

人物简介

赵广汉，字子都，蠡吾（今河北博野县西南）人，西汉官吏，任京兆尹。

桑弘羊，西汉大臣，曾任治粟都尉、御史大夫等职。推行重农抑商政策，把盐铁收归官营。设立平准、均输机构，平抑物价。他与霍光共同辅佐昭帝，后与上官桀谋反，被诛。

掌故解读

钩距：反复调查比较的方法。《汉书·赵广汉传》记载："广汉为人强力，天性精于吏职。见吏民，或夜不寝之旦。尤善为钩距，以得事情。钩距者，设欲知马贾，则先问狗，已问羊，又问牛，然后及马，参伍其贾，以类相准，则知马之贵贱，不失实矣。唯广汉至精能行之，它人效者莫能及也。郡中盗贼，闾里轻侠，其根株窟穴所在，及吏受取请求铢两之奸，皆知之。"故事是说，赵广汉为刚强有毅力，天生精于官吏职守做官。他为了接见官吏和民众，常常夜间不睡，直到天亮。尤其善于反复调查的钩距法，以得到事情的真相。钩距，假设要知道马的价钱，就先问狗的价钱，已经问了羊的价钱，又问牛的价钱，然后再到马的价钱，错综比较价格，以类相推，就知道马的贵贱，不会出差错。只有赵广汉精明，能运用这个方法，其他人效仿都赶不上他。郡中的强盗小偷，乡村里的无业游民，他们的联系方式巢穴所在，以及官吏收受贿赂的坏事，他都能知晓。

心计，颜师古注："不用筹算"，指心算。《汉书·食货志》记载："弘羊，雒阳贾人之子，以心计，年十三侍中，故三人言利事析秋毫矣。"故事是说，桑弘羊，是洛阳商人的儿子，善于心算，在十三岁时任侍中，所以他们三人（东郭显阳、孔仅、桑弘羊）研究利益的事情，能分析到秋天鸟兽新长出的毫毛那么细致。

点　　赞

这是两个治国能臣的故事，赵广汉善于运用"钩距法"，反复调查，比较分析，弄清事情的真相。桑弘羊善于心算，为国理财，细心周到。

卫青拜幕，去病辞第。

人物简介

卫青，字仲卿，河东平阳（今山西临汾）人，西汉著名将领。元朔二年（前127年），他率军大败匈奴，收复河套一带地区。后他又与霍去病深入漠北，再次击败匈奴主力，安定了北边诸郡。

霍去病，西汉著名将领，河东平阳（今山西临汾）人。曾任骠骑将军、大司马，封冠军侯。他多次率兵击败匈奴，制止了匈奴贵族的掠夺。

掌故解读

拜幕：在幕帐中拜官，指卫青在军队的幕帐中接受大将军的任命。《汉书·卫青传》记载："元朔五年春，令青将三万骑出高阙，……匈奴右贤王当青等兵，以为汉兵不能至此，饮醉，汉兵夜至，围右贤王。右贤王惊，夜逃，独与爱妾一人数百骑驰，溃围北去。汉轻骑校尉郭成等追数百里，弗得，得右贤裨王十余人，众男女万五千余人，畜数十百万，于是引兵而还。至塞，天子使使者持大将军印，即军中拜青为大将军。诸将皆以兵属，立号而归。"故事是说，元朔五年（前124年），朝廷命令卫青率五万骑兵从高阙出发讨伐匈奴。匈奴右贤王抵挡卫青等的军队，认为汉兵不能到达这里，便饮酒至醉。汉兵夜晚到来，围住右贤王，右贤王惊恐，连夜逃跑，独自与爱妾率数百骑兵突围北逃。汉朝的轻骑校尉郭成追数百里，没有抓到右贤王，只抓获右贤王的裨将几十人，男女众人一万五千，牲畜数百万头，于是率兵返回。到了边塞，天子派使者带着大将军的官印，到军中拜卫青为大将军。众将带领的军队都归大将军所统辖，建立军号返回。

辞第：辞去给自己建造的府第。《汉书·霍去病传》记载："去病为人少言不泄，有气敢往。上尝欲教之孙吴兵法，对曰：'顾方略何如耳，不至学古兵法。'上为治第，令视之，对曰：'匈奴不灭，无以家为也。'

上益重爱之。”故事是说，霍去病少言寡语，不泄露机密，有勇气，敢作敢当。汉武帝常要教他孙武、吴起的兵法，他回答：“打仗只看方略如何罢了，不必学习古代的兵法。”汉武帝为他建造府第，让他去看看，他说：“匈奴不消灭，没有心思考虑家事。”汉武帝因此更加器重喜爱他了。

点　赞

这是两位抗击匈奴，战功显赫的将领。“匈奴不灭，无以家为”的千古名言，曾激励过多少爱国志士奔赴抗敌战场。

郦寄卖友，纪信诈帝。

人物简介

郦寄，字况，高阳（今河南杞县）人，西汉将军。

纪信，西汉将军，他假装汉王欺骗项羽，使汉王逃出荥阳城，他被项羽烧死。

掌故解读

卖友：出卖朋友。《汉书 · 郦寄传》记载：“与吕禄善，及高后崩，大臣欲诛诸吕。吕禄为将军，军于北军。太尉周勃不得入北军，于是乃使人劫商，令其子寄给吕禄。吕禄信之，与出游。而勃乃得入据北军，遂以诛诸吕。商是岁薨，谥曰景侯。子寄嗣。天下称郦况卖友。”故事是说，郦寄与吕禄友好。到了高后吕雉死的时候，大臣要诛杀吕姓诸人。吕禄是将军，在北军驻守。太尉周勃不能进入北军，于是就派人劫持郦商，让他的儿子郦寄去骗吕禄。吕禄相信了郦寄，与他出去游玩，周勃才有机会进入并掌管了北军，之后诛杀了吕姓诸人。郦商在当年就死了，给他的谥号为景侯。他的儿子郦寄继承了侯爵。天下人都说郦况出卖了朋友。

诈帝：假装皇帝，指纪信假装成汉王，欺骗项羽。《汉书·高帝纪上》记载："五月，将军纪信曰：'事急矣！臣请诳楚，可以间出。'于是陈平夜出女子东门二千余人，楚因四面击之。信乃乘王车，黄屋左纛，曰：'食尽，汉王降楚。'楚皆呼万岁，之城东观，以故汉王得与数十骑出西门遁。羽见信，问：'汉王安在？'曰：'已出去矣。'羽烧杀信。"故事是说，项羽把汉王围困在荥阳城，五月的时候，将军纪信说："事情紧急了！我请求去诓骗楚军。"于是陈平在夜间从东门放出二千多女子，楚军就四面攻击女子。纪信乘坐汉王的车子，用黄缯做里子的车盖，车横左边插有旗帜，纪信说："粮食吃光了，汉王向楚军投降。"楚军都高呼万岁，都到荥阳城东门的城阙围观，因此汉王能与几十骑兵从西门偷偷逃跑。项羽见到纪信，问道："汉王在哪里？"纪信回答："已经出城了。"项羽就把纪信烧死了。

点　评

汉朝初年，京师的军队分南军、北军，平时不由太尉统辖，太尉周勃无法进入北军掌管军权，所以才劫持郦商，迫使其子郦寄骗出吕禄。让郦寄蒙上卖友的骂名。诈骗并非美德，但在两军对垒，你死我活特殊情况下，又符合兵法中的"兵不厌诈"之法则，因而受到赞扬。

济叔不痴，周兄无慧。

人物简介

王湛，字处冲，晋朝官吏，曾任汝南内史。

晋悼公名周，《左传》中称为"周子""孙周"，《史记》中称为"公子周"，实际上是同一个人，就是春秋时期晋国的国君，即晋悼公。

掌故解读

不痴：不傻。《晋书·王湛传》记载："初有隐德，人莫能知，兄弟宗族，皆以为痴。……济尝诣湛，见床头有《周易》，问曰：'叔父何用此为？'湛曰：'体中不佳时，脱复看耳。'济请言之，因剖析玄理，微妙有奇趣。皆济所未闻也。……武帝亦以湛为痴，每见济，辄嘲之曰：'卿家痴叔死未？'济常无以答，及是帝又问如初，济曰：'臣叔殊不痴。'因称其美，帝曰：'谁比？'济曰：'山涛以下，魏舒以上。'"故事是说，王湛起初就颇有才华，但是并未显露，人们都不知道，兄弟和家族都认为他是个傻子。他的侄子王济到王湛那里去，见他的床头上有《周易》，问他说："叔父你用这个做什么？"王湛说："身体不舒服时，偶尔看看罢了。"王济请他谈谈，他就剖析玄妙的义理，微妙有趣。都是王济所没有听过的。晋武帝也以为王湛是个白痴，每次见到王济，就嘲笑他说："爱卿，你的傻叔叔死了没有？"王济说："我的叔叔可不傻。"并且称赞他的美德。晋武帝说："可以和谁相比呢？"王济说："在山涛以下，在魏舒以上。"

周兄：周子的哥哥，即晋悼公的哥哥。无慧：白痴。《左传·成公十八年》记载："晋栾书、中行偃使程滑弑厉公，葬之于翼东门之外，以车一乘。使荀罃、士鲂逆周子于京师而立之，生十四年矣。……周子有兄，而不慧，不辨菽麦，故不可立。"故事是说，晋国的栾书、中行偃派程滑杀死晋厉公埋葬在翼城的东门外，不以君礼而只用一车四马陪葬。派遣荀罃、士鲂到京师迎接周子并立他为国君，当时他才十四岁。周子有一个哥哥，是个白痴，不能辨别豆子、麦子，所以不能立为国君。

点　评

这是关于是否白痴的两个话题。前者说的是不要看表面现象，后者说真的白痴是不能做国君的。

叶字韵

虞卿担簦，苏章负笈。

南风掷孕，商受斮涉。

广德从桥，君章拒猎。

应奉五行，安世三箧。

虞卿担簦，苏章负笈。

人物简介

虞卿，战国时期的游说之士。

苏章，字游卿，北海（今山东青州、寿光一带）人，汉末儒生。

掌故解读

担簦：蹑跻担簦，穿着草鞋，挑着长柄笠，指不辞辛苦。《史记 · 平原君虞卿列传》记载："虞卿游说之士，蹑跻担簦，说赵孝成王，一见，赐黄金百镒，白璧一双。再见，为赵上卿。故号为虞卿。"故事是说，虞卿是位游说之士，穿着草鞋，挑着长柄笠，游说赵孝成王。第一次见面，赵王赏赐给他黄金一百镒，白璧一对。第二次见面，任命他为赵国的上卿。

因此号称虞卿。

负笈：背着书箱游学。《蒙求集注》：“前汉苏章，字游卿，北海人。去官不仕于王莽。旧注曰：‘章负笈追师，不远千里。’”故事是说，西汉的苏章，字游卿，北海人。辞职不给王莽做官。旧注说：“苏章背着书箱，追随老师游学，不以千里为远。”

点　评

本首八句四联的韵脚是笈、涉、猎、箧，在现代汉语中不押韵，但在古代汉语中是押韵的，都押叶字韵。

南风掷孕，商受斮涉。

人物简介

贾南风，平阳（今山西临汾）人，太尉贾充的女儿，晋惠帝皇后。

商纣王，名字叫受，商朝最后一个国君，谥号为纣。

掌故解读

掷孕：把戟投向孕妇。《晋书 · 后妃上》记载：贾南风“妬忌多权诈，太子畏惑之，嫔御罕有进幸者。……妃性酷虐，尝手杀数人。或以戟掷孕妾，子随刃堕地。帝闻之，大怒，已修金墉城，将废之。……荀勖深救之，故得不废。”故事是说，贾南风妒忌狡诈，太子司马衷被她迷惑，其他的嫔妃很少有被太子宠幸的。她的性格残酷暴虐，曾经亲手杀死多人。还曾把戟投向怀孕的妃妾，使孩子随着戟刃落地。晋武帝听到这事，大怒，已经修好了金墉城，将要废黜太子妃贾南风。大臣荀勖极力解才救，才没有被废黜。

斮涉：砍断涉水者的腿。《尚书 · 泰誓》曰：“今商王受，狎侮五常，荒怠不敬。斮朝涉之胫，剖贤人之心。”故事是说，现在商王受，玩弄五常（指父义、母慈、兄友、弟恭、子孝），荒淫，懈怠，不知敬畏天地鬼神。

见到早晨涉水的人，认为他的腿耐寒，斩断他的腿来观察。比干极力劝谏，纣王认为他的心与别人不同，就剖开他的心来观察。

点　评

这是两个残酷的典型人物。他们的所作所为，惨无人道，留下了千古骂名。

广德从桥，君章拒猎。

人物简介

薛广德，字长卿，沛郡相（今属河北）人，西汉大臣，曾任谏大夫、御史大夫等职。

郅恽，字君章，汝南平西（今属河南）人，汉朝官吏，曾任长沙太守。

掌故解读

从桥：从桥上通过。《汉书 · 薛广德传》记载："上酎祭宗庙，出便门，欲御楼船。广德当乘舆车，免冠顿首曰：'宜从桥。陛下不听臣，臣自刎，以血污车轮，陛下不得入庙矣！'上不说。光禄大夫张猛曰：'臣闻主圣臣直，乘船危，就桥安。圣主不乘危，御史大夫言可听。'上曰：'晓人不当如是邪！'乃从桥。"皇上到宗庙为祭祀献金，从便门出来，想要坐楼船。薛广德挡在皇帝的车前，摘下头冠，叩头说："应该从桥上过。陛下不听臣的话，臣就自刎，用鲜血污染车轮，陛下也不能进入宗庙了。"皇上为此不高兴了。光禄大夫张猛说："臣听说君主圣明，大臣就敢直言。乘船危险，过桥安全。圣明的君主不找危险，御史大夫的话应当听从。"皇上说："说服人不就应该这样说话嘛！"之后就从桥上过去了。

拒猎：拒绝打猎晚归的光武帝进城。《后汉书 · 郅恽传》记载："为上东城门侯，帝尝出猎，车驾夜还。恽拒关不开。帝令从者见面于门闲，恽曰：‘火明辽远。’遂不受诏。帝乃回从东中门入。明日，恽上书谏曰：‘昔文王不敢盘于游田，以万人惟忧。而陛下远猎山林，夜以继昼，其如社稷宗庙何？暴虎凭河，未至之戒，诚小臣所窃忧也。’书奏，赐布百匹，贬东中门侯为参封尉。”故事是说，郅恽任洛阳东城门侯，光武帝曾经出城打猎，车驾到夜间才回来。郅恽拒绝开门，光武帝派随从在门缝隙中露出脸来，传达开门的命令。郅恽说：“火光辽远，看不清楚。”就不接受诏命。光武帝就调转车驾，从东城的中门进入。次日，郅恽上书劝谏说：“从前，周文王不敢盘桓于打猎之中，而是忧虑万民生活。可是陛下远到山林中去打猎，夜以继日，将如何考虑国家宗庙之事？空手搏虎，徒步过河，没有出现的事情就要警惕。这实在是小臣暗中忧虑的。”上书奏报上去，光武帝赏赐给他一百匹布，把东城中门侯贬出京城，任参封县的县尉。

点　赞

郅恽掌管的是洛阳城东面北头的城门，任东城门侯。光武帝打猎回来晚了，他拒绝光武帝进城。光武帝只得从洛阳城东面中间的城门进入。中门侯被贬官，郅恽反而受奖，可见光武帝奖惩的原则。

应奉五行，安世三箧。

人物简介

应奉，字世叔，汝南南顿（今河南项城市西）人，东汉官吏，官至司隶校尉。

张安世，字子孺，杜陵（今陕西西安）人，是张汤之子。他性格谨慎周密，曾任郎官、尚书令、右将军等职，封富平侯。

掌故解读

五行：五行并下，五行字一次看下来，形容读书速度很快。《后汉书·应奉传》记载："奉少聪明，自为童儿及长，凡所经履，莫不暗记。读书五行并下。为郡决曹史，行部四十二县，录囚徒数百千人，及还，太守备问之。奉口说罪系姓名，坐状轻重，无所遗脱，时人奇之。"故事是说，应奉从小聪明，从儿童到长大，凡是所经历的事情没有不暗中记住的。在郡里任决曹史之职，到四十二县巡察，讯视记录囚徒的罪状，有数百上千人。回来时，太守逐一问讯，应奉口述罪犯姓名，罪状轻重，没有遗漏，当时人感到惊奇。

三箧：三个箱子，此指三箱子的书籍。《汉书·张安世传》记载："用善书给事尚书，精力于职，休沐未尝出。上幸河东，尝亡书三箧。诏问莫能知。唯安世识之，具作其事。后购求得书，以相校无所遗失。上奇其材，擢为尚书令，迁光禄大夫。"故事是说，张安世因为善于书写在尚书省供事。他把精力全部用到职务上，连定期放假时也不出去。汉武帝到河东地区时，曾经丢失三箱子书。下诏书问群臣，没有人能回答出来。只有张安世记住了，汉武帝便命他负责办这件事。后来等他买来了书，加以核对，没有遗漏。汉武帝惊叹他的才能，提拔为尚书令，升任光禄大夫。

点　赞

这两个掌故启示后人，只有自身素质好，又有敬业精神，才能事业有成。

虞字韵

相如题柱，终军弃繻。
孙晨稾席，原宪桑枢。
端木辞金，钟离委珠。
季札挂剑，徐稚置刍。

相如题柱，终军弃繻。

人物简介

司马相如，字长卿，成都人，西汉文学家。所作《子虚赋》《上林赋》《大人赋》等，汉魏六朝人多所效仿。汉武帝时他为郎官，因通西南夷有功，不久，任孝文园令。

终军，字子云，济南人，西汉官吏，曾任谒者给事中、谏大夫等职。

掌故解读

题柱：在石柱上题词。《成都记》记载：“司马相如初西去，过升仙桥，题柱曰：‘不乘高车驷马不过此桥。’”故事是说，司马相如起初西去时，路过成都城西北的升仙桥，在石柱上题词：不乘四匹马拉的高车不过此桥！

后来拜司马相如为中郎将，建节往使西南夷，坐着高车驷马从升仙桥上过，实现了自己的诺言。

弃繻：扔掉帛制凭证。《汉书 · 终军传》记载：“少好学，以辩博能属文闻于郡中。年十八，选为博士弟子。……步入关，关吏与军繻。军问：‘以此何为？’吏曰：‘为复传，还当以合符。’军曰：‘大丈夫西游，终不复传还。’弃繻而去。军为谒者，使行郡国，建节东出关。关吏识之，曰：此使者乃前弃繻生也。’”故事是说，终军从小好学，因为能言善辩，会写文章，在郡内闻名。十八岁时，被选为博士子弟。步行进入函谷关，关吏给他一块帛制凭证，终军问道：“这个是做什么的？”关吏说：“回来时就用这个作凭证。”终军说：“大丈夫向西去游历，最终不会靠这个证明回来。”就把这个帛制凭证扔掉而离去。终军当了谒者，到各郡国视察，执持符节，向东出函谷关。关吏认出他，说：这位使者就是以前扔掉帛制凭证的书生。

点　赞

这是两个努力实现远大志向的故事，很有激励教育意义。把“相如题柱”与“文君当垆”一起读，更相宜。请缨的典故，也发生在终军的身上。

孙晨稾席，原宪桑枢。

校　勘

孙晨稾席，稾，《全唐诗》本作“稾”。学津本作“藁”。藁，同稾。

人物简介

孙晨，字元（一作允）公，汉朝官吏，曾任京兆尹的功曹。

原宪，字子思，春秋时期宋国人，孔子的弟子。

掌故解读

藁席：用一捆禾秆当席子。《三辅决录》记载：“孙晨字允公，家贫织席为业，明诗书。为京兆功曹。冬月无被，有藁一束，暮卧朝收。”故事是说，孙晨字允公，家庭贫困，以编织席子为生，懂得《诗经》《书经》。后来当上京兆郡的功曹。冬季时没有被子盖，只有一捆禾秆，他在晚上躺在上面，早晨再收起来。

桑枢：用桑树条作门轴，形容贫困。《庄子·让王》曰：“原宪居鲁，环堵之室，茨以生草，蓬户不完，桑以为枢而瓮牖，二室，褐以为塞。上漏下湿，匡坐而弦歌。子贡乘大马，中绀而表素。轩车不容巷，往见原宪。原宪华冠縰履，杖藜而应门。子贡曰：‘嘻！先生何病？’原宪应之曰：‘宪闻之，无财谓之贫，学而不能行，谓之病。今宪贫也，非病也。’子贡逡巡而有惭色。”故事是说，原宪住在鲁国，房屋狭小，用青草做房盖，用蓬草做门户，还不完整。用桑树条做门轴，用破瓮做窗户。房室分为两部分，用粗布烂衣堵塞漏洞。上面漏雨，下面潮湿。原宪端正坐着弹琴唱歌。子贡驾着高头大马，内衣深红，外衣白色，小巷里容不下他所乘坐的高贵的车子。他前去看望原宪，原宪头戴桦树皮做的帽子，脚穿无后跟的鞋，拄着藜木手杖，出来应声开门。子贡说：“哎呀！先生为什么这么不得志？”原宪应声说：“我听说过，没有钱财叫作贫困，学习了道理却不能应用叫作不得志。今天我是贫困，不是不得志。”子贡听了退后数步面有惭愧的表情。

点　赞

原宪与子贡是同学，都是孔门弟子。贫富相差悬殊，原宪不但不尴尬，还振振有词，讲出一番道理。难怪历来人们把他奉为安贫乐道的典型。

端木辞金，钟离委珠。

人物简介

端木赐，字子贡，春秋时期卫国人，孔门弟子。善于辞令，经商致富。

钟离意，字子阿，会稽山阴（今浙江绍兴）人，东汉官吏。曾任郡督邮、尚书、鲁相等职。

掌故解读

辞金：辞退本该收取的钱。《孔子家语 · 致思》记载：“鲁国之法，赎人臣妾于诸侯者，皆取金于府。子贡赎之，辞而不取金。孔子闻之曰：‘赐失之矣，夫圣人举事，可以移风易俗，而教导可以施之于百姓，非独适身之行也。今鲁国富者寡，而贫者众，赎人受金则为不廉，何以相赎乎？自今以后，鲁人不复赎人于诸侯。’”故事是说，鲁国的法律规定，把别人的臣妾从诸侯国赎回来，都用国库中的金钱，子贡从诸侯国赎人，拒绝从国库中取钱。孔子听到这事，说：“端木赐错了，圣人办事，可以移风易俗，可以对百姓起教育作用，并不是仅适合于自身的行为。现在鲁国富人少，贫困的人多，如果赎人从国库取钱算不廉洁的话，那么用什么去赎人呢？从今以后鲁国人不会再有从诸侯国赎人的了。”

委珠：把珠玑扔了，指廉洁不贪。《后汉书 · 钟离意传》记载：“时交阯太守张恢坐臧千金，征还伏法，以资物簿入大司农。诏班赐群臣，意得珠玑，悉以委地而不拜赐。帝怪而问其故。对曰：‘臣闻孔子忍渴于盗泉之水，曾参回车于胜母之闾，恶其名也。此臧秽之宝，诚不敢拜。’帝嗟叹曰：‘清乎尚书之言！’”故事是说，当时交阯太守张恢犯贪赃之罪，赃物值千金，他伏法后，朝廷取回赃物，把赃物登记注册收入大司农。汉明帝下诏把这批赃物分发给群臣，钟离意分到了珠玑，他把这宝物扔到地上，并且没有因此拜谢赏赐。汉明帝感到奇怪，问他缘故。他回答：“孔子在盗泉边上忍着渴也不喝那里的水，曾参遇到叫胜母的村庄把车调转回来也不从那里通过，是讨厌它的名字。这些宝贝都是赃物，实在是不敢拜受。”汉明帝感叹说：“由尚书的话语可以看出他的清廉啊。”

点　评

孔子批评子贡辞金，是指这种做法不利于推广，起不到移风易俗的作用；把收缴来的赃物做赏赐，钟离意拒绝接受。这种廉洁不贪的品质，值得大加赞赏。

季札挂剑，徐稚置刍。

校　勘

徐稚置刍，置，《全唐诗》本作“致”，中华书局本作“致”。《后汉书》本作“置”。

人物简介

吴季札，春秋时期吴王寿梦的少子，受封于延陵，故称延陵季子。

徐稚，字孺子，豫章南昌（今江西南昌）人，东汉名士。

掌故解读

挂剑：把剑挂在树上。《史记·吴太伯世家》记载：“季札之初使，北过徐君。徐君好季札剑，口弗敢言。季札心知之，为使上国，未献。还至徐，徐君已死。乃解其宝剑，系之徐君冢树而去。从者曰：‘徐君已死，尚谁予乎？’季子曰：‘不然。始吾心已许之，岂以死倍吾心哉！’”故事是说，吴国公子季札初次出使，向北拜访徐国的国君。徐君喜欢季札的宝剑，口中不敢说出。季札心里知道这事，因为出使大国，没有把宝剑献给徐君。回来时又到徐国，徐君已经死亡。季札解下宝剑，系在徐君坟墓的树上后离开。跟随者说：“徐君已经死亡，宝剑还留给谁呢？”季札说：“不对。起初我已经在心里答应他了，难道因为他死了就违背我的心愿吗！”

置刍：放下一束青草。《后汉书·徐稚传》记载：“稚尝为太尉黄琼所辟，不就。及琼卒归葬，稚乃负粮徒步到江夏赴之，设鸡酒薄祭，哭毕而去，不告姓名。时会者四方名士郭林宗等数十人，闻之，疑其稚也。乃选能言语生茅容轻骑追之。及于途，容为设饭，共言稼穑之事。临诀去，谓容曰：‘为我谢林宗，大树将颠，非一绳所维。何为栖栖不遑宁处？’及林宗有母忧，往吊之，置生刍一束于庐前而去。众怪，不知其故。林宗曰：‘此必南州高士徐孺子也。《诗》不云乎：生刍一束，其人如玉。吾无德以堪之。’”故事是说，徐稚曾经被太尉黄琼所征聘，他没有赴任。到黄琼死后归葬家乡时，徐稚就背着粮食徒步到江夏赴丧，摆设鸡和酒，简单地祭祀，哭毕就离开了，没有告知姓名。当时四方名士郭林宗等几十人到会祭祀，听到这事，怀疑他是徐稚，就选能说会道的学生茅容，骑快马去追赶他。在途中追上了，茅容为他摆设饭菜，与他谈论庄稼地里的事。临告别时，他对茅容说：“替我谢谢郭林宗，大树将倒，不是一条绳子能拉住的，为什么忙忙碌碌来不及休息呢？”到了郭林宗的母亲死时，徐稚前去吊丧，把一捆生草放在坟墓的草庐前就离开了。众人都很奇怪，郭林宗说：“这一定是南州的高士徐孺子。《诗经》不是说：‘生刍一束，其人如玉。’我无德，经受不起这种美誉。”

点　赞

兑现说出口的话是诚信，兑现心中的许诺更是诚信，季札挂剑就说明这个道理；徐稚的故事，反映了不忘旧谊的传统美德。

养字韵

朱云折槛，申屠断鞅。

卫介羊车，王恭鹤氅。

管仲随马，仓舒称象。

丁兰刻木，伯瑜泣杖。

朱云折槛，申屠断鞅。

人物简介

朱云，字游，平陵（陕西兴平）人，西汉官吏，曾任槐里令。

申屠刚，字巨卿，茂陵人，东汉官吏，曾任尚书令、太中大夫等职。

掌故解读

《汉书·朱云传》记载："至成帝时，丞相故安昌侯张禹以帝师位特进，甚尊重。云上书求见，公卿在前。……云曰：'今朝廷大臣上不能匡主，下亡以益民，皆尸位素餐，臣愿赐尚方斩马剑，断佞臣一人以厉其余。'上问：'谁也？'对曰：'安昌侯张禹。'上大怒曰：'小臣居下讪上，廷辱师傅。罪死不赦。'御史将云下，云攀殿槛，槛折。云呼曰：'臣得下从龙逄、比干游于地下，足矣！未知圣朝何如耳？’御史遂将云去。于是左将军辛庆忌免冠解印绶，叩头殿下曰：‘此臣素著狂直于世，使其言是，不可诛；其言非，固当容之。臣敢以死争。’庆忌叩头流血，上意解，然后得已。及后当治槛，上曰：‘勿易！因而辑之，以旌直臣。’”故事是说，到汉成帝时，丞相原安昌侯张禹因为是帝师官位为特进，皇帝极为尊敬他。朱云上书请求觐见皇帝，当时众公卿都在殿前。朱云说：“臣希望陛下赐给尚方斩马剑，斩断奸臣一人头来告诫其他奸臣。”汉成帝问：“你要斩的是谁？”他回答：“安昌侯张禹。”汉成帝大怒，说：“小臣在下谗谤大臣，大庭广众之中侮辱师傅，该当死罪不赦。”御史要把朱云拉下朝堂，朱云攀住大殿的横槛，横槛折断。朱云大喊：“我能与谏臣关龙逄、比干在九泉之下交往，也就足够了！不知道圣朝杀直谏之臣的恶名如何？”御史就把朱云拉出去了。这时左将军辛庆忌摘下头冠，解下印绶，在殿下叩头说：“这个小臣在社会上一向以狂妄直率著名，假使他的话对，就不可以诛杀；如果他的话不对，本来也应当宽容。臣斗胆以死抗争。”辛庆忌叩头流血，汉成帝怒气缓解了，然后作罢。到后来要修横槛时，汉成帝说：“不要更换！就把原来的修理一下，来表彰直言敢谏之臣。”

断鞅：割断马鞅。鞅，马颈上垫轭的皮带。《后汉书·申屠刚传》：“光武尝欲出游，刚以陇蜀未平，不宜宴安逸豫谏。不见听，遂以头轫乘舆轮，帝遂为止。”故事是说，光武帝要出门游玩，申屠刚以陇蜀（今甘肃、四川）没有平定，不应该安逸享乐为理由劝阻。他的话未被采纳，他就用头顶着皇帝的车轮，光武帝于是就停止了出游。《蒙求集注》称：“旧注云：以刀断马鞅。”旧注是说，用刀割断马鞅。

点赞

朱云折槛的故事，不仅表彰朱云直言敢谏的精神，更说明汉成帝接受忠言的胸怀，令人敬佩。

卫玠羊车，王恭鹤氅。

人物简介

卫玠，字叔宝，晋朝官吏，曾任太子洗马。见“叔宝玉润，彦辅冰清”条。

王恭，字孝伯，晋朝官吏，曾任前将军、青兖二州刺史，后讨伐王愉，兵败被杀。

掌故解读

羊车：羊拉的车。《晋书 · 卫玠传》记载：“总角乘羊车入市，见者以为玉人，观者倾都。”故事是说，卫玠儿童时期坐羊车到市场去，看见的都认为他是玉石人，整个都城的人都来观看。

鹤氅：用鸟羽做的外套，美称为鹤氅。《晋书 · 王恭传》记载：“恭美姿仪，人多爱悦。或目之云：‘濯濯如春月柳。’尝被鹤氅裘，涉雪而行。孟昶窥见曰：‘此真神仙中人。’”故事是说，王恭的姿态仪表漂亮，人们都很喜欢他。有人看见他说：“水灵灵的像春天的柳条。”他曾经披着鹤氅，踏雪而行。孟昶偷偷看着他，说：“这真是神仙中的人物。”

点　　赞

两个美男子，一大一小，都是人见人爱。

管仲随马，仓舒称象。

校　　勘

仓舒称象，学津本作“仓”。《三国志 · 魏武世王公传》记载：“邓哀王冲字仓舒。”

人物简介

管夷吾，字仲，春秋齐国的宰相，辅佐齐桓公称霸于诸侯。

曹冲，字仓舒，曹操之子，十三岁就死了，追封为邓哀侯。

掌故解读

随马：迷路时跟随老马走。《韩非子 · 说林上》记载：“管仲、隰朋从于桓公而伐孤竹。春往冬返，迷惑失道。管仲曰：‘老马之智可用也。’乃放老马而随之，遂得道。行山中无水，隰朋曰：‘蚁冬居山之阳，夏居山之阴。蚁壤一寸而仞有水。’乃掘地，遂得水。以管仲、隰朋之智，至其所不知，不难师于老马与蚁，今人不知以其愚心师圣人之智，不亦过乎？”故事是说，管仲、隰朋随齐桓公讨伐孤竹国。春天前往，冬天返回时，迷失道路。管仲说：“可以利用老马的智慧。”就放开老马让它前行，人们跟随着老马，于是找到了道路。走到山中没有水喝，隰朋说：“蚂蚁冬天住在山的阳面，夏天住在山的阴面。蚂蚁洞口的土堆一寸高，下面七尺深就有水。”兵士找到蚁穴开始挖掘，果然找到了水。凭着管仲、隰朋的智慧，遇到他们所不了解的事情，不把向老马、蚂蚁学习当做难为情的事情，现在的人却不承认自己愚蠢，不知道学习圣人的智慧，不也是错误的吗？

称象：称量大象的重量。《三国志 · 魏书 · 武文世王公传》记载：“少聪察岐嶷，生五六岁，智意所及，有若成人之智。时孙权曾致巨象，太祖欲知其斤重，访之群下，咸莫能出其理。冲曰：‘置象大船之上，而刻其水痕所至，称物以载之，则校可知矣。’太祖大悦，即施行焉。”故事是说，曹冲年幼很聪明，在五六岁时，他的智力就达到了成年人的水平。当时孙权曾经送来一只大象，曹操想要知道它的重量，询问群臣下属，都不知道称量的办法。曹冲说：“把大象放在大船上，刻下水痕到达的位置，再称量物体装载在空船上，经过比较就可以知道大象的重量了。”曹操特别高兴，就按照他的办法做了。

点　赞

管仲随马，老马识途的典故就出于此。利用动物的特性，可以帮助人们解决不少难题，这说明开动脑筋的重要性。曹冲称象的掌故，说明有智不在年高的道理。

丁兰刻木，伯瑜泣杖。

校　勘

伯瑜泣杖，瑜，《说苑 · 建本》作“俞”。《全唐诗》本、学津本均作“瑜”。徐子光注曰：“十二国史，俞作瑜。”

人物简介

丁兰，河内（今河南沁阳）人，东汉孝子。

伯瑜，古代的孝子。

掌故解读

刻木：用木头雕刻成母亲的雕像来供奉。《孝子传》记载：“丁兰事母孝，母亡，刻木为母事之。兰妇误以火烧母面，应时发落如割。”故事是说，丁兰对母亲很孝顺。母亲死了，他把木头雕刻成母亲的雕像来供奉。丁兰的妻子失误用火烧到母亲雕像的脸，当时母亲雕像的头发如同被割了一样掉下来。

泣杖：被母亲的手杖打了，因为不疼而感到母亲体衰，就哭泣起来。《说苑 · 建本》记载：“伯俞有过，其母笞之，泣。母曰：‘他日笞未尝泣，今泣何也？’对曰：‘他日得罪，笞常痛。今母之力不能痛，是以泣。”故事是说，伯瑜有了过错，他母亲用棍子打他，他哭泣起来。母亲说：“以前你遭棍打不曾哭泣，今天哭泣是为什么？”伯瑜回答说：“以前犯错，遭棍打常常感觉到疼痛。现在母亲的力量小了，不能打疼我，因此哭泣。”

点　　赞

这是两个孝子的故事，其中“丁兰刻木”，还被收入“二十四孝”，名为“刻木事亲”。伯瑜泣杖，他能从杖打不疼体察到母亲年老体衰，更加感人。

号字韵

陈逵豪爽，田方简傲。

黄向访主，陈寔遗盗。

庞俭凿井，阴方祀灶。

韩寿窃香，王濛市帽。

陈逵豪爽，田方简傲。

人物简介

陈逵，字林道，晋朝官吏，任西中郎将，领淮南太守。

田子方，战国时期的仁人志士，魏文侯的老师。

掌故解读

豪爽：豪放爽快。《世说新语·豪爽》记载："陈林道在西岸，都下诸人共要至牛渚会。陈理既佳，人欲共言折。陈以如意拄颊，望鸡笼山叹曰：'昔孙伯符志业不遂。'于是竟坐不得谈。"故事是说，陈逵在长江西岸，京城的人共同把他邀请到牛渚相会。陈逵清谈玄理，效果极佳。人们要共同用言论驳倒他。陈逵用如意拄着下巴，远望鸡笼山感叹说："孙伯符的志向事业没有成功。”于是直到会见结束，人们也没有可谈的话题。

简傲：简略傲慢。《史记 · 魏世家》记载：“十七年，伐中山，使子击守之，赵仓唐傅之。子击逢文侯之师田子方于朝歌，引车避，下谒。子方不为礼，子击因问曰：‘富贵者骄人乎？且贫贱者骄人乎？’子方曰：‘亦贫贱者骄人耳。夫诸侯而骄人则失其国，大夫而骄人则失其家。贫贱者，行不答，言不用，则去之楚、越，若脱躧然。奈何其同之哉！’”故事是说，魏文侯十七年，讨伐中山国，派子击留守国内，赵仓唐为子击的师傅。在朝歌子击遇到魏文侯的师傅田子方，子击让车子避开他，下车拜见田子方。田子方却不还礼，子击就问他说：“是富贵者骄傲待人呢？还是贫贱者骄傲待人呢？”田子方说：“还是贫贱者骄傲待人罢了。诸侯骄傲待人，就会失去他的国，大夫骄傲待人，就会失去他的家。贫贱者，如果行事得不到答复，意见得不到采纳，就会离开这里，到楚国、越国去，如同脱掉拖鞋一般。怎么能够和富贵者相同呢！”

点　赞

田子方的话告诫人们不要骄傲，尤其是有权势者，如果骄傲就会丧失国家。

黄向访主，陈寔遗盗。

人物简介

黄向，东汉豫章（今江西南昌）人。

陈寔，字仲弓，东汉名士，曾任闻喜长、太丘长等职。其子陈纪字元方、陈谌字季方，都是名士，并称“三陈”。

掌故解读

访主：打听失主。《蒙求集注》记载：“尝行于路，拾得金囊，乃访主还之。”故事是说，黄向曾经在路上行走，捡到一个装有黄金的口袋，就想办法找到失主，还给了他。

遗盗：把两匹绢赠送给窃贼。《后汉书 · 陈寔传》记载：“时岁荒民俭，有盗夜入其室，止于梁上。寔阴见，乃起自整拂，呼命子孙，正色训之曰：‘夫人不可不自勉。不善之人未必本恶，习以性成，遂至于此。梁上君子是矣！’盗大惊，自投于地，稽颡归罪。寔曰：‘视君状貌，不似恶人，当由贫困。’令遗绢二匹。自是一县无盗。”故事是说，当时年成不好，民众生活困难，有个小偷夜间进入陈寔的家中，伏在房梁上。陈寔暗中发现后，就起来整理好自己的衣服，喊来子孙，严肃地训诫他们说：“人不可以不自己努力。不好的人未必本来就是坏人，习惯成自然，于是就达到这种程度。梁上的那位君子就是这样的！”小偷大惊，自己跳到地上，磕头认罪。陈寔说：“看你的样子，不像是坏人，应当是由于贫困所致。”就命人赠送给他二匹绢。从此全县都没有了盗贼。

点　评

黄向访主，是个拾金不昧的故事；成语典故“梁上君子”就来源于“陈寔遗盗”，告诫子孙要自强，不要沦为盗贼。

庞俭凿井，阴方祀灶。

校　勘

殷方祀灶，灶，《全唐诗》本作“竈”。竈是灶的异体字。学津本作“殷方祀灶”。

人物简介

庞俭，三国时期魏国人。

阴子方，西汉宣帝时人。

掌故解读

凿井：挖井。《风俗通 · 佚文》记载：“遭仓卒之世，亡失其父，时俭三岁，弟才襁抱耳。流转客居庐里中，凿井得钱千余万，遂温富。俭作府吏，躬亲家事，行求老苍头谨信属任者，年六十余，直二万钱，使主牛马耕种。有宾婚大会，母在堂上，酒酣，陈乐歌笑。奴在灶下助厨，窃言：‘堂上老母，我妇也。’……母谓婢试问其形状。奴曰：‘家居郸时，在富乐里宛西，妇艾氏女，字阿横。大儿字阿痴，小儿曰越子，时为县吏，为人所略卖。阿横右足下有黑子，右腋下有赤志如半栉。’母曰：‘是汝公也。’因下堂相对啼泣：‘儿妇前，为汝公拜。’遂为夫妇如初。……时人为之语曰：‘庐里诸庞，凿井得铜，买奴得公。’”故事是说，庞俭遭到社会的动乱，丢失了父亲。当时庞俭才三岁，弟弟还在襁褓中，他们流落到庐里中客居。庞俭凿井，获得千余万钱，生活才变得富裕起来。庞俭当了府吏之后，还亲自操持家务。要找一个勤劳肯干的家仆，买个六十岁的，花了二万钱，让他主管牛马耕种之事。有个婚宴，庞俭的母亲在堂上坐着，酒喝好了，奏乐唱歌说笑。仆人在灶上帮厨，偷偷地说：“堂上的妇女，是我的媳妇。”庞俭母亲派丫鬟问他的情形。家仆说：“我家在郸郡时，住在富乐里宛西，媳妇姓艾，名叫阿横，大儿子叫阿痴，小儿子叫越子，我当时做县吏。我是被人所掠卖的。阿横右脚下有黑痦子，右腋下有红痣，如同半个木梳。”庞俭的母亲说：“这是你父亲。”就下堂相对哭泣说：“儿子、儿媳妇上前来，给你父亲下拜。”夫妻团聚就像当初一样。当时人说：“庐里庞家，凿井得钱，买奴得公。”

祀灶：祭祀灶神。《搜神记》卷四记载：“汉宣帝时，南阳阴子方者，性至孝，积恩好施，喜祀灶。腊日晨炊，而灶神形见。子方再拜受庆。家有黄羊，因以祀之。自是已后，暴至巨富。田七百余顷，舆马仆隶，比于邦君。子方尝言：‘我子孙必将强大。’至识三世，而遂繁昌。家凡四侯，牧守数十。故后子孙常以腊日祀灶，荐黄羊焉。”故事是说，汉宣帝时，南阳郡阴子方，为人最孝顺，积善有德，爱好施舍，喜好祭祀灶神。有一年腊日的早晨烧火做饭，灶神现身，阴子方拜了两拜，接受降福。家里有黄狗，就用来祭祀。从此以后，突然暴发成巨富，田地七百余顷，车马奴仆众多，富有如同一国之君。阴子方曾说：“我的子孙一定强大。”到了阴识是第三代，于是就繁荣昌盛起来。阴家有四个侯爵，州牧郡守数十个。因此后世子孙常在腊日祭祀灶神，用黄狗做祭品。

点　评

战乱中家人相失，太平时又团聚，庞俭的故事是可信的；阴方祀灶，属于封建迷信，并不可信，但祭灶杀狗的习俗或与此有关。《荆楚岁时记》：“以黄犬祭之，谓之黄羊。”

韩寿窃香，王濛市帽。

人物简介

韩寿，字德真，南阳堵阳（今河南方城县东）人，晋朝官吏。被贾充聘为司空的属官，官至散骑常侍、河南尹。

王濛，字仲祖，太原晋阳（今山西太原）人，是晋哀帝皇后之父。

掌故解读

窃香：偷盗西域进贡的香。《晋书·贾充传》记载：“充每燕宾寮，其女辄于青琐中窥之，见寿而悦焉。问其左右识此人不，有一婢说寿姓字，云是故主人。女大感想，发于寤寐。婢后往寿家，具说女意，并言其女光丽艳逸，端美绝伦。寿闻而心动，便令为通殷勤。婢以白女，女遂潜修音好，厚相赠结，呼寿夜入。寿劲捷过人，踰垣而至，家中莫知。惟充觉其女越畅异于常日。时西域有贡奇香，一著人则经月不歇，帝甚贵之，唯赐充及大司

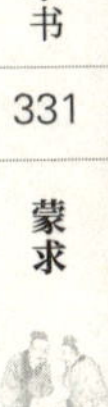

马陈骞。其女密盗以遗寿，充寮属与寿燕处，闻其芬馥，称之于充。自是充意知女与寿通，……遂以女妻寿。”故事是说，贾充家每次宴请宾客僚属，他的女儿就从上锁的门缝中偷着观察，看见了韩寿，心中很喜欢他。问她身边的人是否认识这个人，有一个丫鬟说出了韩寿的姓名，说是自己原来的主人。贾充的女儿十分思慕韩寿，白天黑夜都想着他。丫鬟后来前往韩家，说了贾充女儿的心意，并且说她光艳美丽、端庄无比。韩寿听后也心动，便叫丫鬟替他转达心意，丫鬟把这件事对贾充的女儿说了，贾充女儿就暗中与韩寿相好，赠送给韩寿很多东西，还叫韩寿夜间进入贾府。韩寿敏捷过人，跳过院墙进来，家里没有人知道。只有贾充觉察出女儿心情舒畅超过往常。当时西域进贡了一种特殊的香，一熏着人，香味就一个月也不消失。皇帝把它看得很贵重，只赐给贾充和大司马陈骞。贾充的女儿秘密偷出这种香赠送给韩寿。贾充的僚属与韩寿一起闲坐，闻到他身上的芬芳香味，向贾冲称赞。贾充因此知道女儿与韩寿私通，于是就把女儿嫁给了韩寿。

市帽：到市场上买帽子。《晋书 · 王濛传》记载：“善隶书，美姿容，尝览镜自照，称其父字曰：‘王文开生如此儿邪！’居贫，帽破。自入市买之，妪悦其貌，遗以新帽。时人以为达。”故事是说，王濛善于写隶书，姿态容貌漂亮。曾经一边照着镜子一边称他父亲的表字说：“王文开能生出这么漂亮的儿子！”因为生活贫困，帽子破了，他亲自到市场去买。有老妇人看他长相漂亮，就赠送给他新帽子。当时人认为他很旷达。

点　评

这是两位美男子的风流故事。

药字韵

句践投醪，陆抗尝药。
孔愉放龟，张颢坠鹊。
田豫俭素，李恂清约。
义纵攻剽，周阳暴虐。

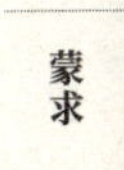

句践投醪，陆抗尝药。

人物简介

子发母，春秋时期楚国将领子发的母亲，她教育儿子子发向句践学习，懂得爱护士卒。

陆抗，字幼节，三国时期吴国将领，曾任奋威将军，后拜大司马，领荆州牧。

掌故解读

投醪：把好酒投放到江水中，让士兵都尝到酒味，以此来调动士卒战斗的积极性。《列女传》记载：“子发破秦而归，其母闭门而不内，使人数之曰：‘子不闻越王句践之伐吴耶？客有献醇酒一器者，王使人注江之上流，使士卒饮其下流。味不及加美，而士卒战自五也。异日有献一囊糗糒者，王又以赐军士，分而食之，甘不足踰嗌，而战自十也。今子为将，士卒并分菽粒而食之，子独朝夕刍豢黍粱，何也？……子非吾子，无入吾门。’子发谢其母，然后内之。”故事是说，楚国将领子发打败秦军返回国内，他的母亲关上门，不让他进家。派人数落他说：“你没有听说过越王句践讨伐吴国的事吗？有个客人献上一坛美酒，越王句践派人把它倒入江的上流，让士卒在下流饮江水，味道不是更美，可是士卒作战时一个人顶五个人。还有一天，有人献上一口袋干粮，越王句践又把它赏赐给军士，让他们分着吃，甘甜不超过一嗓子，可是战斗中时他们都一个顶十个。今天你当将领，士卒都分着豆粒吃，你早晚却给牲畜喂细粮。这是为什么？你不是我儿子，不要进家门。”子发向她母亲道歉，她才放儿子进家门。

尝药：吃药。《汉晋春秋》记载：“抗尝疾，求药于祜，祜以成合与之，曰：‘此上药也，近始自作，未及服，以君疾急，故相致。’抗得而服之，诸将或谏，抗不答。孙皓闻二境交和，以诘于抗。抗曰：‘夫一邑一乡，不可以无信义之人，况大国乎？臣不如是正足以彰其德耳，于祜无丧也。’”(《三国志 · 吴书 · 陆逊传》裴注引）故事是说，吴将陆抗曾经患病，向晋将羊祜求药，羊祜把新配的药给他，说：“这是上等的药，近来才自己配制而成，还没来得及服用，因为你的病很急，所以送给你。”陆抗得到了药，就服下去。众将有人劝谏，陆抗也不回答。孙皓听说两国边境和平，就责问陆抗。陆抗说：“一乡一县，不可能没有讲信义的人，何况是大国呢？我如果这样，正好彰显他们的美德，对于羊祜没有什么损失。”

点　赞

子发母用“句践投醪”的故事教育儿子，让他懂得关爱士卒就会增强战斗力的道理，可见她是一位了不起的母亲。陆抗尝药，证明羊祜是一位讲信义的将领。

孔愉放龟，张颢坠鹊。

人物简介

孔愉，字敬康，会稽山阴（今浙江绍兴）人，晋朝官吏。被封为余不亭侯，任左仆射、会稽内史。

张颢，字智伯，常山人，东汉大臣，汉灵帝时为太尉。

掌故解读

放龟：把龟买来放入溪水中，即放生。《晋书·孔愉传》记载：“以讨华轶功，封余不亭侯。愉尝行经余不亭，见笼龟于路者，愉买而放之溪中。龟中流左顾者数四，及是，铸侯印，而印龟左顾，三铸如初。印工以告，愉乃悟，遂佩焉。”故事是说，孔愉因为在讨伐华轶的战争中立有战功，被封为余不亭侯。孔愉曾经路过余不亭，见到路边有个人的笼子里装了一只龟。孔愉买下龟放到溪水中。龟在水中向左看了多次。到封侯的时候，铸造侯印，侯印的龟钮向左偏。铸了三次都是这样。铸印工把这件事报告给孔愉，孔愉就明白了，于是就佩戴上这方印章。

坠鹊：喜鹊坠到地上。《博物志·异闻》记载：“张颢为梁相。天新雨后，有鸟如山鹊，飞翔近地，市人掷之，稍下坠，民争取之，即为一员石。言县府，颢令搥破之，得一金印。文曰‘忠孝侯印’。”故事是说，张颢任梁国国相。一天一场雨下完以后，有一只鸟如同山鹊一样，接近地面飞翔，市上的人用东西投掷它，它渐渐坠到地上。人们争着抓它，抓到后发现是一块圆石头。向县府报告，张颢命令把它锤破，得到一枚金印。印文为“忠孝侯印”。

点　赞

这是两个妙趣横生的故事，孔愉放龟、张颢坠鹊，虽有宿命论的影子，但是爱护动物还是应当提倡的。

田豫俭素，李恂清约。

人物简介

田豫，字国让，渔阳雍奴（今属天津）人，三国时期魏国官吏，任并州刺史。

李恂，字叔英，临泾（今甘肃镇源）人，东汉大臣，官拜侍御史。

掌故解读

俭素：节俭朴素。《魏略》记载：“鲜卑素利等数来客见，多以牛马遗豫，豫转送官。胡以为前所与豫物显露，不如持金。乃密怀金三十斤，谓豫曰：‘愿避左右，我欲有所道。’豫从之，胡因跪曰：‘我见公贫，故前后遗牛马，公则送官，今密以此上公，可以为家资。’豫张袖受之，答其厚意。胡去之后，皆悉付外，具以状闻。于是诏褒之曰：‘昔魏绛开怀以纳戎，今卿举袖以受狄金，朕甚嘉焉。’即赐绢五百匹。豫得绢，分其半藏小府，后胡复来，以半与之。”（《三国志 · 魏书 · 田豫传》裴注）故事是说，鲜卑人素利等多次来拜访田豫，多次把牛马赠送给田豫，田豫都转交给官府。胡人认为从前给予田豫的东西都显露在外，不如拿黄金给他。就秘密怀揣黄金三十斤，对田豫说：“请让左右的人回避，我有话说。”田豫命人退下之后，胡人就下跪说：“我看见你贫困，因此多次赠送给你牛马，你却都送到官府。今天秘密把这些金子献给你，你可以作为你自家的财产。”田豫张开袖子接受下来，答谢他的深厚情意。胡人离开后，他把收受的黄金全拿出来，把情况都奏报给朝廷。于是皇帝下诏书表奖他说：“从前魏绛开怀来接受西戎人的贿赂，今天你举袖来接受胡人的黄金，朕很赞许你。”就赏赐给他五百匹绢，田豫得到赏赐，分出一半藏在公家的小仓库里，等后来胡人再来时，把另一半给予他。

清约：清廉简约。《后汉书 · 李恂传》记载：“以清约率下，常席羊

皮，服布被。……后复征拜谒者，使持节领西域副校尉。西域殷富，多珍宝，诸国侍子及督使贾胡数遗恂奴婢、宛马、金银、香、罽之属，一无所受。”故事是说，李恂以清廉简约的作风率领下属，常把羊皮当席子，盖着布被。后来又征拜他为谒者，持使者的符节，兼任西域副校尉。西域很富有，多珍宝。各国的侍子及督使、胡商多次赠送给李恂奴婢、大宛马、金银、异香、罽毯之类，他一样都不接受。

点　赞

这是两位清廉的官吏。田豫把接受的黄金上交，是应该的；朝廷赏赐的绢也是他应得的，难得的是他把朝廷的赏赐分一半送给了鲜卑人素利，更见其不贪的品格。

义纵攻剽，周阳暴虐。

人物简介

义纵，河东（今山西永济）人，汉朝官吏，曾任河内都尉、南阳定襄太守等职。

周阳由，汉朝官吏，曾任郡守、河东都尉等职。

掌故解读

攻剽：抢劫。《汉书 · 酷吏传》记载：义纵“少时尝与张次公俱攻剽，为群盗。纵有姊，以医幸王太后。太后问：‘有子兄弟为官者乎？’姊曰：‘有弟无行，不可。’太后乃告上，上拜义姁弟纵为中郎，补上党郡中令。治敢往，少温籍，举第一。迁为长陵及长安令，直法行治，不避权贵。……迁为河内郡都尉，至则族灭其豪穰氏之属，河内道不拾遗”。故事是说，义纵年轻时与张次公一起打家劫舍，成为盗贼。义纵有个姐姐，凭借医术服侍

王太后。太后问她："你有孩子、兄弟可当官的吗？"他姐姐说："有个弟弟，没有好品行，不可以帮助他。"王太后就把此事告诉给汉武帝。汉武帝拜义姁的弟弟义纵为中郎，补上党郡中令。在治理中敢作敢为，很少宽容，被推举为第一。升为长陵及长安令，执法正直，不避权贵。升为河内郡都尉，到任就把豪强穰氏灭族，使河内郡道不拾遗。

暴虐：凶恶残酷。《汉书 · 酷吏传》记载："由居二千石中最为暴酷骄恣，所爱者，挠法活之，所憎者，曲法灭之。所居郡，必夷其豪。为守，视都尉如令，为都尉，陵太守，夺之治。"故事是说，周阳由在二千石的官职中最为暴虐残酷，骄纵恣肆。他所喜欢的人，如果犯了死罪，就违法使其活下来，他所憎恨的人，就歪曲法律把他消灭。他在哪个郡当官，必定消灭那个郡的豪门。他当太守，把都尉看成县令；他当都尉，必定欺凌太守，夺取太守的治权。

点　评

这是两个酷吏的形象。太守、都尉是郡内的一二把手。周阳由"为守，视都尉如令"，即把二把手视为下一级政府的官员，由此可见其飞扬跋扈。

豪字韵

孟阳掷瓦，贾氏如皋。
颜回箪瓢，仲蔚蓬蒿。
麋竺收资，桓景登高。
雷焕送剑，吕虔佩刀。

孟阳掷瓦，贾氏如皋。

人物简介

张载，字孟阳，安平（今河北深州）人，晋朝官吏，曾任著作郎、中书侍郎等职。

贾氏，春秋时期姬姓国贾国的大夫。

掌故解读

掷瓦：投掷瓦石，指张载被小孩投掷瓦石。《晋书 · 潘岳传》记载："时张载甚丑，每行，小儿以瓦石掷之，委顿而反。"故事是说，当时张载长相很丑陋，每次出行，小孩都用瓦石投掷他，他就狼狈返回。

如皋：到沼泽中的高岗上。《左传 · 昭公二十八年》记载："昔贾大夫恶，娶妻而美，三年不言不笑。御以如皋，射雉，获之。其妻始笑而言。贾大夫曰：‘才之不可以已，我不能射，汝遂不言不笑夫！’”故事是说，从前，贾国的大夫长相很丑，他娶的妻子很漂亮，三年不说不笑。他驾车拉着她到沼泽中的高岗上去，射野鸡，大有所获。他的妻子才笑了，也说话了。贾大夫说：“才能是不可以没有的，我如果不能射箭，你就不说不笑了！”

点　赞

两个丑人，其遭遇不一样。贾大夫的话是有道理的，长相可以丑陋，但是“才之不可以已”。

颜回箪瓢，仲蔚蓬蒿。

人物简介

颜回，字子渊，春秋时期孔门弟子。天资聪明，家贫好学，可惜早卒。

张仲蔚，扶风平陵（今陕西兴平）人，东汉隐士。

掌故解读

箪瓢：一筐饭一瓢水，形容生活贫苦。《论语 · 雍也》记载：“子曰：贤哉，回也！一箪食，一瓢饮，在陋巷。人不堪其忧，回也不改其乐。贤哉，回也！”故事是说，孔子说：“贤德呀，颜回！一竹筐饭，一瓢水，住在小巷子里，别人都受不了那种忧愁，颜回却不改变他的乐观态度。贤德呀，颜回！”

蓬蒿：指住处长满蒿草。《高士传》记载：“明天官，博物善属文，好诗赋。常居穷素，所处蓬蒿没人，闭门养性，不治荣名。时人莫知，惟刘龚知之。终身不仕，三辅重焉。”故事是说，张仲蔚通晓天文、博物，善于写文章，喜欢诗赋。他的住处贫困简陋，长满没人深的蓬蒿。他闭门修养身心，不追求名利。当时没有谁知道他，只有刘龚知道他。他终身没有做官，三辅地区的人们很重视他。

点　赞

这是两位安贫乐道的典型人物。颜回是孔门的高足弟子，自不必说；张仲蔚通晓天文博物，善属文，好诗赋，可以说是个多才多艺的人，但却“不治荣名”“终身不仕”，也是很难得的。

縻竺收资，桓景登高。

人物简介

縻竺，字子仲，东海朐人，三国时期蜀国的安汉将军。

桓景，汝南（今河南驻马店）人，东汉年间跟随术士费长房学艺。

掌故解读

收资：收集钱财，指从火灾中把钱财收起来，转移出去。《搜神记》卷四记载：“尝从洛归，未至家数十里，见路次有一好新妇，从竺求寄载。行可二十余里，新妇谢去，谓：‘我天使也。当往烧东海縻竺家，感君见载，故以相语。’竺因私请之，妇曰：‘不可得不烧，君可驰去，我当缓行，日中必火发。’竺乃急行归，达家，移财物。日中而火大发。”故事是说，縻竺曾经从洛阳回家，离家还有几十里，见到路边上有一个漂亮的新媳妇，向縻竺请求搭车。走了二十多里，新媳妇感谢他，要离去时，对他说：“我是女神天使，前往东海火烧縻竺家，感激你用车拉我，所以告诉你这件事。”縻竺就私下请求她帮忙。新媳妇说：“火不可能不烧，你可以赶紧回去，我可以慢点走，今天中午必须发生火灾。”縻竺就赶紧往家走，到家后，便把财物从家里转移出来。中午时家里果然发生大火。

登高：登到高处，躲避灾害。《续齐谐》记载："汝南桓景随费长房游学累年，长房谓之曰：'九月九日，汝家当有灾厄，急宜去，令家人各作绛囊，盛茱萸以系臂，登高饮菊酒，此祸可消。'景如言，举家登山。夕还见鸡犬牛羊一时暴死。长房闻之曰：'代之矣。'今世人每至九日，登山饮菊酒，带茱萸囊是也。"故事是说，汝南人桓景跟随费长房游学多年。费长房对他说："九月九日，你家会有大的灾祸，你赶紧回去，让家里每个人都做绛红口袋，里边盛上茱萸，系在臂上，登上高处，喝菊花酒，此祸可以消除。"桓景按照费长房的话办了，全家人一起去登山。等到晚上回家，看见鸡狗牛羊全突然死了。费长房听到后说："家畜代替家人受灾了。"现在社会上，每到九月九日，登山饮菊花酒，妇女带茱萸口袋就是这么来的。

点　评

这是两个有趣的神话故事。尤其是"桓景登高"的故事，反映了重阳节的来历，更有文化价值。《续齐谐》的作者吴均是南朝梁代人，说明重阳节登高饮菊花酒，带茱萸口袋的习俗，至少在梁朝就已经形成了。

雷焕送剑，吕虔佩刀。

人物简介

雷焕，字孔章，豫章（今江西南昌）人，晋朝术士，通谶纬之学。

吕虔，字子恪，任城（今山东济宁）人，三国时期魏国官吏，曾任徐州刺史。

掌故解读

送剑：把宝剑送给张华。《晋书 · 张华传》记载："华闻豫章人雷焕妙达纬象，乃要焕宿，屏人曰：'可共寻天文，知将来凶吉。'因登楼仰观。

焕曰：‘仆察之久矣，惟斗牛之间颇有异气。’华曰：‘是何祥也？’焕曰：‘宝剑之精，上彻于天耳。’……因问曰：‘在何郡？’焕曰：‘在豫章丰城。’……即补焕为丰城令。焕到县，掘狱屋基，入地四丈余，得一石函，光气非常，中有双剑，并刻题，一曰龙泉，一曰太阿。其夕，牛斗间气不复见焉。焕遣使送一与华，留一自佩。”故事是说，张华听说豫章人雷焕精通谶纬之象，就邀请雷焕一起住宿，避开人说：“我们可以共同观察天文，了解将来的凶吉。”他们就登楼仰观天象。雷焕说：“我观察好长时间了，只是牛、斗星宿之间有特异之气。”张华说：“主何吉凶？”雷焕说：“宝剑的精气上冲天空罢了。”张华就问：“在哪一郡？”雷焕说：“在豫章郡的丰城。”张华就补任雷焕为丰城县令。雷焕到任，挖掘监狱房屋地基，到地下四丈多深，获得一个石匣，光气不一般，匣内有一双宝剑，上面还刻有字：一个是“龙泉”，一个是“太阿”。那天晚上，牛、斗间的气不见了。雷焕就派人送一柄剑给张华，一柄剑自己佩带。

佩刀：佩带的刀。《晋中兴书》记载：“初魏徐州刺史吕虔，有佩刀，工相之，以为必登三公可服此刀。虔谓别驾王祥曰：‘苟非其人，刀或为害。卿有公辅之量，故以相与。”故事是说，当初魏国的徐州刺史吕虔，有一把佩刀，工匠看了这把刀，认为必须三公可以佩此刀。吕虔对别驾王祥说：“假如不是该佩了刀的人佩它，刀有可能成为祸害。你有公辅的气质，因此送给你。”

点　评

这是关于宝剑、宝刀的传说，故事生动有趣，其实未必可信。

寝字韵

老莱斑衣，黄香扇枕。
王祥守柰，蔡顺分葚。
淮南食时，左思十稔。
刘惔倾酿，孝伯痛饮。

老莱斑衣，黄香扇枕。

人物简介

老莱子，周朝的孝子。

黄香，字文彊，安陆（今湖北安陆北）人，东汉官吏，他博通经典，能写文章，京师人称“天下无双，江夏黄童”。曾任尚书令、魏郡太守等职。

掌故解读

斑衣：彩衣，即儿童穿的花衣服。《孝子传》记载：“老莱子年七十，父母尚在，因常服斑衣，为婴儿戏以娱父母。”故事是说，老莱子年纪七十岁时，他的父母还健在。他因而常穿花衣服，作小孩游戏的样子，以使父母高兴。

扇枕：怕天气热影响父亲睡眠，把枕头扇凉。陶渊明《士孝传赞》记载："黄香九岁失母，事父竭力，以致孝养，暑月则扇床枕。"故事是说，黄香九岁时死了母亲，竭尽全力侍奉父亲，达到孝道抚养的境界。在酷暑的月份里，就把床上的枕头先扇凉了，再让父亲枕着睡觉。

点　　赞

老莱子、黄香，一老一少两位孝子，他们的事迹都被收入"二十四孝"之中，题目为"戏彩娱亲""扇枕温衾"。

王祥守柰，蔡顺分葚。

人物简介

王祥，字休征，琅琊临沂（今山东临沂）人，晋朝官吏，曹魏时任徐州别驾，后任太尉，入晋任太保。著名的孝子。

蔡顺，字君仲，汝南（今河南商水县）人，汉末孝子。

掌故解读

守柰：看护海棠果树。《孝子传》记载："王祥后母庭中有柰树，始着子，使祥守视，昼驱鸟雀，夜惊虫鼠。时雨总至，祥抱树至曙，母见之恻然。"故事是说，王祥后母的庭院里有海棠果树，刚结子，后母派王祥看守。王祥白天驱赶鸟雀，夜间恐吓虫鼠。雨季到来，王祥抱着海棠树直到天亮，后母见到后，产生了恻隐之心。

分葚：把成熟与不成熟的桑葚分别装在两个器皿里，把成熟的黑桑葚给母亲吃，自己吃不成熟的红桑葚。《东观汉纪》记载："王莽乱，人相食，君仲取桑椹，赤黑异器。贼问所以，云：'黑与母，赤自食。'贼义之，遗盐二斗。'"故事是说，王莽末年战乱时期，百姓生活困难到了人吃人的程度。蔡顺采桑葚，把黑的和红的分别装在不同的器皿里。农民起义军问他为什么分别装，他说："把黑桑葚给母亲吃，把红桑葚给自己吃。"起义军被他的孝心所感动，赠送给他二斗盐。

点　　赞

这是两位孝子。他们的事迹也被收入“二十四孝”之中，题目分别为“卧冰求鲤”“食葚供亲”。

淮南食时，左思十稔。

人物简介

刘安，汉朝淮南王，为人喜欢著述，召集宾客方术之士，著《淮南子》。

左思，字太冲，临淄（今山东淄博）人，晋朝文学家，著有《三都赋》。

掌故解读

食时：吃饭的时候，此指刘安早晨受命撰写《离骚传》，到中午吃饭的时候，就奏报上去。形容文思敏捷。《汉书 · 淮南王传》记载：“初，安入朝，献所作《内篇》，新出，上爱秘之。使为《离骚传》，旦受诏，日食时上。”故事是说，起初，刘安进京朝见汉武帝，献上他所新作的《淮南子 · 内篇》，汉武帝很喜欢，把它秘密保存起来。命他写《离骚传》，他早晨接受诏命，到中午吃饭的时候就写好呈上了。

十稔：十年，指构思《三都赋》用了十年时间。《晋书 · 左思传》记载：“造《齐都赋》，一年乃成。复欲赋三都，会妹芬入宫，移家京师，乃诣著作郎张载，访岷邛之事。遂构思十年，门庭藩溷皆着笔纸，遇得一句，即便疏之。……张华见而叹曰：‘班张之流也。使读之者尽而有余，久而更新。’于是贵豪之家竞相传写，洛阳为之纸贵。”故事是说，左思作《齐都赋》，一年就写成了。又想作三都赋，正赶上妹妹左芬入宫，举家迁到京师后。他就到著作郎张载家访问岷山、临邛的事情。之后构思十年，房门、庭院、篱笆、厕所内都放上笔和纸，偶尔想到一句，就马上写在纸上。

张华看见，感叹说：“这是班固《两都赋》、张衡《二京赋》一流的作品。此赋能使读者感觉文已尽而意有余，历时越久越觉新鲜。”于是权贵富豪人家争着传阅抄写，因此造成洛阳纸贵的局面。

点　　赞

“洛阳纸贵”之典就出于此。刘安从早晨受命到中午吃饭时就写成《离骚》的注解，文思敏捷；左思著《三都赋》，构思了十年才完成，应该说速度很慢，但却造成“洛阳纸贵”的效应。所以不比文思快慢，只看作品质量如何。

刘惔倾酿，孝伯痛饮。

人物简介

刘惔，字真长，沛国相人，晋朝官吏，曾任丹阳尹。

王恭，字孝伯，晋朝官吏，曾任前将军、青兖二州刺史。他不懂军事，尤信佛教。后讨王愉，兵败被杀。

掌故解读

倾酿：把酿的酒喝光。《世说新语 · 赏誉》记载：“刘尹云：‘见何次道饮酒，使人欲倾家酿。”故事是说，丹阳尹刘惔说：“见到何次道喝酒的状态，使人有把家里酿的酒全都让他喝光的感觉。”

痛饮：尽情饮酒。《世语新说 · 任诞》记载：“王孝伯言：‘名士不必须奇才，但使常得无事，痛饮酒，熟读《离骚》，便可称名士。’”故事是说，王恭说：“作名士不必有奇才，只要经常无事，尽情饮酒，熟读《离骚》，便可以称为名士。”

点　　评

王恭认为无所事事，尽情喝酒，熟读《离骚》，便可称为名士。这类名士对于天下国家，一无用处。

寘字韵

女娲补天，长房缩地。
季珪士首，长孺国器。
陆玩无人，贾诩非次。
何晏神伏，郭奕心醉。

女娲补天，长房缩地。

人物简介

女娲，神话传说中的古代女皇。

费长房，汝南（今河南驻马店）人，东汉术士。

掌故解读

补天：炼石修补天的漏洞。《淮南子 · 览冥训》记载：“往古之时，四极废，九州裂，天不兼覆，地不周载；火爁炎而不灭，水浩洋而不息；猛兽食颛民，鸷鸟攫老弱。于是女娲炼五色石以补苍天，断鳌足以立四极，杀黑龙以济冀州，积芦灰以止淫水。苍天补，四极正，淫水涸，冀州平；狡虫死，颛民生。”故事是说，远古时期，四极废毁了，九州大地分裂了，天不能覆盖大地，地不能承载万物；火势蔓延而不灭，洪水泛滥不止，猛兽吃善民，猛禽抓老弱。于是女娲炼五彩石补苍天的缺漏，砍断鳌足来支撑四极，杀黑龙来止雨，解救九州。积累芦灰来阻止洪水。苍天补上了，四极立正了，洪水干涸了，九州平定了，狡兽死了，善良的百姓有活路了。

缩地：把地面的距离缩小。《列异传》记载："费长房能缩地脉，坐客在家，指市买鲊，一日之间，人见之千里外者数处。"故事是说，费长房能使地脉收缩。他让客人在家中坐着，自己到市场去买鱼鲊，一日之内，人们在千里以外的多处见到过他。

点　评

这是两个神话故事，反映了人类征服大自然的愿望。

季珪士首，长孺国器。

人物简介

崔琰，字季珪，河东武城（今河北故城县）人，三国时期魏国官吏，曾任别驾从事、太子太傅等职。

韩安国，字长孺，成安（今河南汝南）人，汉朝大臣，曾任御史大夫、材官将军等职。

掌故解读

士首：士林领袖。《魏略》记载："明帝时，崔林尝与陈群论冀州人士，称琰为首。群以'智不存身'贬之。林曰：'大丈夫为有邂逅耳，即如卿诸人，良足贵乎！'"（《三国志·魏书·崔琰传》裴注）故事是说，魏明帝时，崔林曾经与陈群谈论冀州人士，称赞崔琰是士人的首领，陈群用"智慧不能够保住自身”来贬斥崔琰。崔林说：“大丈夫都有不期而遇的偶然遭遇罢了，就像你们诸位，实在足够富贵吗！”

国器：指具有治国才能的人。《史记 · 韩长孺列传》记载：“安国为人多大略，智足以当世取合，而出于忠厚焉。贪嗜于财，然所推举皆廉士，贤于己者也。于梁举壶遂、臧固、郅他，皆天下名士，士亦以此称慕之，唯天子以为国器。”故事是说，韩安国为人多有大的策略，他的才智足够当代社会的需要，但都出于他忠厚的心态。他很贪财，他所推荐的人都是廉洁人士，比自己强的。在梁国举荐了壶遂、臧固、郅他，都是天下的名士。士人也因此称赞羡慕他，就连天子也认为他是治国之才。

点　　赞

崔琰为士林领袖，韩安国为治国利器，都是不可多得的人才。“长孺国器”，《蒙求集注》作“安国国器”。

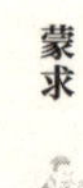

陆玩无人，贾诩非次。

人物简介

陆玩，字士瑶，吴郡吴县（今江苏苏州）人，晋朝大臣，曾任丞相参军、侍中、司空等职。

贾诩，字文和，姑臧（今甘肃武威）人，三国魏国官吏，曾任执金吾，封都亭侯，官至太尉。

掌故解读

无人：没有适合的人选，《晋书 · 陆玩传》记载：“寻而王导、郗鉴、庾亮相继而薨。朝野咸以为三良既没，国家殄瘁。以玩有德望，乃迁侍中、司空，给羽林四十人。……既而叹息谓宾客曰：‘以我为三公，是天下为无人。’

谈者以为知言。”故事是说，不久，王导、郗鉴、庾亮相继死亡。朝廷内外都认为三位良相已死，国家就困顿了。认为陆玩有功德声望，就升任他为侍中、司空，供给羽林军四十人。后来他对客人叹息说：“让我当三公宰相，说明天下没有适合的人选。”谈论者认为他的话很有见识。

非次：用人不按正常的顺序，指魏文帝任用贾诩为太尉之事。《荀勖别传》曰：“晋司徒阙，武帝问勖。答曰：‘三公具瞻所归，不可用非其人。昔魏文帝用贾诩，孙权笑之。’”（《三国志 · 魏书 · 贾诩传》裴注引）故事是说，晋朝的司徒官位出缺，晋武帝问荀勖，荀勖回答说：“三公宰相的职位，是众人仰望的，不可以不按正常顺序用人。从前，魏文帝用贾诩为相，受到孙权的嘲笑。”

点　赞

陆玩说宰相位青黄不接，没有适当人选时，他才被任命为三公职位。这一说法是客观的，因此被称为“知言”，可见他的谦虚品格。

何晏神伏，郭奕心醉。

人物简介

何晏，字平叔，三国时期魏国官吏，累官侍中尚书，与夏侯玄等清谈，士大夫效仿，形成一时风气。

郭奕，字大业，阳曲（今山西定襄）人，晋朝官吏，曾任野王令、雍州刺史等职。

掌故解读

神伏：在精神上佩服得五体投地。《世说新语 · 文学》记载：“何平叔注《老子》始成，诣王辅嗣，见王注惊奇，乃神伏，曰：‘若斯人，乃可与论天人之际！’因以所注为《道》《德》二论。”故事是说，何晏注解《老子》刚完成，去拜见王弼，看见王弼的《老子注》，感到很惊奇，佩服得五体投地，说：“像这样的人，才可以与他讨论天人之间的关系！”就把自己所注的《老子》分为《道论》《德论》两篇。

心醉：倾倒，佩服。《晋书 · 阮咸传》记载：“山涛举咸典选，曰：‘阮咸贞素寡欲，深识清浊，万物不能移，若在官人之职，必绝于时。’武帝以咸耽酒浮虚，遂不用。太原郭奕高爽有识量，知名于时，少所推先，见咸心醉，不觉叹焉。”故事是说，山涛举荐阮咸执掌选用人才之事，说：“阮咸坚守清贫，欲望很少，深知世族与庶族人物，各种事物都改变不了他的志向，如果他任选举官员的职位，必定是社会上绝顶的人选。”晋武帝因为阮咸沉醉于酒，性格虚浮，就没有用他。太原人郭奕高傲豪爽，有见识与度量，在当时很知名，很少夸奖人，他见到阮咸就为之倾倒，不觉发出感叹。

点　赞

何晏本是一位经学家，他不仅注释过《老子》，还撰有《论语集解》。他见到王弼的《老子注》，佩服得五体投地，反映出一位学者虚怀若谷的胸襟。“贞素寡欲”，是指不贪财。“深识清浊”，是指对谁是士族谁是庶族了解得比较清楚，阮咸本是执掌用人之权的最合适的人选，可惜因为他爱喝酒而被晋武帝放弃了。

陌字韵

常林带经，高凤漂麦。
孟嘉落帽，庾敳坠帻。
龙逢板出，张华台坼。
董奉活燮，扁鹊起虢。

常林带经，高凤漂麦。

人物简介

常林，字伯槐，河内温县（今河南温县）人，三国时期魏国官吏，官至光禄大夫。

高凤，字文通，南阳叶县（今属河南）人，东汉名儒。

掌故解读

带经：带着经书去耕田锄地，形容勤学。《魏略》记载：“林少单贫。虽贫，自非手力，不取之于人。性好学，汉末为诸生，带经耕锄。其妻饷之，虽在田野，相敬如宾。”（《三国志·魏书·常林传》裴注）常林年轻时家庭没有势力。虽然贫困，不是亲手劳动所得，绝不从别人那里取用东西。

他本性好学，汉朝末年，当太学生。他带着经书去耕田除草，他的妻子到田间送饭，虽在田野里，夫妻也是相敬如宾。

漂麦：雨水把晒的麦子漂走。《后汉书·逸民传》记载：高凤“少为书生，家以农亩为业。而专精诵读，昼夜不息。妻尝之田，曝麦于庭，令凤护鸡。时天暴雨，而凤持竿诵经，不觉潦水流麦。妻还怪问，凤方悟之。”故事是说，高凤年轻时是个书生，家庭从事农业生产。他专心读书，昼夜不停。他的妻子曾经到田里去，把麦子晒在庭院内，让他看着不要让鸡啄食。当时天下大雨，高凤一边拿着杆子护麦，一边诵读经书，不知不觉雨水把麦子冲走了。妻子回来奇怪地发问，高凤才醒悟过来。

点赞

这是两个勤学的典型。常林带着经书去耕田锄地，在农活休息时读经书，确实勤恳。高凤一边看鸡，一边读书。雨水冲走麦子都不知道，可见他当时的专心致志。

孟嘉落帽，庾敳坠帻。

校勘

庾敳坠帻，《全唐诗》本作“庾凯”，学津本作“庾敱”。《晋书·庾峻传》记载：“敳字子嵩。”

人物简介

孟嘉，字万年，江夏（今湖北武昌）人，晋朝官吏，曾任从事中郎、长史等官。

庾敳，字子嵩，晋朝官吏，曾任吏部郎等职。

掌故解读

落帽：帽子被风吹落。《晋书·桓温传》记载：“后为征西桓温参军，温甚重之。九月九日，温宴龙山，寮佐毕集。时佐吏并着戎服，有风至，吹嘉帽堕落。嘉不之觉。温使左右勿言，欲观其举止。嘉良久如厕，温令取还之，命孙盛作文嘲嘉，着嘉坐处。嘉还见，即答之。其文甚美，四坐嗟叹。”故事是说，孟嘉后来当了征西将军桓温的参军，桓温很器重他。九月九日，桓温在龙山摆宴，僚佐都来到。当时僚佐都穿战衣，有风吹来，吹落孟嘉的帽子。孟嘉没有觉察到。桓温让左右的人不要说话，要观察孟嘉的举止。孟嘉过了好久去上厕所，桓温令人取回帽子，命孙盛做文章嘲讽他，把文章放在孟嘉的座位上。孟嘉回来看见了，就写文章回答，文章很优美，四座无不惊叹。

坠帻：掉下了包头巾。《晋书 · 庾敳传》记载：“时刘舆见任于越，人士多为所构，惟敳纵心事外，无迹可间。后以其性俭家富，说越令就换钱千万，冀其有吝，因此可乘。越于众坐中问于敳，敳乃颓然已醉，帻堕机上，以头就穿取，徐答云：‘下官家故有两千万，随公所取矣。’舆于是乃服。越甚悦，因曰：‘不可以小人之虑度君子之心。’”故事是说，当时刘舆受东海王司马越所重用，士人多被他所陷害，只有庾敳对此事漠不关心，让刘舆无间可乘。后来因为他生性简朴而家中富有，刘舆劝说司马越令他换取千万钱，希望他吝啬，好有机可乘。司马越在大庭广众之下，向庾敳问换钱的事，庾敳已经颓然大醉，包头巾掉在桌子上，他用头去顶包头巾，慢慢回答说：“下官家有两千万，任凭东海公去取。”刘舆于是就服气了。司马越很高兴，就说：“不可以用小人之心度君子之腹。”

点　评

落帽、坠帻，是生活中的两个细节，由于社会环境与人物关系差异，结果一个故事轻松，一个故事纠结。

龙逢版出，张华台坼。

人物简介

关龙逄，夏桀王时的谏臣，因谏夏桀长夜之饮而被杀。

张华，字茂先，方城（今河北固安）人，晋朝大臣，曾任中书令，封广武侯，后被赵王司马伦杀害。他博学多识，著《博物论》。

掌故解读

版出：刻有铭文的金版，从庭院的地下出现。《论语阴嬉谶》曰："庚子之旦，金版克书出地庭中，曰：'臣族虐，王禽。"意思是说，关龙逄被杀后，庚子这天的早晨，庭院的地下出现刻有铭文的金版。上面的铭文是："夏桀王杀我，他必被擒。"

台坼：指三台星开裂，象征三公地位不稳。《晋书 · 张华传》记载："华第舍及监省数有妖怪。少子韪以中台星坼，劝华逊位。华不从，曰：'天道玄远，惟修德以应之耳。不如静以待之，以俟天命。'"故事是说，张华的府邸和监省多次有妖怪出现。他的小儿子张韪以三台星裂开为理由，劝说张华让出司空的官位。张华不听从。他说："天机是深远的，只有修养道德来应天变，不如平静地等待，来等候天命的到来。"

点评

《论语阴嬉谶》是谶纬之书。谶纬之术是不科学的，不足取信；以三台星，对应三公，也是不科学的。关龙逄之死、张华之死，都是忠臣被杀，令人同情，但解释方法不科学，令人难以相信。

董奉活燮，扁鹊起虢。

人物简介

董奉，字君异，侯官（今福建福州）人，三国时期吴国的医生。

扁鹊，春秋时期的神医秦越人。

掌故解读

活燮：使已死的杜燮复活。《神仙传》记载："杜燮为交州刺史，得毒病死，已三日。君异时在南方，乃往，以三丸药内死人口中，令人举死人头摇而消之。食顷，燮开目动手足，颜色渐还，半日中能起坐，遂活。"故事是说，杜燮任交州刺史，中毒病死，已经三天。董奉当时在南方，就前去了，把三丸药放入死人的口中，让人摇死人的头，使药消化了。一顿饭的工夫，杜燮就睁开眼睛，手脚会活动了，脸色逐渐恢复过来，半天的工夫，能坐起了，于是就活了。

起虢：使已经死亡的虢国太子苏醒并坐起来。《史记 · 扁鹊仓公列传》记载："其后扁鹊过虢。虢太子死，……扁鹊乃使弟子子阳，厉针砥石，以取外三阳五会。有闲，太子苏。……太子起坐。"故事是说，后来，扁鹊路过虢国时，虢国的太子已死亡。扁鹊就让弟子子阳磨针，备好砭石，扎外三阳五会穴位。过了一会儿，太子苏醒了。又经一番治疗，太子坐起来了。

点　评

这是两个神医能使死人起死回生的故事。扁鹊救活虢太子，是正史中有关针灸治病的最早记录。

支字韵

寇恂借一，何武去思。

韩子孤愤，梁鸿五噫。

蔡琰辨琴，王粲覆棊。

西门投巫，何谦焚祠。

寇恂借一，何武去思。

人物简介

寇恂，字子翼，上谷昌平（今北京市昌平区）人，东汉大臣，曾任河内太守、颍川太守、汝南太守等职。

何武，字君公，蜀郡郫县（今四川成都市郫都区）人，汉朝大臣，曾任扬州刺史、大司空等职。

掌故解读

借一：借用一年，指老百姓请求让寇恂再当一年的太守。《后汉书·寇恂传》记载：“即日车驾南征，恂从至颍川，盗贼悉降，而竟不拜郡。百姓遮道曰：‘愿从陛下复借寇君一年。’乃留恂长社，镇抚吏人，受纳余降。”故事是说，寇恂以前曾任颍川郡太守，光武帝南征，寇恂跟随到颍川，盗贼都投降了。可是寇恂却没有到郡衙上任。老百姓拦道请愿说：“希望跟陛下借用寇公一年！”光武帝就把寇恂留在长社，镇守安抚官民，接受收纳剩余的降贼。

去思：离开以后被人思念。《汉书 · 何武传》记载：“武为人仁厚，好进士，奖称人善。为楚内史，厚两龚，在沛郡厚两唐，及为公卿，荐之朝廷。此人显于世者，何侯力也，世以此多焉。然疾朋党，问文吏必于儒者，问儒者必于文吏，以相参检。欲除吏，先为科例以防请托。其所居亦无赫赫名，去后常见思。”故事是说，何武的为人仁爱宽厚，喜欢推荐士人，夸奖称赞人的长处。当楚国内史时，厚待龚胜、龚舍；在沛郡时，厚待唐林、唐尊。到他当上公卿时，把他们推荐到朝廷。这些人在社会上显露头角，是何侯的力量，社会上因此称赞他。然而他嫉恨拉帮结伙的朋党，问文官必定从读书人开始，问读书人必定从文官开始，把两种意见互相验证。要任命官吏，先制定用人条例，来防备拉关系走后门。他居官虽没有赫赫名声，但他离开后常被人思念。

点　赞

老百姓向皇帝借寇恂在本地当官一年，何武虽无赫赫之名，离开后却使人思念，说明他们都是受民众欢迎的好官。

韩子孤愤，梁鸿五噫。

人物简介

韩非，战国时期韩国的公子，喜欢刑名法律之学，多次劝谏韩王，不被接受，于是著书五十余篇，号《韩非子》。秦始皇看后非常喜欢。韩非到了秦国，后被其同学李斯害死。

梁鸿，字伯鸾，东汉隐士。他早年成了孤儿，长大后博览群书，娶孟光为妻。入霸陵山中，耕田织布，咏诗弹琴自娱自乐。后来出关，居住在齐鲁之间。

掌故解读

孤愤：《韩非子》中的篇名，是对法术之士没有党羽，孤独奋战，不被重用的感慨。《史记·老子韩非列传》记载："非见韩之削弱，数以书谏韩王，韩王不能用。……观往者得失之变，作《孤愤》《五蠹》《内外储》《说林》《说难》十余万言。"故事是说，韩非见韩国削弱，多次上书劝谏韩王，韩王不加采用。他就观察以前得失的变化，作《孤愤》《五蠹》《内外储》《说林》《说难》十余万字。

五噫：《五噫之歌》。《后汉书·逸民传》记载：梁鸿"因东出关，过京师，作《五噫之歌》曰：'陟彼北芒兮，噫！顾览帝京兮，噫！宫室崔嵬兮，噫！人之劬劳兮，噫！辽辽未央兮，噫！'肃宗闻而非之，求鸿不得，乃易姓名，居齐鲁之间。"故事是说，梁鸿就向东出了函谷关，路过京师时，作《五噫之歌》："登上北邙山呀，咳！观览帝京呀，咳！宫室高耸呀，咳！人民多劳累呀，咳！辽远的未央宫呀，咳！"汉章帝听到这个歌，感到不对，寻找梁鸿没找到，他已经更改姓名，到齐鲁之间居住了。

点　评

梁鸿到京师洛阳，登北邙山，观看京城，皇宫高耸，人民劳累，未央宫辽远。一句一叹，反映他对劳动人民的同情和对统治阶级的憎恨。所以汉章帝感到不对劲，到处搜寻梁鸿。

蔡琰辨琴，王粲覆棊。

校　勘

蔡琰辨琴，学津本作“辩”。辨、辩，形近而误。《全唐诗》作“辨琴”。王粲覆棊，棊同棋。

人物简介

蔡琰，字文姬，东汉才女。她是文学家蔡邕之女，博学多才，精通音律。著有《胡笳十八拍》。战乱中被匈奴掠走，与南匈奴左贤王生有二子，后被曹操赎回。

王粲，字仲宣，三国时期魏国的文学家，“建安七子”之一，累官侍中。

掌故解读

辨琴：分辨出某个音调是哪根琴弦发出的。刘昭《幼童传》记载：“邕夜鼓琴，弦绝。琰曰：‘第二弦。’邕曰：‘偶得之耳。’故绝一弦以问之，琰曰：‘第四弦。’并不差谬。”（《后汉书·列女传》注）故事是说，蔡邕夜间弹琴，琴弦断了。蔡琰说：“是第二弦。”蔡邕说：“你是偶然猜对了。”又故意断一根弦来问她，蔡琰说：“是第四弦。”并没有差错。

覆棊：使以前的棋局恢复原貌。《三国志·魏书·王粲传》记载：“观人围棋，局坏，粲为覆之。棋者不信，以帊盖局，使更以他局为之。用相比校，不误一道。其强记默识如此。”故事是说，王粲观看别人下围棋，棋子被人不小心弄乱了。王粲说能帮他们恢复棋局。下棋的人不相信他能办到，就用手帕把棋局盖上，让他用别的棋盘重新摆好棋局。结果用王粲恢复的棋局与原来的棋局相比较，不错一道。他博识强记达到这种程度。

点　赞

蔡琰琴艺达到出神入化的程度。王粲不仅是文学奇才，而且棋艺极佳，记忆力极强。

西门投巫，何谦焚祠。

人物简介

西门豹，战国时期魏国官吏，曾任邺县令。

何谦，字恭子，东海郡（今江苏常熟北）人，晋朝将军。

掌故解读

投巫：把巫婆扔到河里。《史记 · 滑稽列传》记载：“魏文侯时，西门豹为邺令。豹往到邺。会长老，问之民所疾苦。长老曰：‘苦为河伯娶妇，以故贫。’……西门豹曰：‘至为河伯娶妇时，愿三老、祝巫、父老送女至河上，幸来告语之。吾亦往送女。’至其时，豹往会之河上。……其巫，老女子也，已年七十，从弟子女十人所，皆衣缯单衣，立大巫后。西门豹曰：‘呼河伯妇来，视其好丑。’即将女出帷中，来至前。豹视之，顾谓三老、祝巫、父老曰：‘是女不好，烦大巫妪为报河伯，得更求好女，后日送之。’即使吏卒共抱大巫妪，投之河中。有顷，曰：巫妪何久也？弟子趣之！’复投一弟子河中。凡投三弟子。西门豹曰：‘巫妪弟子是女子也，不能白事，烦三老为入白之。’复投三老河中。西门豹簪笔磬折，向河立良久。长老旁观者皆惊恐。西门豹顾曰：‘巫妪、三老不还，奈之何？’欲复使廷掾与豪长者一人入趣之。皆叩头，叩头且破，额血流地，色如死灰。西门豹曰：‘诺，且留待之须臾。’须臾，豹曰：‘廷掾起矣。状河伯留客之久，若皆罢去归矣。’邺吏民大惊恐，从是以后，不敢复言为河伯娶妇。”故事是说，魏文侯的时候，西门豹任邺县令。西门豹前往邺县，问当地民众的疾苦。长老说：“我们痛苦的是为河伯娶媳妇，因此贫困。”西门豹说：“到为河伯娶媳妇时，希望三老、巫祝、父老送女子到河上时，有幸也请来告诉我，我也去送送这个女子。”到了这天，西门豹到河边相会。那个巫婆是个老女人，年龄已经七十岁。有弟子十人左右跟随，都穿着绸子单衣，立在大巫婆身后。

西门豹说：“叫河伯的媳妇过来，让我看看她长得美丑。”有人把女子从帷幕中叫出，来到西门豹面前。西门豹看了看她，回头对三老、巫祝、父老说：“这个女子不漂亮，烦劳大巫婆进入河里向河伯禀告，需要再找一个漂亮的女子，后天送到。”说完就让吏卒共同抱着大巫婆投到河中。过了一会儿，西门豹说：“巫婆为什么去了这么久？叫她的弟子去催促她一下！”又把她的一个弟子投入河中。过了一会儿，西门豹说：“弟子去了多久了？再派一人去催促她！”又把一个弟子投到河中。一共投下三个弟子。西门豹说：“巫婆、弟子都是女子，不能把事情说明白，烦劳三老进入河中报告。”又把三老投入河中。西门豹把笔插在冠前，弯腰敬礼，对着河面站立等了好久。长老、旁观的吏卒都很惊恐。西门豹回头说：“巫婆、三老不回来，怎么办？”要再派属官、豪长一人进入河中催促。他们都叩头，叩到头都破了，额头的血流到地上，脸色如同死灰。西门豹说：“好吧，暂且等待一会儿。”过了一会儿，西门豹说：“朝廷属官起来吧。看来河伯留客时间要很久，你们都回去吧。”邺县的官民大为惊恐，从此以后，不敢再说为河伯娶媳妇的事了。

焚祠：焚烧祠庙。《蒙求集注》曰：“旧注云：‘谦不畏神祠，遇有灵庙，皆焚之。’”旧注是说，何谦不怕神祠，遇到灵庙，都焚烧了。

点　赞

这是两个破除迷信的故事，尤其以西门豹投巫的故事最为著名。

哿字韵

孟尝还珠，刘昆反火。
姜肱共被，孔融让果。
端康相代，亮陟隔坐。
赵伦鹠怪，梁孝牛祸。

孟尝还珠，刘昆反火。

人物简介

孟尝，字伯周，会稽上虞（今浙江绍兴市上虞区）人，东汉官吏。曾任合浦郡太守。

刘昆，字桓公，陈留东昏（今河南兰考）人，东汉官吏，曾任江陵令、弘农太守、光禄勋等职。

掌故解读

还珠：使珍珠又返回来了，指采珠业又恢复起来。《后汉书 · 循吏传》记载：孟尝“迁合浦太守。郡不产谷实，而海出珠宝，与交阯比境，常通商贩，贸籴粮食。先时宰守并多贪秽，诡人采求，不知纪极，珠遂渐徙于交阯郡界。

于是行旅不至，人物无资，贫者饿死于道。尝到官，革易前弊，求民病利。曾未踰岁，去珠复还，百姓皆反其业，商货流通，称为神明。”故事是说，孟尝升任合浦郡太守。此郡不产粮食，可是海中出产珠宝，这个郡与交阯郡相邻，经常互相通商，购买粮食。从前县令、郡守都贪婪，责令群众采珠，没有极限，蚌珠逐渐迁移到交阯郡境内。于是商人也不来了，人们也没有钱财了，贫困的人饿死在道路上。孟尝到任，改革此前的弊端，访求百姓所苦和利益所在。没有过一年，蚌珠又回到合浦郡。百姓又恢复了采珠业，商品货物流通，人们都称他有如神明。

反火：风把火吹灭，指消灭火灾。《后汉书·儒林传》记载：刘昆“除江陵令，时县连年火灾，昆辄向火叩头，多能降雨止风。……稍迁侍中、弘农太守。先是崤、黾驿道多虎灾，行旅不通。昆为政三年，仁风大行，虎皆负子渡河。……诏问昆曰：‘前在江陵，反风灭火，后守弘农，虎北渡河。行何德政而致是事？’昆对曰：‘偶然耳。’左右皆笑其质讷。帝叹曰：‘此乃长者之言也。’顾命书诸策。”故事是说，刘昆被任命为江陵县令，当时这个县连年发生火灾，刘昆就向火叩头，多能雨降风停。逐渐升为侍中、弘农郡太守。此前，崤山、渑池的驿道多虎灾，造成行旅不通的局面。刘昆主政三年，大行仁政，老虎都背着虎崽向北渡过河去。光武帝招来刘昆问他说：“以前在江陵，能反风把火吹灭，后任弘农太守，老虎向北渡河。施行什么德政而招来这种事情？”刘昆回答说：“不过是偶然罢了。”左右的人都笑他质朴木讷。光武帝说：“这是忠厚老实人的话。”回头命令把这话书写在简册上。

点　　赞

孟尝还珠，由于地方官贪婪，对当地资源过度掠夺，因而造成资源枯竭。孟尝改革弊端，使资源得到恢复，所以采珠业又发展起来。这说明地方官员的贪腐与廉洁，是地方产业兴衰的关键。在发生火灾时，县令刘昆不组织民众扑火，却向火磕头，行为荒唐可笑；他任弘农太守，实行仁政，老虎带着虎崽，渡河北去，其实没有必然联系。皇帝问他火灭、虎走的原因时，他回答说：“不过是偶然罢了。”他这种实事求是的态度是很可贵的，因此光武帝命令把它记在典册上。

姜肱共被，孔融让果。

人物简介

姜肱，字伯淮，彭城广戚（今江苏沛县东北）人，东汉隐士。

孔融，字文举，鲁（今山东曲阜）人，孔子二十世孙，东汉官吏，曾任北海相、太中大夫等职。

掌故解读

共被：共同盖一床被子，指兄弟情深。《后汉书·姜肱传》记载：“肱与二弟仲海、季江，俱以孝行著闻。其友爱天至，常共卧起。及各娶妻，兄弟相恋，不能别寝，以系嗣当立，乃递往就室。”故事是说，姜肱与两个弟弟仲海、季江，都因为孝行而出名。他们的友爱出自天性，经常共同起床、睡觉。到了各自娶妻时，兄弟相爱，不能分别睡觉。因为要传宗接代，才陆续回到各自的屋室。

让果：《孔融别传》记载：“融四岁，与兄食梨，辄引小者，人问其故，答曰：‘小儿当取小者。’”（《世说新语·言语》注）故事是说，孔融四岁时，与哥哥一起吃梨，他就取小的吃，人们问他原因，他回答：“小孩应当取小的吃。”

点　赞

《三字经》中“融四岁，能让梨”的典故就源于此。

端康相代，亮陟隔坐。

人物简介

韦端，京兆（今陕西西安东）人，东汉官吏，曾任凉州牧、太仆等职。

韦康，字元将，韦端之子，东汉官吏，曾任凉州刺史。

纪亮，三国时期吴国的尚书令。

纪陟，字子上，丹阳（今属江苏）人，纪亮之子，吴国中书令。

掌故解读

相代：相代替，此指韦康代替父亲韦端任凉州刺史。《三辅决录》记载："端从凉州牧征为太仆，康代为凉州刺史，时人荣之。"（《三国志 · 魏书 · 荀彧传》裴注）故事是说，韦端从凉州牧被征调为太仆，韦康代替父亲任凉州刺史，当时人感到子承父职是很荣耀的事情。

隔坐：把座位隔开。《吴录》："孙休时，其父亮为尚书令，而陟为中书令，每朝会，诏以屏风隔其坐。"故事是说，吴主孙休时期，纪陟的父亲纪亮任尚书令，而纪陟任中书令，每次朝会，皇帝命令用屏风把他们父子二人隔开。

点　评

子承父业为高官，在过去是很荣耀的事情。

赵伦鹖怪，梁孝牛祸。

人物简介

司马伦，字子彝，司马懿第九子，被封为琅琊郡王，后改封为赵王。与孙秀谋杀大臣，把惠帝囚于金墉城堡。齐王司马冏起兵讨伐他，孙秀被杀，他被赐死。

刘武，汉文帝二子，封为代王，又改封为梁王。戾太子废，太后要立刘武为继承人，由于爰盎等反对，太后的主张被搁置。刘武派人刺杀爰盎。后入朝，不被允许。回到封国后，死亡。

掌故解读

鹏怪：赵王司马伦长瘤子的奇怪原因。《晋书 · 赵王伦传》记载：“伦于殿上得异鸟，问皆不知名。累日向夕，宫西有素衣小儿言是服刘鸟。伦使录小儿并鸟闭置牢室，明旦开视，户如故，并失人鸟所在。伦目上有瘤，时以为妖焉。”故事是说，司马伦在殿上得到一只奇异的鸟，谁都不知道叫什么名字。鸟连日来飞向夕阳的方向，宫西有个穿白衣服的小孩说是服刘鸟。司马伦抓住小孩和鸟关闭在牢房里。第二早天晨打开来看，门窗和原来一样，人和鸟都不见了。司马伦眼睛上方长了个瘤子，当时人们认为是这个鸟造成的灾祸。

牛祸：由于有人献怪胎牛，惹得梁孝王生病而死。《汉书 · 文三王传》记载：“三十五年冬，复入朝。上疏欲留，上弗许。归国，意忽忽不乐。北猎梁山，有献牛，足上出背上，孝王恶之。六月中，病热，六日薨。”故事是说，三十五年冬天，梁孝王又入朝。上疏请求留在京师，皇帝不允许。回到封国。心中很不高兴。向北上梁山打猎，有人献来一头牛，一只牛蹄从后背上长出来，梁孝王很讨厌它。六月里，得了热病，六日就死了。

点　评

这两个人的厄运，好像都是怪物造成的，其实，司马伦处在“八王之乱”中，梁孝王想要留住京师却不被批准，他们的厄运是统治阶级内部斗争的结果，不遇到怪物也照样会倒霉。

御字韵

桓典避马，王尊叱驭。
晁错峭直，赵禹廉倨。
亮遗巾帼，备失匕箸。
张翰适意，陶潜归去。

桓典避马，王尊叱驭。

人物简介

桓典，字公雅，沛郡龙亢（今安徽怀远）人，东汉官吏，曾任侍御史。

王尊，字子赣，涿郡高阳（今属河北）人，汉朝官吏，曾任益州刺史、京兆尹等职。

掌故解读

避马：避开骑青白马的御史，指京师人畏惧御史桓典。《后汉书 · 桓典传》记载：桓典“拜侍御史。是时宦官秉权，典执政无所回避。常乘骢马，京师畏惮。为之语曰：‘行行且止，避骢马御史。’”故事是说，桓典官拜侍御史，当时宦官掌权，桓典执政无所回避，经常骑青白色的马，京师的人都畏惧他，说：“走路的停下，躲开骑青白马的御史。”

叱驭：命令车夫。《汉书·王尊传》记载：“迁益州刺史。先是，琅琊王阳为益州刺史，行部至邛郲九折阪，叹曰：‘奉先人遗体，奈何数乘此险！’后以病去。及尊为刺史，至其阪问吏曰：‘此非王阳所畏道邪？’吏对曰：‘是。’尊叱其驭曰：‘驱之！王阳为孝子，王尊为忠臣。’居部二岁，怀来徼外，蛮夷归附其威信。”故事是说，王尊升任益州刺史。在此之前，琅琊人王阳任益州刺史，视察到邛郲到达九折阪，感叹说：“身体是父母给的，怎么能多次经历这么危险的地方！”后来以有病为理由辞官离开。等王尊当益州刺史时，到了这个九折阪，问属吏说：“这不是王阳所畏惧的道路吗？”属吏回答说：“是。”王尊命令驾车的人说：“赶车快走！王阳是孝子，王尊是忠臣。”他在益州执政二年，使境外人受恩来投，蛮夷民族都因他的威信而归服。

点　赞

桓典在京师，不惧当权的宦官，人们都躲避这位骑青白马的御史；王尊在益州，不避艰险，甘为忠臣，使境外少数民族感恩归服。这二人都是朝廷得力大臣。

晁错峭直，赵禹廉倨。

校　勘

晁错峭直，峭，《全唐诗》本作“峭”，学津本作“陗”。峭、陗，二字是异体字。

人物简介

晁错，颍川（今河南禹州）人，学申商刑名之学，西汉大臣。曾任太子家令，深受信任。景帝即位，他任御史大夫，建议削夺诸侯国封地，以加强中央集权，不久，发生“七国之乱”，他受政敌暗算，被斩于东市。

赵禹，西汉官吏，曾任御史大夫，为官清廉，执法严厉。

掌故解读

峭直：严峻刚直。《史记 · 晁错传》记载：“错为人峭直刻深。……迁为御史大夫，请诸侯之罪过，削其枝郡。奏上，上令公卿列侯宗室集议，莫敢难，独窦婴争之，由此与错有郄，错所更令三十章，诸侯皆喧哗疾晁错。”故事是说，晁错的为人严峻刚直苛刻。他升为御史大夫，请求按照诸侯王的罪过，削减他们的分枝小郡。这篇奏疏呈上，皇帝命令公卿诸侯宗室集体讨论，没有谁敢于提出反对意见，只有窦婴有争议，因此与晁错有了矛盾。晁错所更改的命令有三十章，诸侯王都喧哗起来，嫉恨晁错。

廉倨：廉洁倨傲。《汉书 · 酷吏传》记载：“禹为人廉裾，为吏以来，舍无食客。公卿相造请，禹终不行报谢，务在绝知友宾客之请，孤立行一意而已。”故事是说，赵禹为人廉洁倨傲。当官以来，家里没有食客，公卿登门来请客，赵禹最终也不回请答谢。目的是为了杜绝知心朋友和宾客的宴请，孤立独行自己的主张罢了。

点　　赞

晁错不怕得罪诸侯王，建议削藩，加强了西汉王朝的中央集权，因此被历史学家赞誉为“峭直刻深”；赵禹不搞拉拉扯扯的庸俗作风，不吃请也不回请，造成风清气正的官场氛围，被历史学家赞誉为“廉倨”。

亮遗巾帼，备失匕箸。

人物简介

诸葛亮：字孔明，三国时期蜀汉丞相，事迹见“葛亮顾庐”条。

刘备，字玄德，河北涿郡（今河北涿州）人，三国时期蜀汉皇帝。

掌故解读

遗巾帼：赠送巾帼一类的女人装饰品，比喻缺乏男子汉气概。《晋书·宣帝纪》记载："亮又率众十余万出斜谷，垒于郿之渭水南原。……时朝廷以亮远寇，利在急战，每命帝持重，以候其变。亮数挑战，帝不出，因遗帝巾帼妇人之饰。帝怒，表请决战，天子不许。"故事是说，诸葛亮又率领十余万兵马从斜谷出兵。在郿县的渭水南原建造营垒。当时魏国朝廷认为诸葛亮远道来侵，以急战为有利，经常命令司马懿要稳重，来等候时机变化。诸葛亮多次挑战，司马懿就是不出兵，诸葛亮就给司马懿送来巾帼一类的女人装饰品，弦外之音是说，司马懿没有男子汉气概。司马懿大怒，上表请求出兵决战，天子曹叡没有批准。

失匕箸：因受惊而把吃饭用的汤匙和筷子都掉了。《三国志·蜀书·先主传》记载："是时曹公从容谓先主曰：'今天下英雄，唯使君与操耳。本初之徒，不足数也。'先主方食，失匕箸。"故事是说，这时曹操从容对刘备说："现在天下的英雄，只有刘使君（刘备）你与我曹操罢了。袁绍（字本初）之类，不值得一提。"刘备正在吃饭，听到这话，把汤匙和筷子都吓掉了。

点　评

这是三国中的两个故事。诸葛亮用的是激将法，由于受到曹魏朝廷的控制，司马懿才没有上当。

张翰适意，陶潜归去。

校　勘

张翰适意，适，学津本作"失"。《全唐诗》本、金辑本均作"适"。

《晋书 · 文苑传》作“人生贵得适志”。

人物简介

张翰，字季鹰，吴郡（今江苏苏州）人，西晋官吏，任齐王司马冏的东曹掾。

陶潜，字渊明，晋朝隐士，事迹见“武陵桃源”条。

掌故解读

适意：顺遂自己的心志。《晋书 · 文苑传》记载：“翰因见秋风起，乃思吴中菰菜、莼羹、鲈鱼鲙，曰：‘人生贵得适志，何能羁宦数千里以要名爵乎！’遂命驾而归。……俄而冏败，人皆谓之见机。”故事是说，张翰因为看见秋风吹起，就想到吴郡的菰菜、莼羹、鲈鱼脍，说：“人生最可贵的是能够顺心，怎么能因为邀得功名爵禄而在几千里以外留恋官场呢！”之后就辞官回到家乡去了。不久，司马冏兵败，人们都说他能见机行事。

归去：《归去来兮辞》，指陶渊明厌倦官场，辞去彭泽令，作《归去来兮辞》，表明归乡的心志。《南史 · 隐逸 · 陶潜传》记载：“郡遣督邮至县，吏白应束带见之。潜叹曰：‘吾不能为五斗米折腰向乡里小人邪！’即日解印绶去职，乃赋《归去来》以遂其志。”故事是说，郡里派遣督邮到彭泽县检察，县里的小吏告诉陶潜应该系上腰带见督邮。陶潜感叹说：“我不能因为五斗米的俸禄向乡里小人弯腰低头！”当天解下印绶，辞去官职，后来作《归去来兮辞》，来实现他的隐居理想。

点　赞

“不为五斗米折腰”的典故就源于此。

合字韵

魏储南馆，汉相东阁。
楚元置醴，陈蕃下榻。
广利泉涌，王霸冰合。
孔融坐满，郑崇门杂。

魏储南馆，汉相东阁。

人物简介

曹丕，字子桓，曹操之子。三国时期魏国的建立者，即魏文帝。著名的文学家，与其父曹操、其弟曹植并称为“三曹”。

公孙弘，字季，薛县（今山东寿光）人，西汉丞相。他学《春秋》，在朝廷征召中，以对策获第一，拜为博士。后被任命为丞相，封平津侯。

掌故解读

魏储：曹丕称帝前，是魏太子，故称魏储。南馆：建在南皮县的宾馆。曹丕《与吴质书》：“每念昔日南皮之游，诚不可忘。既妙思六经，逍遥百氏，弹棊间设，终以六博。高谈娱心，哀筝顺耳。驰骋北场，旅食南馆。浮甘瓜于清泉，沈朱李于寒水。白日既匿，继以朗月，同乘并载，以游后园。”书信中是说，每次想起从前在南皮县的游乐，实在忘不了。既有六经启发人的妙思，又有诸子百家让人逍遥快活。偶尔设置弹棋，最终被六博代替。高谈阔论，娱乐身心，哀怨的筝音，听来顺耳。在北场驰骋游猎，在南馆里吃饭喝酒。让甜瓜漂浮在清泉上，把红李子沉在寒水内。白日西沉，朗月升起，我们同车共载，在后园游乐。

东阁：向东开的小门。《汉书 · 公孙弘传》记载：“时上方兴功业，娄举贤良。弘自见为举首，起徒步，数年至宰相封侯。于是起客馆，开东阁以延贤人，与参谋议。弘身食一肉，脱粟饭。故人宾客仰衣食，奉禄皆以给之。家无所余。”故事是说，当时汉武帝正在兴建功勋事业，屡次荐举贤良，公孙弘自己在举荐贤良的对策中取得第一，从平民起家，几年就官至宰相。于是他建宾馆，打开东边的小门来招待贤人参与谋划国家大事。公孙弘每餐自己只吃一种肉菜和粗米饭。老朋友、宾客的衣食都靠他供给，公孙弘的俸禄都用来供给了他们，自己家中没有剩余。

点　赞

这是当权者网罗人才的典故，曹丕从当太子时就开始了；公孙弘当上丞相，开东阁招贤人，参与谋划。值得称道的是为养贤人花光了俸禄，自己生活俭朴，“家无所余”。

楚元置醴，陈蕃下榻。

人物简介

刘交，字游，汉高祖的同父小弟，被封为楚王。

陈蕃，字仲举，汝南平舆（今河南平舆北）人，东汉名士。曾任安乐郡太守、太尉、太傅等职。

掌故解读

置醴：设置甜酒，指招待不会喝酒的客人。《汉书 · 楚元王传》记载："初，元王敬礼申公等，穆生不嗜酒，元王每置酒，常为穆生设醴。及王戊即位，常设，后忘设焉。穆生退曰：'可以逝矣！醴酒不设，王之意怠。不去，楚人将钳我于市。'"故事是说，起初，楚元王刘交尊敬礼待申公等人，穆生不会喝酒，楚元王刘交每次摆酒，常为穆生摆设甜酒。到楚王刘戊刚即位时，也经常摆设甜酒，后来就忘了摆设甜酒了。穆生退下来说："我可以消失了！不摆甜酒，楚王的心意懈怠了，再不离开，楚国人将要用铁钳夹住我的脖子拉到市上去了。"

下榻：把榻放下来，给客人坐。《后汉书 · 徐稚传》记载："蕃在郡不接宾客，唯稚来特设一榻，去则悬之。"故事是说，陈蕃在豫章郡不接待宾客，只有徐稚来，为他特设置一个卧榻，他离开就把卧榻悬挂起来。

点　评

这是接待贤士的故事。《滕王阁序》中"徐孺下陈蕃之榻"的典故就源于此。

广利泉涌，王霸冰合。

校　勘

王霸冰合，冰，学津本作"水"。《全唐诗》本、金辑本均作"冰"。

人物简介

李广利，西汉贰师将军，汉武帝李夫人之兄，率兵攻贰师城，没有攻下。后又增兵攻大宛，得汗血马数十匹、中马以下三千匹而还，被封为海西侯。

王霸，字元伯，颍阳（今河南许昌西南）人，因助刘秀军渡滹沱河有功，东汉初官拜上谷太守，守边二十多年，有功，封淮陵侯。

掌故解读

泉涌：泉水涌出。《后汉书 · 耿恭传》记载：“恭仰叹曰：‘昔贰师将军拔佩刀刺山，飞泉涌出；今汉德神明，岂有穷哉！’”故事是说，在水源断绝时，东汉的将军耿恭仰头感叹说：“从前，贰师将军李广利拔下佩刀刺山，泉水像飞一样涌出来；今天汉朝的德运神明，难道穷尽了吗！”

冰合：冰凌冻合在一块。《后汉书 · 王霸传》记载：“传闻王郎兵在后，从者皆恐。及至滹沱河，候吏还白河水流澌，无船，不可济。官属大惧，光武令霸往视之。霸恐惊众，欲且前，阻水，还即诡曰：‘冰坚可渡。’官属皆喜。光武笑曰：‘候吏果妄语也。’遂前，比至河，河冰亦合，乃令霸护渡，未毕数骑而冰解，光武谓霸曰：‘安吾众得济免者，卿之力也。’……光武又谓官属曰：‘王霸权以济事，殆天瑞也。’以为军正，爵关内侯。”故事是说，传说王郎的军队在后面追来，跟随刘秀的人都很恐惧。等到了滹沱河，侦察的官吏回来说：“河水流淌冰凌，没有船，不可渡河。”跟随的官吏都很恐惧。刘秀派王霸前往视察。王霸恐怕众人惊恐，想要前进，被河水挡住，回来就欺骗说：“冰面很坚硬。”跟随的官吏都很高兴。刘秀笑着说：“侦察的官吏果然是胡说。”于是率军前进，等到了河边，河里的冰凌都合在一起了。于是刘秀让王霸守护渡口，还剩几个骑兵没有渡完，冰凌就化开了。刘秀对王霸说：“使我们众人安心渡河，避免失败，全是你的功劳。”刘秀又对跟随的官吏说：“王霸的权宜之计成就了大事，可能是上天的保佑。”就任命王霸为军正，封爵为关内侯。

点　赞

刘秀在滹沱河遇险，如果人心恐惧，各自奔逃，也就没有东汉帝国了。正是由于王霸急中生智，稳定了军心，才化险为夷，所以王霸之功实不可没。

孔融坐满，郑崇门杂。

人物简介

孔融，字文举，东汉学者，事迹见“孔融让果”条。

郑崇，字子游，高密（今山东高密）人，西汉大臣，官至尚书仆射，因好进谏而被疏远。

掌故解读

坐满：指客人很多。《后汉书 · 孔融传》记载：“岁余，复拜太中大夫。性宽容少忌，好士，喜诱益后进。及退闲职，宾客日盈其门。常叹曰：‘坐上客恒满，樽中酒不空，吾无忧矣。’……融闻人之善，若出诸己，言有可采，必演而成之，面告其短，而退称所长，荐达贤士，多所奖进，知而未言，以为己过，故海内英俊皆信服之。”故事是说，一年多以后，孔融被任命为太中大夫。他性格宽容，很少嫉妒，喜欢士人，喜欢引导年轻人，到退居闲职之时，每天都满门宾客。他常感叹说：“座上客常满，杯中酒不空，我没有忧虑了。”孔融听到别人的优点，好像优点出在自己身上，言论有可用之处，一定演变促成，当面告诉人的缺点，背后称赞他的长处，自己知道的没有说，就当成自己的过错。因此天下的英雄俊杰都信服他。

门杂：门庭若市，指有各类人等出入。《汉书 · 郑崇传》记载：“哀帝擢为尚书仆射。数求见谏争，上初纳用之。每见曳革履，上笑曰：‘我识郑尚书履声。’……尚书令赵昌佞谄，素害崇，知其见疏，奏与宗族通，疑有奸，请治。上责崇曰：‘君门如市人，何以欲禁切主上？’对曰：‘臣门如市，臣心如水。愿得考覆。’上怒下崇狱，穷治，竟死狱中。”故事是说，汉哀帝提拔郑崇为尚书仆射。他多次求见皇帝，进行劝谏。汉哀帝起初还采用他的意见。每次听见他拖拉生皮鞋的声音，汉哀帝就笑着说：“我听出郑尚书鞋子的声音了。”尚书令赵昌讨好皇帝，一直想要陷害郑崇，知道他被疏远，就告发他与宗族通气，怀疑有奸计，请求惩治他。汉哀帝责难郑崇说："你的门庭如同市场，凭什么要禁止皇帝的行为？"他回答说："我的门庭若市，我的心中如水，希望得到考察。"汉哀帝大怒，把郑崇打入监狱，用尽一切刑罚惩治，他最终死在狱中。

点　评

对于爱提意见的大臣，竟然嘲笑他的鞋子声，以"君门如市"为罪名，治死于狱中。由此看来，汉哀帝也真够悲"哀"了。

先字韵

张堪折辕，周镇漏船。
郭伋竹马，刘宽蒲鞭。
许史侯盛，韦平相延。
伯雍种玉，黄寻飞钱。

张堪折辕，周镇漏船。

人物简介

张堪，字君游，南阳宛（今河南南阳）人，东汉官吏，曾任蜀郡太守、渔阳太守等职。

周镇，字康时，陈留尉氏（河南尉氏）人，东晋官吏，曾任临川郡太守、吴兴郡太守等职。

掌故解读

折辕：坏了车辕的车，指没有贵重的财物可拉，形容官吏廉洁。《后汉书·张堪传》记载：“帝尝召见诸郡计吏，问其风土及前后守令能否。蜀郡计掾樊显进曰：‘渔阳太守张堪昔在蜀，其仁以惠下，威能讨奸。前公孙述破时，珍宝山积，卷握之物，足富十世。而堪去职之日，乘折辕车，布被囊而已。’

帝闻，良久叹息。拜显为鱼复长。”故事是说，东汉光武帝曾经召见各郡的计吏，问他们风土民情以及前后太守、县令的能力如何。蜀郡的计掾樊显上前说：“渔阳太守张堪从前在蜀郡时，他对民仁爱，关心下属，有威信能讨贼。以前公孙述失败时，家里珍宝堆积成山，所掌握之物足能富裕十代人。张堪在蜀郡离职那天，坐折辕的破车，上面仅有装布被的口袋而已。”光武帝听说后，叹息了好久。任命樊显为鱼复县长。

漏船：船篷漏雨，形容生活艰苦，没有贵重财物怕雨浇。《世说新语·德行》记载：“周镇罢临川郡还都，未及上，住泊清溪渚，王丞相往看之。时夏月，暴雨卒至，舫至狭小，而又大漏，殆无复坐处。王曰：‘胡威之清，何以过此！’即启用为吴兴郡。”故事是说，周镇在临川郡任满离职回京城，没来得及上岸，就停船在清溪渚渡口，丞相王导来看望他。当时正是夏天，突降暴雨，船极其狭小，而又漏雨，几乎没有坐处。王导说：“胡威的清廉，怎能超过这种情形！”就启用周镇为吴兴郡太守。

点　赞

这是两位廉洁的官吏，受到皇帝及宰相的嘉奖。胡威也是一位廉吏，见“胡威推缣”条。

郭伋竹马，刘宽蒲鞭。

人物简介

郭伋，字细侯，汉朝官吏，曾任并州牧、渔阳太守、颍川太守等职。

刘宽，字文饶，弘农华阴（今陕西华阴市东南）人，东汉官吏，曾任尚书令、南阳太守等职。

掌故解读

竹马：儿童的玩具，用竹竿当马骑。《后汉书·郭伋传》记载：“始至行部，到西河美稷，有童儿数百，各骑竹马，于道次迎拜。伋问：‘儿曹何自远来？’对曰：‘闻使君到喜，故来奉迎。’伋辞谢之。及事讫，诸儿复送至郭外，问：‘使君何日当还？’伋计日告之。行部既还，先期一日。伋为违信于诸儿，遂止于野亭，须期乃入。”故事是说，郭伋开始到并州任上时，到所属地区视察。到了西河美稷的地方，有儿童几百人，各自骑着竹马，在道边迎接参拜。郭伋问道：“孩子们为什么从远方来？”他们回答说：“听说长官来到高兴，因此前来迎接。”郭伋告辞道谢，等到事情办完，儿童又送他到城外，问道：“长官哪天能回来？”郭伋计算日子告诉他们。视察完了，回来时，比事先约定的早一天。郭伋因为怕失信于儿童，就在野外的亭子里留宿，等约定的时间到了，才进入美稷。

蒲鞭：蒲草鞭子，打人不痛，指打人者有仁爱之心。《后汉书·刘宽传》记载：“迁南阳太守，典历三郡。温仁多恕，虽在仓卒，未尝疾言遽色。常以为‘齐之以刑，民免而无耻’。吏人有过，但用蒲鞭罚之，示辱而已，终不加苦。”故事是说，刘宽任南阳太守，先后管理过三个郡，为人温厚仁爱宽恕。即使事发突然，也从未不疾言厉色。他常认为“用刑罚来治理人民，人民虽然免于犯罪，却不知羞耻”。官吏犯了错误，只用蒲草鞭子处罚，让他知道羞耻罢了，最终并不会对他施加严厉的刑罚。

点　赞

这是两个有特点的官员。郭伋宁可在野外亭子待一天，也不对儿童违约，这样诚信的官员，能不取信于民吗？刘宽用蒲鞭打人，只为让犯错官吏知道耻辱而已，可见其仁爱之心。

许史侯盛，韦平相延。

人物简介

许广汉，昌邑（今山东金乡县）人，曾为宦者丞，因犯罪被判为鬼薪（为宗庙供柴薪的刑罚），其女嫁给皇曾孙（即汉宣帝），她就是后来的许皇后，生子为汉元帝。

史恭，鲁国（今山东曲阜）人。在汉武帝末年，发生巫蛊事件，卫太子及史皇孙都被害而死。史皇孙有一个儿子，称为皇曾孙。他五岁时遇赦，治狱使者邴吉可怜皇曾孙（即汉宣帝）无家可归，就送到他舅父史恭家收养。皇曾孙后来即位，当上了皇帝，就是汉宣帝。

平当，字子思，平陵（今陕西兴平东北）人，西汉大臣，曾任骑都尉、丞相，赐爵关内侯。

韦贤，字长孺，邹（今山东邹城）人，西汉大臣，号称邹鲁大儒，教汉昭帝《诗经》。曾任博士、给事中、丞相等职。

掌故解读

侯盛：封为侯爵的很多。《汉书 · 外戚传》记载："许后立三年而崩。……后五年，立皇太子，乃封太子外祖父昌成君广汉为平恩侯，位特进。后四年，复封广汉两弟，舜为博望侯，延寿为乐成侯。许氏侯者三人。"又载："卫太子史良娣（良娣是太子之妾的称谓），宣帝祖母也。……恭三子皆以旧恩封。长子高为乐陵侯，曾为将陵侯，玄为平台侯，及高子丹以功德封武阳侯。侯者凡四人。"故事是说，许皇后之后三年就死了。过后五年，立皇太子，就封太子的外祖父许广汉为平恩侯，官位为特进。过后四年，又封许广汉的两个弟弟，许舜为博望侯，许延寿为乐成侯。许姓封侯的三人。卫太子的史良娣，是汉宣帝的祖母。史良娣之兄史恭的三个儿子都因为旧恩封侯。长子史高为乐陵侯，史曾为将陵侯，史玄为平台侯，到史高的儿子史丹因功封为武阳侯。封侯的有四人。

相延：相延续，指父子相沿当宰相。《汉书 · 平当传》记载："上使使者召，欲封当，当病笃，不应召。家室或谓当：'不可强起受侯印为子孙邪？'当曰：'吾居大位，已负素餐之责矣，起受侯印，还卧而死，死有余罪。今不起者，所以为子孙也。’遂上书乞骸骨。……后月余，卒。子晏以明经历位大司徒，封防乡侯。汉兴，惟韦、平父子至宰相。”故事是说，汉哀帝派使者招丞相平当，要封他爵位。平当病重，没有去应诏。家里有人对平当说：“难道不能为了子孙的利益而勉强起来接受侯爵的印绶吗？”平当说：“我居相位，已经受到不劳而食的责备，勉强起来接受印绶，回来卧床而死，死有余辜。今天不起来接受印绶，就为子孙留有余地。”于是就请求辞职。过了一个多月，他的儿子平晏以明经的资历当上了大司徒，即丞相，封防乡侯。汉朝建立以来，只有韦家（韦贤、韦玄成）、平家（平当、平晏），父子相继当宰相。

点　评

许、史两家封侯的很多，靠的是裙带关系。韦、平两家父子皆为宰相，则全凭本事。

伯雍种玉，黄寻飞钱。

人物简介

杨伯雍，洛阳人，神话传说中人物。

黄寻，海陵人，神话传说中的人物。

掌故解读

种玉：在石头上种出玉石。《搜神记》卷十一记载：“杨公伯雍，洛阳县人也。本以侩卖为业。性笃孝。父母亡，葬无终山，遂家焉。山高八十里，上无水，公汲水，作义浆于坂头，行者皆饮之。三年，有一人就饮。以一斗石子与之，使至高平有石处种之，云：‘玉当生其中。’杨公未娶，又语云：‘汝后得好妇。’语毕不见。乃种其石。数岁，时时往视，见玉子生石上，人莫知也。有徐氏者，右北平著姓女甚有行，时人求，多不许。公乃试求徐氏。

徐氏笑以为狂，因戏云：‘得白璧一双来，当为婚。’公至所种石中，得白璧五双，以聘。徐氏大惊，遂以女妻公。天子闻而异之，拜为大夫。乃于种玉处，四角作大石柱，各一丈，中央一顷地，名曰‘玉田’。”故事是说，杨伯雍是洛阳县人，本来是以作买卖双方的中介为职业。他为人很孝顺，父母死后葬在无终山上，于是他就住在那里。山高八十里，上面没有水，他提水上山作为“义浆”，放在山坡上，不要报酬，行路之人都可以喝。过了三年，有一个人来饮水，把一斗石头子给了他，让他在高处平坦有石头的地方种上，说：“玉就生在其中。”杨伯雍当时还没有娶妻，那人又说：“你以后能得到个漂亮的媳妇。”那人说完就不见了。杨伯雍就把石头子种上了，几年时间，经常前去观看，见到小玉芽长在石头上，没有人知道为什么会这样。有个姓徐的人家，是右北平郡的大姓。徐家的女儿很有品德，当时很多人家去求娶，都不答应。杨伯雍试着向徐家求婚，徐家笑话他狂妄，就戏弄他说：“送白璧一双来，就允许成婚。”杨伯雍到他所种的玉田中，取来白璧五双，作为聘礼。徐家大惊，就把女儿嫁给了他。皇帝听到此事，感到很奇怪，任命杨伯雍为大夫。就在种玉的地方，四角立起大石柱，各一丈高，中央有一顷地，命名为“玉田”。

飞钱：钱从外飞来，指意外之财。《太平广记》卷三百六十记载：“后魏宣武帝景明年中，海陵人黄寻，先居家单贫，忽风雨飞钱于其家，后巨富，钱至数万，其年被诛。”故事是说，北魏宣武帝景明年间，海陵人黄寻，原先家庭贫困，忽然一阵风雨吹着钱飞入他家，后来他家成了大富之家，钱有数万之多，当年他就被官府杀死。

点　赞

这是两个得到意外之财的神话故事。杨伯雍是个孝子，八十里高的山上没有水，他“汲水，作义浆于坂头”，供行人饮用，才遇仙人指点种出玉来。反映出好人必得好报的观点。

梗字韵

王允千里，黄宪万顷。

虞骈才望，戴渊峰颖。

史鱼黜殡，子囊城郢。

戴封积薪，耿恭拜井。

王允千里，黄宪万顷。

人物简介

王允，字子师，东汉大臣，官拜司徒之职。暗中结好吕布，刺杀董卓，后被董卓属下将领李傕所害。

黄宪，字叔度，汝南慎阳人，东汉名士。

掌故解读

千里：一日千里，以骏马比喻人才。《后汉书 · 王允传》记载：“同郡郭林宗尝见允而奇之，曰：‘王生一日千里，王佐才也。’遂与定交。”故事是说，同郡人郭泰曾经见到王允，感到惊奇，说：“王生像一日千里的骏马，有辅佐帝王之才。”于是就与他结交，成为志同道合的朋友。

万顷：以水的深广比喻人品气质的博大。《世说新语·德行》记载："郭林宗至汝南，造袁奉高，车不停轨，鸾不辍轭；诣黄叔度，乃弥日信宿。人问其故，林宗曰：'叔度汪汪如万顷之陂，澄之不清，扰之不浊，其器深广，难测量也。'"故事是说，郭泰到汝南郡去，拜访袁阆，车不停驶进，马不驻足，一会儿就离开了；到黄宪家拜访，竟然住了整整两宿。人们问他原因，他说："黄宪像如汪洋之水，澄不清搅不浊。他的器量深广，难于测量。"

点　　赞

东汉末年，军阀董卓专断朝政，为所欲为，王允利用吕布刺杀了董卓，为天下除一大害。可见郭泰对他"一日千里""王佐之才"的评价，是名副其实的。

虞骈才望，戴渊峰颖。

校　勘

虞骈才望，骈，应为"马""斐"二字合成，见《全唐诗》，学津本与《全唐诗》同。该字是"骈"的异体字。

人物简介

虞骈，字思行，会稽余姚（今浙江余姚）人，晋朝官吏，曾任吴兴郡太守。

戴渊，字若思，广陵（今江苏扬州）人，晋朝官吏，官至征西将军。

掌故解读

才望：才能名望。《晋书·虞骈传》记载："王导尝谓骈曰：'孔愉有公才而无公望，丁潭有公望而无公才，兼之者，其在卿乎！'官未达而丧，时人惜之。"故事是说，王导曾经对虞骈说："孔愉有三公的才能却没有三公的名望，丁潭有三公的名望却没有三公的才能，三公的名望、才能兼而有

之的，大概就是你了。”孔愉官位还没达到三公就死了，当时的人都感到惋惜。

峰颖：锋芒毕露。《世语新说 · 自新》记载：“戴渊少时游侠，尝在江淮间攻掠商旅。陆机赴假还洛，辎重甚盛。渊使少年劫掠。渊在岸上，据胡床指麾左右，皆得其宜。渊既神姿峰颖，虽处鄙事，神气犹异。机于船屋上遥谓之曰：‘卿才如此，亦复作劫邪？’渊便泣涕，投剑归机。辞厉非常，机弥重之，定交，作笔荐焉。过江，仕至征西将军。”故事是说，戴渊少年当游侠，曾经在江湖上抢掠商人和行人。陆机在假期回洛阳，所载财货很多。戴渊驱使少年抢掠。他在岸上，坐在胡床上指挥左右人员，都很得心应手。戴渊原本风度姿态不凡，锋芒毕露，即使做坏事，神采也与众不同。陆机在船上对他说：“你的才能如此卓越，为什么要干抢劫的勾当？”戴渊感悟哭泣起来，把剑扔下，归附陆机，其言辞非常激昂，陆机越来越看重他，于是成了好朋友。陆机写书信推荐他。到了东晋时，戴渊官至征西将军。

点　赞

赏识，对于一个人的进步，该有多大的推动作用啊！从戴渊的事迹就可看出。

史鱼黜殡，子囊城郢。

人物简介

史鱼，春秋时期卫国的大夫，以直谏著名。

子囊，春秋时期楚国将领。

掌故解读

黜殡：废黜殡葬之礼，指死后不下葬。《孔子家语 · 困誓》记载：“蘧伯玉贤，而灵公不用；弥子瑕不肖，反任之。史鱼骤谏而不从。史鱼病将卒，命其子曰：‘吾在卫朝，不能进蘧伯玉，退弥子瑕，是吾为臣不能正君也。

生而不能正君，死无以成礼。我死，汝置尸牖下，于我毕矣。’其子从之。灵公吊焉，怪而问之。其子以其父言告公。公愕然失容，曰：‘是寡人之过也。’于是命殡于客位，进蘧伯玉而用之，退弥子瑕而远之。孔子闻之曰：‘古之烈谏者，死则已矣。未有若史鱼死而尸谏，忠感其君者也，可不谓直乎？’”故事是说，蘧伯玉是个贤臣，可是卫灵公不用他；弥子瑕不正派，卫灵公反而重用他。史鱼多次进谏，卫灵公就是不听。史鱼生病，即将死亡，命令他儿子说：“我在卫国朝廷，不能进用蘧伯玉，斥退弥子瑕，这是身为臣子的我不能辅正国君的过失。活着不能辅正国君，死了没有办法成礼。我死了，你把我的尸体放在窗下，对于我就算完成表礼了。”他的儿子就按他的命令办了。卫灵公前来吊唁，见此情景感到奇怪，就问史鱼的儿子。史鱼的儿子把他父亲的话告诉给卫灵公。卫灵公很惊讶，变了脸色，说：“这是我的过错。”于是就命令把史鱼棺木安放在国君宾客的位置。重用蘧伯玉，斥退弥子瑕。孔子听说此事，说：“古代直言进谏的人，不被采纳，死了也就完事了。没有像史鱼这样的，死了还用尸体劝谏。以忠诚感动他的国君，难道称不上正直之臣吗？”

城郢：修建郢城。《左传·襄公十四年》记载：“子囊将死，遗言谓子庚：‘必城郢！’君子谓子囊忠，君薨不忘增其名，将死不忘卫社稷，可不谓忠乎？”故事是说，楚国的将领子囊即将死亡，留下遗嘱对子庚说：“一定要修建郢城！”君子评论说子囊是忠臣，国君死亡，没有忘记赠给他谥号，自己将要死亡，不忘保卫国家，能不是忠臣吗？

点　赞

“君薨不忘增其名”，是说国君死时，不忘给国君一个谥号。此指楚共王临死时说：“我死后给我的谥号为‘陵’或‘厉’。”子囊说：“请求给他的谥号为‘共’吧。”这便是后人所称的楚共王。史鱼“死而尸谏，忠感其君”，孔子评价是直臣；“君薨不忘增其名，将死不忘卫社稷”，君子评价子囊是忠臣。

戴封积薪，耿恭拜井。

人物简介

戴封，字平仲，济北刚人，东汉官吏，曾任议郎、西华令、太常等职。

耿恭，字伯宗，东汉将领，曾任骑都尉、长水校尉等职。

掌故解读

积薪：堆积薪柴，准备自杀。《后汉书 · 戴封传》记载："迁西华令。时汝、颍有蝗灾，独不入西华界。时督邮行县，蝗忽大至，督邮其日即去，蝗亦顿除，一境奇之。其年大旱，封祷请无获，乃积薪坐其上以自焚。火起而大雨暴至，于是远近叹服。"故事是说，戴封任西华县令，当时汝州、颍州有蝗灾，只有西华县没有蝗虫。当时督邮视察属县，蝗虫忽然大批飞来。督邮当天就离开了，蝗虫也立刻消失。全境都感到奇怪。那年大旱，戴封祈祷也没有下雨，他就把薪柴堆积起来，坐在上面，准备自焚求雨。刚点起火来，大暴雨突然到来，因此远近的人都感叹信服。

拜井：向井叩拜，祈祷井内出水。《后汉书 · 耿恭传》记载："恭以疏勒城傍有涧水可固，五月，乃引兵据之。七月，匈奴复来攻恭。恭募先登数千人直驰之，胡骑散走，匈奴遂于城下拥绝涧水。恭于城中穿井十五丈，不得水。吏士渴乏，笮马粪汁而饮之。恭仰叹曰：'闻昔贰师将军拔佩刀刺山，飞泉涌出。今汉德神明，岂有穷哉。'乃整衣向井再拜，为吏士祷。有顷，水泉奔出。乃令吏士扬水以示虏。虏出不意，以为神明，遂引去。"故事是说，耿恭因为疏勒城旁有涧水，可以固守，五月就率兵占据疏勒城。七月，匈奴又来进攻耿恭，耿恭招募几千勇士冲入敌阵，匈奴骑兵四处逃散，匈奴兵就在疏勒城下堵断涧水。耿恭在疏勒城内挖井十五丈深，仍没有水。官员士兵又渴又累，甚至从马粪中挤出汁来喝。耿恭仰天长叹道："从前，贰师将军在断水时拔刀刺山，泉水飞流出来。今天汉朝的德运神明，难道穷尽了吗？”就整理衣服向井拜了两拜，为官员战士祈祷。不一会儿，泉水奔流而出，耿恭就命令官员士兵在城上泼水给敌军看。匈奴感到意外，认为有神灵相助汉军，于是就带兵离开了。

点　赞

戴封坐在积薪之上，点着火就要自焚时，突降暴雨，解除旱情。这实属偶然巧合，但是他这种敢于为民牺牲的精神还是难能可贵的。

愿字韵

汲黯开仓，冯驩折券。
齐景驷千，何曾食万。
顾荣锡炙，田文比饭。
稚珪蛙鸣，彦伦鹤怨。

汲黯开仓，冯驩折券。

人物简介

汲黯，字长孺，濮阳（今河南濮阳）人，西汉官吏，性格高傲少礼，崇尚气节。曾任太子洗马、谒者、东海太守、主爵都尉等职。

冯驩，也作冯谖，战国时期齐国孟尝君田文的门客。

掌故解读

开仓：打开仓库，放粮救民。《汉书 · 汲黯传》记载：“河内失火，烧千余家。上使往视之，还报曰：‘家人失火，屋比延烧，不足忧。臣过河内，河内贫人伤水旱万余家，或父子相食。臣谨以便宜，持节发河内仓粟，以振贫民。请归节，伏矫制辜。’上贤而释之。”故事是说，河内郡失火，烧了一千余家。汉武帝派汲黯前往视察。他回来汇报说：“那些普通人家失火，房屋相连着火，不值得忧虑。我路过河内郡，看到河内郡的穷人遭受水旱灾害，灾民多达一万多家，有的甚至达到父子相食的程度。我按照自行处置的授权，拿着符节发放河内仓的粮食，赈济贫民。现在我交回符节，愿承受假传圣旨之罪。”汉武帝认为他有才干，没有追究他擅自开仓的罪过。

折券：毁弃债券，不再索偿。《战国策 · 齐策》记载：“后孟尝君出记，问门下诸客：‘谁习计会，能为文收责于薛者乎？’谖署曰：‘能。’……于是约车治装，载券契而行。辞曰：‘责毕收以何市而反？’孟尝君曰：‘视吾家所寡有者。’驱而之薛，召诸民当偿者，悉来合券。以责赐诸民，因烧其券。民称万岁。长驱到齐，晨而求见。……冯谖曰：‘臣窃计：君宫中积珍宝，狗马实外厩，美人充下陈，君家所寡有者，以义耳！窃以为君市义。’……孟尝君就国于薛，民扶老携幼，迎君道中。孟尝君顾谓冯谖曰：‘先生所以为文市义，乃今日见之。’”故事是说，后来，孟尝君贴出告示，问门下众客人：谁熟悉会计，能替我到薛邑收债？冯谖在告示签署上名字，说：“我能。”于是准备车辆衣服，装载上契券就走了。临行告辞时冯谖问：“收完债，用这钱买什么回来？”孟尝君说：“看我家缺什么买什么。”冯谖驱车来到薛邑，招来应当还债的人都来核对债券，之后假托孟尝君之令把债券上的钱都赐给老百姓了，随即烧了债券。老百姓高呼万岁。冯谖回到齐国，大清早就求见孟尝君。冯谖说：“我私下想：你的宫中堆积着珍宝，狗马充满了外面的棚圈，美女充满堂下。你家所缺的只是道义，我私自决定给你买来道义。”后来，孟尝君失势回到薛邑，民众扶老携幼在路旁欢迎。孟尝君回头对冯谖说：“先生为我买来的道义，在今天才见到。”

点　赞

冯谖、汲黯的共同特点，都是假借君主的名义，作出关爱民众之事。花的是君主的钱，君主对他们又无可奈何。他们所以受到后人称赞，是因为让百姓得到了实惠。

齐景驷千，何曾食万。

人物简介

姜杵臼，春秋时期的齐国国君，即齐景公。他当政期间，朝政混乱，奢侈无度。

何曾，字颖考，陈留阳夏（今河南太康）人，魏晋官吏，在魏任司徒，至晋任太尉。为人奢侈，多次被弹劾。

掌故解读

驷千：四千匹马。《论语 · 季氏》记载："齐景公有马千驷，死之日，民无得而称焉。"故事是说，齐景公有马四千匹，到他死的时候，老百姓觉得他没有什么可以称道的。

食万：每天吃的饭花一万钱。《晋书 · 何曾传》记载："然性奢豪，务在华侈。帷帐车服，穷极绮丽。厨膳滋味，过于王者。每燕见，不食太官所设，帝辄命取其食。蒸饼上不坼作十字不食。日食万钱，犹曰：'无下箸处。'"故事是说，然而何曾为人奢侈，帷帐车马服饰，极其华丽。其厨房的食品超过王侯之家。每次皇帝宴请，何曾都不吃宫廷的饭菜，皇帝就命令取来他家的饭食。蒸饼上不蒸成十字裂纹的不吃。每天吃饭要花一万钱，还说："没有下筷子的地方。"

点　评

驷，古代一车套四匹马称为驷。古代还以兵车的多少来称国家的大小。大的诸侯国被称为千乘之国，齐景公有四千匹马，也就是千乘之国。“日食万钱”“无下箸处”，是古代描绘奢侈浪费的名言警句。

顾荣锡炙，田文比饭。

人物简介

顾荣，字彦先，吴郡吴县（今江苏苏州）人，晋朝官吏，曾任黄门郎、散骑长侍等职。

田文，战国时期齐国公子，号孟尝君。他任齐相，门下食客三千。

掌故解读

锡炙：赐给烤肉。《晋书 · 顾荣传》记载：“初荣与同寮宴饮，见执炙者貌状不凡，有欲炙之色。荣割炙啖之。坐者问其故，荣曰：‘岂有终日执之而不知其味！’及伦败，荣被执，将诛，而执炙者为督率，遂救之，得免。”故事是说，顾荣起初与同僚宴饮时，看见送烤肉的人面貌状态不凡，有想吃烤肉的样子，顾荣就割下一块烤肉给他吃。在座的人问他原因，顾荣说：“哪有整天拿着烤肉却不知道滋味的道理呢！”后来司马伦兵败的时候，顾荣受牵连被抓，将要被诛杀，当年拿烤肉的人督率，于是就救了顾荣，使他得以免死。

比饭：对比饭菜的好坏。《史记 · 孟尝君列传》记载：“孟尝君舍业厚遇之，以故倾天下之士。食客数千人，无贵贱一与文等。……孟尝君曾待客夜食，有一人蔽火光。客怒，以饭不等，辍食辞去。孟尝君起，自持其饭比之，客惭，自刭。士以此多归孟尝君。”故事是说，孟尝君舍弃家业厚待宾客，因此把天下的士人都收拢过来。在他家吃饭的客人有几千个，

无论贵贱，一律与他吃一样的饭。孟尝君曾经待客吃宵夜，有一个人背着光线。客人生气了，认为饭菜不一样，放下碗筷，请求辞去。孟尝君起身，自己拿着饭与他相比，果然一样。客人惭愧，自杀而死，士人因此多归孟尝君。

点　　赞

顾荣的人道情怀，使他免于死亡，是好人得好报的例证；田文对门客一视同仁，所能笼络天下的士人，尽归己用。

稚珪蛙鸣，彦伦鹤怨。

人物简介

孔稚珪，字德璋，会稽山阴（今浙江绍兴）人，南朝官员，曾任南郡太守、散骑常侍等职。

周颙，字彦伦，南朝官吏，在宋任剡县令，入齐官至国子博士兼著作，撰起居注。他起初隐居钟山，后出山做官。

掌故解读

蛙鸣：青蛙鸣叫。《南史 · 孔稚珪传》记载：“居宅盛营山水，凭几独酌，傍无杂事。门庭之内，草莱不翦。中有蛙鸣，或问之曰：‘欲为陈蕃乎？’珪笑答曰：‘我以此当两部鼓吹，何必效蕃。’王晏尝鸣鼓吹候之，闻群蛙鸣曰：‘此殊聒人耳。’珪曰：‘我听鼓吹，殆不及此。’晏有惭色。”故事是说，孔稚珪在住宅院内营造山水景物，靠在小几上独自饮酒，旁无杂事。庭院以内，蒿草不加剪修，其中有青蛙鸣叫。有人问他说：“想当陈蕃那样的名士吗？”孔稚珪笑着说：“我把这种声音当作两部鼓乐，何必效仿陈蕃。”王晏曾经奏响鼓乐迎接孔稚珪，听见群蛙鸣叫，说：“这声音很让人的耳朵聒噪。”孔稚珪说：“我听鼓乐声，恐怕还赶不上这蛙声。”王晏听了感到惭愧。

鹤怨：仙鹤哀怨，指对隐士去做官不理解。《北山移文》：“蕙帐空兮夜鹤怨，山人去兮晓猿惊。”孔稚珪在《北山移文》中描绘周颙（字彦伦）结束隐居生活，出山做官，使得动物都不理解，出现鹤怨猿惊的局面。这两句话是说：往日的蕙帐空了，让深夜里的仙鹤哀怨；山人离开了，使拂晓的猿猴惊叫。

点　评

古代的隐士有真有假，假隐士不过是通过隐居沽名钓誉，一旦朝廷征召，有官可做，便立刻赴任。孔稚珪以“鹤怨猿惊”讽刺周颙这样的假隐士，可算十分深刻。

月字韵

廉颇负荆，须贾擢发。

孔翊绝书，申嘉私谒。

渊明把菊，真长望月。

子房取履，释之结袜。

廉颇负荆，须贾擢发。

人物简介

廉颇，战国时期赵国的良将，以勇气闻名于诸侯，封平信侯，任假相国，即代理相国。

须贾，战国时期魏国的中大夫。

掌故解读

负荆：背负荆杖，表示请求处罚。《史记 · 廉颇蔺相如列传》记载：“以相如功大，拜为上卿，位在廉颇之右。廉颇曰：我为赵将，有攻城野战之大功，而相如徒以口舌为劳，位居我上。且相如素贱人，吾羞，不忍为之下。’宣言曰：‘我见相如，必辱之。’相如闻，不肯与会。相如每朝时，常称病，不欲与廉颇争列。已而相如出，望见廉颇，相如引车避匿。于是舍人相与谏曰：‘臣所以去亲戚而事君者，徒慕君之高义也。今君与廉颇同列，廉君宣恶言，而君畏匿之，恐惧殊甚，且庸人尚羞之，况于将相乎！臣等不肖，请辞去。’相如固止之，曰：‘公之视廉将军孰与秦王？’曰：‘不若也。’相如曰：‘夫以秦王之威而相如廷叱之，辱其群臣。相如虽驽，独畏廉将军哉？顾念强秦不敢加兵于赵者，徒以吾两人在也。今两虎共斗，势不俱生。吾所以为此者，先国家之急而后私仇也。’颇闻之，肉袒负荆，因宾客至蔺相如门谢罪。曰：‘鄙贱之人，不知将军宽之至此也。’卒相与欢，为刎颈之交。”故事是说，因为蔺相如渑池会上的功劳大，任命他为上卿，官位在廉颇之上。廉颇说：“我任赵国的将领，有攻城野战的大功，可是蔺相如只因为口舌的功劳，官位却在我之上，而且蔺相如原来是个低贱的人，我感到羞耻，不忍心在他的下位。”公开宣布：“我看见蔺相如，一定要羞辱他。”蔺相如听见这话，不肯与他见面。蔺相如每到朝会时经常称病，不与廉颇争位置。不久，蔺相如出门，望见廉颇，蔺相如就掉转车子躲避廉颇。于是蔺相如的舍人们说：“我们所以离开亲人来侍奉你，就是仰慕你高尚的道义，现在你与廉颇职位相同，廉将军放出狠话，你却畏惧躲避他，特别恐惧，一般人尚且感到羞辱，何况是身为将相了！我们不才，请求告辞离开。”蔺相如坚决劝阻他们，说：“你们看廉将军与秦王，谁厉害？”都说：“廉将军不如秦王。”蔺相如说：“凭他秦王的威严，我能当庭怒斥他，羞辱他的群臣，我虽然拙劣，难道畏惧廉将军吗？但是我考虑，强大的秦国之所以不敢对赵国用兵，就是因为有我们两个人在。今天两虎相斗，势必不能都存活。我之所以如此忍让，是因为要先顾国家的危急，而后考虑私怨。”廉颇听到这些话，袒衣露肉，背负着荆杖，由宾客带领着，到蔺相如的家门去谢罪说：“我这个卑贱的人，不知道蔺将军如此宽宏大量。”最终两人交好，成为誓同生死的朋友。

擢发：拔光头发，指悔过认罪。《史记 · 范雎蔡泽列传》记载：“须贾为魏昭王使于齐，范雎从。留数月，未得报。齐襄王闻雎辩口。乃使人赐金及牛酒，雎辞谢不敢受。须贾知之，大怒，以为雎持魏国阴事告齐，故得此馈。……既归，心怒雎，以告魏相。……魏齐大怒，使舍人笞击雎，折胁折齿。……范雎既相秦，秦号曰张禄，而魏不知，以为范雎已死久矣。……魏使须贾于秦。范雎闻之。为微行，敝衣闲步之邸，见须贾。须贾见之而惊曰："范叔固无恙乎！'范雎曰：'然。'须贾笑曰：'范叔有说于秦邪？'曰：'不也。雎前日得过于魏相，故亡逃至此，安敢说乎！'须贾曰：'叔今何事？'范雎曰：'臣为人庸赁。'须贾意哀之，留与坐饮食，曰：'范叔一寒如此哉！'乃取其一绨袍以赐之。……范雎归取大车驷马，为贾御之，入秦相府。……须贾大惊，自知见卖，乃肉袒膝行，因门下人谢罪。于是范雎盛帷帐，侍者甚众，见之。须贾顿首言死罪。曰：'贾不意君能自致于青云之上，贾不敢复读天下之书，不敢复与天下之事。贾有汤镬之罪，请自屏于胡貉之地，唯君死生之！'范雎曰：'汝罪有几？'曰：'擢贾之发，以赎贾之罪，尚未足。'范雎曰：'汝罪有三耳。……然所以得无死者，以绨袍恋恋，有故人之意，故释公。'"故事是说，须贾替魏昭王出使到齐国去，范雎当随从。在齐国逗留几个月，没有得到答复。齐襄王听说范雎善于辩论，就派人送给他十斤黄金、牛肉和酒，范雎辞谢，不敢接受。须贾知道了这件事，非常生气，以为范雎把魏国的秘密泄露给齐国了，因此才得到这种馈赠。回到魏国后，把这件事告诉给魏相魏齐。魏齐大怒，派门客用竹板击打范雎，打断了他的肋骨，打折牙齿。范雎逃到了秦国，当上了相国，在秦国号称张禄。魏国不知道此事，认为范雎已经死了多年。魏国派须贾出使秦国，范雎听到此事，就改换穿着出来，穿着破旧衣服，走小道来到须贾的住处，拜见须贾。须贾见到他很惊讶地说："范叔原来没有什么灾祸！"范雎说："是的。"须贾笑着说："范叔在游说秦国吗？"回答说："不是。我以前得罪了魏相，所以逃亡到这里，怎么敢游说呢！"须贾说："现在范叔做什么事？"

范雎说：“给人家做雇工。”须贾同情可怜他，留他坐下一起吃喝，说：“范叔带竟然贫困到这个样子！”就取出他的一件粗绸袍子送给了范雎。范雎回去取来四匹马拉的大车，并亲自为须贾赶车，直接进入秦国相府。须贾得知范雎就是秦相时大为惊讶，知道自己被蒙骗了，就解开衣服，露出肉体，跪着前行，托相府的门卒向范雎表示谢罪。这时范雎派人悬挂很多帷帐，召来很多侍从，才接见须贾。须贾叩头称死罪，说：“我意想不到你通过自己努力能够达到这样高的地位，我不敢再读天下的书了，也不敢再参与天下的事了，我犯了下汤锅的罪，听凭你决定我的生死吧！”范雎说：“你的罪有几样？”须贾说：“拔光我的头发，用头发的数量来计算，也没有我的罪过多。”范雎说：“你的罪过有三样。……然而你之所以能不死的原因，是因为你送我一件粗丝袍子，还有一些老朋友的旧情，所以放了你。”

点　　赞

廉颇负荆，表现了廉蔺交欢，将相团结而赵国强的爱国主义思想。“负荆请罪”“两虎共斗，势不俱生”等成语典故，也都出于此。“绨袍之情”“绨袍犹暖”“一寒如此”等成语典故，都出自“须贾擢发”的故事。

孔翊绝书，申嘉私谒。

人物简介

孔翊，字元性，晋朝官吏，任洛阳令。

申屠嘉，梁（今河南开封）人，西汉大臣，曾任御史大夫、丞相等职。为人刚正廉直，不受私人请托。

掌故解读

绝书：杜绝请托书信。《鲁国先贤传》记载：孔翊“为洛阳令，置器水于前庭，得私书，皆投其中，一无所发。弹治贵戚，无所回避。”故事是说，

孔翊任洛阳县令，在前庭设置盛水器，得到私人的书信，全都投入水中，一封信也不打开。弹劾惩治贵戚，对谁也不回避。

私谒：为请托而进行的私人拜访。《史记 · 申屠嘉列传》记载："为人廉直，门不受私谒。是时太中大夫邓通方隆爱幸，赏赐累巨万。……嘉为檄召通诣丞相府，不来，且斩通。通恐，入言文帝。文帝曰：'汝第往，吾今使人召若。'通至丞相府，免冠，徒跣，顿首谢嘉。嘉坐自如，故不为礼，责曰：'夫朝廷者，高皇帝之朝廷也。通小臣，戏殿上，大不敬，当斩。吏今行斩之！'通顿首出血，不解。上度丞相已困通，使使持节召通而谢丞相曰：'此是吾弄臣，君释之。'"故事是说，申屠嘉为人廉洁正直，在府门不接受私人拜见请托。当时，太中大夫邓通正深受汉文帝的宠幸，赏赐成千上万。申屠嘉命令邓通到丞相府来，不来就要斩首邓通。邓通恐惧，进宫对汉文帝说了。汉文帝说："你只管前去，我派使者去诏命你来。"邓通到了相府，脱下发冠，光脚步行，叩头向申屠丞相道歉。申屠嘉自由自在地坐着，故意不以礼相待，责备他说："朝廷，是汉高祖的朝廷。邓通是个小臣，在大殿上戏耍，犯了大不敬的罪，应当斩首。差吏今天就斩了他！"邓通叩头出血，申屠嘉也不放松。汉文帝估计丞相已经难为了邓通，就派使者带着符节召邓通，并向丞相道歉说："这是我的狎玩小臣，你放了他吧。"

点　　赞

杜绝请托书信，不接受私人拜访。防微杜渐，是官吏保持清廉的重要一关。

渊明把菊，真长望月。

人物简介

陶渊明，晋朝的文学家，隐士，事迹见"武陵桃源""陶潜归去"条。

刘惔，字真长，晋朝官吏，曾任丹阳尹等职，事迹见“刘惔倾酿”条。

掌故解读

把菊：摘了满把的菊花。《续晋阳秋》记载：“陶潜尝九月九日无酒，宅边菊丛中，摘菊盈把，坐其侧久，望见白衣至，乃王弘送酒也。即便就酌，醉而后归。”故事是说，陶潜曾经在九月九日这天因没有酒喝，就在宅边的菊丛里，摘满一把菊花，坐在菊丛旁很久，后来望见远处有一个穿白衣服的人来到，原来是太守王弘前来送酒。就立即饮酒，喝醉才回家了。

望月：望着月亮。《世说新语 · 言语》记载“刘尹云‘清风朗月，辄思玄度。’”故事是说，丹阳尹刘惔说：“看到清风明月，就想起许询（字玄度）来。”

点　　赞

九月九日重阳节，饮菊花酒，是中华民族的传统习俗。陶渊明的这个故事就是最好的证明。本首的四个韵脚发、谒、月、袜，在现代汉语中不押韵，在古代押月字韵。

子房取履，释之结袜。

人物简介

张良，字子房，汉王刘邦的谋臣，封留侯。

张释之，字季，堵阳（今河南方城县东）人，汉朝大臣，曾任谒者仆射、中大夫、廷尉等职。

掌故解读

取履：把鞋取回来。《史记 · 留侯世家》记载：“良尝间从容步游下邳圯上。有一老父，衣褐，至良所，直堕其履圯下，顾谓良曰：‘孺子，下取履！’良愕然，欲殴之。为其老，强忍，下取履。父曰：‘履我！’良业为取履，因长跪履之。父以足受，笑而去。良殊大惊，随目之。父去里

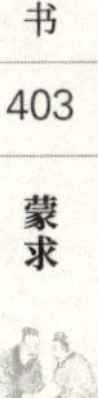

所。复还，曰：‘孺子可教矣，后五日平明，与我会此。’良因怪之，跪曰：‘诺。’”故事是说，张良曾经从容地步行游览下邳的桥上。有一个老头儿，穿着粗布短衣，来到张良跟前，竟然故意把他的鞋子掉到桥下。回头对张良说：“小孩子，下去把鞋子捡上来！”张良很惊讶，想要打他，因为他年老，就强忍着心中不满，下去捡鞋子。随后老人说：“给我穿上！”张良已经给他取回来鞋子了，就跪下给他穿上。老头儿用脚接受鞋子，笑着离开了。张良更加惊讶，眼睛一直盯跟着他看。老人离开一里左右，又返回来，说：“这小孩子可以教育！五天后天亮时，在这里与我相会。”张良虽然感到奇怪，但还是跪下说：“好吧。”

结袜：系上袜子。《汉书·张释之传》记载：“王生者，善为黄老言，处士。尝召居廷中，公卿尽会立，王生老人，曰：‘吾袜解。’顾谓释之：‘为我结袜！’释之跪而结之。既而，人或让王生：‘独奈何廷辱张廷尉？’王生曰：‘吾老且贱，自度终亡益于张廷尉。廷尉方天下名臣，吾故聊使结袜，欲以重之。’诸公闻之，贤王生而重释之。”故事是说，有个王生，善于研究黄帝、老子的学说，曾经被招居住在宫廷中，公卿在整个朝会中都站立着。王生是个老人，他说：“我的袜子掉了。”回头对张释之说：“给我系上袜子！”张释之跪下为他系上袜子。不久，有人责怪王生说：“你为什么在朝廷上羞辱张廷尉？”王生说：“我年老了，又地位低贱，自己考虑没办法有益于张廷尉。张廷尉乃是天下的名臣，我故意让他给我系袜子，希望通过这个办法提高他的名望。”众位朝臣听到此事，都认为王生贤良而尊重张释之。

点　赞

给老年人捡鞋子、系袜子，这是对年轻人有无敬老之心的考验。张良做到了，老人给他一部兵书，使他成为帝王之师。张释之做到了，使他的声望更高了。

江字韵

郭丹约关，祖逖誓江。

贾逵问事，许慎无双。

娄敬和亲，白起坑降。

萧史凤台，宋宗鸡窗。

郭丹约关，祖逖誓江。

人物简介

郭丹，字少卿，南阳穰（今河南邓州）人，汉朝大臣，官至司徒之职。

祖逖，字士稚，范阳遒（今河北涞水）人，东晋将领。初与刘琨一起任司州主簿，共被同寝，闻鸡起舞。后避难江南，任军谘祭酒，上书请求北伐，晋元帝任命他为奋威将军、豫州刺史。他渡江击楫，发誓收复中原。后来黄河以南都收复了。祖逖病死。

掌故解读

约关：在函谷关约定，指在函谷关发誓。《后汉书 · 郭丹传》记载："后从师长安，买符入函谷关，乃慨然叹曰：'丹不乘使者车，终不出关。'

既至京师，常为都讲，诸儒咸敬重之。……更始二年，三公举丹贤能，征为谏议大夫。持节使归南阳，安集受降。果乘高车出关，如其志焉。”故事是说，郭丹后来到长安跟老师学习，买凭证进入函谷关，感叹说：“郭丹不乘坐使者的车子，最终不会出函谷关。”到了京师，经常任都讲，众多读书人都很敬重他。更始二年，三公举荐郭丹贤能，朝廷任命他为谏议大夫。派他带着使者的符节回南阳，安抚投降的人员。郭丹果然乘坐使者的高大的车子出函谷关，实现了他的志向。

誓江：在长江的江心发誓。《晋书 · 祖逖传》记载：“逖以社稷倾覆，常怀振复之志。……帝乃以逖为奋威将军、豫州刺史，给千人廪，布三千匹，不给铠仗，使自招募。仍将本流徙部曲百余家渡江，中流击楫而誓曰：‘祖逖不能清中原而复济者，有如大江！’辞色壮烈，众皆慨叹。屯于淮阴，起冶铸兵器，得二千余而后进。”故事是说，祖逖因为国家倾覆，常常怀有收复中原的志向。晋元帝就任命祖逖为奋威将军、豫州刺史，供给一千人的粮食，三千匹布，没有供给铠甲器杖，让他自行招募。他就率领流落江南的部曲百余家渡江北上。在长江的江心敲打着船桨发誓：“祖逖不能扫清中原，收复失地，就像长江一样一去不返！”言辞壮烈，众人感慨赞叹。驻兵在淮阴，起炉炼铁，铸造兵器，得到二千多人的铠甲器杖，然后前进。

点　赞

这是两个发誓立志的故事。祖逖的爱国思想更加感人，和他相关的成语典故，还有“中流击楫”“有如大江”“闻鸡起舞”。

贾逵问事，许慎无双。

人物简介

贾逵，字景伯，扶风平陵（今陕西咸阳西北）人，东汉经学家。著有《左氏传解诂》《国语解诂》等。

许慎，字叔重，汝南召陵（今河南偃城）人，东汉经学家、文字学家。著有《说文解字》，这是一部文字学专著。

掌故解读

问事：打听事情，指勤学好问。《后汉书·贾逵传》记载："自为儿童，常在太学，不通人间事。身长八尺二寸，诸儒为之语曰：'问事不休贾长头。'"故事是说，贾逵从儿童时起，就常在太学。他身高八尺二寸，众儒生说他："问事不停的是贾长头。"

无双：没有第二个同他一样的人。《后汉书·儒林传》记载："少博学经籍，马融常推敬之。时人为之语曰：'五经无双许叔重。'"故事是说：许慎年轻时博学经书，学者马融常常推崇敬重他，当时人说他："五经无人可相比的是许叔重（许慎字叔重）。"

点　赞

这是两位著名学者的故事。"问事不休"，说明贾逵在读书期间，就有"打破砂锅问到底"的精神，所以才成为经学家；"五经无双"，说明许慎学问根底很深，才能写出《说文解字》这样的文字学专著。

娄敬和亲，白起坑降。

人物简介

娄敬，齐人，西汉大臣。刘邦在洛阳时，娄敬献西都长安之策，赐姓刘，号奉春君。出使匈奴，结和亲盟约。

白起，战国时期秦国大将，向东攻城夺地，受封为武安君。在长平大破赵军，坑杀降卒四十万。

掌故解读

和亲：与敌议和，结为姻亲。《史记·刘敬传》记载："当是时冒顿为单于，兵强，控弦三十万骑，数苦北边。上患之，问刘敬，……刘敬对曰：'陛下诚能以适长公主妻之，厚奉遗之，彼知汉适女送厚，蛮夷必慕以为阏氏，生子必为太子，代单于。何者？贪汉重币。陛下以岁时汉所余彼所鲜数问遗，因使辨士风谕以礼节。冒顿在，固为子婿；死，则外孙为单于。岂尝闻外孙敢与大父抗礼者哉？兵可无战以渐臣也。若陛下不能遣长公主，而令宗室诈称公主，彼亦知，不肯贵近，无益也。'高帝曰：'善！'欲嫁长公主。吕后日夜泣曰：妾唯太子、一女，奈何弃之匈奴！'上竟不能遣长公主，而取家人子为长公主，妻单于，使刘敬往结和亲约。"故事是说，当时冒顿为单于（君王），军队强大，射箭的骑兵有三十万，多次侵扰北方边疆造成苦难。汉高祖担心这件事，问刘敬当如何相对。刘敬回答说："陛下假如能把嫡长公主嫁给他，送给他厚礼，他知道是汉朝嫡亲公主，又送来厚重的礼物，按照少数民族的习俗，一定把她当成阏氏（王后），生儿子一定是太子，将来接替他父亲当单于。为什么要这样办呢？是因为匈奴贪图汉朝的厚礼。陛下在年节把汉朝所多余的而他们所缺少的送给他们，再派能说会道的人给他们讲礼节。冒顿活着，本来就是女婿；他死了，外孙子当单于。难道曾经有过外孙对抗外祖父的吗？这样兵不血刃，他们就逐渐臣服了。如果陛下不能派长公主，而让宗室、宫女冒充公主，他们也会知道实情，不肯亲近，没有益处。"汉高祖听后说："好！"要派遣长公主去匈奴。吕后日夜哭泣，说："我只有太子和一个女儿，怎么忍心把她丢到匈奴去！"汉高祖终究不能派长公主，便找了一个宗亲所生的女孩以长公主的名义嫁给单于，同时派刘敬前去缔结和亲的盟约。

坑降：把投降的士卒挖坑活埋。《史记·白起列传》记载："赵卒不得食四十六日，皆内阴相杀食。……秦军射杀赵括，括军败，卒四十万人降武安君。武安君计曰：‘前秦已拔上党，上党民不乐为秦而归赵。赵卒反复，非尽杀之，恐为乱。’乃挟诈而尽坑杀之。遣其小者二百四十人归赵。前后斩首虏四十五万人。赵人大震。”故事是说，赵国的士卒四十六天没有吃到粮食，内部都在暗中互相杀人吃。秦军射死赵将赵括，赵括军队失败，士卒四十万人都向秦国武安君白起投降。白起考虑道：“以前，秦军已经攻下上党，上党的民众不愿意当秦国人，都归赵国去了。赵国士卒反复无常，不全杀掉，恐怕以后会叛乱。”就用奸计把他们都挖坑活埋了，只派年龄小的二百四十人回赵国。前后杀死、俘虏四十五万人，赵国大为震惊。

点　评

和亲措施对于缓和矛盾，巩固中原王朝的统治起到一定的促进作用，客观上也促进了民族间的友好关系和经济文化交流。由此看来，娄敬在历史上起到过一定的作用，应予肯定。白起坑杀赵军降卒四十万，是惨无人道的暴行，历来受到谴责。

萧史凤台，宋宗鸡窗。

人物简介

萧史，神话中的人物。

宋处宗，晋朝兖州刺史，神话中的人物。

掌故解读

凤台：凤凰台。《神仙传拾遗》记载：“萧史不知得道年代。……秦穆公有女弄玉，善吹箫。公以弄玉妻之。遂教弄玉作凤鸣，居十数年，吹箫似凤声，凤凰来止其屋。公为作凤台，夫妇止其上，不饮不食，不下数年。一旦，弄玉乘凤，萧史乘龙，升天而去。秦为作凤女祠，时闻箫声。”（《太平广记》卷四）故事是说，萧史不知他得道的年代。秦穆公有个女儿叫弄玉，善于吹箫。

秦穆公把女儿嫁给了箫史，箫史就教给她吹凤凰的叫声，过了十多年，吹箫像凤凰的叫声，引来凤凰居住在房屋上。秦穆公给他们建造了一座凤凰台，萧史、秦弄玉住在那上面。不吃不喝，不少于几年。一天早上，弄玉骑凤凰，萧史骑上龙，升天而去。秦国为她建造凤女祠，时常能听到箫声。

鸡窗：摆放鸡笼的窗子。《幽冥录》记载："宋处宗尝买一长鸣鸡，爱养甚至。常笼着窗间，后鸡作人语，与处宗谈论，极有玄致，终日不辍。处宗因此功业大进。"故事是说，宋处宗曾经买到一只长鸣鸡，爱护饲养，关怀备至，常把鸡放在窗前的笼子里。后来鸡说人话，与宋处宗谈论，很有玄学意味，整天不停。宋处宗因此学业有很大进步。

点　赞

这是两个妙趣横生的神话故事。"吹箫引凤""乘龙快婿"等成语典故都源于"萧史凤台"。

纸字韵

王阳囊衣，马援薏苡。

刘整交质，五伦十起。

张敞画眉，谢鲲折齿。

盛彦感螬，姜诗跃鲤。

王阳囊衣，马援薏苡。

人物简介

王吉，字子阳，琅琊（今山东临沂）人，汉朝官吏，曾任谏议大夫。

马援，字文渊，东汉将领，事迹见“伏波标柱”条。

掌故解读

囊衣：口袋里装的是衣服，无其他金银细软，形容廉洁。《汉书·王吉传》记载：“自吉至崇，世名清廉，然材器名称稍不能及父，而禄位弥隆。皆好车马衣服，其自奉养极为鲜明，而亡金银锦绣之物。及迁徙去处，所载不过囊衣，不蓄积余财。去位家居，亦布衣疏食。天下服其廉而怪其奢。故俗传‘王阳能作黄金。’”故事是说，从王吉到王崇，在社会上有清廉的名声，然而在才气名声上赶不上父辈，可是俸禄地位却越来越高。都喜欢好的车马衣服，自己的生活极其华丽，而没有金银锦绣等钱财物品。到他调走时，车上所拉的不过是一口袋衣服。离职回家，饭菜简单。天下人佩服他廉洁，又对他的奢华感到奇怪。因此社会上传说“王吉能制造黄金”。

薏苡：一种植物。《后汉书 · 马援传》记载：“初，马援在交阯，常饵薏苡实，能轻身省欲，以胜瘴气。南方薏苡实大，援欲以为种，军还，载之一车。时人以为南土珍怪，权贵皆望之。援时方有宠，故莫以闻。及卒后，有上书谮之者，以为前所载还，皆明珠文犀。”故事是说，当初，马援在交阯时，经常吃薏苡的果实，能健身轻体，减少欲望，克服瘴气。南方的薏苡果实大，马援想要做种子。在军队返还时，拉了一车。当时人认为车上拉的是南方的珍宝，有权的人士都看到了。马援当时很受宠信，因此没有人告发。到了他死后，有人上书诬陷他，认为以前车上所拉的都是明珠、文犀之类的宝物。

点　评

办事不透明，容易造成误解。东汉吴佑劝他父亲云：“昔马援以薏苡兴谤，王阳以衣囊儌名。嫌疑之间，诚先贤所慎也。”说的就是不处“嫌疑之间”的道理。

刘整交质，五伦十起。

人物简介

刘整，南朝官吏，历任持节都督交、广、越三州、中军参军等职。

第五伦，字伯鱼，京兆长陵（今陕西咸阳东北）人，东汉官吏，曾任会稽太守、司空等职。

掌故解读

交质：互相以物品作抵押。任昉《弹奏刘整》记载：“刘整兄寅第二息师利，去年十月十二日忽往整墅停住十二日。整就兄妻范求米六斗哺食，范未得还。整怒，仍自进范所住屏风上取车帷为质。范送米六斗，整即纳受。……昔人睦亲，衣无常主。整之抚侄，食有故人。何其不能折契钟庾，而襜帷交质。人之无情，一何至此？实教义所不容，绅冕所共弃。臣等参议，请以见事免整新除官，辄勒外收付廷尉治罪。”（《文选》卷四十）故事是说，刘整的兄长刘寅的二儿子刘师利，在去年十月十二日，忽然前往刘整的庄园住了十二天。刘整到嫂子范氏那里要米六斗作伙食费，范氏没有给他。刘整大怒，就自行进入范氏住处，在屏风上取走车子的帷帐作抵押。后来范氏送米六斗，刘整就收纳了。御史中丞任昉评论道：前人对亲属和睦相处，衣服可以互相穿，没有固定的主人。刘整抚养侄儿，如同公孙弘待客一样刻薄。为何不能取消斗升的借据，却以车子帷帐作抵押。人的无情，怎么到了这种程度？实在是道义所不容，士大夫所厌弃。我们参议，请求以现在的事实免除刘整所任的官职，勒令逮捕，交廷尉治罪。

十起：十次起床。《后汉书 · 第五伦传》记载：“性质悫，少文采，在位以贞白称，时人方之贡禹。……或问伦曰‘公有私乎？’对曰：‘昔人有与吾千里马者，吾虽不受，每三公有所选举，心不能忘，而亦终不用也。吾兄子常病，一夜十往，退而安寝；吾子有疾，虽不省视而竟夕不眠。若是者，岂可谓无私乎？’”故事是说，第五伦的性格质朴诚恳，缺少文采，在位以正直清廉著称，当时人把他比作贡禹。有人问第五伦说：“你有私心吗？”他回答说：“从前有人送给我千里马，我虽然没有接受，然而每次三公选拔人才时，我心里都无法忘记此事，但最终还是没有选用他。我的侄儿曾经有病，我一夜十次起床前往看望，回来就安心睡下；我儿子生病，虽然没有去看望，可是一夜也没有睡着。这样看来，怎么可以说没有私心呢？”

点　评

刘整的连侄儿到他的庄园住了十多天，他因此向嫂子要伙食钱，不给就用车帷作抵押。没有一点儿亲情，刻薄已极，难怪受到弹劾。第五伦严格自我剖析，事例典型，令人信服。

张敞画眉，谢鲲折齿。

人物简介

张敞，字子高，平阳（今山西临汾）人，西汉官吏，曾任京兆尹等职。

谢鲲，字幼舆，陈国阳夏（今河南太康）人，晋朝官吏，曾任豫章太守。

掌故解读

画眉：描画眼眉。《汉书 · 张敞传》记载：“又为妇画眉，长安中传张京兆眉怃。有司以奏，宣帝问之，对曰：‘臣闻闺房之内，夫妇之私，有过于画眉者。’上爱其能，弗备责也。”故事是说，张敞又给妻子画眉，长安人传说张敞画眉取悦妻子。主管官员奏报给朝廷，汉宣帝问他，他回答：“我听说闺房之内，夫妇之间的私密，有超过画眉的。”言外之意是说你能管得过来吗？汉宣帝喜爱他的才华，也就不责备他了。

折齿：打断牙齿。《晋书 · 谢鲲传》记载：“邻家高氏女有美色，鲲尝挑之。女投梭，折其两齿。时人为之语曰：‘任达不已，幼舆折齿。’鲲闻之，傲然长啸曰：‘犹不废我啸歌。’”故事是说，邻居高家有个女儿长得很漂亮，谢鲲曾经挑逗她，美女用织布的梭子投向他，打断了他的牙齿。当时人说他：“放纵不已，幼舆折齿。”谢鲲听说，傲慢地长啸，说：“还没有废掉我唱歌之才。”

点　评

这是两件发生在官员身上的风流趣事，张敞画眉，表示夫妻恩爱；幼舆折齿，表示轻佻，不庄重，有骚扰异性之嫌。

盛彦感螬，姜诗跃鲤。

人物简介

盛彦，字翁子，广陵（今江苏扬州）人，三国时期吴国官吏，任中书侍郎。

姜诗妻，广汉人庞盛的女儿，东汉孝妇。

掌故解读

感螬：感慨母亲因失明而吃了金龟子幼虫。《晋书·盛彦传》记载：“母因疾失明，彦不应辟召，躬自侍养母食必自哺之，母既疾久，至于婢使数见捶挞。婢忿恨，伺彦暂行，取蛴螬炙饴之。母食以为美，然疑是异物，密藏以示彦。彦见之，抱母恸哭，绝而复苏。母目豁然即开。从此遂愈。”，故事是说，母亲因为有病眼睛失明，盛彦不应聘去做官，亲自侍奉母亲，每次吃饭，一定亲自喂母亲。母亲因为病的时间长了，脾气暴躁，以致服侍她的丫鬟多次被鞭挞。丫鬟怨恨，等盛彦临时出去，她就把金龟子的幼虫烧烤给盛母吃。盛母觉得味道很美，然而感到这是特殊的东西，秘密藏了一只给盛彦看。盛彦看到后，抱着母亲痛哭，哭得断了气又苏醒过来。母亲的眼睛敞亮地睁开了，从此眼病就好了。

跃鲤：涌泉跃鲤，因庞氏孝敬婆母，感动苍天，在屋旁涌出江水，江水里跳出一对鲤鱼，供婆母吃。《后汉书·列女传》记载：“诗事母至孝，妻庞奉顺尤笃。母好饮江水，水去舍六七里。妻常泝流而汲。后值风，不时得还，母渴，诗责而遣之。妻寄止邻舍，昼夜纺绩，市珍羞，使邻母以意

自遗其姑。如是者久之，姑怪问邻母，邻母具对。姑感惭呼还，恩养愈谨。……姑嗜鱼鲙，又不能独食，夫妇常力作供鲙，呼邻母共之。舍侧忽有涌泉，味如江水，每旦辄出双鲤鱼，常以供二母之膳。赤眉散贼经诗里，弛兵而过，曰：'惊大孝，必触鬼神。'时岁荒，贼乃遗诗米肉，受而埋之。比落蒙其安全。"

故事是说，姜诗对母亲最孝顺，他的妻子庞氏对婆婆更加孝顺。母亲喜欢喝江水，江水离住宅六七里远，妻子经常沿流去提江水。后来遇到大风，妻子提水没有按时回来，母亲口渴，姜诗责备妻子，并把她赶走。妻子寄住在邻家，黑夜白天纺织，换钱买来美味，让邻家老太太送给婆婆。这样做时间长了，婆婆奇怪地问邻家的老太太，邻家老太太把实情都告诉给她，婆婆感到惭愧，把媳妇叫回来，她对婆婆的供养更加谨慎。婆婆爱吃鱼脍这道菜，又不能单独吃，姜诗夫妇努力干活供给她鱼脍，叫来邻家的老太太与母亲一起吃。房屋旁忽然有泉水涌出，味道如同江水，每天早晨就跳出一双鲤鱼，经常用来供给两个老太太的伙食。赤眉起义军逃散经过姜诗的家乡，散兵路过，说："惊吓着大孝子，必然触犯鬼神。"当时赶上灾年，起义军就送给姜诗米和肉，姜诗接受下来，怕受牵连就埋起来。临近的村落都得到了安全。

点　赞

这是两个孝子的故事。姜诗妻子庞氏的事迹，还被收入"二十四孝"之内，题目是"涌泉跃鲤"。

萧字韵

宗资主诺，成瑨坐啸。
伯成辞耕，严陵去钓。
董遇三余，谯周独笑。
将闾仰天，王凌呼庙。

宗资主诺，成瑨坐啸。

人物简介

宗资，字叔都，安众（今河南镇平）人，东汉官吏。曾任汝南太守，辟范滂为功曹，政事都委托给他办。

成瑨，字幼平，弘农（今河南灵宝）人，东汉官吏。曾任南阳太守，辟岑晊为功曹，政事都委托给他办。

掌故解读

主诺：在文书上签字，表示同意照办。坐啸：坐着唱歌。《后汉书 · 党锢传》记载："后汝南太守宗资任功曹范滂，南阳太守成瑨亦委功曹岑晊，二郡又为谣曰：'汝南太守范孟博，南阳宗资主画诺。南阳太守岑公孝，弘农成瑨但坐啸。’”故事是说，后来汝南太守宗资任用功曹范滂，南阳太守成瑨也委任功曹岑晊，两郡因而有歌谣说：“汝南太守成了范孟博（范滂的字），南阳人宗资只管签字。南阳太守成了岑公孝（岑晊的字），弘农人成瑨只管长啸。”

点　评

这两句歌谣，是讽刺太守不理政，由功曹理政，太守只管签字，或唱歌。

伯成辞耕，严光去钓。

人物简介

伯成子高，传说时代的人物。

严光，字子陵，汉朝隐士。与刘秀同学，刘秀称帝，聘请他为谏议大夫，他不接受，隐居于富春山。

掌故解读

辞耕：辞去诸侯职位而从事耕作。《庄子 · 天地》记载：“尧治天下，伯成子高立为诸侯。尧授舜，舜授禹，伯成子高辞为诸侯而耕。”故事是说，尧治理天下的时候，伯成子高被立为诸侯。尧禅让给舜，舜禅让给禹。伯成子高辞去诸侯的职位而从事耕作。

去钓：离开钓鱼的地方，指严光应召进京。《后汉书 · 逸民传》记载：“（严光）少有高名，与光武同游学。及光武即位，乃变名姓，隐身不见。帝思其贤，乃令以物色访之。后齐国上言：‘有一男子，披羊裘钓泽中。’帝疑其光，乃备安车玄纁，遣使聘之。三反而后至。舍于北军，给床褥，太官进膳。……车驾即日幸其馆。光卧不起，帝即其卧所，抚光腹曰：‘咄咄子陵，不可相助为理邪？’光又眠不应，良久，乃张目熟视曰：‘昔唐尧著德，巢父洗耳。士故有志，何至相迫乎！’帝曰：‘子陵，我竟不能下汝邪？’

于是升舆叹息而去。”故事是说，严光年轻时就有大名，与光武帝刘秀同学。到刘秀即位的时候，他就改变姓名，隐居不出现了。光武帝思念他的才能，就命令人们按相貌寻找他。后来齐国人上书说：“有一个男子，披着羊皮袍子，在湖泽中钓鱼。”光武帝怀疑他就是严光，用聘请贤士的安车玄纁，派使者去聘请他。请了三次才把严光请来，住在北军营里，备好床褥，御厨早晚送饭。光武帝当天就到他的住地去了。严光躺着不起床，光武帝到他的床前，抚摸着严光的肚子说：“子陵啊，不能够帮助我治理天下吗？”严光又睡了不回应。好久，才张开眼睛，仔细看着光武帝说：“从前唐尧道德高尚，隐士巢父洗耳不听王国音。士人本来有志向，何至逼迫我呢！”光武帝说：“子陵，我竟然不能礼贤下士地请来你吗？”于是上车叹息着离开了。

点　　赞

宋代政治家、文学家范仲淹在《严先生祠堂记》中就高歌“云山苍苍，江水泱泱，先生之风，山高水长”，可见严子陵的高风亮节，对后代影响深远。

董遇三余，谯周独笑。

人物简介

董遇，字季直，弘农（今河南灵宝）人，三国时期魏国官吏，曾任黄门侍郎、大司农等职。

谯周，字允南，三国时期蜀国学者，著有《五经论》《古史考》等。魏国大军入蜀，他建议刘禅投降魏国，被魏封为阳城亭侯。

掌故解读

三余：冬者岁之余，夜者日之余，阴雨者时之余，指抓紧时间读书。《魏略》记载：“初，遇善治《老子》，为《老子》作训注，又善《左氏传》

更为作朱墨别异。人有从学者，遇不肯教，而云：‘必当先读百遍。’言‘读书百遍而义自见。’从学者云：‘苦渴无日。’遇言：‘当以三余。’或问三余之义，遇言：‘冬者岁之余，夜者日之余，阴雨者时之余。’”（《三国志·魏书·钟繇等传》裴注）故事是说，起初，董遇研究《老子》，给《老子》作训诂注解，他又善于《左氏传》，更为《左氏传》作红、黑两色字体的解释，加以区别。有人跟他学习，董遇不肯教，而说：“必须先读一百遍。”又说：“读书百遍而义自现。”想跟他学习的人说：“学习若渴，担心没有时间。”董遇说：“应当利用好三余。”有人问三余是什么意思，董遇说：“冬天是一年的剩余，夜间是一天的剩余，阴雨天是一季的剩余。”

独笑：单独的会心微笑，描写读书深入时的精神状态。《三国志·蜀书·谯周传》记载：“耽古笃学，家贫未尝问产业。诵读典籍，欣然独笑，以忘寝食。”故事是说，谯周喜爱古书专心学问，家庭贫困，不曾管理家业。他诵读经典，会心独笑，忘记吃饭睡觉。

点　赞

董遇提倡的利用“三余”读书，在今天仍有实用价值。“读书百遍而义自见”的名言，就源自于此。

将闾仰天，王凌呼庙。

人物简介

公子将闾，秦朝公子，秦二世即位后被杀。

王凌，字彦云，太原祁（今山西祁县）人，是东汉司徒王允的侄儿。

掌故解读

仰天：仰面向天。《史记·秦始皇本纪》记载：“公子将闾昆弟三人囚于内宫，议其罪独后。二世使使令将闾曰：‘公子不臣，罪当死。吏致法焉。’将闾曰：‘阙廷之礼，吾未尝敢不从宾赞也；廊庙之位，吾未尝敢失节也；受命应对，吾未尝敢失辞也。何谓不臣，愿闻罪而死。’使者曰：‘臣不得与谋，奉书从事。’将闾仰天大呼者三，曰：‘天乎！吾无罪！’昆弟三人皆流涕拔剑自杀。”故事是说，公子将闾兄弟三人被囚禁在宫中，最后审议他们的罪过。秦二世派使者命令公子将闾说：“公子不臣服朝廷，罪该判死刑，官吏要执行法律了。”将闾说：“殿廷的礼节，我不曾敢不服从赞礼官的要求，在宗庙的位置，我不曾失去礼节，接受命令回答问题，不敢说错话。什么叫不臣服，我希望听到罪状再死。”使者说：“我没有参加讨论，只是奉命行事。”公子将闾仰面向天大呼三次，说：“天啊！我无罪！”兄弟三人都流泪拔剑自杀。

呼庙：王凌在贾逵庙前高呼：我是大魏忠臣。《晋书·宣帝纪》记载：“太尉王凌贰于帝，谋立楚王彪。三年春正月，王凌诈言吴人塞涂水，请发兵以讨之。帝潜知其计，不听。……凌计无所出，乃迎于武丘，面缚水次，曰：‘凌若有罪，公当折简召凌。何苦自来邪！’帝曰：‘以君非折简之客故耳。’即以凌归于京师。道经贾逵庙，呼曰：‘贾梁道！王凌是大魏之忠臣，唯尔有神知之。’至项，仰鸩而死。”故事是说，太尉王凌对司马懿有二心，图谋立曹彪为帝。王凌谎说吴国人堵塞了涂水，请求发兵讨伐。司马懿暗中知道这是王凌的计策，并不相信。王凌没有办法，就到武丘去迎接司马懿，双手反绑于身后面朝前站在水边，说：“我王凌若有罪，将军应当写一封书信招我，何苦自己前来？”司马懿说：“因为你不是用信能招来的客人罢了。”就押着王凌回归京师。路过贾逵庙，王凌大呼说：“贾梁道！王凌是大魏国的忠臣，只有你有神灵，知道此事。”到了项城，喝下毒药而死。

点　评

从这两件仰天喊冤的例证看，历来帝王对政敌的镇压都是毫不留情的。

药字韵

二疏散金，陆贾分橐。

慈明八龙，祢衡一鹗。

不占殒车，子云投阁。

魏舒堂堂，周舍鄂鄂。

二疏散金，陆贾分橐。

人物简介

疏广，字仲翁，东海兰陵（今山东枣庄）人，西汉大臣，曾任太子太傅。他的侄儿疏受任太子少傅。

陆贾，楚人，汉初的游说之士，说服南越王赵佗称臣，官拜太中大夫。著《新语》十二篇。

掌故解读

二疏：疏广与他的侄儿疏受。《汉书 · 疏广传》记载：“广谓受曰：‘吾闻知足不辱，知止不殆。功遂身退，天之道也。今官至二千石，宦成名立，如此不去，惧有后悔，岂如相随出关，归老故乡，以寿命终，不亦善乎？’

受叩头曰：‘从大人议。’……上疏乞骸骨。上以其年笃老，皆许之。加赐黄金二十斤，太子赠五十斤。……广既归乡里，日令家具酒食，请族人故旧宾客，相与娱乐。数问其家金余尚有几所，趣卖以供具。”又载：或劝买田宅，“疏广曰：‘贤而多财，则损其志，愚而多财，则益其过。……又此金者，圣主所以惠养老臣也，故乐与乡党宗族共飨其赐，以尽吾余日。不亦可乎！’族人悦服，皆以寿终。”故事是说，疏广对疏受说：“我听说过知道满足就不会受侮辱，知道适可而止就不会出危险。事业成功就隐退，是上天制定的规律。现在做了二千石的官职，已功成名就，这时再不退隐，恐怕将来会后悔的。那如我们一起出关，回归故乡，终老寿命，不也很好吗？”疏受叩头说：“听从大人的意见。”他们就上疏请求退休，皇帝认为他们年纪确实老了，就都批准了。另外赐给黄金二十斤，太子赠给黄金五十斤。疏广回到故乡，每天命令家里摆酒宴，请同族人、亲朋、宾客一起娱乐。多次问家里的黄金还剩多少，催促他们卖掉黄金，供给请客用。有人劝他买田地房产，疏广说：“贤德的人多财，就损害他们的志向；子女愚昧的人多财，就增加他们的过失。再有，这些黄金是皇帝赐给老臣养老的，我愿意与乡亲宗族共同享受皇恩，过完我所剩下的日子，不也是可以的吗！”族人佩服，疏广、疏受都是年老自然死亡。

分橐：平分口袋中的珍宝。《汉书·陆贾传》记载：“以好畤田地善，往家焉。有五男，乃出所使越橐中装，卖千金，分其子。子二百金，令为生产。贾常乘安车驷马，从歌鼓琴侍者十人，宝剑直百金，谓其子曰：‘与女约：过女，女给人马酒食极欲，十日而更。所死家，得宝剑车骑侍从者。’”故事是说，陆贾退休后，因为好畤的土地好，就在那里安家。他有五个儿子，他把出使南越时得到的一口袋珍宝变卖成一千两黄金，分给他的儿子。每人给了二百两黄金，命他们维持生活。陆贾经常乘坐四匹马拉的车子，带着十个跟随唱歌弹琴的侍从，他带的宝剑值一百两黄金。他对五个儿子说：

"与你们约定：到谁家，谁就供给人马酒饭，满足大家所需。十天更换一次。死到谁家，谁家就获得宝剑、车马、侍从。"

点　赞

对给子女的遗产，疏广主张"贤而多财，则损其志；愚而多财，则益其过"。陆贾还安排了遗嘱：吃住十天一轮换，死到谁家，宝剑、车马、侍从就留给谁家。避免了死后为遗产而起争讼。

慈明八龙，祢衡一鹗。

人物简介

荀爽，字慈明，东汉学者，著有《礼易诗传》《尚书正经》《春秋条例》《公羊问》等百余篇。官至三公职位。

祢衡，字正平，平原般（今山东宁津东南）人，东汉名士。

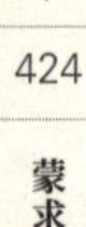

掌故解读

八龙：指荀淑的八个儿子，被人称为"八条龙"，比喻一家人才兴旺。《后汉书·荀淑传》记载："有子八人：俭、绲、靖、焘、汪、爽、肃、专，并有名称，时人谓之八龙。……颍川为之语曰：'荀氏八龙，慈明无双。'"故事是说，荀淑有八个儿子：荀俭、荀绲、荀靖、荀焘、荀汪、荀爽、荀肃、荀专，都有名气。颍川人说他们："荀家有八条龙，荀慈明天下无双。"

一鹗：一只老鹏。老鹏凶猛，比喻杰出人才。《后汉书·文苑传》记载："衡始弱冠，而融四十，遂与为交友。上疏荐之。曰：'……鸷鸟累百，不如一鹗。使衡立朝，必有可观。'"故事是说，祢衡才二十岁，孔融已经四十岁了，却与他结交为朋友。孔融疏推荐他说："凶猛的鸟上百只，不如一只老鹏。假使祢衡在朝当官，必有可观的政绩。"

点　赞

"荀氏八龙，慈明无双""鸷鸟累百，不如一鹗"，都是形容杰出人才难得，可以一胜百。

不占殒车，子云投阁。

校　勘

不占殒车，殒，《全唐诗》作"陨"，学津本作"殒"。

人物简介

陈不占，春秋时期齐国的士人。

扬雄，字子云，汉朝学者、文学家，事迹见"扬雄草玄"条。

掌故解读

殒车：死在车上，指陈不占被吓死在车上。《韩诗外传》记载："齐崔杼弑庄公，陈不占闻君难，将往赴之。食则失哺，上车失轼。其仆曰：'敌在数百里外，而惧怖如是。虽往，其益乎？'占曰：'死君之难，义也。无勇，私也。'乃驱车而奔之，至公门外，闻战斗之声，遂骇而死。君子谓：'不占无勇，而能行义，可谓志士矣。'"（《文选·长笛赋》李善注）故事是说，齐国的崔杼杀齐庄公之时，陈不占听说国君遇难，想要前去解救。临行之前，吃饭时忘了咀嚼，上车抓不住车前的横木。他的仆人说："敌人在几百里外，就这样恐惧，即使前往，有什么益处吗？"陈不占说："为国君而死难，是道义。没有勇气，是怯懦。"之后驱车前往，等到达齐君门外，听到战斗的声音，就被吓死了。君子说："陈不占没有勇气，却有道义，可以说是位仁人志士。"

投阁：从阁楼上投身摔下，指扬雄从天禄阁投身摔下。《汉书·扬雄

传》记载：“时雄校书天禄阁上，治狱使者来，欲收雄。雄恐不能自免，乃从阁自投下，几死。”故事是说，当时，扬雄在天禄阁上校勘书籍，治狱使者来了，要逮捕扬雄。扬雄恐怕难免一死，就从阁楼上自己投身而下，几乎摔死。

点　评

陈不占听到战斗之声就吓死了，扬雄发现狱吏来逮捕就投阁自杀，作者嘲笑了这两个胆小鬼。也用“扬雄投阁”比喻文人无端受牵连，走投无路。

魏舒堂堂，周舍鄂鄂。

校　勘

周舍鄂鄂，鄂鄂，《全唐诗》本作“谔谔”，学津本作“鄂鄂”。谔同鄂。

人物简介

魏舒，字阳元，任城樊人，晋朝官吏，曾任宜阳太守、散骑常侍、冀州刺史、尚书等职。

周舍，春秋时期赵简子的侍臣。

掌故解读

堂堂：形容仪表庄严大方。《晋书·魏舒传》记载：“转相国参军，封剧阳子。府朝碎务未尝见是非；至于废兴大事，众人莫能断者，舒徐为筹之，多出众议之表。文帝深器重之。每朝会罢，目送之曰：‘魏舒堂堂，人之领袖也。’”故事是说，调任魏舒为相国府参军，封剧阳子。在处理相府朝廷的细碎事务时，没人能看出魏舒的才能；等遇到有关国家兴废的大事，众人不能决断的，魏舒便慢慢筹划，他的意见多数超出众人议论之外。晋文帝一边很器重他。每次朝会散会，晋文帝一边目送他离开一边说：

“魏舒相貌堂堂，是人们的领袖。”

鄂鄂：直言争辩的声音。《史记 · 赵世家》记载：“赵简子有臣曰周舍，好直谏。周舍死，简子每听朝常不悦。大夫请辜。简子曰：‘大夫无罪。吾闻千羊之皮不如一狐之腋，诸大夫朝，徒闻唯唯，不闻周舍之鄂鄂，是以忧也。’简子由此能附赵邑而怀晋人。”故事是说，赵简子有个侍臣叫周舍，喜欢直言劝谏。周舍死后，赵简子每次临朝，常常面露不悦。大夫们请罪。赵简子说：“你没有什么罪过。我听说一千只羊的皮，不如一只狐狸腋窝的那块皮值钱。众大夫上朝，我只听到是唯唯诺诺的声音，听不见周舍直言争辩的声音，因此忧虑。”赵简子因此能使赵国的城乡归附，使晋国君臣佩服。

点　赞

周舍直言敢谏，固然可贵，但赵简子虚心纳谏更让人感动。“千羊之皮不如一狐之腋”“大夫之唯唯不如周舍之鄂鄂”，都成了千古名言。

蒸字韵

无盐如漆，姑射若冰。
郗子投火，王思怒蝇。
苻朗皂白，易牙淄渑。
周勃织薄，灌婴贩缯。

无盐如漆，姑射若冰。

人物简介

钟离春，战国时期齐国无盐邑的丑女，嫁给齐宣王，为王后。

藐姑射山女神，神话中人物。

掌故解读

如漆：皮肤像黑漆。《列女传》记载：“钟离春者，齐无盐邑之女，宣王正后也。为人极丑无双，臼头，深目，长指，大节，昂鼻，结喉，肥项，少发，折腰，出胸，皮肤若漆。年四十无所容入，衒嫁不雠，流弃莫执。于是乃拂拭短褐，自诣宣王。……钟离春对曰：‘今大王之君国也，西有横秦之患，南有强楚之雠。外有二国之难，内聚奸臣，众人不服，春秋四十，壮男不立，不务众子而务众妇。尊所好，忽所恃。一旦山陵崩弛，社稷不定，此一殆也。……’于是拆渐台，罢女乐，退谄谀，去雕琢，选兵马，实府库，四辟宫门，招进直言，延及侧陋。卜择吉日，立太子，进慈母，拜无盐为后。而齐国大安者，丑女之力也。”故事是说，钟离春，是齐国无盐邑的女子，齐宣王的正王后。她这个人丑陋无比，像石臼一样的头，深眼窝，长手指，大骨节，鼻子冲上，有喉结，肥颈项，少头发，弯腰，胸部突出，皮肤像黑漆。年已四十，无处容身，想要出嫁却还没有对象，流浪不定。于是就扫扫短布衫上的灰尘，自己前去见齐宣王。齐宣王问她为什么前来，她回答说：“今天大王统治齐国，西有推行连横政策的秦国，南有强敌楚国，在外有这两国的祸难，在国内集聚许多奸臣，众人都不归服。大王年纪四十，没有立太子。不致力于百姓，却致力于众妇。所喜好的人地位尊贵，所依靠的人被忽视。一旦大王死了，国家不稳定。这是第一种危险。……”钟离春说出四种危险，齐宣王于是就拆毁了供玩乐的渐台，停止了女子乐队，斥退了谄媚阿谀之人，去掉了雕琢精美的建筑，选练兵马，充实府库，宫府大门四开，招揽直言敢谏之士，延伸到有德才却地位低下的人。占卜选择吉日，策立太子，进用慈母，拜无盐君（钟离春）为王后。齐国安定，是丑女的功劳。

若冰：肌肤如同冰雪一样洁白。《庄子 · 逍遥游》记载：“藐姑射之山，有神人居焉。肌肤若冰雪，绰约若处子。不食五谷，吸风饮露，乘云气，御飞龙，游乎四海之外。”故事是说，藐姑射山上，有神仙居住。其肌肤像冰雪一样洁白，柔美的样子像处女。不吃五谷，吸风饮露，乘云彩，驾驭飞龙，云游四海之外。

点　赞

无盐君钟离春，是有才丑女的典型。齐宣王选她为王后，是很有远见之举。

郲子投火，王思怒蝇。

人物简介

郲庄公，春秋时期郲国的国君，郲国是子爵国家，因此称郲子。

王思，济阴（今山东菏泽市定陶区）人，三国时期魏国官吏，曾任西曹令史，后官至九卿，封列侯。

掌故解读

投火：跳到火炉里。《春秋左传 · 成公三年》记载：“郲子在门台，临廷。阍以缾水沃廷。郲子望见之，怒。阍曰：‘夷射姑旋焉。’命执之，弗得。滋怒，自投于床，废于炉炭，烂，遂卒。”故事是说，郲子在门楼上，下临庭院。守门人用瓶盛水洒庭院。郲子从远处望见他，很生气，询问原因。守门人说：“夷射姑在这里小便了。”郲子命令逮捕夷射姑，没有抓到。郲子更加愤怒，自己往床下跳，掉到床前的炭盆里，皮肤被烧溃烂，就死了。

怒蝇：被苍蝇惹怒了。《魏略 · 苛吏》记载：“思又性急。尝执笔作书，蝇集笔端，驱去复来。如是再三，思恚怒，自起逐蝇，不能得。还取笔掷地，蹋坏之。”（《三国志 · 魏书 · 梁习传》裴注）故事是说，王思又性格急躁。他曾经提笔写字，苍蝇落到笔头上，赶走了又飞来。这样飞飞落落多次，王思愤怒，起身去追逐苍蝇，没有抓到。回来把笔扔在地上，用脚踩踏，把笔踏坏了。

点　评

这是两个性格急躁的人，他们的故事是相声小品的好素材。

苻朗皂白，易牙淄渑。

校　勘

苻朗皂白，苻，《全唐诗》本、学津本均作“符”。苻、符二字形近而误。《晋书·载记第十四》：“苻朗，字元达，坚之从兄子也。”

人物简介

苻朗，字元达，略阳临渭（今甘肃秦安）氐族人。前秦官吏，官拜镇州将军、青州刺史。后投降东晋。

易牙，春秋时期齐国人，以滋味游说齐桓公，受到重用。

掌故解读

皂白：黑白。《晋书·苻坚载记下》记载：“会稽王司马道子为朗设盛馔，极江左精肴。食讫问曰：‘关中之食孰若此？’答曰：‘皆好，惟盐味小生耳。’既问宰夫，皆如其言。或人杀鸡以食之，既进，朗曰：‘此鸡栖常半露。’检之皆验。又食鹅肉，知黑白之处。人不信，记而试之，无毫厘之差。时人咸以为知味。”故事是说，会稽王司马道子为苻朗设盛宴，极尽江南精美佳肴。吃完，问他：“关中的食品与这里的比，怎么样？”他回答：“都好，只是盐味没有进去罢了。”事后问厨师，果然和他说的都一样。有人杀鸡给他吃，端上来后，苻朗说：“这只鸡在窝里经常一半露在外面。”检查一下都验证了。还有他吃鹅肉，知道鹅什么部位长白毛，什么部位长黑毛。人们不信，记下来试验，没有毫厘之差。当时的人都认为他懂得滋味。

淄渑：淄水、渑水，齐国的两条河流名。《吕氏春秋·精喻》记载：“白公问于孔子曰：‘人可以与微言乎？’孔子不应。白公曰：‘若以石投水奚若？’孔子曰：‘没人能取之。’白公曰：‘若以水投水奚若？’孔子曰：‘淄、渑之合者，易牙尝而知之。’”故事是说，白公问孔子说：“可以与人阴谋密事吗？”孔子不回答。白公说：“如同以石投水怎么样？”孔子说：“没

入水下的人可以取出它来。”白公说：“如同以水投水怎么样？”孔子说：“淄水、渑水汇合，易牙尝尝就能区分它们了。”

点　　赞

易牙、苻朗都是能辨别味道的人，用今天的话说，就是两位美食家。

周勃织薄，灌婴贩缯。

人物简介

周勃，沛（今江苏沛县）人，西汉大臣，随汉高祖平定天下，封为绛侯。诸吕篡权时，周勃以计诛除诸吕，立汉文帝，拜右丞相。

灌婴，睢阳（今河南商丘）人，随汉高祖平定天下，封颍阴侯，官至丞相。

掌故解读

织薄：编织蚕薄。《史记 · 绛侯周勃世家》记载：“勃以织薄曲为生，常以吹箫给丧事，材官引强。”故事是说，周勃以编织蚕薄为生，经常给丧家吹箫奏挽歌，后来做能拉强弓的材官。

贩缯：贩卖缯帛，指灌婴是个小贩。《汉书 · 灌婴传》记载：“灌婴，睢阳贩缯者也。……婴以中涓从，击破东郡尉于成武及秦军于杠里，疾斗，赐爵七大夫。”故事是说，灌婴是睢阳贩卖缯帛的人。以清扫侍从的身份跟随沛公刘邦，在成武打败东郡尉和在杠里打败秦军，同敌人激烈战斗，因功被赐给他七大夫的爵位。

点　　赞

周勃、灌婴是西汉的两位举足轻重的大臣，他们并不是出身显贵之家，而是小手工业者、小商贩，都是布衣平民。由此可以看出西汉初年布衣将相的格局。

旱字韵

马良白眉，阮籍青眼。

黥布开关，张良烧栈。

陈遗饭感，陶侃酒限。

楚昭萍实，束晳竹简。

马良白眉，阮籍青眼。

人物简介

马良，字季常，襄阳宜城（今湖北宜城）人，三国时期蜀国名士。曾任侍中，章武元年，他奉命入武陵招“五溪蛮”，蛮族首领都受印号。

阮籍，字嗣宗，陈留尉氏（今河南尉氏）人，西晋名士，“竹林七贤”之一。曾任步兵校尉。

掌故解读

白眉：眼眉上有白色的眉毛。《三国志 · 蜀书 · 马良传》记载：“兄弟五人，并有才名。乡里为之谚曰：‘马氏五常，白眉最良。’良眉中有白毛，故以称之。”故事是说，马良他们兄弟五人，都有才华和名望。家乡人因而有谚语说：“马家五兄弟，白眉最优秀。”马良的眼眉中有白眉毛，因此用“白眉”称呼他。

青眼：正视时现青眼，指重视。《晋书·阮籍传》记载：“籍又能为青白眼，见礼俗之士，以白眼对之。及嵇喜来吊，籍作白眼，喜不怿而退。喜弟康闻之，乃赍酒挟琴造焉，籍大悦，乃见青眼。由是礼法之士疾之若仇，而帝每保护之。”故事是说，阮籍又能做青白眼，看见礼俗之士，就用斜眼对他。他的母亲去世之后，到嵇喜来吊丧时，阮籍用斜眼看他，嵇喜不高兴地退去。嵇喜的弟弟嵇康听到这事，就带着酒，携着琴，前来拜访。阮籍特别高兴，就出现了青眼。因此标榜礼法的人嫉恨他像仇人一样，晋文帝常常保护他。

点　评

马氏五常，是指马家兄弟五人的表字中都有“常”字，如马良字季常，马谡字幼常等。

黥布开关，张良烧栈。

人物简介

英布，六县（今安徽六安）人，西汉初诸侯王，因犯法被刺字，又称黥布。楚汉战争中，背楚归汉，被封为淮南王。

张良，字子房，西汉大臣，事迹见“子房取履”条。

掌故解读

开关：打开函谷关。《史记·黥布列传》记载：“项籍之引兵西至新安，又使布等夜击坑章邯秦卒二十余万人。至关，不得入，又使布等先从间道破关下军，遂得入，至咸阳。布常为军锋。项羽封诸将，立布为九江王，都六。”故事是说，项籍率军向西到达新安，又派黥布等夜间击败、活埋章邯率领的秦军二十余万。到达函谷关，不能进入。又派黥布等先从小道攻破函谷关，军队才进入关中，到达咸阳。黥布的军队经常作先锋。项羽封赏将领，立黥布为九江王，以六县为国都。

烧栈：烧毁栈道。《史记 · 留侯世家》记载："沛公为汉王，王巴蜀。……汉王之国，良送至褒中，遣良归韩。良因说汉王曰：'王何不烧绝栈道，示天下无还心，以固项王意。'乃使良还。行，烧绝栈道。"故事是说，沛公被项羽封为汉王，统治巴蜀地区。汉王到封国去，张良送汉王到褒中，汉王派遣张良回韩国。张良就劝说汉王："大王为何不把栈道烧毁，让天下人知道你没有回关中的意思，来巩固项王的无人与他争天下的想法。"汉王就让张良回去，张良走了，烧毁了栈道。

点　　赞

军队进出巴蜀地区，必经栈道。张良烧栈，这是一计。用以麻痹项羽及各路诸侯的防范意识，为后来的"明修栈道，暗度陈仓"作铺垫。

陈遗饭感，陶侃酒限。

人物简介

陈遗，吴郡（今江苏苏州）人，年轻时任郡里的小吏，是刘宋时期的孝子。

陶侃，字士行，晋朝官吏。先后讨平杜弢、苏峻的叛乱，官至侍中、太尉。

掌故解读

饭感：感谢在乱离中救命的焦饭。《南史 · 孝义传》记载："宋初吴郡人陈遗，少为郡吏。母好食铛底饭。遗在役，常带一囊，每煮食辄录其焦以贻母。后孙恩乱，聚得数升，恒带自随。及败逃窜，多有饿死，遗以此得活。母昼夜泣涕，目为失明，耳无所闻。遗还入户，再拜号咽，母豁然朗明。"故事是说，宋朝初年，吴郡人陈遗，年轻时为郡里的小吏。他母亲好吃锅底的焦饭，陈遗当差时常带一条口袋，每次煮饭就收集煮焦的饭给母亲吃。

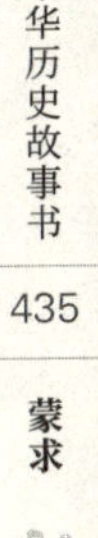

后来孙恩起义，民间动乱，他收集到几升焦饭，常带在身边。在逃窜时有许多人饿死，陈遗因为有焦饭得以活下来。母亲在家白天黑夜地哭泣，以致眼睛失明，耳朵听不见。陈遗回家，进了家门，拜见哭号，母亲的眼睛豁然开朗。

酒限：喝酒的限度。《晋书 · 陶侃传》记载：“侃每饮酒有定限，常欢有余而限已竭。浩等劝更少进，侃凄怀良久曰：‘年少曾有酒失，亡亲见约，故不敢踰。’”故事是说，陶侃每次饮酒都有一定限度。经常是欢乐有余，酒已经到了限量。殷浩等人劝他再少饮一点儿，陶侃难过了好久，说：“年轻时曾经喝醉过，和已故亲人有约定，因此不敢超越。”

点　　赞

喝酒有限度不难，难在遵守这个限度而不以各种理由为借口而改变。陶侃受到母亲生前的约束，一生不改变“酒限”，彰显了他的孝道。

楚昭萍实，束皙竹简。

人物简介

楚昭王，春秋时期楚国的国君。

束皙，字广微，元城（今河北大名）人，晋朝学者。知识渊博，任著作郎。汲冢竹书出土，他进行分析，作出考证。

掌故简介

萍实：萍蓬草的果实。《孔子家语 · 致思》记载：“楚昭王渡江，江中有物大如斗，圆而赤，直触王舟。舟人取之，王大怪之，遍问群臣，莫之能识。王使使聘于鲁，问于孔子。孔子曰：‘此萍实也，可剖食之，吉祥也。惟霸者为能获焉。’使者反，王遂食之，大美。久之，使来，以告鲁大夫。大夫因子游问曰：‘夫子何以知其然？’曰：‘吾昔之郑，过陈之野，闻童谣曰：楚王渡江得萍实，大如斗赤如日，剖而食之甜如蜜。吾是以知之。”故事是说，楚昭王渡江，看到江中有个东西像斗那么大，圆形红色，直接触到楚王的船板。船工取上来，楚王很奇怪，问遍群臣，没有人认识它。楚昭王派使者出使鲁国，向孔子求教。孔子说：“这是萍实，可以剖开吃，是吉祥之物。只有霸主能得到它。”使者返回，楚昭王就把它吃了，特别好吃。过了很久，楚国使者到来，向鲁国大夫报告。大夫通过孔子弟子子游问孔子说：“夫子凭什么知道是这样的？”孔子说：“我从前去郑国，路过陈国的田野，听到童谣说：‘楚王渡江得萍实，大如斗赤如日，剖而食之甜如蜜。’我因此知道。”

竹简：竹片，此指出土文物，写有文字的竹简。《晋书 · 束皙传》记载：“初，太康二年，汲郡人不准盗发魏襄王墓，或言安釐王冢，得竹书数十车。……武帝以其书付秘书校缀次第，寻考指归，而以今文写之。皙在著作，得观竹书，随疑分释，皆有义证。……时有人于嵩高山下得竹简一枚，上两行科斗书，传以相示，莫有知者。司空张华以问皙，皙曰：‘此汉明帝显节陵中策文也。’检验果然，时人伏其博识。”故事是说，起初，太康二年（281 年），汲郡人叫不准的，盗挖魏襄王墓，有的说是安釐王坟，得到竹书几十车。晋武帝把那些竹简书交给秘书省，检校编缀次第，考证宗旨，用当代文字抄写。束皙在著作郎职位，得以见到竹简书，随着疑问分析解释，都有字义考证。当时有人从嵩高山下得到一枚竹简，上面有两行科斗文字，传给人看，没有人认识。司空张华来问束皙，束皙说：“这是汉明帝显节陵中的策文。”经检验果然是对的，当时人都很佩服他的广见博识。

点　赞

孔子、束皙都有渊博的学识。科斗文，是我国古代的一种文字，因其书头粗尾细类似蝌蚪而得名。

遇字韵

曼倩三冬，陈思七步。
刘宠一钱，廉范五袴。
汜毓字孤，郗鉴吐哺。
苟弟转酷，严母扫墓。

曼倩三冬，陈思七步。

人物简介

东方朔，字曼倩，平原厌次（今山东惠民东北）人，西汉文学家，官吏，曾任侍郎、太中大夫等职。著有散文赋《答客难》。

曹植，字子建，三国时期文学家，初封东阿王，后封陈王，死后谥号为思，故称陈思王。事迹见《子建八斗》条。

掌故解读

三冬：三个冬季。古代穷人在冬季农闲时学写字。《汉书 · 东方朔传》记载："朔上书曰：'臣少失父母，长养兄嫂。年十三学书，三冬文史足用。十五学击剑。十六学诗书，诵二十二万言。十九学孙吴兵法，战阵之具，钲鼓之教，亦诵二十二万言。凡臣朔固已诵四十四万言。又常服子路之言。臣朔年二十二，长九尺三寸，目若悬珠，齿若编贝，勇若孟贲，捷若庆忌，廉若鲍叔，信若尾生。若此，可以为天子大臣矣。臣朔昧死再拜以闻。'朔文辞不逊，高自称誉，上伟之，令待诏公车。”故事是说，东方朔上书说：“我从小失去父母，兄嫂把我养大。十三岁学写字，经过三个冬天，文史之事足够用了。十五岁学击剑。十六岁学《诗经》《尚书》，记诵二十二万字。十九岁学《孙子兵法》《吴起兵法》，有关征战阵法、钲鼓方法，这方面也记诵二十二万字。我共计已经记诵四十四万字。像子路那样不事先许下诺言。我今年二十二岁，身高九尺三寸，眼睛像明珠，牙齿像编贝一样排列整齐。勇敢像卫国勇士孟贲，敏捷像吴国王子庆忌，清廉像齐国大夫鲍叔牙，诚信像守信淹死的尾生。像我这样的人，可以成为天子的大臣了吧。我东方朔冒死再拜上书给皇帝。”东方朔的文辞不谦逊，自我称誉很高，汉武帝感到很惊奇，就让他在卫尉府公车令那里候命。

七步：在走七步的时间内，指在这么短的时间内写成一首诗。《世语新说 · 文学》记载：“魏文帝尝令东阿王七步中作诗，不成者行大法。应声便为诗曰：‘煮豆持作羹，漉豉以为汁，萁在釜下然，豆在釜中泣。本是同根生，相煎何太急！’帝深有惭色。”故事是说，魏文帝曹丕曾经命令东阿王曹植在走七步的时间内作诗，如果作不成就处以重罪。曹植应声就作成诗：“煮豆拿来做豆羹，把豆豉过滤成汁。豆秆在锅下燃烧，豆子在锅中哭泣。本是同根生，相煎为什么这么急！”魏文帝听了脸上露出很惭愧的表情。

点　赞

七步成诗，一方面反映曹植才思敏捷，一方面反映统治阶级内部斗争的残酷。

刘宠一钱，廉范五袴。

人物简介

刘宠，字祖荣，东莱牟平（今山东烟台市牟平区）人，东汉官吏，曾任会稽太守、将作大匠、司徒、太尉等职。

廉范，字叔度，杜陵（今陕西西安）人，东汉官吏，曾任郡功曹、云中太守、蜀郡太守等职。

掌故解读

一钱：一个大钱，指钱数很少。《后汉书·循吏传》记载：刘宠“拜会稽太守，山民愿朴，乃有白首不入市井者，颇为官吏所扰。宠简除烦苛，禁察非法，郡中大化。征为将作大匠。山阴县有五六老叟，庬眉皓发，自若邪山谷间出，人赍百钱以送宠。宠劳之曰：‘父老何自苦？’对曰：‘山谷鄙生，未尝识郡朝。它守时吏发求民间，至夜不绝。或狗吠竟夕，民不得安。明府下车以来，狗不夜吠，民不见吏。年老遭值圣明，今闻当见弃去，故自扶奉送。’宠曰：‘吾政何能及公言邪？勤苦父老！’为人选一大钱受之。”故事是说，刘宠官拜会稽太守，当地山区居民诚恳纯朴，竟然有头发白了都没有进过城的人，他们经常受官吏欺诈。刘宠简化烦琐苛刻的条令，禁止非法行为，郡内普遍感化。调任他为将作大匠。山阴县五六个老年人，眉杂白黑，鬓发皆白，从若邪山谷里出来，每人带一百钱来送刘宠。刘宠安慰他们说：“父老们何必劳苦自己来送我？”回答说：“在山谷乡野出生，不曾见过州郡、朝廷。过去郡守时常派官吏到民间索取财物，白天黑夜不停，有时狗叫整夜，民众不得安宁。自从您到任以来，狗不夜叫，民不见官吏。我们年老难得遇到圣明时代，今天听到您要离开我们而去，因此自愿前来送行。”刘宠说：“我的政绩哪里有你们说的那么好？劳苦父老们了！”刘宠不好拒绝，只得从每一个人手中选一个大钱接受下来。

五袴：五条裤子。以前火灾多，百姓连上衣都没有，现在防火有成效，不但有上衣，就连裤子都有五条了。《后汉书·廉范传》记载：“成都民物丰盛，邑宇逼侧，旧制禁民夜作，以防火灾，而更相隐蔽，烧者日属。范乃毁削先令，但严使储水而已。百姓为便，乃歌之曰：‘廉叔度，来何暮？不禁火，民安作。平生无襦今五袴。’”故事是说，成都人多，物产丰富，城市房屋间距狭窄，旧的制度禁止民众夜间工作，预防火灾，可是人们隐蔽工作，失火日子接连不断。廉范就取消先前的命令，只是严格命令人们多储存水罢了。百姓感到方便，就歌唱道：“廉叔度，来到为何晚，不禁用火，民安工作。平生无上衣，今有五条裤。”

点　赞

刘宠不搜刮民财，不惊扰民众，这样廉洁的官吏离去，能不让百姓留恋吗？廉范是百姓爱戴的好官，从实际出发，命百姓储水，既不影响工作，又能防火灾，因此人们歌颂他。

汜毓字孤，郗鉴吐哺。

人物简介

汜毓，字稚春，济北卢（今山东济南市长清区西南）人，晋朝学者，著有《春秋释疑》《肉刑论》等七万余字。

郗鉴，字道徽，高平金乡（今属山东）人，晋朝大臣，曾任安西将军、车骑将军、太尉，讨平苏峻叛乱有功，封南昌郡公。

掌故解读

字孤：抚养孤儿。《晋书·儒林传》记载：“奕世儒素，敦睦九族。客居青州，逮毓七世。时人号其家‘儿无常父，衣无常主’。”故事是说，世代有儒者的品德操行，家族团结和睦，在青州客居，到氾毓已经七代了。当时人称赞他们家“孩子没有固定的父亲，衣服没有固定的主人”。言外之意是孩子成为孤儿，叔父、伯父都可以抚养，衣服谁没有谁穿。

吐哺：吐出口中的食物。《晋书 · 郗鉴传》记载：“初，值永嘉丧乱，在乡里甚穷馁，乡人以鉴名德，传共饴之。时兄子迈、外甥周翼并小，常携之就食。乡人曰：‘各自饥困，以君贤欲共相济耳。恐不能兼有所存。’鉴于是独往，食讫，以饭着两颊边，还吐与二儿，后并得存，同过江。迈位至护军，翼剡县令。”当初，正当八王之乱时，郗鉴在乡间避居，生活非常困难以至于要挨饿，同乡人因为郗鉴的名声德望，挨家供给他饭吃。当时他哥哥的孩子郗迈、外甥周翼都年幼，郗鉴经常携带他们到邻家吃饭。邻居说：“大家都饥饿贫困，因为你贤德，我们共同救济你，但恐怕不能救济所有的人。”郗鉴于是单独前去，吃完饭，把饭含在两腮里，回家后吐给两个小孩吃。后来两个孩子都活下来，共同渡过长江。郗迈官至护军，周翼当上了剡县令。

点　　赞

氾毓抚养孤儿，受到后人称赞。任昉《弹奏刘整》：“氾毓字孤，家无常子。”是说氾毓抚养孤儿，家中没有固定的孩子，今天是这个孤儿，明天是那个孤儿。

荀弟转酷，严母扫墓。

校　　勘

严母扫墓，扫，《全唐诗》本作“埽”，《汉书 · 酷吏传》则作“严母埽墓”。扫的繁体字为掃，掃、埽形近而误。学津本作“严母掃墓”。

人物简介

荀晞，字道将，河内山阳（今河南修武）人，晋朝官吏，曾任尚书右丞、都督青、兖诸州军事。

严延年母，东海下邳（今江苏宿迁）人，生五子，都当俸禄二千石的大官，人们称她为“万石严妪”。

掌故解读

转酷：更加残酷。《晋书 · 荀晞传》记载：“以严刻立功，日加斩戮流血成川，人不堪命，号曰‘屠伯’。顿丘太守魏植为流人所逼，众五六万，大掠兖州。晞出屯无盐，以弟纯领青州，刑杀甚于晞，百姓号‘小荀酷于大荀’。”故事是说，荀晞凭借严刻立功，每日加以杀戮，血流成河，人们都受不了，给他起个称号叫“屠伯”，即屠夫。顿丘太守魏植被流民所逼迫，率领五六万人，大肆抢掠兖州。荀晞出兵驻扎在无盐，让他弟弟荀纯代理青州刺史。荀纯杀人比荀晞还厉害，百姓号称“小荀比大荀还残酷”。

扫墓：清扫墓地，准备迎接丧车。《汉书 · 酷吏传》记载：“冬月，传属县囚，会论府上，流血数里，河南号曰‘屠伯’。……初，延年母从东海来，欲从延年腊，到洛阳，适见报囚，母大惊，便止都亭，不肯入府。延年出至都亭谒母，母闭阁不见。延年免冠顿首阁下，良久，母乃见之。因数责延年：‘幸得备郡守，专治千里。不闻仁爱教化，有以全安愚民，顾乘刑罚多刑杀人，欲以立威，岂为民父母意哉！’……母毕正腊，谓延年：‘天道神明，人不可独杀。我不意当老见壮子被刑戮也！行矣！去女东归，扫除墓地耳。’遂去。归郡，见昆弟宗人，复为言之。后岁余，果败。东海莫不贤知其母。延年兄弟五人有吏材，至大官，东海号曰‘万石严妪’。”故事是说，冬月，严延年传来下属各县的囚犯，到郡府来判死刑，杀人血流几里远，河南号称他为“屠伯”。起初，严延年的母亲从东海郡来，要与严延年一起过腊月节，到达洛阳，听到奏报杀囚犯的消息。母亲大惊，便停在都亭，不肯进入府邸。严延年出来，到都亭拜见母亲。母亲闭门不见他。严延年脱掉官帽，在门外叩头。过了好长时间，母亲才见他。她数落责备严延年说：“你有幸当上一郡太守，专权治理千里之地，没有听说你以仁爱之心教化百姓，使民众平安；反倒是利用刑法多杀人，用这种办法建立威信，哪里是为民父母的心意啊！”母亲过完正月和腊月的礼节后，对严延年说：“天道有神灵，多杀人者自己也得死。我不愿在老年时看见壮年的儿子被判刑遭杀戮！我走了，离开你回到东海郡去，扫除墓地，等待你的丧车归来罢了。”于是她就离开了。回到东海郡，见到兄弟宗族的人，又对他们说了那番话。过了一年多，严延年果然被杀。东海郡人没有不称赞她贤德智慧的。严延年兄弟五人，都有当官的才能，当上大官，东海郡人称她为“万石严妪”。

点　赞

儿子是酷吏，被称为“屠伯”，母亲倒是深明大义，被称为“万石严妪”。

锡字韵

洪乔掷水，陈泰挂壁。

王述忿狷，荀粲惑溺。

宋女愈谨，敬姜犹绩。

鲍照篇翰，陈琳书檄。

洪乔掷水，陈泰挂壁。

人物简介

殷羡，字洪乔，陈郡（今淮阳）人，晋朝官吏，官至光禄勋。

陈泰，字玄伯，三国时期魏国的官吏，曾任并州刺史、振威将军、护匈奴中郎将等职。

掌故解读

掷水：扔到水中，指把求他走后门办事的书信扔到水中。《世说新语·任诞》记载："殷洪乔作豫章郡，临去，都下人士因附百许函书。既至石头，皆投之水中，因祝曰：'沈者自沈，浮者自浮。殷洪乔不为致书邮。'"故事是说，殷羡被任命为豫章郡太守，临离开京师时，京城人士托他附带的书信一百多封。已经到了石头城，他把这些书信都扔到水中，还祷告说：“该沉入水中的自然沉下，该浮在水面的自然浮起，我殷洪乔不是个送信的邮差。”

挂壁：悬挂在墙壁上，把用来买奴婢的珍宝悬挂在墙壁上，指不给办理。《三国志 · 魏书 · 陈泰传》记载：“为并州刺史，加振威将军，使持节，护匈奴中郎将。怀柔夷民，甚有威惠。京邑贵人多寄宝货，因泰市奴婢。泰皆挂之于壁，不发其封。及征为尚书，悉以还之。”故事是说，陈泰任并州刺史，加官振威将军，使持节的权力，任护匈奴中郎将。对外族施行怀柔政策，很有威信，很受爱戴。京城里的权贵人士，多寄存珍宝，通过陈泰买奴婢。陈泰把珍宝悬挂在墙壁上，没有开封。到调任为尚书时，把寄存的珍宝全都还给他们。

点　　赞

不给人办理私事，看似怕麻烦，实则不然。给人办私事，有请托之嫌，不利于工作的开展。新官上任，防微杜渐，要从小事开始。

王述忿狷，荀粲惑溺。

人物简介

王述，字怀祖，晋朝官吏，曾任荆州刺史等职。

荀粲，字奉倩，三国时期魏国名士，他的兄长都以儒术著名，他独好道家学说。

掌故解读

忿狷：急躁发怒。《晋书 · 王述传》记载：“屡居州郡，清洁绝伦，禄赐皆散之亲故，宅宇旧物不革于昔，始为当时所叹。但性急为累。尝食鸡子，以箸刺之，不得，大怒掷地。鸡子圆转不止，便下床，以屐齿踏之，又不得。瞋甚，掇内口中，啮破而吐之。既跻重位，每以柔克为用。”故事是说，王述屡次在州郡当官，清廉的程度无与伦比。他把俸禄赏赐都散发给亲戚朋友，住宅的旧物不改变从前的样子，受到当时人赞叹。但是却被急躁的性格所累。他曾经吃鸡蛋，用筷子刺鸡蛋，刺不到，他大怒，把鸡蛋扔到地上。鸡蛋转动不停，他便下床，用鞋底的齿踩踏它，又踩不到。他瞪眼看它，把鸡蛋放入口中，咬破了再吐出来。

惑溺：迷惑沉溺，陷入其中不能自拔。《世说新语 · 惑溺》记载：“荀奉倩与妇至笃，冬妇病热，乃出自中庭取冷，还以身熨之。妇亡，奉倩后少时亦卒，以是获讥于世。”故事是说，荀奉倩与妻子感情很深，冬天时妻子生病发烧得了热病，就自己到院中冻着，回来时荀奉倩用身体熨凉她。妻子死了，荀奉倩后来不多时也死了，因此遭受到社会上的讥笑。

点　　赞

王述的急躁性格也很有戏剧性，可作相声小品的素材，但这并不影响他廉洁的名望。

宋女愈谨，敬姜犹绩。

人物简介

鲍苏妻，周朝宋国人，嫁给鲍苏为妻，宋国国君为表彰她的贤德，给她的称号为“女宗”，即女子模范。

敬姜，莒国（今山东莒县）人，号戴己，春秋时期鲁国大夫公父穆伯的妻子，公父文伯的母亲。

掌故解读

宋女：宋国的女子，指鲍苏之妻。愈谨：更加谨慎。《列女传》记载："女宗者，宋鲍苏之妻也。养姑甚谨。鲍苏仕卫三年，而娶外妻。女宗因往来者请问其夫。赂遗外妻甚厚。女宗之姒曰：'可以去矣。'女宗曰：'何故？'姒曰：'夫人既有所好，子何留乎？'女宗曰：'妇人固以一醮不改，夫死不嫁为分者也。……吾姒不教吾以居室之礼，而反欲使吾为见弃之行，将安所用此！'遂不听，事姑愈谨。宋公闻而美之，表其闾，号曰女宗。"故事是说，女宗，是宋国鲍苏的妻子，奉养婆婆很谨慎。鲍苏在卫国当官三年，娶了外室。女宗通过往来的人问候她的丈夫，给外室的财物很多。女宗的嫂子说："你可以走了。"女宗说："为什么？"女宗的嫂子说："人家既然已经有了喜欢的人了，你还留下干什么？"女宗说："妇女本来以一嫁不改，丈夫死不改嫁为本分。嫂子不把居家的道理教给我，反而要使我干被厌弃的行为，哪里用得着这个呢。"就不听嫂子的话，侍奉婆婆更加谨慎。宋国国君听说此事，很赞赏她，在家乡表彰她，给她的称号为"女宗"，即女子模范。

犹绩：还在纺织。《国语·鲁语下》记载："文伯退朝，朝其母。其母方绩。文伯曰：'以歜之家而主犹绩，惧干季孙之怒也，其以歜为不能事主乎？'其母叹曰：'鲁其亡乎！使僮子备官而未之闻邪？居，吾语女。昔圣王处民也，择瘠土而处之，劳其民而用之，故长王天下。夫民劳则思，思则善心生；逸则淫，淫则忘善，忘善则恶心生。沃土之民不材，逸也；瘠土之民莫不向义，劳也。……今我，寡也，尔又在下位，朝夕处事，犹恐忘先人之业。况有怠惰，其何以辟！吾冀而朝夕修我曰：'必无废先人。'尔今曰：'胡不自安。'以是承君之官，余惧穆伯之绝嗣也。'"故事是说，公父文伯退朝回家，去看望他的母亲。他母亲正在纺织。公父文伯说："像我公父歜这样的家庭，主人还在纺织，这恐怕会让季孙氏生气，他会认为公父歜不能侍奉母亲呢？”他母亲感叹说：“鲁国可能要亡国了！让你这样不懂事的孩子做官，却不把做官的道理讲给你！坐下，我告诉你。从前圣王为了安置民众，选择贫瘠的土地给他们定居，使民众劳作，发挥才能，因此能够长期统治天下。民众要劳作就思考节俭，思考节俭就产生善心；清闲就荒淫，荒淫就忘记了善心，忘记善心就产生邪念。肥沃土地的人民不成器，是因为清闲；贫瘠土地上的人民没有不向往道义的，是因为他们勤劳。如今我是寡妇，你又做官，从早到晚干事，还恐怕忘记先人的基业。倘若懒惰，那怎么能避开罪过？我希望你早晚警告自己说：‘一定不要忘记先人的事业。’你今天对我说：‘为什么不自图安逸？’以你这样的态度给国君当官，我怕你父亲穆伯将要后继无人了。”

点　　赞

敬姜，身为大夫的母亲还亲自纺织，她不仅有爱劳动的美德，还教育当大夫的儿子“民劳则思，思则善心生”“逸则淫，淫则忘善”的道理，确实是一位伟大的母亲。

鲍照篇翰，陈琳书檄。

人物简介

鲍照，字明远，东海郡（今山东兰陵）人，南朝宋文学家，曾任中书舍人、前军参军等职。有《鲍参军集》传世。

陈琳，字孔璋，广陵（今江苏扬州）人，三国时期魏国文学家。袁绍失败后，他归曹操。军国书檄多出于陈琳之手。

掌故解读

篇翰：诗文的篇章。鲍照《拟古》："十五讽诗书，篇翰靡不通。"（《昭明文选》卷三十一）诗意是说，十五岁时诵读《诗经》《尚书》，诗文篇章没有不通晓的。

书檄：书信、檄文。檄文，古代用于征召、声讨的文书。《典略》记载："陈琳作诸书及檄，草成呈太祖。太祖先苦头风，是日疾发，卧读琳所作，翕然而起曰：'此愈我病。'数加厚赐。"故事是说，陈琳写作书信和檄文，草稿已成，进呈给曹操。曹操先前被头风病折磨得很痛苦，这天病正发作，躺在床上读了陈琳所作的檄文，忽然起来说："这篇檄文治好了我的病。"多次加以厚赏。

点　赞

陈琳的檄文能医治曹操的头风病，虽然不免夸张，但其文章的感人程度于此可见一斑。不愧是撰写檄文的妙手。他被列入"建安七子"之内，不是浪得虚名的。

先字韵

浩浩万古，不可备甄。

芟烦摭华，尔曹勉旃。

词句解读

浩浩：长远。万古：古往今来。备甄：全部采录。芟烦：铲除烦琐。摭华：采择精华。尔曹：你们。勉旃：勉之焉，努力办成它。这四句是说，古往今来，历史长远，不可能全部采录。剔除繁琐，采择精华，希望你们要努力实现。

点　评

这四句是结束语，没有人物，也没有历史掌故。

附录

FU LU

《蒙求序》

李华

安平李瀚著《蒙求》一篇，列古人言行美恶，参之声律，以授幼童，随而释之，比其终始，则经史百家之要，十得其四五矣。推而引之，源而流之，易于讽诵，形于章句。不出卷知天下，其《蒙求》哉！《周易》有“童蒙求我”之义，李公子以其文碎，不敢轻传达识者，所务训蒙而已，故以《蒙求》为名题其首。亦每行注两句，人名外，传中有别事可记者，亦此附叙之。虽不配上文，所资广博。从《切韵》东字起，每韵四字。凡五百九十六句云尔。（录自《畿辅丛书》）

《荐蒙求表》

李良

臣良言：臣闻建官择贤，其来有素，抗表荐士，义或可称。爰自宗周，逮兹炎汉，竞征茂异，咸重儒术。窃见臣境内寄住客前信州司马仓（曹）参

军李瀚学艺淹通，理识精究，撰古人状迹，编成音韵，属对类事，无非典实，名曰《蒙求》，约三千言。注下转相敷演，向万余事。瀚家儿童三数岁者，皆善讽诵，谈古策事，无减儒鸿（应为“鸿儒”），不素谙知，谓疑神遇。司封员外郎李华，当代文宗，名望夙著，与作序云：“不出卷而知天下，岂其《蒙求》哉！”汉朝王子渊（渊，杨守敬《日本访书志》作泉）制《洞箫赋》，汉帝美其文，令宫人诵习。近代周兴嗣撰《千字文》，亦颁行天下。岂若《蒙求》哉！错综经史，随便训释，童子则固多宏益，老成亦颇览起予。臣属忝宗枝，职备藩扞，每广听远视，采异访奇，未尝遗一才，蔽片善。有可甄录不敢不具状闻奏。陛下察臣丹诚，广达四聪之义，令瀚志学，开奖善之门，伏愿量授一职，微示劝诫。臣良诚惶诚恐，顿首顿首，谨言。天宝五年八月一日，饶州刺史李良上表。（录自《畿辅丛书》）

《蒙求补注·序》

（宋）徐子光

前言往行载经史，炳若丹青。然简编浩博，未易研究，非真积力久，莫能撮其要。唐李瀚搜罗载籍，采古人行事，著为《蒙求》。揣议声韵，以

类折偶，剪剔烦芜，掊撷精英，事迹粲然，班班可考。其为属辞备阅，不为无补矣。然鲜究本根，类多舛误，览者病焉。岂瀚之所载然欤？抑亦后世传袭之误也？予尝嘉其用意，而惜其未备，于是渔猎史传，旁求百家，穷本探源，摭华食实，大抵传记无见而语浅谬妄者，就加是正。至于载籍之中，间有故实可以概举者，仍掇其一二大者附焉。庶几昭然若日星丽天，焕然可睹，命曰《补注》，将以备遗忘，而助讨论，不亦文苑之捷径欤？时己酉仲冬之月辛卯吉日子光序。

《古本蒙求·跋》

［日］天瀑山人

唐李瀚著《蒙求》三卷，采摭经传故实，隶以韵语，又自注出处于下。简而不遗，以便童蒙。迨宋徐子光为之《补注》，第原书欲简而易记，而今乃为繁，间或滥及他事，恐非瀚本意。人喜其详也，自《补注》出而原本佚。余获古钞本，无补注，乃其原本矣。传写之久，讹缪匪尠，然亦秘笈也。今活字刷印，收之丛书中，或目狃乎徐本之增多而病原本之简省，是则买菜佣之见耳。题曰《古本蒙求》，以别通行本。文化三年龙集丙寅九月三日天瀑山人识。（录自《畿辅丛书》）